Kohlhammer

Bettina Lindmeier
Christian Lindmeier

Pädagogik bei Behinderung und Benachteiligung

Band 1: Grundlagen

Verlag W. Kohlhammer

Umschlag: Gestaltungskonzept Peter Horlacher
Gesamtherstellung:
W. Kohlhammer Druckerei GmbH + Co. KG, Stuttgart
Printed in Germany

ISBN 978-3-17-019808-1

Inhaltsverzeichnis

1 Einleitung

Mit dem ersten Band dieses Lehrbuchs zur Pädagogik bei Behinderung und Benachteiligung verfolgen wir eine mehrfache Zielsetzung:

- Es soll deutlich werden, dass die erziehungswissenschaftliche Teildisziplin der Sonderpädagogik[1] (alternativ: Heilpädagogik, Behindertenpädagogik, Rehabilitationspädagogik, Förderpädagogik) keine ausschließlich mit dem Gegenstand der Behinderung bzw. des sonderpädagogischen Förderbedarfs befasste Pädagogik ist, obwohl die allgemeinen Theorien der Sonderpädagogik dies nahezulegen scheinen. Vielmehr wollen wir zeigen, dass wir es in der Sonderpädagogik häufig auch mit Kindern, Jugendlichen und Erwachsenen zu tun haben, die nicht von einer Behinderung betroffen sind, sondern aufgrund sozial bedingter Bildungsungleichheiten benachteiligt sind. Mit dieser Zielsetzung ist der Vorschlag verbunden, die Fachbezeichnung ‚Pädagogik bei Behinderung und Benachteiligung' in den fachlichen Diskurs einzuführen. Eine solche Fachbezeichnung drängt sich auf, zumal im nachschulischen Handlungsfeld der beruflichen Rehabilitation bereits seit geraumer Zeit – nicht nur auf der Ebene der Sozialgesetzgebung – zwischen (Schwer-)Behinderung und Benachteiligung unterschieden wird.
- Die Fachbezeichnung ‚Pädagogik bei Behinderung und Benachteiligung' soll verdeutlichen, dass wir es in dieser Teildisziplin der Erziehungswissenschaft nicht mit einer ‚besonderen' Personengruppe oder Klientel (den ‚Behinderten' und ‚Benachteiligten') zu tun haben, sondern mit gesellschaftlich relevanten (Handlungs-)Situationen. In Bezug auf Behinderung beziehen wir uns dabei auf die mehrdimensionale Klassifikation der Funktionsfähigkeit, Behinderung und Gesundheit (ICF) der Weltgesundheitsorganisation (WHO), welche die Dimension der physischen bzw. sensorischen, kognitiven oder psychischen Beeinträchtigungen von einzelnen Menschen nicht ausklammert, aber die soziale Dimension der Partizipation bzw. Partizipationseinschränkung in den Vordergrund rückt, in dem sie nicht Personen, sondern Situationen klassifiziert. Analog kann Benachteiligung als „herkunftsbedingt ungleiche Bildungsteilhabe" (Brake/Büchner 2011) beschrieben werden. Erst durch ein solches Begriffsverständnis können Behinderungs- und Benachteiligungssituationen auch als strukturelles Unrecht in Form von gesellschaftlicher Diskriminierung und Exklusion adressiert und einer sozial- und bildungspolitischen Bearbeitung zugänglich gemacht werden.

---

1 Wir verwenden im Folgenden gelegentlich die Fachbezeichnung ‚Sonderpädagogik', weil sie an den sonderpädagogischen Ausbildungsstätten, an denen wir tätig sind (Leibniz Universität Hannover, Universität Koblenz-Landau), üblich ist. Der Begriff findet allerdings in diesem Buch nur noch Verwendung, wenn es der Sprachduktus nicht anders zulässt. Wann immer wir von Sonderpädagogik sprechen, meinen wir eine Pädagogik bei Behinderung und Benachteiligung in dem Sinne, wie sie in diesem Buch herausgearbeitet wird.

- Wenn Behinderungen und Benachteiligungen (Handlungs-)Situationen darstellen, die im Sinne eines ‚Behindert- oder Benachteiligtwerdens' wirken, dann ergibt sich daraus für eine Pädagogik bei Behinderung und Benachteiligung, dass sie die unterschiedlichen gesellschaftlichen Barrieren in den Blick nehmen muss, die Personen in Behinderungs- und Benachteiligungssituationen an der vollen und wirksamen Partizipation an der Gesellschaft und an der gleichberechtigten Inklusion in die Gesellschaft hindern. Um aus einer solchen Barrierenanalyse ableiten zu können, wie die Partizipation und Inklusion behinderter und benachteiligter Menschen[2] unterstützt und gefördert werden soll, ist allerdings eine wissenschaftliche Reflexion des normativen Geltungshorizonts der zugrunde liegenden moralischen und politisch-rechtlichen Grundsätze (Partizipation und Inklusion) nötig. Eine weitere Zielsetzung bildet daher die Darstellung der ethischen Grundannahmen einer Pädagogik bei Behinderung und Benachteiligung, die wir mit der Formulierung von Handlungsprinzipien und Kriterien pädagogischer Qualität konkretisieren und abschließend in eine Reflexion professionellen pädagogischen Handelns einmünden lassen.
- Die übergreifende Ausrichtung des Bandes besteht im Sinne dieser Zielsetzungen vor allem darin, für den pädagogischen Handlungsansatz bei Behinderung und Benachteiligung herauszuarbeiten, dass die Achtung der Menschenwürde und die Neuinterpretation grundlegender Menschenrechte (assistierte Freiheit, Diskriminierungsverbot und Barrierefreiheit, gesellschaftliche Inklusion) den Ausgangspunkt bilden, um zu einer menschenrechtsbasierten Praxis des Umgangs mit Behinderung zu kommen, die sich analog auf den Umgang mit Benachteiligung anwenden lässt. Ausgehend von dem im Dezember 2006 verabschiedeten ‚Übereinkommen über die Rechte von Menschen mit Behinderungen' der Vereinten Nationen (kurz: UN-Behindertenrechtskonvention bzw. UN-BRK) lässt sich die Zielsetzung einer solchen Pädagogik bei Behinderung und Benachteiligung formelhaft zusammenfassen in dem Motto „unterstützte Autonomie durch gleichberechtigte Inklusion, womit die Trias der Französischen Revolution – Freiheit, Gleichheit, Brüderlichkeit – eine aktualisierte Lesart erfährt" (Bielefeldt 2011, 126).

Die Zielsetzungen dieses Buches lassen erkennen, dass wir uns hinsichtlich des Verständnisses von Behinderung und Benachteiligung und bezüglich der Formulierung von ethischen Grundannahmen pädagogischen Handelns – wie in der

2 Die Bezeichnung ‚behinderte Menschen' umfasst das ‚Behindertsein' ebenso wie das ‚Behindertwerden' (vgl. zur Einführung dieser Unterscheidung Eberwein/Sasse 1998), während ‚Menschen mit Behinderung' suggeriert, dass es sich um ein Persönlichkeitsmerkmal handelt. Zudem kann die Behinderung in unterschiedlichen Lebensbereichen eines Menschen situativ auftreten und die Person so in verschiedenen Bereichen betreffen, während ‚mit Behinderung' auf ein abgegrenztes Merkmal hindeutet. Erstmals wies Fredi Saal darauf hin, dass seine Identität nicht ohne seine Behinderung zu denken sei, und fragt: „Warum sollte ich jemand anders sein wollen?" (1992).

deutschsprachigen Sonderpädagogik zunehmend üblich – an der internationalen Fachdiskussion orientieren.

Zum weiteren Aufbau des Buches

Das *zweite Kapitel* des Buches beschäftigt sich mit den grundlegenden Begriffen einer Pädagogik bei Behinderung und Benachteiligung. Dabei widmen wir uns zunächst der Frage nach der Funktion (sonder-)pädagogischer Grundbegriffe. Anschließend erfolgt eine Auseinandersetzung mit dem Begriff der Behinderung. Dieser Abschnitt nimmt den meisten Raum innerhalb dieses Kapitels ein, weil wir auch auf die pädagogisch-anthropologische Kritik an der immanenten Sonderanthropologie traditioneller Begriffsauslegungen eingehen und unterschiedliche Theorieperspektiven gegenüberstellen. Ein weiterer Abschnitt, der auch die international-vergleichende Perspektive mit einbezieht, beschäftigt sich mit dem schulpolitischen Legitimationsbegriff des sonderpädagogischen Förderbedarfs, gefolgt von einer Darstellung des Begriffs der Benachteiligung aus ungleichheitssoziologischer und aus pädagogischer Sicht. Dabei zeigen sich begriffstheoretische Parallelen zu den aktuellen Bestimmungen des Behinderungsbegriffs, die sich an den strukturellen Merkmalen der Relativität und Relationalität festmachen lassen und auf die gesellschaftliche Konstruktion beider Begriffe verweisen. Den Abschluss bildet ein kurzer Exkurs, in dem die drei international einflussreichsten bildungstheoretischen Ansätze vorgestellt und hinsichtlich ihrer Bedeutung für politische Entscheidungs- und Handlungsoptionen diskutiert werden.

Das *dritte Kapitel* befasst sich mit den ethischen Grundannahmen einer Pädagogik bei Behinderung und Benachteiligung, wobei auch politisch-rechtliche Konsequenzen angesprochen werden. Die Auseinandersetzung mit ethischen Fragen besitzt seit mehr als zwei Jahrzehnten einen hohen Stellenwert in unserer erziehungswissenschaftlichen Teildisziplin und löste die Sonderanthropologie als jahrzehntelang gültiges normatives Bezugssystem ab. Im Einzelnen geht es hier um Fragen des Lebensrechts und der Menschenwürde und Fragen des Menschenrechts auf Bildung und der staatlichen Sicherstellung von Freiheit und Gleichheit im Bildungs- und Schulwesen (Bildungsgerechtigkeit). Zudem werden Fragen einer würdevollen und humanen Gestaltung des gesellschaftlichen Umgangs mit behinderten und benachteiligten Menschen behandelt, die durch die Rezeption der sozialanthropologischen und -ethischen Theorie der Ankerkennung (Honneth) eine Beantwortung finden. Ausgehend von der anthropologischen Prämisse der ‚anerkannten Abhängigkeit' (McIntyre) bieten derzeit insbesondere die anerkennungstheoretischen Ansätze der feministischen Care-Ethik und der kommunitaristischen Ethik der Solidarität konkrete Anknüpfungspunkte für die Reflexion von Handlungsprinzipien und Zielperspektiven wie Normalisierung, Integration/Inklusion oder Selbstbestimmung.

Folgerichtig reflektiert das *vierte Kapitel* diese zentralen Handlungsprinzipien und Zielperspektiven der Pädagogik bei Behinderung und Benachteiligung. Dabei ist zunächst zu klären, inwiefern pädagogische Aufgaben mehrdimensional zu legitimieren sind und welche gesellschaftlichen Instanzen an der Entwicklung von Handlungsprinzipien und Zielperspektiven für das konkrete professionelle Handeln beteiligt werden müssen. Erst danach können aktuelle Handlungsprinzipien und Zielperspektiven, die die Fachdiskussion und Praxis prägen, im Überblick dargestellt werden. Weil sich dabei sehr schnell zeigt, dass die Handlungsprinzipien und Zielperspektiven der Integration und der Inklusion im schulischen wie im außerschulischen Bereich Wirkung entfalten, werden sie etwas ausführlicher dargestellt. Die übrigen Prinzipien (Normalisierung, Selbstbestimmung, Empowerment, Lebensqualität, Sozialraumorientierung, Teilhabe) wurden insbesondere im außerschulischen Feld und häufig in Bezug auf erwachsene Menschen mit dauerhaftem und umfangreichem Unterstützungsbedarf wirksam. Bereits dieser Überblick macht deutlich, dass sich diese programmatischen Handlungsprinzipien und Zielperspektiven zu einem großen Teil überschneiden.

Im *fünften Kapitel* wird der in den vorherigen Kapiteln ausgearbeitete handlungstheoretische Ansatz der Pädagogik bei Behinderung und Benachteiligung mit der aktuellen Frage nach der Sicherung und Entwicklung pädagogischer Qualität verbunden. Der erste Abschnitt dieses Kapitels intendiert eine Klärung des Begriffs der pädagogischen Qualität. Anschließend gehen wir der Frage nach, was Qualität in unterschiedlichen Handlungsfeldern bedeutet. Dabei gehen wir zum einen auf die Qualität der Leistungen zur Teilhabe für erwachsene Menschen im Wohnen ein, da in diesem Feld wesentliche Entwicklungen der letzten Jahrzehnte besonders deutlich sichtbar werden. Zum anderen wird die Qualitätsdiskussion im Bildungsbereich exemplarisch am Handlungsfeld Schule dargestellt. In diesem Zusammenhang erörtern wir auch die aktuelle, keineswegs abgeschlossene Diskussion über die Standardisierung sonderpädagogischer Förderung. Abschließend werden als weitere Ansätze der Schulentwicklung und Schulentwicklungsforschung die Qualitätsentwicklung inklusiver schulischer Bildung und die Sicherung und Entwicklung von Schulqualität durch standardbasierte Evaluation vorgestellt.

Gleichsam als Kontrapunkt zu Qualitätssicherung und -entwicklung müssen anderseits auch professionstheoretische Reflexionen über die Struktur des professionellen Handelns in der Pädagogik bei Behinderung und Benachteiligung angestellt werden. Diese geschieht im *sechsten Kapitel.* Dabei zeigt sich, dass die Reflexionen über Professionalisierung und Professionalität nicht nur zu klären helfen, was das sonderpädagogische Handeln in schulischen und außerschulischen Arbeitsfeldern ausmacht und welche gesellschaftlichen Problemlagen durch dieses Handeln bewältigt werden sollen. Die sonderpädagogische Professionalitätsdebatte leistet gegenwärtig auch einen wichtigen Beitrag zur Lösung der spezifischen Probleme sonderpädagogischer Disziplinentwicklung.

2 Behinderung und Benachteiligung als pädagogische Herausforderungen

2.1 Die Funktion wissenschaftlicher Grundbegriffe

Von Grundbegriffen spricht man in der Wissenschaft, wenn diese Begriffe eine Orientierungs- und Ordnungsfunktion für den fachlichen Diskurs innerhalb einer wissenschaftlichen Disziplin besitzen (vgl. Strachota 2002). Diese Funktion besteht in erster Linie darin, den *Gegenstandsbereich* einer wissenschaftlichen Disziplin in Forschung und Lehre zu kennzeichnen. Indem Grundbegriffe einen Wissensbestand ordnen, der intersubjektive Gültigkeit beansprucht, ermöglichen sie die Verständigung innerhalb der ‚scientific community' (vgl. B. Lindmeier 2005). Wissenschaftliche Grundbegriffe bestimmen aber nicht nur den Gegenstandsbereich, sondern auch den *Verantwortungsbereich* einer Wissenschaft (vgl. Strachota 2002). Dies gilt insbesondere für Handlungswissenschaften wie die Erziehungswissenschaft, die – ähnlich wie andere Humanwissenschaften (Medizin, Psychologie) – wegen der gezielten Einflussnahme auf Menschen einer erhöhten Verpflichtung zur ethischen Legitimation professionellen Handelns unterliegt (vgl. Kap. 3).

In den Handlungswissenschaften besteht außerdem Konsens darüber, dass „Wissenschaft nicht als System genereller Gesetzesaussagen zu definieren [ist], die Wirklichkeit abbilden, sondern als ein Werkzeug, das uns hilft, im praktischen Leben zurechtzukommen" (König/Zedler 2002, 242). Die Grundbegriffe einer Handlungswissenschaft bedürfen daher auch der „Reflexion hinsichtlich ihrer Brauchbarkeit" (B. Lindmeier 2005, 136). Iris Beck verweist in diesem Zusammenhang auf die Funktion wissenschaftlicher Begriffe für die Praxis: „Die Begriffe werden in der Realität leitend zur Identifikation besonderer Unterstützungsbedürfnisse und sind damit definitionsmächtig, können zur Etikettierung, zur Einschränkung oder Ausweitung der jeweils als in den sonderpädagogischen Zuständigkeitsbereich fallenden Problemgruppen verwandt werden" (1996, 445). Aus Grundbegriffen werden deshalb häufig Klassifikationssysteme zur Feststellung von unterschiedlichen individuellen oder gruppenspezifischen Bedürfnissen oder Bedarfen abgeleitet. Diese Identifikations- oder Klassifikationsfunktion spielte in der Geschichte der Pädagogik bei Behinderung und Benachteiligung eine wichtige Rolle, weil die Identifikation besonderer Förder- oder Unterstützungsbedarfe in der Regel die Voraussetzung für die bildungs- oder sozialpolitische Gewährung von zusätzlichen personellen, sächlichen und finanziellen Ressourcen darstellt. Damit geht die Gefahr einher, die als ‚besonders bedürftig' identifizierten oder klassifizierten Personen einer Etikettierung oder Stigmatisierung zu unterziehen (vgl. Füssel/Kretschmann 1993).

Es ist ferner zu berücksichtigen, dass unterschiedliche erziehungswissenschaftliche Theorien auf unterschiedlichen begrifflichen Grundlagen basieren oder die zugrunde gelegten Begriffe (z. B. Erziehung, Bildung) unterschiedlich auslegen. Es gibt also kein allgemeingültiges System von Grundbegriffen, das von allen erziehungswissenschaftlichen Theoriekonzepten geteilt wird, sondern eine begriffliche Vielfalt, die mit der Vielfalt erziehungswissenschaftlicher Theoriekonzepte korrespondiert und von der erziehungswissenschaftlichen Wissenschafts- oder Metatheorie (als Theorie über eine oder mehrere andere Theorien) analysiert wird (vgl. König/Zedler 2002). In der Sonderpädagogik lässt sich diesbezüglich konstatieren, dass die gängigen Theoriekonzepte in den vergangenen Jahrzehnten auf den *Behinderungsbegriff* fokussiert waren, was mit einigen Abstrichen auch für die Integrationspädagogik gilt (vgl. Moser/Sasse 2008). Dabei entwickelten sich nicht nur konträre Standpunkte hinsichtlich der theoretischen Modellierung von Behinderung (medizinisches vs. soziales Modell), sondern auch in Bezug auf die Frage, ob der Behinderungsbegriff als Legitimationsbegriff für das pädagogische Handeln – und damit als erziehungswissenschaftlicher Grundbegriff – fungieren kann.

Letzteres wird seit Ende der 1980er Jahre nicht nur von der Integrationspädagogik (vgl. zuerst Eberwein 1988), sondern auch von vielen sonderpädagogischen Fachvertretern in Frage gestellt (vgl. zuerst Speck 1988). Während die Integrationspädagogen allerdings mehrheitlich dazu tendieren, zugunsten einer ‚Dekategorisierung' (vgl. zuerst Benkmann 1994) gänzlich auf klientenbezogene Legitimationsbegriffe zu verzichten, favorisieren die meisten Sonderpädagogen Begriffsalternativen wie den von Speck in die Diskussion eingebrachten Begriff der speziellen Erziehungsbedürfnisse (vgl. Speck 1988), der eine Adaption des seit 1978 in Großbritannien gebräuchlichen Legitimationsbegriff der ‚special educational needs' (vgl. Warnock 1978) darstellt. In Auseinandersetzung mit diesen fachwissenschaftlichen Tendenzen vollzog auch die Bildungspolitik eine begriffliche Wende, indem sie – ebenfalls in Anlehnung an das Konzept der ‚special educational needs' – den ressourcenorganisierenden Begriff des *sonderpädagogischen Förderbedarfs* einführte (vgl. KMK 1994 a).

Dieser bildungspolitische Leitbegriff fand in den sonderpädagogischen Fachrichtungen starken Anklang, weil die in den Empfehlungen der Konferenz der Kultusminister ausgewiesenen sonderpädagogischen Förderschwerpunkte der Systematik der Fachrichtungen und der bestehenden Sonderschulen entsprachen (vgl. für einen Überblick Drave/Rumpler/Wachtel 2000). In der allgemeinen Theorie der Sonderpädagogik und in der Integrationspädagogik stieß der Vorstoß der Kultusminister hingegen von Anfang an eher auf Skepsis oder offene Ablehnung (vgl. z. B. Bleidick/Rath/Schuck 1995; Beck 1996; Eberwein 2000). Diese Haltung verstärkte sich nach der Jahrtausendwende durch die theoretische Aufarbeitung des internationalen Konzepts der ‚inclusive education' (vgl. z. B. Hinz 2002; Sander/Schnell 2004) und durch die system- und professionstheoretische Dekonstruktion der theoretischen Grundlagen sonder- bzw. integrationspädagogischen Handelns (vgl. z.B. Albrecht/Hinz/Moser 2000; Moser 2003; Horster/Hoyningen-Suess/Liesen 2005; Weisser 2005).

Die gegenwärtige Situation ist durch eine gewisse Unübersichtlichkeit gekennzeichnet, die auf eine tiefe Verunsicherung hinsichtlich des Gegenstands- und Verantwortungsbereichs unserer erziehungswissenschaftlichen Teildisziplin zurückzuführen ist. Neben Versuchen einer theoretischen Neufassung des (pädagogischen) Behinderungsbegriffs (vgl. z.B. Wember 2003; Hollenweger 2005; Weisser 2005; Stein 2006a) sind Bemühungen zu beobachten, alternative Grundbegriffe als Ersatz für die Grundbegriffe der Behinderung und des sonderpädagogischen Förderbedarfs einzuführen. Einer dieser Begriffe ist der *Benachteiligungsbegriff*, der in der Sonderpädagogik bereits seit Jahrzehnten in Gebrauch ist, aber nicht zu einem Grundbegriff des Faches avancieren konnte (vgl. z.B. Haeberlin 1996; Hiller 1996). Hierbei geht es insbesondere um eine Abkehr vom Begriff der Lernbehinderung. Anders motiviert ist die Verwendung des Begriffs der (Exklusions-)Risiken (vgl. z.B. Moser 2003; Moser et al. 2008; Moser 2010), der auf systemsoziologische Überlegungen und neuere Befunde der soziologischen Bildungsforschung rekurriert.

Neben der Substitution des Behinderungsbegriffs durch alternative Grundbegriffe ist in den vergangenen Jahren die Tendenz zu beobachten, dem neu gefassten Behinderungsbegriff einen theoretisch reformulierten Benachteiligungsbegriff als zweiten Grundbegriff zur Seite zu stellen (vgl. z.B. Schroeder 2006; Katzenbach/Schroeder 2007; C. Lindmeier 2009). Bezugspunkt dieses Benachteiligungsbegriffs ist die bildungsbiografische Übergangsproblematik im Übergang von der Schule in den Beruf bzw. in das Erwachsenenleben. Vergleichbare Überlegungen gibt es auch im Übergang von der frühkindlichen Bildung bzw. Frühförderung in die schulische Bildung bzw. sonderpädagogische Förderung. Hier wird seit Ende der 1990er Jahre stärker eingefordert, neben den drohenden und manifesten Behinderungen auch die psychosozialen Risiken und Armutslagen von (Klein-)Kindern und ihren Familien stärker zu beachten (vgl. z.B. Weiß 2000a, 2010; Klein 2002; Weiß/Neuhäuser/Sohns 2004). Der Benachteiligungsbegriff hat gegenüber dem Risikobegriff den Vorteil, dass er an den fachlichen Diskurs in der Berufs- und Wirtschaftspädagogik, Sozialpädagogik und Schulpädagogik anschlussfähig und auch in der öffentlichen und politisch-rechtlichen Debatte fest verankert ist (vgl. z.B. Spies/Tredop 2006).

Es spricht daher einiges dafür, unsere erziehungswissenschaftlichen Teildisziplin zukünftig als Pädagogik bei Behinderung und Benachteiligung zu bezeichnen. Mit der Präposition ‚bei' soll u.a. zum Ausdruck gebracht werden, dass es sich bei Behinderung und Benachteiligung nicht um ‚einheimische Begriffe' (Herbart) der Erziehungswissenschaft, sondern um Begriffe aus anderen Humanwissenschaften handelt, die für die eigene Fachdisziplin eine erkenntnis- und handlungstheoretische Relevanz besitzen. Die Erziehungswissenschaft kann an solche Begrifflichkeiten unter drei Bedingungen anknüpfen:

- Sie müssen einer handlungs- bzw. professionstheoretischen Wissenschaftskonstitution der Erziehungswissenschaft als Ganzer zuträglich sein und das Zusammenwirken der einzelnen erziehungswissenschaftlichen Teildisziplinen fördern;
- sie müssen im Sinne der Interdisziplinarität eine ‚gemeinsame Sprache' ermöglichen, die das professionelle pädagogische Handeln und Kooperieren trotz unterschiedlicher Gegenstandsperspektiven und ‚Problemfoki' erleichtert;
- sie müssen zur Klärung drängender gesellschafts- und bildungspolitischer Fragen wie der Integration bzw. Inklusion behinderter und benachteiligter Kinder, Jugendlicher und Erwachsener einen konstruktiven Beitrag leisten (vgl. C. Lindmeier 2004; B. Lindmeier 2005).

2.2 Behinderung

2.2.1 Behinderung als individuelles Defizit

Um den ‚Eigencharakter' (vgl. Beschel 1960) der wissenschaftlichen Sonderpädagogik, d.h. ihren Charakter als eigenständige Teildisziplin der Erziehungswissenschaft, abzugrenzen, wurden von Anfang an Begriffe verwendet, die einen bestimmten Personenkreis vom Personenkreis der sog. ‚Normalen' abgrenzen (vgl. C. Lindmeier 1993). Dabei handelt es sich in der Regel um Begriffe, die der medizinischen oder psychologischen und nicht der pädagogischen Fachsprache entstammen und dem medizinischen bzw. klinischen Modell der Unterscheidung von ‚gesund' und ‚krank' bzw. ‚normal' und ‚pathologisch' folgen. Diese Auffassung ist als individualtheoretische Sichtweise von Behinderung bzw. Beeinträchtigung bezeichnet worden (vgl. Speck 1988/2008; Moser 2003). In individualtheoretischer Sicht gelten Behinderungen oder Beeinträchtigungen als individuelle Defizite, deren Auftreten spezifische Hilfs- bzw. Unterstützungsleistungen erforderlich macht. Dabei wird die einzelne Person über ihre individuelle(n) Normabweichung(en) definiert (eine Person *ist* behindert bzw. beeinträchtigt) (vgl. Bleidick/Hagemeister 1998).

Personen- oder merkmalsbezogene sonderpädagogische Gegenstandsbestimmungen versuchen den Gegenstand dieser ‚besonderen Pädagogik' *sonder*anthropologisch zu bestimmen, um sich als eigenständige erziehungswissenschaftliche Disziplin von anderen erziehungswissenschaftlichen Disziplinen abgrenzen zu können. Diese sonderanthropologische Gegenstandsbestimmung kommt am deutlichsten in der Fachbezeichnung „Pädagogik der Behinderten" (Bleidick 1972) und dem ihr zugrunde liegenden Verständnis von Behinderung zum Ausdruck (vgl. C. Lindmeier 1993). In seinen pädagogisch-anthropologischen Grundannahmen geht Bleidick von einem *anthropologischen Apriori des Behindertseins* aus: „Die pädagogische Anthropologie im Sinne Bleidicks geht – um es überspitzt zu sagen – nicht vom Menschen, sondern vom Behinderten aus. Denn eine Anthropologie der

Behinderten, wie sie Bleidick in seinem Buch *Pädagogik der Behinderten* ... versteht, macht die behinderten Menschen zwar ausdrücklich zu ihrem Thema – aber mit dem fatalen Effekt, dass aus Menschen Behinderte werden“ (Zirfas 1999, 205).

Nach Zirfas (2004) erfolgt diese sonderanthropologische Gegenstandsbestimmung in fünf Reflexionsschritten: „Bleidick definiert die Behinderung des Menschen als Krankheit, Folgeleiden von Krankheit, Devianz, Dysfunktionalität, Defekt usw., um dann in einem zweiten Schritt den Menschen mit seiner Behinderung zu identifizieren: aus dem Menschen wird ein Behinderter, er *ist* behindert – im Unterschied zu: er hat oder er lebt mit Behinderungen. Die Identifikation des Menschen mit seinen Beeinträchtigungen wird dann in einem dritten Schritt auf inhaltliche Sollensforderungen des Menschen bezogen, d. h. dem anthropologischen Gedankengang in der Theorie der Behinderten liegt explizit oder implizit eine Teleologie zugrunde: Der als behindert geltende Mensch hat sich am Maßstab des Nicht-Behinderten, des statistisch Normalen oder idealistisch Guten des Menschen zu messen. Ein vierter – pädagogischer Schritt – führt dann dazu, dass man Erziehung im Zusammenhang mit eingeschränkten Lernmöglichkeiten begreift ... Und das meint für eine pädagogische Anthropologie der Behinderten: Der Behinderte ist in seiner Bildsamkeit ‚gestört‘, er bedarf einer individuellen Lernmethode, was für die Erziehung, die sich auf diese Anthropologie gründet, ebenfalls eine Beeinträchtigung bedeutet, und zwar eine dreifache: eine des Lernens, der sozialen Adaption und der sprachlichen Kommunikation ... Durch die individuellen Defekte der Behinderung, der ‚Grundbehinderungen‘, kommt es zu ‚Folgebehinderungen‘ in der Erziehung [Bleidick spricht in diesem Zusammenhang von ‚Erziehungsbehinderungen‘, d. Verf.]. Die pädagogische Anthropologie der Behinderten führt dann fünftens zu einer Theorie der Wohltätigkeit, die Erziehung und Bildung als Hilfe für die ‚schwächsten Glieder‘ der Gesellschaft versteht; der Erzieher erscheint so – überspitzt – als Retter der Menschheit der Behinderten ...“ (55).[3]

Zirfas weist aufgrund dieser Erkenntnis zutreffend darauf hin, dass den beschriebenen normativen Annahmen Bleidicks eine Reflexion auf ihre eigene Genese und auf ethische Zielsetzungen im Allgemeinen fehlt. Dieses Problem der *unreflektierten Normativität* ihrer pädagogisch-anthropologischen Grundannahmen nimmt er zum Anlass, die Pädagogik der Behinderten einer erziehungswissenschaftlichen Fundamentalkritik zu unterziehen. Die für die ‚Pädagogik der Behinderten‘ konstitutive Annahme, dass es eine Norm geben muss, von der aus der Gegenstand der Sonderpädagogik als menschlicher ‚Sonderfall‘ erscheint, der sonderpädagogischer Maßnahmen bedarf, wird nach seiner Auffassung in dem Moment zweifelhaft, in dem diese Norm als kontingent, willkürlich und unbegründet, ja unbegründbar deutlich wird. Zirfas fordert deshalb: „Lässt sich Behinderung nicht als anthropologisches Apriori, sondern als eine an einen sozialen Kontext gebundene Konstruktion und Interpretation verstehen ..., so bedeutet

3 Bleidick hat zwar seine Auffassungen über das ‚Behindertsein‘ als ‚defizienten Modus des Menschseins‘ in den 1990er Jahren revidiert (vgl. z. B. Bleidick 1990); am individualtheoretischen ‚Behinderungsparadigma‘ hält er dennoch fest (vgl. z. B. Bleidick 1999).

dies, die Relativität und Relationalität des Behinderungsbegriffs in Rechnung zu stellen, und das anthropologische Paradigma der Behinderung durch ein ethisches der Integration zu ersetzen, das auf eine Ethik der Anerkennung in Bezug auf Selbstachtung und Gerechtigkeit abhebt“ (1999, 209). Leitender Gesichtspunkt dieses Übergangs vom anthropologischen Paradigma des Behindertseins zum ethischen Paradigma der Integration behinderter Menschen ist die These, „dass die Normativität sich nicht gleichsam am Menschenbild ablesen lässt, sondern aus der Erkenntnis der *Differenz* der Individuen heraus entwickelt ... und letztlich auf Freiheit und Gleichheit gegründet werden muss, auf deren Postulate hin sich alle Menschen zu integrieren haben“ (Zirfas 1998, 97). Über die Bedeutung einer ethischen Reflexion von Verschiedenheit, Gleichheit und Freiheit wird gegenwärtig in der Erziehungswissenschaft ein breiter und äußerst facettenreicher inner- und interdisziplinärer Diskurs geführt, zu dem die Sonder- und Integrationspädagogik einen wesentlichen Beitrag leisten kann (vgl. Kap. 3).

Aus individualtheoretischer Sicht wurden außerdem Unterscheidungen hinsichtlich der Schwere, des Umfangs und der Dauer der als ‚Behinderung‘ bzw. ‚Beeinträchtigung‘ bezeichneten individuellen Normabweichungen vorgenommen (Bach 1975, 1999). In seinem Werk ‚Grundlagen der Sonderpädagogik‘ (1999) unterscheidet Bach drei Grade von Beeinträchtigungen[4], denen er pädagogische Aufgabenstellungen zuordnet:

- Behinderungen (einschließlich schwerster Behinderungen) als umfängliche, schwere und langfristige Beeinträchtigungen: Ihnen wird die Sondererziehung als Kernaufgabe der Sonderpädagogik zugeordnet.
- Störungen als partielle, weniger schwere und kurzfristige Beeinträchtigungen: Ihnen wird die Fördererziehung als Aufgabe zugeordnet, die ebenfalls von sonderpädagogischen Fachkräften (Sonderschullehrer, Diplompädagogen mit Studienrichtung Sonderpädagogik) erfüllt werden soll.

4 Zur Kritik am ‚Oberbegriff‘ der Beeinträchtigung und der Fragwürdigkeit einer lexikalischen Hierarchie der Begriffe Beeinträchtigung, Behinderung und Störung vgl. C. Lindmeier (1993, 110f.). Bachs Begriffssystem stützt sich auf eine einseitige etymologische Herleitung des Begriffs der Beeinträchtigung durch Schworm (1975). Das Wort ‚Beeinträchtigung‘ wurde ursprünglich bedeutungsgleich oder zumindest ähnlich mit ‚Schädigung‘ und ‚Schaden‘ verwendet und besitzt keineswegs den größten Begriffsumfang der von Bach verwendeten Begriffe. Dies lässt sich auch an der Alltagssprache ablesen, die Schädigung und Beeinträchtigung weitgehend synonym verwendet. Demnach bezeichnet der Begriff der Beeinträchtigung funktionelle Einschränkungen wie Blindheit oder Gehörlosigkeit. Auch Jantzen stellt aus sozialtheoretischer Sicht klar: „*Behinderung* als Feststellung, dass ein Individuum auf Grund bestimmter Merkmalsausprägungen gesellschaftlichen Minimalvorstellungen über die Ausprägung dieser Merkmale nicht entspricht, ist begrifflich zu unterscheiden von der der Feststellung *vorausgehenden Beeinträchtigung* der biologischen Ausstattung wie der Beziehungen zur Umwelt“ (1974, 27). Ein aktueller Beleg für einen begrenzten Begriffsumfang findet sich in der deutschen Übersetzung des englischen Wortes ‚impairment‘ aus der UN-Behindertenrechtskonvention, das mit ‚Beeinträchtigung‘ ins Deutsche übersetzt wurde.

- Gefährdungen als Beeinträchtigungen, die zu Störungen oder Behinderungen führen können: Ihnen werden präventive pädagogische Maßnahmen zugeordnet, die nicht unbedingt und nicht erster Linie von sonderpädagogischen Fachkräften, sondern von Sozialpädagogen, Erziehungsberatern und Schulpsychologen zu erbringen sind.

Die individuellen Dispositionen spielen zwar in Bachs aktueller Begriffssystematik eine weniger zentrale Rolle als in den 1970er Jahren, weil diese seit Mitte der 1980er Jahre auch den Umfeldbedingungen und -anforderungen eine höhere Bedeutung beimisst (vgl. zuerst Bach 1985). Trotzdem bleiben die individuellen Dispositionen der entscheidende Bezugspunkt seines sonderpädagogischen Begriffssystems: „Traditionell werden Beeinträchtigungen als Behinderungen oder Störungen im Bereiche der Sonderpädagogik nur dann konstatiert, wenn manifeste Schädigungen der individualen Disposition vorliegen“ (Bach 1999, 40). Bach kritisiert zwar, dass demgegenüber „Benachteiligungen der Verhaltens- und Erlebensbedingungen“ oder „Belastungen durch unangemessene Umfeldanforderungen“ ohne Vorliegen manifester Schäden weitgehend außerhalb des Aufmerksamkeitsbereichs bleiben. Indem er diese Gegebenheiten aber selbst nur als Gefährdungen auffasst, die in der Regelschule durch präventive pädagogische Maßnahmen zu bearbeiten sind, blendet er aus, dass sozial benachteiligte Schülerinnen und Schüler in allen Sonder- bzw. Förderschulen, insbesondere aber in den Schulen mit dem Förderschwerpunkt Lernen, überrepräsentiert sind und in ‚Lernbehinderte‘ oder ‚Verhaltensgestörte bzw. -behinderte‘ umdefiniert werden, ohne dass manifeste Schäden als individuale Disposition festgestellt werden können. Diese Zusammenhänge sind seit den späten 1960er Jahren bekannt und durch (behinderungs-)soziologische Untersuchungen mehrfach bestätigt worden (vgl. z. B. Begemann 1970; Thimm/Funke 1977; Wocken 2000).

Die individualtheoretische Sichtweise ist so einflussreich, dass die soziale Benachteiligung in der Sonderpädagogik zu einer personen- oder merkmalsbezogenen Kategorie umgedeutet wird, um sie am Individuum (sonder-)pädagogisch bearbeitbar zu machen. Dies geschieht mit Hilfe des Konstrukts der ‚drohenden Behinderung‘, mit dem das im Jahr 1961 in Kraft getretene Bundessozialhilfegesetz (BSHG) Behinderung und drohende Behinderung leistungsrechtlich gleichstellte.[5] 1973 wurde das Konstrukt ‚drohende Behinderung‘ durch die Empfehlungen ‚Zur pädagogischen Förderung behinderter und von Behinderung bedrohter Kinder und Jugendlicher‘ der Bildungskommission des Deutschen Bildungsrates in den bildungs- und schulpolitischen Diskurs eingeführt. Soziale Benachteiligung wird

5 In der Logik des Bundessozialhilfegesetzes ist dies eine sinnvolle Erweiterung, da der Nachweis, dass Behinderung vorliegt und somit ein Anspruch auf Eingliederungshilfeleistungen besteht, mitunter schwer fällt, insbesondere bei kleinen Kindern. Diesen Kindern können durch den Begriff der ‚drohenden Behinderung‘ Leistungen zur Eingliederungshilfe zugänglich gemacht werden – allerdings mit den verbundenen negativen Folgen der Etikettierung und potentiellen Aussonderung. Mit der Einführung des Sozialgesetzbuches IX (Rehabilitation und Teilhabe) wurde der Begriff ‚drohende Behinderung‘ auch dort übernommen (§ 2, Abs. 2).

seither als drohende Behinderung aufgefasst und soll ebenso wie bestimmte Störungen (z. B. Lese-Rechtschreib-Schwäche) in die Überlegungen zur Organisation sonderpädagogischer Förderung einbezogen werden. Der betroffene Personenkreis ist nach Auffassung der Bildungskommission „... in dem Sinne von Behinderung bedroht, dass die auftretenden Auffälligkeiten ... sich zu Behinderungen verfestigen können" (Deutscher Bildungsrat 1973, 41). Als sozial benachteiligt gelten dementsprechend Kinder und Jugendliche, „deren intellektuelle, emotionale und soziale Entwicklung aufgrund von Besonderheiten des häuslichen Milieus und der sozialen Schicht im Vergleich zur Mehrheit der Gleichaltrigen retardiert ist beziehungsweise negative Abweichungen aufweist. Dies führt dazu, dass sie im Bereich der Bildungssituationen versagen. Diese von Lernbehinderung oder Verhaltensstörung bedrohten Kinder und Jugendlichen bedürfen besonderer Förderung. Als sozial benachteiligt können aber auch Kinder gelten, die aus gestörten Familien stammen und in Heimen untergebracht sind" (a. a. O., 41 f.).

Auch die Unterscheidung von neun bzw. zehn Behinderungsarten (Blindheit und Sehbehinderung, Gehörlosigkeit und Schwerhörigkeit, Sprachbehinderung, Körperbehinderung, Lernbehinderung, geistige Behinderung, Verhaltensstörung, chronische Krankheit) erklärt sich durch die individualtheoretische Sichtweise von Behinderung. Sie wurde beim Aufbau und bei der Ausdifferenzierung des Sonderschulwesens in den 1960er und 1970er Jahren zur Legitimation des zehngliedrigen Sonderschulwesens der Bundesrepublik Deutschland herangezogen, obwohl von Anfang an eingeräumt werden musste, dass bei vielen Kinder, Jugendlichen und Erwachsenen komplexe Behinderungen oder Beeinträchtigungen vorliegen, was seit den 1970er Jahren in der Fachdiskussion durch den problematischen Begriff der Mehrfachbehinderung, der eine bloße Addition der Behinderungen suggeriert, zum Ausdruck gebracht werden sollte. Problematisch ist die Unterscheidung von Behinderungsarten und Mehrfachbehinderungen aber vor allem deshalb, weil mit diesen Begriffen medizinische Schädigungsklassen zum Organisationsprinzip des Sonderschulwesens erhoben wurden.

Die historisch gewachsene merkmals- bzw. defektzentrierte Klassifikation von Behinderungsarten (vgl. Rauschenbach/Steinhilber/Späth 1980, Sander 1985) führte außerdem bei der Implementierung der universitären Ausbildung von Sonderschullehrer/inne/n in den 1970er Jahren dazu, dass sonderpädagogische Fachrichtungen als wissenschaftliche Teildisziplinen der Sonderpädagogik etabliert wurden. Die Aufspaltung in getrennte ‚Sonderpädagogiken' (Blinden-, Gehörlosen-, Körperbehinderten-, Geistigbehinderten-, Sprachbehindertenpädagogik u. a.) wird aus heutiger Sicht als einseitige Auslegung wissenschaftlicher Spezialisierung im Zuge der Etablierung der Sonderpädagogik als Wissenschaft bei gleichzeitiger Vernachlässigung der in aller Regel komplexen Lern- und Entwicklungshindernisse behinderter und sozial benachteiligter Menschen kritisiert (vgl. Speck 2008). Dieser sonderpädagogische „Sparten-Separatismus" (Speck 2008, 32) behindert die wissenschaftliche Entwicklung der Sonderpädagogik bei der notwendigen Bearbeitung fachlich übergreifender Zusammenhänge und die immer wichtiger werdende inner- und interdisziplinäre Kooperation.

2.2.2 Behinderung als soziale Zuschreibung

Von der individualtheoretischen Sichtweise lassen sich Erklärungsmodelle von Behinderung abgrenzen, die zusammenfassend als sozialtheoretische Sichtweisen bezeichnet wurden (vgl. Speck 1988/2008; Moser 2003). Die ihr zugrunde liegenden sozialwissenschaftlichen Theorien kritisieren den individualtheoretischen Erklärungsansatz von Behinderung, weil er zu sehr an individuellen Problemen bzw. Defiziten orientiert ist, und messen der sozialen bzw. gesellschaftlichen Bedingtheit der Behinderung eine große Bedeutung bei. Die sozialwissenschaftlichen Theorien, die dabei bestimmend wurden, sind insbesondere der Symbolische Interaktionismus (Mead), die Stigmatheorie (Goffman) und die schichtspezifische Sozialisationstheorie (Hurrelmann). Sie kamen der Sonderpädagogik entgegen, „da sie mehr Möglichkeiten für eine pädagogische Einflussnahme eröffneten, und da sich wissenschaftlich begründet auch gesellschaftlich-politische Konsequenzen ableiten ließen" (Speck 2008, 216).[6]

In der Sonderpädagogik wurde seit den 1970er Jahren neben der Stigmatheorie der historische und dialektische Materialismus (vgl. zuerst Jantzen 1974) bedeutsam. Wolfgang Jantzen versteht Behinderung in ihrem Kern als soziale Isolation, die in ihrer schwersten Form nicht nur gesellschaftliche Teilhabe gefährdet, sondern auch den Kontakt zum eigenen Selbst. Biologische Bedingungen und Schädigung bzw. Defekte werden als wesentlich angesehen, dennoch wird Behinderung als sozialer Gegenstand begriffen: Im Zentrum der Theorie steht die Tätigkeit, von der im Rahmen gesellschaftlicher Deutungs- und Zuschreibungsprozesse angenommen wird, das behinderte Menschen sie nicht im erwarteten Umfang und der erwarteten Qualität ausüben können und demnach ‚Arbeitskräfte minderer Güte' darstellen (vgl. Jantzen 1987, 30). Aus dieser Annahme folgt eine Einschränkung der Teilhabe an Bildung und Weltaneignung, die in Wechselwirkung mit den durch biologische Bedingungen eingeschränkten Möglichkeiten im Extremfall zu einem sich aufschaukelnden Prozess der immer weitergehenden Isolation führen kann. Die von Jantzen und anderen entwickelte Methode der rehistorisierenden Diagnostik ist sehr hilfreich bei dem Bestreben, langjährige Prozesse der Isolation zu durchbrechen, beispielsweise in der Arbeit mit hospitalisierten Menschen (vgl. Jantzen/Lanwer-Koppelin 1996).

Während ‚Behindertsein' für Bleidick in den 1970er Jahren bedeutete, dass die betroffenen Menschen besondere Hilfe und Erziehung benötigen, weil sie die pädagogisch anzustrebende Norm des Menschseins nicht erreichen können, ging

6 Neuerdings wurde auch die Systemtheorie (Luhmann, Bateson) stark rezipiert, ebenso verschiedene Spielarten des Konstruktivismus (sozialer Konstruktivismus, radikaler Konstruktivismus, in der Sonderpädagogik auch systemischer Konstruktivismus). An dieser Stelle können aus Platzgründen keine näheren Ausführungen zu den einzelnen Theorien erfolgen. Wir verweisen bezüglich der Theorien der Erziehungswissenschaft auf das gleichnamige Buch von König/Zedler (2002), bezüglich der Theorien der Behindertenpädagogik auf Moser/Sasse (2008), bezüglich soziologischer Theorien zu Behinderung und Behindertwerden auf Cloerkes (2003, 2007) und selbstverständlich auf die benannten Autoren selbst.

es Jantzen vorrangig darum, ein ‚Behindertwerden' durch die Gesellschaft, das in (gewaltsamer) sozialer Exklusion gipfelt, zu entlarven und abzubauen. Jantzens kritischer Blick auf die gesellschaftliche Bedingtheit von Behinderungen, der auch auf die Selektionsfunktion der Sonderinstitutionen und die ideologische Funktion der etablierten wissenschaftlichen Sonderpädagogik abhebt, trug zweifellos mit dazu bei, dass die wissenschaftliche Sonderpädagogik den Wandel von einer individualwissenschaftlichen zu einer sozialwissenschaftlichen Fundierung vollzogen hat (vgl. C. Lindmeier 1993). Allerdings wurde die gesellschaftliche Bedingtheit von Behinderung zumindest in der materialistischen Behindertenpädagogik Jantzens – der zugrunde liegenden marxistischen Gesellschaftstheorie entsprechend – zu einseitig unter (national-)ökonomischen Gesichtspunkten auf die kapitalistischen ‚Produktionsverhältnisse' zurückgeführt. Dass Menschen nicht nur als ‚Arbeitskraft minderer Güte' von gesellschaftlichem Ausschluss bedroht sind, sondern im System der Bildung selbst soziale Benachteiligung und Exklusion erfahren, lässt sich mit neomarxistischen Gesellschaftstheorien wie Bourdieu's Kapitalsortentheorie besser analysieren, als mit der traditionellen Marxschen Lehre vom Tausch- und Gebrauchswert der Ware ‚Arbeitskraft' (vgl. hierzu Abschnitt 2.2.4).[7]

Eine starke theoriegenerierende Wirkung für die sonderpädagogische Theoriebildung kam der Stigmatheorie von Erwing Goffman (1967) zu, da sie in umgedeuteter und verfälschter Form zur Stützung des individualtheoretischen Paradigmas herangezogen wurde; ihre Rezeption wird daher im Folgenden ausführlich dargestellt. Die Stigma-Theorie beruht auf dem Symbolischen Interaktionismus, der wesentlich durch Mead und Blumer entwickelt wurde (vgl. zusammenfassend Krappmann 1969). Die menschliche Identität entwickelt sich innerhalb und mit Hilfe sozialer Interaktionen, in denen durch Symbole kommuniziert wird. In der Interaktion wird sozialer Sinn nicht nur ausgetauscht und vermittelt, sondern konstituiert, indem (sprachliche und nichtsprachliche) Symbole kommuniziert werden. Diese Symbole haben keine festgelegte Bedeutung, sondern ihre Bedeutung wird in den Interaktionssituationen immer auch verändert bzw. neu ausgehandelt. Ein nicht sprachliches Symbol in unserem Kontext kann ein Rollstuhl sein, der vielfältige Bedeutungszuschreibungen (beispielsweise Behinderung, Hilfebedürftigkeit, Unglück, Selbstbestimmung) ermöglicht.

Der Rollstuhl kann so auch als Stigma wirken, als „Eigenschaft ..., die zutiefst diskreditierend ist" (Goffman 1975, 11). ‚Stigma' bezeichnet in Goffmanns Theorie eine negativ bewertete Eigenschaft einer Person oder einer Gruppe, durch die sie sich von der ‚Normalität' unterscheidet und die die soziale Identität der Person oder Gruppe maßgeblich bestimmt. Das Stigma ist häufig sichtbar bzw. in der Interaktionssituation erkennbar, und es formt diese Interaktion in typischer Weise, meist so, dass die ansonsten geltenden Normalitätserwartungen außer Kraft gesetzt werden, ein Ausschluss aus weiteren Interaktionssituationen stattfindet und ein

7 Jantzen selbst rezipierte die relationale Soziologie Bourdieus in den 1990er Jahren im Rahmen seiner Analysen zur paternalistischen Gewaltausübung (in) der Behindertenpädagogik (vgl. z.B. Jantzen 2001).

Gewahrwerden und eine Würdigung anderer Eigenschaften unterbleibt: „Ein Individuum, das leicht in gewöhnlichen sozialen Verkehr hätte aufgenommen werden können, besitzt ein Merkmal, das sich der Aufmerksamkeit aufdrängen und bewirken kann, dass wir uns bei der Begegnung mit diesem Individuum von ihm abwenden, wodurch der Anspruch, den seine anderen Eigenschaften an uns stellen, gebrochen wird" (Goffman 1975, 13). Ein Stigma kann sich erst in sozialen Beziehungen herausbilden, es bezeichnet „... die Situation des Individuums, das von vollständiger sozialer Akzeptierung ausgeschlossen ist" (a.a.O., 7). Es wird allerdings Teil der sozialen Identität des von Stigmatisierung betroffenen Menschen; die klassische Stigma-Theorie geht deshalb von massiven und zwangsläufigen Gefährdungen der Identität stigmatisierter Menschen aus (Stigma-Identitäts-These), denn als Endpunkt von Stigmatisierung wird die Organisation der Identität um ein abweichendes Verhaltensmuster als erlernte soziale Rolle angenommen (vgl. hierzu ausführlich Cloerkes 2007, 173 ff.). Weiterentwicklungen dieser Theorie nehmen allerdings an, dass es stigmatisierten Menschen möglich ist, eine Identitätsbalance zu erreichen.[8]

Die sonderpädagogische Rezeption der Stigma-Theorie wurde vor allem durch Walter Thimm angeregt, der Anfang der 1970er Jahre die ‚Soziologie der Behinderten' (1972) begründete. Thimm schlug vor, Behinderung als Stigma und somit als „... Produkt sozialer Zuschreibungen" (1975 a, 159), nicht als deren Anlass zu begreifen, und propagierte die Stigma-Theorie als ‚Paradigma-Alternative' zur individualtheoretischen Sichtweise von Behinderung. In der Folge wurde allerdings vor allem die These einer ‚beschädigten Identität' von der sonderpädagogischen Theorie aufgenommen und auf alle Behinderungsarten angewandt (vgl. z.B. Thimm 1975 b). Diese undifferenzierte und selektive sonderpädagogische Rezeption der Stigma-Theorie Goffmans führte dazu, dass Identitätsstörungen bei behinderten Menschen als geradezu zwangsläufig angesehen werden, „und zwar nicht nur ... als Folge des Stigmatisierungsprozesses, sondern ... als Konsequenz der ‚Behinderung'. Das bedeutet genau genommen: Behinderte sind defizitäre Wesen, denen selbst eine so elementare Fähigkeit wie die zur balancierenden Ich-Identität fehlt" (Cloerkes 2007, 179). Aus behindertensoziologischer Sicht gelangt Cloerkes deshalb zu dem Schluss: „Die defizitorientierte Unterstellung einer ‚beschädigten Identität' bei behinderten Menschen muss kritisch gesehen werden, weil sie die Bedeutung der Identitätsstrategien verkennt und ihrerseits zur Stigmatisierung beiträgt" (Cloerkes 2007, 205). Moser kritisiert daher zurecht, dass eine in dieser Weise (miss-)verstandene sozialtheoretische Sichtweise innerhalb der

8 In sozialen Interaktionen haben alle Individuen mit unterschiedlichen Rollen und Rollenerwartungen der Interaktionspartner zu tun. Wenn es gelingt, diese immer wieder zu integrieren, einen angemessenen Ausgleich zwischen Anpassung an Rollenerwartungen und selbstbestimmter Rollengestaltung (role making und role taking) zu finden und so zu einem Ausgleich sozialer Identität und personaler Identität zu kommen, ist Identitätsbalance erreicht. Stigmatisierung als massive und überdauernde Zuschreibung negativer sozialer Rollen stellt eine besondere Herausforderung für diesen Prozess dar, macht ihn aber nicht unmöglich (Krappmann 1969, Frey 1983).

sonderpädagogischen Theoriebildung „... anthropologische gegen sozialdeterministische Argumentationslinien austauscht, indem [sie] den Aspekt der Ich-Identität, der im ursprünglichen Ansatz Goffmans die Subjektseite betont, ausklammert, und somit ‚Behinderung' unter der Hand zu einer umfassenden Identitätskategorie erhebt ..." (2003, 48). Soziale Ausschlussprozesse werden so zu individuellen Problemen, die pädagogisch und therapeutisch bearbeitet werden können und eine eigenständige Sonderpädagogik mit begründen.

Felkendorff (2003) gibt einen Überblick, welche Argumente aus sozialtheoretischer Sicht gegen individualtheoretische Sichtweisen von Behinderung bzw. eine bestimmte Verwendung des Begriffs vorgebracht wurden. Diese prägnante Übersicht, die keinen Anspruch auf Vollständigkeit erhebt, wurde von Dederich (2009, 18f.) leicht überarbeitet und von uns punktuell modifiziert:

- Die Verwendung des Begriffs bzw. die Zuschreibung von Behinderung führt zu einer Stigmatisierung der betroffenen Individuen (Argument der Stigmatisierung).
- Durch den Rückgriff auf individuelle, biologisch definierte Merkmale wird Behinderung zu einem Wesensmerkmal; zugleich kaschiert dieser Zugang, dass es sich tatsächlich um gesellschaftlich oder kulturell erzeugte Unterschiede handelt, die in (am Individuum diagnostizierte) ‚Natur' verwandelt werden (Argument des Essenzialismus).
- Der Behinderungsbegriff beruht auf der Feststellung individueller Mängel und Defizite und macht die Menschen, die diese Negativmerkmale aufweisen, zu menschlichen ‚Minus-Varianten' (Argument der Defizitarität).
- Der Begriff ist ein bloßes und willkürliches Konstrukt der definierenden Instanzen (Argument der Arbitrarität).
- Es werden höchst unterschiedliche Phänomene unter den Begriff subsumiert (Down-Syndrom, Verhaltensstörungen usw.). Durch diese Überdehnung verliert der Begriff seine Genauigkeit und Spezifität (Argument fehlender Trennschärfe). „Umgekehrt wurde aber auch argumentiert, der Begriff verdecke mit seiner scheinbar klaren und statischen Differenzierung von ‚behindert' und ‚nichbehindert' Mischformen, Übergänge und zeitlich-prozesshafte Aspekte" (Dederich 2009, 19).
- Der Begriff transformiert ein gesellschaftlich und sozial bedingtes Phänomen in ein individuelles Problem und verdeckt damit die Tatsache, dass Behinderung eine Folge von gesellschaftlich definierten Erwartungen, sozialen Reaktionen auf ‚Andersartigkeit' bzw. ‚Fremdheit' ist (Argument der Individualisierung).
- Der Behinderungsbegriff trägt zu sozialer bzw. institutioneller Segregation bei (Argument der Segregation).
- Durch ihre ‚Definitionsmacht' werden Medizin und Sonderpädagogik dazu verleitet, den Begriff im Sinne der eigenen Interessenswahrung zu verwenden, beispielsweise zur Sicherung oder Ausweitung des eigenen professionellen Zuständigkeitsbereichs (Argument des Missbrauchs für berufspolitische Zwecke).

- Die Verwendung des Begriffs birgt die Gefahr, die so bezeichneten Individuen von vorne herein auf bestimmte Verhaltensweisen, Probleme oder Entwicklungsmöglichkeiten festzulegen und damit mögliche Veränderungen zu vereiteln, indem eine ‚self fullfilling prophecy' wirksam wird (Argument des Determinismus).
- Behinderung ist – auch in der Alltagssprache – ein negativ konnotierter Begriff, der nur Defekte, Mängel, Defizite und Abweichungen hervorhebt. Er ist pädagogisch wertlos und gibt keinen Aufschluss darüber, was getan werden soll (Argument fehlender pädagogischer Aussagekraft).

Die komplexe weitere Entwicklung der sozialtheoretischen Sichtweise (vgl. u.a. Dederich 2009, Weisser 2009) kann an dieser Stelle nicht weiter ausgeführt werden; sie wird allerdings in dem Abschnitt ‚Disability Studies und menschenrechtliches Modell von Behinderung' (2.2.4) noch einmal kurz aufgegriffen.

2.2.3 Behinderung als mehrdimensionales und relationales Konstrukt

Einen pädagogisch anschlussfähigen Behinderungsbegriff, in dem ein Teil dieser Argumente aufgenommen und bearbeitet ist, bietet die neue internationale Klassifikation der Funktionsfähigkeit, Behinderung und Gesundheit (ICF) der Weltgesundheitsorganisation (WHO). Sie ist zwar auch kritisch rezipiert worden (vgl. z.B. Hirschberg 2009; Weisser 2009), stellt aber gegenwärtig einen Minimalkonsens in der Sonderpädagogik dar (vgl. Dederich 2009; zu den Problemen vgl. C. Lindmeier 2002/2003).

Die ICF (engl.: **I**nternational **C**lassification of **F**unctioning, Disability and Health) wurde im Mai 2001 von der 54. Vollversammlung der WHO als Nachfolgerin der Internationalen Klassifikation der Schädigungen, Fähigkeitsstörungen und Beeinträchtigungen (ICIDH) (**I**nternational **C**lassification of **I**mpairments, **D**isabilities and **H**andicaps) verabschiedet. Sie gehört zu der von der WHO entwickelten Familie von Klassifikationen für die Anwendung auf verschiedene Aspekte der Gesundheit. Diese Klassifikationen stellen einen Rahmen zur Kodierung eines breiten Spektrums von Informationen zur Gesundheit zur Verfügung (z.B. Diagnosen, Funktionsfähigkeit und Behinderung, Gründe für die Inanspruchnahme der Gesundheitsversorgung) und verwenden eine standardisierte allgemeine Sprache, die die weltweite Kommunikation über Gesundheit und gesundheitliche Versorgung in verschiedenen Disziplinen und Wissenschaften ermöglicht. Gesundheitsprobleme werden innerhalb der Internationalen Klassifikationen der WHO in der ICD-10 klassifiziert (die 1993 verabschiedete ‚Internationale Statistische Klassifikation der Krankheiten und verwandter Gesundheitsprobleme, 10. Revision' (**I**nternational Statistical **C**lassification of **D**iseases and Related Health Problems).

Während also die ICD-10 Gesundheitsprobleme klassifiziert, klassifiziert die ICF die Funktionsfähigkeit und Behinderung, die mit einem Gesundheitsproblem verbunden ist. Da die ICD-10 und die ICF ‚Komplementärklassifikationen' sind und einander ergänzen sollen, ruft die WHO die Anwender auf, beide Klassifikationen gemeinsam zu verwenden.

Von der ICIDH (1980) zur ICF (2001) – ein Paradigmenwechsel im Gesundheitssystem

Die WHO klassifiziert Behinderung erst seit 1980 in eigenständiger Form. Vorher gab es nur internationale medizinische Klassifikationen wie die ICD, mit denen Krankheiten, Verletzungen und Todesursachen klassifiziert werden konnten (vgl. Hirschberg 2003). Da in den 1970er Jahren auch im Gesundheitssystem erkannt wurde, dass Behinderung nicht mit Krankheit gleichgesetzt und deshalb mit einer Klassifikation der Krankheiten nicht adäquat beschrieben werden kann, legte die WHO 1980 (mit Blick auf das Internationale Jahr der Behinderten 1981) mit der ICIDH der Fachöffentlichkeit erstmals eine internationale behinderungsspezifische Klassifikation vor. Bereits der ICIDH liegen zwei neue Erkenntnisse zu Grunde, die einen erheblichen Fortschritt gegenüber früheren Definitionsversuchen von Behinderung in der Medizin und dem Gesundheitssystem darstellen:

1. Behinderung ist etwas Relatives. Ein Mensch mit Behinderung ist in aller Regel nur in ganz bestimmten, beschreibbaren Lebenssituationen behindert;
2. ein Mensch, der eine Gesundheitsstörung aufweist, kann durch gesellschaftliche Rahmenbedingungen und Hindernisse oder die Bedingungen der natürlichen Umwelt zusätzlich sozial beeinträchtigt werden. Umgekehrt kann ein Wechsel des sozialen Rahmens oder die Beseitigung von Hindernissen zumindest die soziale Beeinträchtigung bzw. das ‚handicap' als mangelnde soziale Anpassung des Betroffenen aufheben.

Ausgehend von diesen beiden Erkenntnissen der Relativität der Behinderung und der zusätzlichen sozialen Beeinträchtigung leistete die WHO mit ihrer Klassifikation von 1980 Folgendes (vgl. Schuntermann 1994):

1. Sie passte den Begriff der Behinderung den modernen Anforderungen an und entwickelte ihn so, dass er wissenschaftlich und rehabilitationspraktisch zugänglich wurde. Das Ergebnis ist das WHO-Modell der nachteiligen Auswirkungen von Krankheiten, angeborenen Leiden und Unfällen, welches als ‚Krankheitsfolgenmodell' (Wood) bezeichnet worden ist.
2 Sie erstellte und veröffentlichte eine Klassifikation für die drei zentralen Sachverhalte ‚Gesundheitsschäden einschließlich Funktionsstörungen', ‚funktionelle Einschränkungen im täglichen Leben' und ‚soziale Beeinträchtigung', und
3. sie fasste den Begriff der Rehabilitation auf der Grundlage des Krankheitsfolgenmodells neu.

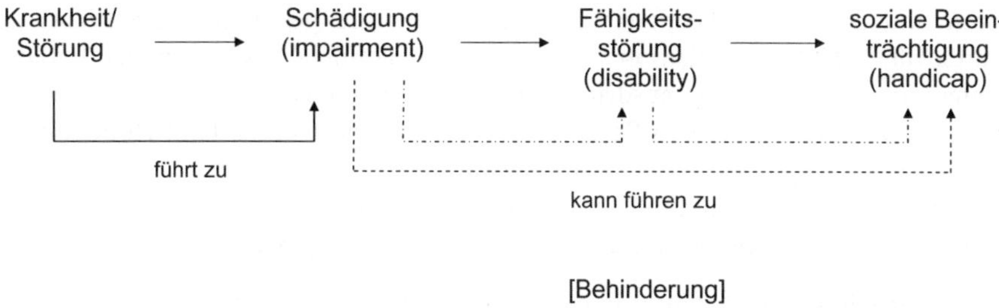

Abb. 1: Das Krankheitsfolgenmodell von Wood als Grundlage der ICIDH (1980) der WHO

In diesem mehrdimensionalen Modell wird die Krankheitsfolge ‚Behinderung' auf den drei Ebenen der Schädigung (impairment), der Fähigkeitsstörung (disability) und der sozialen Beeinträchtigung (handicap) betrachtet (vgl. Abb. 1). Sein Erklärungswert lässt sich an Hand eines Beispiels aus der ICIDH verdeutlichen:

„Kurzsichtige oder diabetische Menschen leiden an einer funktionellen Schädigung, müssen aber nicht in ihren Fähigkeiten gestört sein, da diese Schädigung durch Hilfsmittel, Geräte oder Arzneimittel korrigiert oder aufgehoben werden kann; der nicht in seinen Fähigkeiten gestörte jugendliche Diabetiker könnte trotzdem sozial beeinträchtigt sein, durch den erheblichen Nachteil, zum Beispiel nicht mit seinen Altersgenossen Konfekt essen zu dürfen oder sich regelmäßig Injektionen verabreichen zu müssen" (WHO 1995, 247).

Trotz der Fortschritte, die durch die ICIDH erzielt wurden, wurde insbesondere der Begriff des ‚handicaps' durch Vertreter des sozialtheoretischen Ansatzes kritisiert (vgl. Schuntermann 1994; WHO 1995). Vor allem die Behindertenverbände in den USA und in Kanada widersetzten sich einer verengten Auffassung des Begriffs ‚handicap' als Eigenschaft der Person. Diese Kritik war zweifellos berechtigt, denn im Rahmen des für die ICIDH maßgeblichen Krankheitsfolgenmodells wurden die ‚sozialen Beeinträchtigungen' als Merkmal oder Status einer Person aufgefasst: „Die Beeinträchtigung ist charakterisiert durch eine Diskrepanz zwischen Verhalten und Status der Person und der Erwartung der speziellen Gruppe, deren Mitglied sie ist. Soziale Beeinträchtigung entsteht *im Ergebnis ihrer Unfähigkeit, sich den Normen dieser Umwelt anzupassen* [Hervorh. d. Verf.]. Somit ist Beeinträchtigung ein soziales Phänomen, das die gesellschaftlichen und Umweltfolgen für den Menschen zum Ausdruck bringt, *die seiner Schädigung und Fähigkeitsstörung zuzuschreiben sind* [Hervorh. d. Verf.]" (WHO 1995, 246).

Ein ‚handicap' weist aber stets zwei Aspekte auf: Ein Mensch kann seine Rolle in Familie, Arbeit und Gesellschaft nicht aufrechterhalten, weil er entweder aus körperlichen, geistigen oder seelischen Gründen dazu nicht in der Lage ist oder weil die Umwelt ihn diese Rollen nicht aufrechterhalten lässt. Diese zwei Aspekte können als ‚gehandicapt sein' und ‚gehandicapt werden' beschrieben werden, in deutschsprachigen Ländern wird von ‚behindert sein' und ‚behindert werden' gesprochen (vgl. Eberwein/Sasse 1998). Eine Weiterentwicklung des ‚handicap'-Konzepts musste also sinnvoller Weise in der Einbeziehung von Umweltfaktoren und des ‚Gehandicapt-Werdens' bestehen, und genau in diese Richtung wurde die WHO-Klassifikation mit der 1993 begonnenen Revision der ICIDH weiterentwickelt. Dabei ist ausdrücklich zu würdigen, dass Menschen mit Behinderung von Anfang in diesen Revisionsprozess involviert waren (vgl. Hollenweger 2005).

Zum besseren Verständnis der Veränderungen sollen weitere Nachteile der ICIDH der Weiterentwicklung durch die ICF gegenübergestellt werden:

- die Vorstellung einer kausal-linearen Verknüpfung von Krankheit, Unfall oder angeborener, genetischer Veränderung mit Schädigung, Fähigkeitsstörung und sozialer Beeinträchtigung;
- die Vorstellung einer eindirektionalen Entwicklung von einer Krankheit usw. zu einer Schädigung, einer Schädigung zu einer Fähigkeitsstörung, einer Fähigkeitsstörung zu einer sozialen Beeinträchtigung;
- die Vernachlässigung der aktiven Rolle (‚behindert werden') der sozialen und natürlichen Umwelt bei der Entwicklung des Behinderungszustandes und -prozesses.

Positiv lässt sich festhalten, dass das Krankheitsfolgenmodell von Wood, das der ICIDH von 1980 zu Grunde lag, als mehrdimensionales Modell hilfreich war, um Schädigungen, Fähigkeitsstörungen und soziale Beeinträchtigungen als Dimensionen einer Behinderung erstmals zu unterscheiden. Damit wurde eine ausschließlich an negativ attribuierten Persönlichkeitsmerkmalen (ätiologischen Schädigungsklassen) orientierte, eindimensionale biomedizinische Klassifikation überwunden.

Neuerungen durch die ICF

Das erweiterte bio-psycho-soziale Modell der ICF beschreibt Funktionsfähigkeit und Behinderung als Ergebnis einer dynamischen Interaktion zwischen dem Gesundheitsproblem einerseits und den Kontextfaktoren andererseits. Behinderung wird nicht mehr als Zustand, sondern als (Handlungs-)Situation, in der sich eine Person befindet, angesehen. Durch die genauere Fassung von Funktionsfähigkeit und Leistungsfähigkeit hat sich die ICF – gegenüber der ICIDH als einer Klassifikation der Krankheitsfolgen – zu einer Klassifikation der ‚Komponenten der Gesundheit' weiterentwickelt. Sie ist damit eine defizit- und ressourcenorientierte Klassifikation. Das bedeutet:

- Die Vorstellung einer kausal-linearen Verknüpfung der Dimensionen wird durch die Vorstellung einer relationalen Beziehung von persönlichen Dimensionen (Körperfunktionen und -strukturen, Aktivität), Person-Umwelt-Dimension (Partizipation an Lebensbereichen) und Kontextfaktoren ersetzt;
- die dynamische Interaktion innerhalb der drei Dimensionen wird bidirektional aufgefasst, was bedeutet, dass Partizipationsprobleme oder Aktivitätsstörungen auch Schäden und Gesundheitsprobleme nach sich ziehen können;

- die Kontextfaktoren spielen bei der Analyse eines Behinderungszustandes oder -prozesses eine aktive Rolle, weil nun anerkannt wird, dass die gesundheitlichen Probleme einer Person durch günstige oder ungünstige Kontextbedingungen in ihren behindernden Auswirkungen verstärkt oder abgeschwächt werden können;
- es wird anerkannt, dass folglich Behinderung immer in einem sozialen Kontext auftritt und daher keine Eigenschaft einer Person beschreibt, sondern die Situation, in der sie sich befindet;
- die Dimensionen der Funktionsfähigkeit und Behinderung können in zweifacher Weise betrachtet werden, zum einen, um Probleme zu beschreiben, zum anderen, um neutrale oder positive Aspekte des Gesundheitszustandes und damit zusammenhängender Funktionsfähigkeit zu beschreiben.

Das neu entwickelte Verständnis von Behinderung und Funktionsfähigkeit sucht das medizinische und das soziale Modell zu integrieren: „Das medizinische Modell betrachtet ‚Behinderung' als ein Problem der Person, das unmittelbar von einer Krankheit, einem Trauma oder einem anderen Gesundheitsproblem verursacht wird, und welches der medizinischen Versorgung bedarf, etwa in Form individueller Behandlung durch Fachleute. Das Management der Behinderung zielt auf Heilung, Anpassung oder Verhaltensänderung ab. Der zentrale Anknüpfungspunkt ist die medizinische Versorgung, und vom politischen Standpunkt aus gesehen geht es grundsätzlich darum, die Gesundheitspolitik zu ändern oder zu reformieren. Das soziale Modell der Behinderung hingegen betrachtet Behinderung hauptsächlich als ein gesellschaftlich verursachtes Problem und im Wesentlichen als eine Frage der vollen Integration Betroffener in die Gesellschaft. Hierbei ist ‚Behinderung' kein Merkmal einer Person, sondern ein komplexes Geflecht von Bedingungen, von denen viele vom gesellschaftlichen Umfeld geschaffen werden. Daher fordert die Handhabung dieses Problems soziales Handeln, und es gehört zu der gemeinschaftlichen Verantwortung der Gesellschaft in ihrer Gesamtheit, die Umwelt so zu gestalten, wie es für eine volle Partizipation an allen Bereichen des sozialen Lebens der Menschen mit Behinderungen erforderlich ist. Das zentrale Thema ist daher ein einstellungsbezogenes und weltanschauliches, welches soziale Veränderungen erfordert. Vom politischen Standpunkt aus gesehen wird das Problem zu einer Frage der Menschenrechte. Für dieses Modell ist Behinderung ein politisches Thema" (DIMDI 2005, 24 f.).

Die Beschreibung der ICF bezüglich menschlicher Funktionsfähigkeit und ihrer Beeinträchtigungen ist in zwei Teile gegliedert: der erste Teil befasst sich mit Funktionsfähigkeit und Behinderung, der zweite Teil mit den Kontextfaktoren (vgl. Abb. 2). Die Komponente der Funktionsfähigkeit und Behinderung setzt sich aus drei Dimensionen zusammen: den Körperfunktionen und -strukturen (bio), den Aktivitäten (psycho) und der Partizipation (sozial). Die Kontextfaktoren bestehen aus den Umweltfaktoren und den personenbezogenen Faktoren. Ausgangspunkt für die Anwendbarkeit der ICF bleibt allerdings weiterhin ein Gesundheitsproblem; Umstände, die beispielsweise durch die sozioökonomische Situation verursacht sind, bleiben ausgeschlossen. Das ist insofern problematisch, als es zwischen Armut und Krankheit ebenso wie zwischen Armut und Behinderung enge, vielfältig verflochtene Beziehungen gibt.

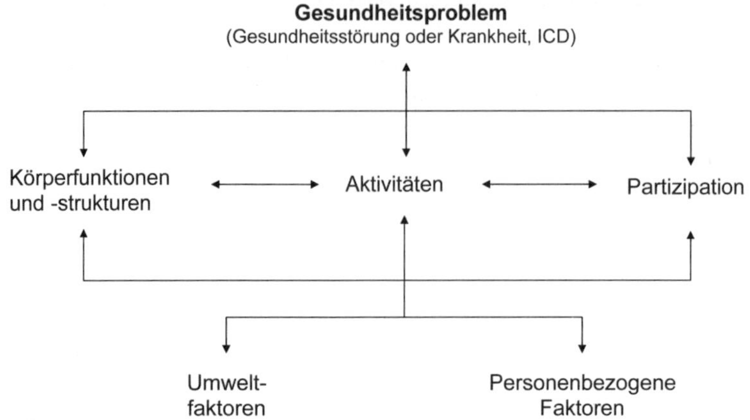

Abb. 2: Das bio-psycho-soziale Modell der ICF (DIMDI 2005, 23)

Die Umweltweltfaktoren beziehen sich auf zwei Ebenen:

1. „Die Ebene des Individuums: Hierunter fällt die unmittelbare, persönliche Umwelt eines Menschen einschließlich des häuslichen Bereichs, des Arbeitsplatzes und der Schule. Diese Ebene des Individuums umfasst auch die physikalischen und materiellen Gegebenheiten der Umwelt, denen sich eine Person gegenübersieht, sowie den persönlichen Kontakt zu anderen wie zu Familie, Bekannten, Seinesgleichen (Peers) und Fremden.
2. Die Ebene der Gesellschaft: Hierunter fallen die formellen und informellen sozialen Strukturen, Dienste und die übergreifenden Ansätze oder Systeme in der Gesellschaft, die einen Einfluss auf Individuen haben. Diese Ebene umfasst (a) Organisationen und Dienste bezüglich der Arbeitsumwelt, kommunalen Aktivitäten, Behörden und des Kommunikations- und Verkehrswesens sowie informelle soziale Netzwerke und (b) Gesetze, Vorschriften, formelle und informelle regeln, Einstellungen und Weltanschauungen“ (DIMDI 2005, 22).

Wie die personenbezogenen Faktoren sind die Umweltfaktoren ‚neutral‘ definiert. Sie können also sowohl positiven als auch negativen Einfluss auf den Zustand der Funktionsfähigkeit ausüben und diesen sowohl verschlechtern als auch verbessern. Als Konstrukte zur Beurteilung dieses Einflusses verwendet die ICF die Begriffe ‚Förderfaktoren‘ und ‚Barrieren‘. Förderfaktoren verbessern die Funktionsfähigkeit und reduzieren die Behinderung, zu ihnen gehören bauliche Anpassungen und Hilfsmittel, positive Einstellungen der Menschen in der Umgebung oder das Fehlen diskriminierender Praktiken. Barrieren sind dementsprechend eine Unzugänglichkeit der materiellen Umwelt, fehlende Hilfsmittel, diskriminierende Praktiken und vorurteilsvolle Einstellungen. In einer entwickelten Gesellschaft ist die mangelnde Anpassung der baulichen Umgebung und die Beschaffung geeigneter Hilfsmittel kein grundsätzliches Problem, sondern in der Regel die Folge diskriminierender Einstellungen und Praktiken.

Durch die Aufnahme der Klassifikation der Umweltfaktoren in die ICF wird nun zum Beispiel auch beschreibbar, dass eine Partizipationsbeeinträchtigung in Form einer sozialen Isolation oder Deprivation unmittelbar zu einem gesundheitlichen Schaden führen kann. Dies veranschaulicht Schuntermann mit einem Beispiel:

„Eine Partizipationsstörung führt zu einem Schaden: Eine ältere Person, die für eine längere Zeit in relativer Isolation gelassen wird (Partizipationsstörung), erleidet einen Mangel an intellektueller Stimulation und sensorischer Aufnahme mit der Folge eines graduellen Verlustes kognitiver Fähigkeiten wie Gedächtnis oder Orientierung (beides Schäden)“ (Schuntermann 1999, 352).

Außerdem macht es die Abkehr vom Krankheitsfolgenmodell möglich, Behinderungssituationen zu beschreiben, die auf eine Beeinträchtigung in nur einer der drei Dimensionen der Funktionsfähigkeit zurückzuführen sind. Der Geltungsbereich der ICF umfasst sogar die Möglichkeit, dass eine Gesundheitsstörung allein oder ein gesundheitsrelevanter Risikofaktor direkt zu Partizipationsstörungen führen können, ohne dass Schädigungen oder Aktivitätsbeeinträchtigungen vorliegen:

„Eine vermutete Schädigung führt zu Partizipationsbeeinträchtigungen, ohne dass eine tatsächliche Schädigung oder eine Aktivitätsbeeinträchtigung vorliegt: Eine Person arbeitet mit AIDS-Patienten: Die Person ist gesund, muss sich aber periodisch einem HIV-Test unterziehen. Bekannte und Freunde dieser Person befürchten jedoch, dass sie sich infiziert. Dies führt zu einschneidenden Problemen der Person in den interpersonellen Interaktionen sowie im Gemeinschafts-, sozialen und staatsbürgerlichen Leben. Ihre Partizipation ist wegen der negativen Einstellungen der Menschen in ihrer Umwelt eingeschränkt“ (DIMDI 2005, 169).

Auch der Ausschluss aus einer privaten Krankenkasse wegen eines bestehenden oder nur für die Zukunft vermuteten Gesundheitsproblems, z. B. auf Grund der höheren Krankheitsanfälligkeit bei bestimmten Schädigungen, stellt eine solche Partizipationsbeeinträchtigung dar.

Solche Wirkungszusammenhänge waren mit der ICIDH ebenfalls nicht darstellbar. Sie zeigen deutlich, dass die ICF keine Personmerkmale, sondern (Handlungs-)Situationen von Personen (die von Gesundheitsproblemen mittelbar oder unmittelbar betroffen sind) klassifiziert, die je nach Einfluss der Kontextfaktoren tendenziell eher als Behinderung oder als Funktionsfähigkeit beschrieben werden können. Behinderung wird also als etwas verstanden, das auf einem Kontinuum zwischen vollständiger Funktionsfähigkeit und totaler Funktionseinschränkung abgebildet werden kann. Wir möchten deshalb an dieser Stelle noch einmal hervorheben, dass die ICF eine defizit- und ressurcenorientierte Klassifikation ist.

Personenbezogene Faktoren stellen den individuellen Hintergrund des Lebens einer Person dar. Diese setzen sich nach Angaben der ICF aus Attributen oder Eigenschaften der Person zusammen, die nicht Teil ihrer körperlichen, geistigen und seelischen Verfassung oder ihres funktionalen Zustandes sind. Zu ihnen zählen Alter, Geschlecht, Bildung, Ausbildung, Erfahrung, Persönlichkeit und Charakter, Lebensstil, Gewohnheiten, Erziehung, Bewältigungsstile, sozialer Hintergrund, Beruf sowie vergangene oder gegenwärtige Erlebnisse. Die personenbezogenen Faktoren sind zwar Teil des Modells der ICF, aber wegen der mit ihnen einhergehenden großen sozialen und kulturellen Streuung nicht Teil der Klassifikation. Bei Faktoren wie ‚Bildungsstand' oder ‚soziale Herkunft' ist es kaum möglich, eine internationale, für die verschiedenen Kulturen und Lebensgewohnheiten adäquate Klassifizierung zu finden. Außerdem bestehen ethische Bedenken gegen die systematische Verknüpfung dieser Daten mit Informationen zur Funktionsfähigkeit oder Behinderung eines Menschen.

Umsetzung und weiterer Entwicklungsbedarf der ICF

Behinderung stellt in Deutschland und anderen Ländern mit einem hoch entwickelten Gesundheitssystem sowie hohen Hygiene- und Ernährungsstandards in erster Linie ein soziales Exklusionsproblem dar. Der zentrale Ansatzpunkt der ICF ist also das Partizipationskonzept (vgl. Schuntermann 1999). Damit wird nachhaltig anerkannt, dass die erschwerte Partizipation am Leben der Gesellschaft die ‚eigentliche Behinderung' (Metzler/Wacker 2001) darstellt und zum zentralen Ansatzpunkt für die Rehabilitation und für die Gesundheits- und Sozialpolitik werden muss. In der Rehabilitation ist die Wiederherstellung oder Besserung der Funktionsfähigkeit in den Dimensionen Aktivität und Partizipation und durch die Gestaltung der Kontextfaktoren zentral; die ICF leistet hierzu einen wesentlichen Beitrag zur Diagnostik der Funktionsfähigkeit, zu Planung und Evaluation rehabilitativer Maßnahmen und für die Gewährung von Teilhabeleistungen. Aufgabe der Sozial- und Gesundheitspolitik ist der gleichzeitige Abbau von Partizipationshindernissen in der Gesellschaft.

Die Diagnostik der Funktionsfähigkeit und Behinderung geschieht mit Hilfe unterschiedlicher Konstrukte: Die Konstrukte der Körperfunktionen (z. B. Sehen) und der Körperstrukturen (z. B. das Auge und die mit der visuellen Wahrnehmung in Zusammenhang stehenden Nervenstrukturen) sind leicht abprüfbar und durch Nummern vercodet. Ungleich schwieriger verhält es sich mit den Dimensionen der Aktivität und der Partizipation, die nicht immer trennscharf unterschieden werden können. Als Konstrukte zur Beurteilung von Aktivität und Partizipation verwendet die ICF die Begriffe ‚Leistungsfähigkeit' und ‚Leistung'. Die ICF definiert diese beiden Begriffe folgendermaßen:

„Leistungsfähigkeit [capacity] ist ein Konstrukt, das als Beurteilungsmerkmal das höchstmögliche Niveau der Funktionsfähigkeit, das eine Person in einer Domäne der Aktivitäts- und Partizipationsliste zu einem gegebenen Zeitpunkt erreicht, angibt. Die Leistungsfähigkeit wird in einer uniformen oder Standardumwelt gemessen und spiegelt daher das umwelt-adjustierte Leistungsvermögen wider. (...)

Leistung [performance] ist ein Konstrukt, das als Beurteilungsmerkmal angibt, was Personen in ihrer gegenwärtigen, tatsächlichen Umwelt tun, und deshalb den Gesichtspunkt des Einbezogenseins einer Person in Lebensbereiche berücksichtigt" (DIMDI 2005, 146).

Zur Verdeutlichung dieser Konstrukte bietet die ICF Fallbeispiele, die auch zeigen, welche Bedeutung die bisher nicht erwähnten ‚Domänen' haben. Durch die Formulierung von Gesundheitsdomänen oder mit Gesundheit zusammenhängenden Domänen stellt die WHO die pädagogische Anschlussfähigkeit der ICF her: Gesundheitsdomänen sind laut WHO Sehen, Hören, Gehen, Lernen und sich Erinnern; Beispiele für mit Gesundheit zusammenhängende Domänen sind Mobilität, Bildung/Ausbildung, Beschäftigung oder soziale Interaktionen:

Eine frühere Schädigung, die zu keinen Einschränkungen der Leistungsfähigkeit führt, kann dennoch Leistungsprobleme verursachen: Ein Mensch, der in der Vergangenheit seelisch behindert war, wird möglicherweise auf Grund des Stigmas ‚psychische Erkrankung' Schwierigkeiten in den Domänen ‚Beschäftigung' und ‚soziale Interaktionen' haben: durch negative Einstellungen wird er möglicherweise von vornherein ausgeschlossen, kann die Leistungen nicht zeigen, zu denen er fähig wäre, und seine Partizipation wird eingeschränkt (vgl. DIMDI 2005, 168).

Unterschiedliche Schädigungen und Einschränkungen der Leistungsfähigkeit können zu ähnlichen Leistungsproblemen führen: Ein Mensch mit Zerebralparese wird auf einen Arbeitsplatz nicht eingestellt, weil er einige Arbeitsanforderungen nicht durchführen kann (z.B. die Tastatur eines Computers bedienen). Der Arbeitsplatz hat nicht die notwendigen Anpassungen, um dem Menschen die Erfüllung dieser Anforderungen zu ermöglichen (z.B. Spracherkennungs-Software, Spezialtastatur).

Eine andere Person mit einer weniger schweren Zerebralparese, welche die notwendigen Arbeitsaufgaben erfüllen kann, wird jedoch vielleicht nicht eingestellt, weil die Quote für die Einstellung von Menschen mit Behinderung bereits erfüllt ist.

Ein dritter Mensch, der ebenfalls fähig ist, die geforderten Arbeitsaktivitäten durchzuführen, wird vielleicht nicht eingestellt, weil er einen Rollstuhl nutzt und der Arbeitsplatz für einen Rollstuhl nicht zugänglich ist.

Die drei Personen erfahren Leistungsprobleme in der Domäne ‚Beschäftigung' wegen unterschiedlicher Umweltfaktoren, die mit ihren Gesundheitsproblemen bzw. Schädigungen in Wechselwirkung stehen. Im ersten Fall bilden die unzureichende Anpassung des Arbeitsplatzes und als deren Grundlage Unkenntnis und Desinteresse die Umweltbarrieren. Im zweiten Fall gibt es negative Einstellungen der Art, dass eine Beschäftigung behinderter Menschen über die gesetzlich vorgeschriebene Quote hinaus, allein auf Grund ihrer Eignung, gar nicht denkbar erscheint. Im dritten Fall handelt es sich, ähnlich wie im ersten, wieder um eine nicht vorgenommene Anpassung gepaart mit Unkenntnis hinsichtlich der Möglichkeiten und der ethischen (und unter Umständen gesetzlichen) Pflicht zur Anpassung; diesmal bestehen allerdings räumliche Barrieren, und die Einschränkung besteht ursprünglich in der Domäne ‚Mobilität'.

Die noch unzureichende Ausarbeitung der Konstrukte der Leistungsfähigkeit und Leistung wurde kritisiert, da sie einer tiefer gehenden handlungstheoretischen Analyse nicht standhält (vgl. Nordenfeldt 2003). Ähnliches gilt für die noch immer zu geringe Beachtung der sozialen Dimension. Eine stärkere Gewichtung der Umweltfaktoren ist nötig, weil die Umweltfaktoren im Gegensatz zu den meisten Schädigungen veränderbar sind und ihre Veränderung einen deutlichen Gewinn an Funktionsfähigkeit in Bezug auf Aktivitäten und Partizipationsmöglichkeiten ermöglicht (vgl. Hirschberg 2009, 2012). Die personenbezogenen Faktoren sollten anderseits stärker berücksichtigt werden, weil Coping- bzw. Bewältigungsstrategien den Rehabilitationsprozess maßgeblich beeinflussen (C. Lindmeier 2002, 2003).

Die WHO hat die genannten Defizite während des Revisionsprozesses bereits selbst erkannt und auf die Prioritätenliste für die zukünftigen Entwicklungen der ICF gesetzt. Allerdings betont sie auch, dass sich die Konstrukte Krankheit und Behinderung auf objektivierbare und äußere Merkmale eines Individuums beziehen. Personenbezogene Faktoren und Lebensqualität stellten demgegenüber subjektive Konstrukte dar. Trotzdem hält die WHO folgende zukünftige Arbeiten für die Entwicklung und Anwendung der ICF für notwendig (ausgewählte Aspekte):

- die Entwicklung der Komponente der personenbezogenen Faktoren;
- das Herstellen von Bezügen zu Konzepten der Lebensqualität und der Messung von subjektivem Wohlbefinden (z. B. zu den WHO-Instrumenten zur Erfassung von gesundheitsbezogener Lebensqualität – WHOQOL);
- weitere Forschung zu den Umweltfaktoren, um die notwendige Detailliertheit für die Beschreibung zu bieten (vgl. DIMDI 2005).

Einige dieser Aspekte wurden bereits bei der Entwicklung einer ICF-Version für Kinder und Jugendliche (ICF-CY) berücksichtigt, die seit Herbst 2007 in englischer Sprache vorliegt (WHO 2007). Um die ICF bei Kindern und Jugendlichen sinnvoll anwenden zu können, mussten u. a. neue Items in die Klassifikation der Aktivitäten/Partizipation und der Umweltfaktoren aufgenommen werden (vgl. Hollenweger 2007, 2008). Eine besondere Herausforderung bot dabei die Frage, „wie das kindliche Spiel in der ICF-CY repräsentiert werden sollte, so dass man einerseits der grossen Bedeutsamkeit für die kindliche Entwicklung gerecht werden und andererseits die Taxonomie der Klassifikation respektiert werden konnte“ (Hollenweger 2008, 13). Hollenweger weist außerdem darauf hin, dass bei der Anwendung der ICF-CY eine altersspezifische Auswahl relevanter Partizipationsbereiche und Umweltfaktoren getroffen werden muss: „Ein fünf Monate altes Baby braucht eine andere Umwelt oder nutzt die gleiche Umwelt anders als ein fünf Jahre altes Kind. Für Ersteres sind Spielplätze in der näheren Umgebung kaum von Bedeutung, für Letzteres hingegen schon“ (a. a. O., 15). Diese altersspezifischen, lebensweltorientierten Akzentuierungen der ICF können dazu beitragen, die Partizipationsräume von Kindern mit Behinderungen mit jenen von Kindern ohne Behinderungen zu vergleichen, denn Kinder und Jugendliche haben ein Recht darauf, an allen Lebensbereichen wie ihre Gleichaltrigen partizipieren zu dürfen.

2.2.4 Disability Studies und menschenrechtliches Modell von Behinderung

Unter Disability Studies versteht man einen interdisziplinären und maßgeblich durch die Beteiligung behinderter Forscherinnen und Forscher geprägten Forschungsansatz, der nicht der Sonderpädagogik zuzurechnen ist. Es gibt zwar Forscher/innen innerhalb der Sonderpädagogik, die sich diesem Forschungsansatz zurechnen (Schönwiese, Waldschmidt), und die Disability Studies haben sowohl die Weiterentwicklung der ICF als auch die neuere Theoriebildung in der Sonderpädagogik beeinflusst. Wesentlich ist aber, dass die Disability Studies Behinderung als ein Grundphänomen menschlichen Daseins ansehen, das durch sozialwissenschaftliche und kulturwissenschaftliche Forschung analysiert bzw. dekonstruiert wird (vgl. Dederich 2007).

Hinter der Bezeichnung ‚Disability Studies' verbirgt sich nach Waldschmidt ein gegenüber dem rehabilitationswissenschaftlichen Paradigma – dem auch das sonderpädagogische subsumiert wird – kritisches Forschungsprogramm. Im Kontext der Sonderpädagogik und der Rehabilitationswissenschaften wird Behinderung noch immer als Problem angesehen; die Frage, was Behinderung zu einem Problem werden lässt, tritt dahinter zurück. Dementsprechend sind die klassischen Ansätze – einschließlich der ICF – noch immer auf Problemlösung ausgerichtet und greifen damit zu kurz, denn sie fragen nicht, warum und in welchen Kontexten Behinderung überhaupt als Problem wahrgenommen wird. Die vorausgehende Frage lautet: „Wie und warum wird – historisch, sozial und kulturell – eine Randgruppe wie ‚die Behinderten' überhaupt hergestellt?" (Waldschmidt 2009, 125). Den Disability Studies geht es also nicht darum, „einer neuen Art von ‚Behindertenforschung' oder ‚Behindertenwissenschaft' nachzugehen, auch wenn der Begriff manchmal so ins Deutsche übertragen wird. Besser ist an dieser Stelle die wörtliche Übersetzung: Es geht um ‚Studien über oder zu Behinderung'. Mit anderen Worten, nicht ‚der Behinderte' ist Gegenstand der Disability Studies, sondern ‚Behinderung' als soziale Konstruktion" (Waldschmidt 2007, 161).

Innerhalb der Disability Studies lassen sich die britische Schule (vgl. z. B. Oliver 1990; Shakespeare 1998; Barnes/Mercer/Shakespeare 1999) und die nordamerikanische Schule (vgl. z. B. Davis 1997; Mitchell/Snyder 1997; Albrecht et al. 2001) unterscheiden. Während die britischen Disabilitiy Studies von den Prämissen neomarxistischer Sozialwissenschaft ausgehen und folglich die Bedeutung aussondernder und diskriminierender gesellschaftlicher Strukturen herausstellen, lassen sich die nordamerikanischen Disability Studies als pluralistischer und weniger politisch beschreiben. Obwohl ursprünglich innerhalb der Sozialwissenschaften entstanden, „sind letztere eher kulturalistisch angelegt und an den Geisteswissenschaften (engl. ‚humanities') orientiert" (vgl. Waldschmidt 2007, 163). Gleichwohl gibt es einige Grundannahmen, welche die auch thematisch relativ heterogenen Disability Studies miteinander verbinden. „Alle Forschenden ... begreifen ihre Arbeit als den Versuch, Behinderung als Gesellschaftsprodukt und soziale Konstruktion zu konzeptualisieren. ‚Behinderung' wird nicht als (natur-)gegeben verstanden, im Sinne einer vermeintlich objektiven, medizinisch-biologisch definierbaren Schädigung oder Beeinträchtigung, sondern als ein historisches, kulturelles und gesellschaftliches Differenzierungsmerkmal. Zentraler Ausgangspunkt ist die These, dass ‚Behinderung' nicht einfach ‚vorhanden' ist, sondern ‚hergestellt' wird, produziert und konstruiert in wissenschaftlichen und alltagsweltlichen Diskursen, politischen und bürokratischen Verfahren, subjektiven Sichtweisen und Identitäten. In der Konsequenz geht man in den Disability Studies von einem ‚sozialen Modell von Behinderung' aus" (Waldschmidt 2007, 163).

Innerhalb des noch jungen Forschungsfeldes gibt es verschiedene Richtungen und eine Vielfalt an Themen. Eine wichtige Rolle spielt innerhalb der Disability Studies noch immer das soziale Modell von Behinderung, das aber neuerdings aus kulturwissenschaftlicher Sicht auch kritisiert wird, weil es die Rolle des Körpers bei der Zuschreibung von Behinderung ausblendet und den Zusammenhang von Körper, Kultur und Macht nicht thematisiert (vgl. Waldschmidt 2006, 71 f.; Dederich 2009, 35 f.). Weisser (2009) dagegen argumentiert, dass die Schädigung irrelevant sei, da der Körper durch kulturelle Praktiken bestimmt sei. Er befürchtet, dass die Körperfunktionen und -strukturen immer dominieren werden, wenn man kein ausschließlich soziales Modell entwirft. Dieses Thema gehört auch zu den zentralen Themen der ‚disability history' (vgl. Bösl 2009), die aus der Perspektive der Geschichtswissenschaft erforscht, „wie und in welchen sozialen und kulturellen Kontexten Menschen auf der Basis bestimmter körperlicher, physischer und mentaler Merkmale den Kategorien ‚behindert' und ‚normal' zugeordnet werden" (Bösl 2010, 6).

Die amerikanische Gesellschaft für Disability Studies beschreibt deren Programmatik so: „Die Gesellschaft für Disability Studies lädt Personen verschiedener Disziplinen dazu ein, ihr Können und ihre Interessen zur Erforschung von Behinderung als einer Schlüsselkategorie menschlicher Erfahrung – ähnlich wie Ethnie, Klasse, Geschlecht und sexuelle Orientierung – einzubringen. Als Gruppe engagierter Aktivistinnen und Aktivisten, Akademikerinnen und Akademiker, Künstlerinnen und Künstler sowie praktisch Tätigen respektive verschiedener Kombinationen davon, sind wir davon überzeugt, dass die Untersuchung von Behinderung wichtige politische, soziale und wirtschaftliche Bedeutung für die Gesellschaft als Ganze hat, sowohl für Menschen mit und ohne Behinderung. Diese Arbeit kann nicht nur dazu verhelfen, die Lage von Menschen mit einer Behinderung in der Gesellschaft zu verbessern, sondern sie kann auch einem weiten Feld von Ideen, Themen und Politiken jenseits der Behindertengemeinschaft und jenseits von Rehabilitationswissenschaft und -praxis wertvolle Perspektiven hinzufügen" (SDS 2005, zit. n. Weisser 2006, 75).

Nach Degener (2009 a, 2009 b) markiert die 2008 in Kraft getretene und 2009 von Deutschland ratifizierte UN-Konvention über die Rechte behinderter Menschen (UN-BRK) auf internationaler Ebene einen Paradigmenwechsel vom medizinischen zum *menschenrechtlichen Modell* von Behinderung. Dieser Paradigmenwechsel ist nach Degeners Auffassung vor allem ein Verdienst der US-amerikanischen und britischen Disability Studies, die mit ihrer Kritik am medizinischen Modell auch die WHO zum Umdenken bewegten. „Während das medizinische bzw. individuelle Modell von Behinderung die körperliche, psychische oder kognitive Schädigung des Einzelnen in den Blick nimmt, dieser mit Diagnose, Therapie und Förderung begegnet, ist das menschenrechtliche Modell von Behinderung auf die äußeren, gesellschaftlichen Bedingungen gerichtet, die behinderte Menschen aussondern und diskriminieren. Das menschenrechtliche Modell von Behinderung basiert auf der Erkenntnis, dass die weltweite desolate Lage behinderter Menschen weniger mit individuellen Beeinträchtigungen als vielmehr mit gesellschaftlich konstruierten Entrechtungen (gesundheitlich) beeinträchtigter Menschen zu erklären ist" (2009 a, 200).

Während dem medizinischen Modell von Behinderung insbesondere von den britischen Disability Studies zunächst das soziale Modell von Behinderung entgegengesetzt wurde, gewann im rechtswissenschaftlichen Kontext auf internationaler Ebene bald das rechtsbasierende menschenrechtliche Modell von Behinderung an Bedeutung. „Dieser rechtsbasierende Ansatz ist als Gegenpol zu einer an Bedürftigkeit orientierten Fürsorge- und Wohlfahrtspolitik zu verstehen, in der Behinderte als Objekte der Sozialpolitik, nicht aber als Bürgerrechtssubjekte gelten. Er entwickelte sich im Zuge der Entwicklung von Antidiskriminierungsgesetzen, die weltweit seit den 1990er Jahren auch die Kategorie der Behinderung einschlossen" (Degener 2009 a, 201). Das menschenrechtliche Modell von Behinderung gilt mittlerweile als der offizielle Ansatz der Behindertenpolitik in der Europäischen Union und in den Vereinten Nationen. In Deutschland wurde diesem Ansatz mit der Reformierung des Rehabilitationsrechts durch die Schaffung des Sozialgesetzbuches IX (Rehabilitation und Teilhabe) von 2001 und durch die Verabschiedung des Behindertengleichstellungsgesetzes von 2002 Rechnung getragen. Die UN-Konvention über die Rechte von Menschen mit Behinderungen (Convention on the Rights of Persons with Disabilities) von 2006 markiert auf internationaler und nationaler Ebene den vorläufigen Höhepunkt dieser Entwicklung.

Der Personenkreis der Menschen mit Behinderung wird in dieser Menschenrechtskonvention nicht abschließend definiert. In der Präambel wird vielmehr eingeräumt, „dass das Verständnis von Behinderung sich ständig weiterentwickelt und dass Behinderung aus der Wechselwirkung zwischen Menschen mit Beeinträchtigungen und einstellungs- und umweltbedingten Barrieren entsteht, die sie an der vollen und wirksamen und gleichberechtigten Teilhabe an der Gesellschaft hindern" (Präambel Abschnitt e). Nach übereinstimmenden Aussagen von unmittelbar an der Entstehung des Konventionstextes beteiligten Personen war die Frage der Definition der Behinderung eines der schwierigsten Konfliktthemen, die während der Verhandlungen zu lösen waren (vgl. Bernstorff 2007; Degener 2009 a). Als Kompromiss wurde eine Formulierung gefunden, die große Übereinstimmung mit der Behinderungsdefinition in der ICF der WHO aufweist. Da es sich um einen Kompromiss handelt, um den bis zum Abend des letzten Verhandlungstages gerungen wurde, wurde diese Formulierung nicht in den Definitionsartikel (Art. 2) der UN-Behindertenrechtskonvention (UN-BRK) aufgenommen, sondern in Artikel 1, der den Zweck der Konvention regelt, eingefügt. Zu den behinderten Personen zählen danach „Menschen, die langfristige körperliche, seelische, geistige oder Sinnesbeeinträchtigungen haben, welche sie in Wechselwirkung mit verschiedenen Barrieren an der vollen, wirksamen und gleichberechtigten Teilhabe an der Gesellschaft hindern können" (BMAS 2008). Nach Degener sollte mit dieser Formulierung sichergestellt werden, „dass alle Menschen mit gesundheitlichen Beeinträchtigungen unabhängig von ihren Ursachen und ihrer Anerkennung in der Gesellschaft in den Schutzbereich der BRK einbezogen werden. Zum anderen sollte eine Perpetuierung des medizinischen Modells von Behinderung und der damit verbundenen individualistischen Betrachtungsweise verhindert werden. Aus wissenschaftlicher Sicht kann der Erfolg bezweifelt werden, aber in politischer Hinsicht hat diese Formulierung die Konvention gerettet" (2009 a, 204).

Das menschenrechtliche Modell von Behinderung beinhaltet als fundamentale Bezugsnorm die Menschenwürde (vgl. Kap. 3). Die Garantie der Menschenwürde impliziert einen unbedingten Achtungsanspruch, der allen Menschen in ihrer Verschiedenheit zu kommt. Bielefeldt (2009) weist darauf hin, dass die UN-Behindertenrechtskonvention ungewöhnlich häufig auf die Menschenwürde Bezug nimmt. In der UN-BRK wird bereits im Art. 1 auf Menschenwürde als Zweck der Konvention hingewiesen. Die Konvention hat demnach den Zweck, den vollen und gleichberechtigten Genuss aller Menschenrechte durch alle Behinderten zu fördern, zu schützen und zu sichern und die Achtung vor der ihnen innewohnenden Menschenwürde zu fördern. Die Achtung der Menschenwürde und die Anerkennung von Behinderung als Teil menschlicher Vielfalt gehören darüber hinaus zu den allgemeinen Prinzipien der UN-Behindertenrechtskonvention (Art. 3). „Behinderung als Teil der menschlichen Verschiedenheit zu betrachten, statt sie als defekte Abweichung ... zu sehen, entspricht der Denkweise der *Disability Studies*, wobei die darauf selbstverständlich kein Monopol haben. In Deutschland wird die Implementierung der BRK aber gerade auch im Hinblick auf den unbedingten Achtungsanspruch vor der Menschenwürdegarantie einige Umdenkungsprozesse in der Rechtssprechung erfordern" (Degener 2009 b, 275 f.).

2.3 Sonderpädagogischer Förderbedarf

Anders als im Sozialrecht war der Behinderungsbegriff in Schule und Schulverwaltung nie der einzige Begriff zur Beschreibung der Zielgruppe schulbezogener sonderpädagogischer Maßnahmen. Durch die Empfehlung der Konferenz der Kultusminister der Länder der Bundesrepublik Deutschland (KMK) ‚Zur Ordnung des Sonderschulwesens' (vgl. KMK 1972) wurde der *bildungs- bzw. schulpolitische Legitimationsbegriff* der *Sonderschulbedürftigkeit* eingeführt und der Ausbau der Sonderschulen vorangetrieben. Auf Grund der beschriebenen Dominanz des Behinderungsbegriffs in dieser Periode wurde bei Kindern und Jugendlichen nur dann Sonderschulbedürftigkeit festgestellt, wenn sie eine drohende oder manifeste Behinderung aufwiesen, so dass von einem ‚Junktim' von Behinderung und Sonderschulbedürftigkeit gesprochen wurde. Diese Verbindung wurde 1994 durch den neuen Legitimationsbegriff des *sonderpädagogischen Förderbedarfs*, den die von der Konferenz der Kultusminister der Länder der Bundesrepublik Deutschland (KMK) am 6. Mai 1994 verabschiedeten ‚Empfehlungen zur sonderpädagogischen Förderung in der Bundesrepublik Deutschland' (vgl. KMK 1994 a) in die Diskussion eingebracht haben, aufgelöst.

Da die damalige Begriffsfindung durch Entwicklungen im angelsächsischen Raum beeinflusst war, die noch heute Auswirkungen auf Theoriebildung und Schulorganisation haben, sollen sie hier in Grundzügen nachgezeichnet werden.

2.3.1 Special Educational Needs bzw. Spezielle Erziehungs- und Bildungserfordernisse

Bereits Mitte der 1980er Jahre berichtete Sander, dass in den 1970er Jahren in einer großen amerikanischen Studie über die ‚classification of exceptional children' (vgl. Hobbs 1975) zahlreiche negative Effekte herkömmlicher *merkmals- oder defektzentrierter Klassifikationen* herausgearbeitet wurden. Der amerikanische Sonderpädagoge Kirk (1977) zog aus dieser Studie das Fazit, dass das Etikettieren und Kategorisieren behinderter Kinder nur begrenzte pädagogische Bedeutung hat, denn einem Lehrer helfe es nicht wesentlich beim Lehren, wenn das Kind ein Etikett trägt. „Hinzu kommt, dass die diagnostische Klasse, in die ein Kind eingeordnet ist, zum Zeitpunkt seiner ersten Untersuchung systemimmanent ‚richtig' festgestellt worden sein mag, aber schon nach ein oder zwei Jahren oft nicht mehr zutrifft" (Sander 1985, 18). Wegen dieser Bedenken wurde in der US-amerikanischen ‚Special Education' bereits seit den späten 1960er Jahren die Forderung nach einer *Deklassifizierung* erhoben.

Auch der für die britische Sonderpädagogik wegweisende ‚Warnock-Report' (1978) übte Kritik an der amtlichen Behinderungsklassifikation in Großbritannien, die der in Deutschland üblichen Klassifikation sehr ähnlich war.[9] Nach Sander kann man diese Kritik in sechs Punkten zusammenfassen: „1. Die amtliche Klassifikation ordnet jedes Kind einer einzigen Klasse zu, obwohl viele Kinder mehrere Beeinträchtigungen aufweisen; 2. die Klassenbenennung neigt dazu, am Kind unnötig lange haften zu bleiben; 3. die Klassifizierung stiftet eher Verwirrung hinsichtlich der sonderpädagogischen Maßnahmen, die das einzelne Kind braucht; 4. spezielle Hilfe kann auch gewährt werden, wenn ein Kind keiner amtlichen Behinderungsart zugeordnet ist; 5. ‚das wichtigste Argument gegen Klassifizie-

9 Bürli weist darauf hin, dass das britische Erziehungsgesetz von 1944 und die darauf folgenden Verordnungen 11 Behinderungskategorien unterschieden: „Blinde, Sehschwache, Gehörlose, Schwerhörige, gesundheitlich Schwache, Lern- und Geistigbehinderte, Epileptiker, Verhaltensgestörte, Körperbehinderte, Sprachgestörte" (1985, 66).

rung': ,Kategorisierung perpetuiert die scharfe Trennung zwischen zwei Gruppen von Kindern – den behinderten und den nichtbehinderten'...; 6. sie konzentriert die Aufmerksamkeit auf nur einen kleinen Teil all jener Kinder, die irgendwann irgendeine Form von sonderpädagogischen Hilfen brauchen" (1985, 18). Die Warnock-Kommission (benannt nach der Vorsitzenden Mary Warnock) empfahl deshalb, „... dass die amtliche Kategorisierung behinderter Kinder abgeschafft wird" (1978, 43; zit. nach Sander 1985, 18).

Internationales Aufsehen erregte der Warnock-Bericht aber vor allem durch sein umfassenderes Konzept von Sonderpädagogik. Es „schließt jede zusätzliche Hilfe bei erzieherisch-schulischen Schwierigkeiten zu irgendeinem Zeitpunkt und in irgendwelcher Form ein. Sonderpädagogik kann sich nicht mehr hauptsächlich nur mit den 2 % der Schüler in Sonderschulen befassen" (Bürli 1985, 69). Deshalb wird das Gebiet der Sonderpädagogik (Special Education) neu umschrieben: „Dabei sollen die Unterteilung in Behindert/Sonderschulung und Nichtbehindert/Regelschulung sowie die verschiedenen Behinderungskategorien ersetzt werden durch die Beschreibung der ,Besonderen Erziehungsbedürfnisse' (Special Educational Needs, SEN)" (ebd.).

Sonderpädagogik schließt daher jegliche Form des Förderunterrichts an Regelschulen (remedial education) mit ein. Sowohl die Warnock-Kommission als auch das 1981 erlassene Erziehungsgesetz (Education Act) beziehen sich auf ungefähr 20 % der Schulkinder, die irgendwelche *Lernschwierigkeiten* (learning difficulties) aufweisen. „Eine solche ,Lernschwierigkeit' liegt vor,

- wenn das Kind beim Lernen deutlich größere Schwierigkeiten hat als die Mehrzahl der Kinder gleichen Alters,
- wenn es eine Funktionsbeeinträchtigung (disability) aufweist, durch welche es daran gehindert wird, von den üblichen Erziehungsinstitutionen und -maßnahmen Gebrauch zu machen, oder
- wenn das Kind noch nicht fünf Jahre alt ist und zu erwarten ist, dass es ohne spezielle Förderung später in eine der beiden zuerst genannten Kategorien fallen kann" (Speck 2008, 255).

Bei der Rezeption des Warnock-Reports in der Bundesrepublik Deutschland wurde dessen Konzept von besonderen Bedürfnissen und sonderpädagogischer Förderung weitgehend ignoriert. Insbesondere der Umstand, dass bei ca. 20 % aller schulpflichtigen Kinder und Jugendlichen eine zeitweilige oder dauerhafte besondere pädagogische Unterstützung notwendig sei, die zum weit überwiegenden Teil durch zusätzliche Ressourcen an Regelschulen geleistet werden sollte, wurde nicht aufgegriffen.

Ein internationales Projekt der OECD, das in der Bundesrepublik wenig bekannt wurde und in heutige Ansätze zur Klassifikation der OECD nicht aufgenommen wurde (vgl. 2.3.3), wurde für Sanders Kind-Umfeld-Analyse bedeutsam: Der von Nicholas Hobbs am ,Centre for Education Research and Innovation (CERI)' der OECD entwickelte *ökologisch orientierte, hilfezentrierte Klassifikationsansatz* (,ecologically oriented, service-based classification') thematisiert wesentlich klarer als der Warnock-Report die *individuellen Kind-Umwelt-Verflechtungen*: „Die Messskala dieser Klassifikation sind die vom behinderten Jugendlichen tatsächlich benötigten ‚services', also die Fördermaßnahmen, Unterstützungen, Hilfsdienste und besonderen Einrichtungen der Rehabilitation und Integration. Insofern wird die Klassifikation ‚serviced-based' genannt. Auch bei gleicher Schädigungsdiagnose benötigt jeder behinderte Mensch in Abhängigkeit von seinen Umweltbedingungen (objektiver Aspekt) und seinen Umweltbeziehungen (subjektiver Aspekt) individuell verschiedene Fördermaßnahmen, d. h. die ‚services' müssen das ökologische System berücksichtigen, sie müssen ‚ecologically oriented' erfolgen" (Sander 1985, 25).

Obwohl die ‚Mensch-Umwelt-Einheit' immer nur individuell und vorübergehend zu bestimmen ist, empfahl Hobbs dennoch nicht die *radikale Deklassifikation*, sondern ein grobes Klassifikationsgerüst, das Kinder und Jugendliche mit vorübergehendem Bedarf und solche mit langfristigem Bedarf an Unterstützung unterscheidet. Durch die Arbeit mit diesem ökologischen Klassifikationsansatz setzte sich in den beteiligten Ländern immer mehr die Auffassung durch, dass zwischen Behinderung und Schädigung unterschieden werden müsse. Behinderung wurde dabei zunehmend als „dynamischer Begriff wechselnder Interaktionen zwischen der geschädigten Person und den wechselnden Situationen, denen sie ausgesetzt ist" (Fish 1983, 3; zit. n. Sander 1985, 27), betrachtet. In der Praxis wurde dieser Gedanke verwirklicht, indem durch multiprofessionelle Teams der Unterstützungsbedarf so formuliert wurde, dass die soziale Unterstützung und die Minimierung behindernder Auswirkungen auf das einzelne Individuum im Mittelpunkt standen.

Sander und Mitarbeiter entwickelten in den 1980er Jahren auf der Grundlage dieses Ansatzes die *Kind-Umfeld-Analyse* als diagnostische Grundlage der Entscheidung über schulische Integration im Saarland (vgl. Sander 2000). Sie enthält einige Grundsätze, die den ökologisch orientierten, hilfezentrierten Klassifikationsansatz sinnvoll ergänzen:

- Wer von den Bedürfnissen des einzelnen behinderten Menschen in seiner Umwelt ausgehen will, muss dafür sorgen, dass der Betroffene selbst dem Expertenteam (als ‚Experte in eigener Sache') angehört, welches die Bedürfnisse feststellt und die Unterstützung bemisst. Das Mitspracherecht, das auch die Eltern stellvertretend wahrnehmen können, umfasst auch die Entscheidung darüber, ob eine Beschulung in der allgemeinen Schule oder in der Sonderschule erfolgen soll.
- „Alle Bedürfnisse verdienen ernst genommen zu werden. Das Expertenteam darf sich seine Aufgabe nicht unzulässig erleichtern, indem es etwa Einzelentscheidungen an einzelne Fachleute delegieren würde. Der einzelne Fachmann neigt dazu, nur seinen Kompetenzbereich im Auge zu haben und den behinderten Menschen mit seinen sonstigen Bedürfnissen und Bedingungen zu übersehen. Die bedürfnisorientierte Sonderpädagogik darf aber keinesfalls dazu beitragen, dass der Mensch in einzelne ‚needs' aufgelöst wird. Deshalb muss das Experten-

team gemeinsam alle Maßnahmen auf dem Hintergrund der je konkreten Mensch-Umwelt-Einheit beschließen" (Sander 1985, 28).

Die Kind-Umfeld-Analyse ist heute zwar in allen Bundesländern Bestandteil der Verfahren zur Feststellung sonderpädagogischen Förderbedarfs, wird aber häufig in einer Form durchgeführt, bei der ein individualtheoretischer Behinderungsbegriff und die Definitionsmacht der Schulverwaltung hinsichtlich der Schulortentscheidung letztlich dominieren.

Das erste deutschsprachige Lehrbuch der Sonder- bzw. Heilpädagogik, das den Begriff ‚special educational needs' rezipierte und als Grundbegriff verwandte, ist ‚System Heilpädagogik' (vgl. Speck 1988). Zunächst übersetzte Speck den Begriff als ‚spezielle Erziehungsbedürfnisse'; später bevorzugte er die Übersetzung mit ‚speziellen Bildungs- und Erziehungserfordernisse' (vgl. Speck 2008). Speck propagiert mit dieser Begriffswahl die Abkehr vom Behinderungsbegriff, der von ihm allerdings nicht als Ausgangsbegriff, sondern nur als Legitimationsbegriff sonderpädagogischen Handelns abgelehnt wird: „Eine Kritik am Behinderungsbegriff bezieht sich nicht auf das allgemeine, das soziale oder medizinische Phänomen Behinderung, auch nicht auf dessen dienliche Funktion im Rahmen heilpädagogischen Handelns, sondern auf die zentrale und normative Funktion, die dieser Begriff im Gesamtansatz einer speziellen Pädagogik eingenommen hat, so dass dieser als Behinderungsparadigma bezeichnet werden muss" (1997, 261). Außerdem erwartet Speck von der veränderten Begriffswahl eine Überwindung der schädigungsorientierten, standardisierten Klassifikation zugunsten eines individualisierenden, stärker an den Bedürfnissen des Kindes orientierten pädagogischen Zugangs (a. a. O., 256f). Allerdings hält er an der Notwendigkeit einer ‚besonderen' Pädagogik fest.

Inhaltlich bezieht sich der Begriff der speziellen Erziehungs- und Bildungserfordernisse auf die in der Einzelsituation erforderliche Art und Weise, „durch die es einem Kind möglich gemacht werden soll, neue Perspektiven zu sehen (ter Horst 1983), bestimmte Lern- und Entwicklungsziele zu erreichen, bestimmte Fähigkeiten zu erwerben und etwas Bestimmtes zu werden. Dem unterschiedlichen Grad solcher Erziehungserfordernisse entsprechen verschiedene Wege des erzieherischen Handelns. Bezugspunkt ist das einzelne behinderte Kind in seiner besonderen Erziehungssituation" (Speck 2008, 254). Dennoch stellt Speck die bestehende Sonderpädagogik nicht grundsätzlich in Frage und klärt auch nicht, wie sich besondere Erziehungsbedürfnisse von allgemeinen Erziehungsbedürfnissen abgrenzen lassen: „Der Begriff *speziell* individualisiert natürlich auch, aber über das pädagogisch generell geforderte Individualisieren – jedes Kind ist anders und lernt anders – hinaus, wie es für jegliche Erziehung gilt – gibt es die fachliche und organisatorische Notwendigkeit, bestimmte Individualisierungen institutionell zu typisieren. Es gäbe sonst keine pädagogisch-organisatorische (äußere) Differenzierung. Durch eine spezialisierte Pädagogik sollen bestimmte Lernerfordernisse abgedeckt werden, z. B. das Erlernen des Lesens und Schreibens bei blinden Kindern über die Blindenschrift. Für diese Aufgabe sind ... Spezialisten für sehgeschädigte Kinder nötig. An der Spezialisierung der Pädagogen, auch der Heilpädagogen, dürfte kein Weg vorbeiführen, wenn dem Kind einen kompetente, d.h. seinen Bedürfnissen entsprechende Hilfe zuteil werden soll. Erst wenn man jegliche spezialisierte Pädagogik aus Prinzip ablehnt, wird auch jede Bezeichnung des Speziellen suspekt" (2008, 256).

2.3.2 Sonderpädagogischer Förderbedarf als schulpolitischer Legitimationsbegriff

Bereits in der Einleitung zu diesem Teilkapitel hatten wir darauf hingewiesen, dass der Begriff ‚Sonderpädagogischer Förderbedarf' 1994 durch die Konferenz der Kultusminister der Länder der Bundesrepublik Deutschland (KMK) eingeführt worden war. Die KMK-Empfehlungen von 1994 waren notwendig geworden, weil die vorangegangene Empfehlung ‚Zur Ordnung des Sonderschulwesens' (vgl. KMK 1972) „... durch gesellschaftspolitische, schulpolitische und schulorganisatorische Veränderungen real überholt war" (Speck 1995a, 166). Außerdem musste nach der Wiedervereinigung der beiden deutschen Staaten eine neue gemeinsame Grundlage für die alten und neuen Bundesländer geschaffen werden (vgl. Bleidick/Rath/Schuck 1995). Aus der Sicht eines Mitglieds der KMK-Arbeitsgruppe ‚Sonderpädagogische Förderung' bestätigte die KMK mit den Empfehlungen von 1994 „... einen inzwischen erfolgten Einstellungswandel in der (sonder-)pädagogischen Fachdiskussion:

- An Stelle des Konzepts der Sonderschulpädagogik trat das Konzept der vom Förderort unabhängigen sonderpädagogischen Förderung in Förderschwerpunkten.
- An Stelle des Konzepts von Sonderschulbedürftigkeit trat der individuelle sonderpädagogische Förderbedarf, der sich am englischen Begriff der ‚Special Educational Needs' (SEN) orientierte.
- An Stelle der traditionellen Sonderschule trat das Sonderpädagogische Förderzentrum (Support oder Ressource Center) als System, das flexible Fördermaßnahmen in allen Schulen verfügbar macht" (Pluhar 2003, 70).

Insbesondere der Begriff ‚sonderpädagogischer Förderbedarf' stellt nach Pluhars Auffassung „einen Paradigmenwechsel dar, hin zur individuellen sonderpädagogischen Förderung unabhängig vom Förderort" (ebd.). Die KMK-Empfehlungen von 1994 definieren: „Sonderpädagogischer Förderbedarf ist bei Kindern und Jugendlichen anzunehmen, die in ihren Bildungs-, Entwicklungs- und Lernmöglichkeiten so beeinträchtigt sind, dass sie im Unterricht der allgemeinen Schule ohne sonderpädagogische Unterstützung nicht hinreichend gefördert werden können" (KMK 1994a, zit. nach Drave/Wachtel/Rumpler 2000, 28f.). Entsprechende Aussagen finden sich auch in der KMK-Empfehlung ‚Zur Arbeit in der Grundschule' (KMK 1994b), die ebenfalls am 6. Mai 1994 verabschiedet und erstmals auf die entsprechenden Aussagen der sonderpädagogischen Empfehlung abgestimmt wurde. Hierdurch wurde den Empfehlungen zur sonderpädagogischen Förderung Nachdruck verliehen und die Verknüpfung von Behinderung und Sonderschulbedürftigkeit aufgelöst.

Die Definition fährt fort: „Sonderpädagogischer Förderbedarf ist immer auch in Abhängigkeit von den Aufgaben, den Anforderungen und Fördermöglichkeiten der jeweiligen Schule zu definieren. Er hat Konsequenzen für die Erziehung und für die didaktisch-methodischen Entscheidungen und die Gestaltung der Lernsituation im Unterricht. Er ist damit eine didaktisch-methodische Bedingung der Erziehung und Unterrichtung, die nur individuell bestimmt werden kann und in jedem neuen Lernzusammenhang eigens betrachtet werden muss. Sonderpädagogischer Förderbedarf lässt sich nicht allein von schulfachbezogenen Anforderungen her bestimmen; seine Klärung und Beschreibung müssen das Umfeld des Kindes bzw. Jugendlichen einschließlich der Schule und die persönlichen Fähigkeiten, Interessen und Zukunftserwartungen gleichermaßen berücksichtigen. Daher sind Voraussetzungen und Perspektiven der elementaren Bereiche der Entwicklung wie Motorik, Wahrnehmung, Kognition, Motivation, sprachliche Kommunikation, Interaktion, Emotionalität in einer Kind-Umfeld-Analyse einzubeziehen.

Da die Entwicklung dieser Bereiche sich in stetiger Wechselwirkung untereinander wie auch in Abhängigkeit von den äußeren Lebens- und Lernbedingungen vollzieht, sind Behinderungen oft gekoppelt mit Beeinträchtigungen in anderen Bereichen. Gleichwohl kann der Sonderpädagogische Förderbedarf beim einzelnen Kind bzw. Jugendlichen seine spezifische Ausformung in bestimmten Bereichen haben, wodurch die inhaltliche Ausrichtung Schwerpunkte erhält:

- das Lern- und Leistungsverhalten, insbesondere das schulische Lernen, das Umgehen-Können mit Beeinträchtigungen beim Lernen
- die Sprache, das Sprechen, das kommunikative Handeln, das Umgehen-Können mit sprachlichen Beeinträchtigungen
- die emotionale und soziale Entwicklung, das kommunikative Handeln, das Umgehen-Können mit Störungen in Erleben und Verhalten
- die geistige Entwicklung, das Umgehen-Können mit geistiger Behinderung
- die körperliche und motorische Entwicklung, das Umgehen-Können mit erheblichen Beeinträchtigungen im Bereich der Bewegung und mit körperlicher Behinderung
- das Hören, die auditive Wahrnehmung, das Umgehen-Können mit einer Hörschädigung
- das Sehen, die visuelle Wahrnehmung, das Umgehen-Können mit einer Sehschädigung
- die körperliche und seelische Verfassung, das Umgehen-Können mit einer lang andauernden Krankheit“ (KMK 1994, zit. nach Drave/Wachtel/Rumpler 2000, 29).

Die wesentlichen Veränderungen, die in den KMK-Empfehlungen enthalten sind, lauten:

- Kinder und Jugendliche mit sonderpädagogischem Förderbedarf können auch in der allgemeinen Schule unterrichtet werden.
- Sonderpädagogischer Förderbedarf ist kontextabhängig.
- Sonderpädagogischer Förderbedarf lässt sich in Förderschwerpunkte gliedern, die den bisherigen Sonderschultypen und Behinderungsarten weitgehend entsprechen, aber keine lineare Zuordnung mehr zu Sonderschultypen erfordern.
- Sonderpädagogischer Förderbedarf muss individuell und kontextbezogen durch eine ‚Kind-Umfeld-Analyse' bestimmt werden.

Die KMK-Empfehlungen weisen in dem Abschnitt über den ‚sonderpädagogischen Förderbedarf' entsprechend darauf hin, dass behinderte Kinder und Jugendliche nicht nur unter dem Blickwinkel ihrer Behinderung gesehen werden dürfen. „Eine Behinderung stellt immer nur einen Aspekt der Gesamtpersönlichkeit dar. Anknüpfungspunkte für die Förderung sind ihre jeweils bereits entwickelten Fähigkeiten" (a.a.O. 30). Bei der Ermittlung des sonderpädagogischen Förderbedarfs geht es deshalb nicht mehr darum, „was das Kind nicht kann (Defizitorientierung) und welche Ursache dieses Unvermögen hat. Es geht vielmehr darum herauszufinden, was das Kind sicher kann [Kompetenzorientierung, d. Verf.] und wozu es in seinem Umfeld welche Hilfe und Unterstützung braucht, damit es am Unterricht erfolgreich teilnehmen kann" (Pluhar 2003, 71). Als weiteres Motiv für den ‚Paradigmenwechsel', der hier als Wechsel von der Defizitorientierung zur Kompetenzorientierung aufgefasst wird, wird also das Motiv der Vermeidung von Stigmatisierung angeführt (vgl. hierzu auch Bleidick 2002; Weisser 2005 b).

Dennoch ist mit der Unterscheidung von Kindern mit und ohne sonderpädagogischen Förderbedarf letztlich wieder eine Stigmatisierung verbunden. Auch eine Defizitorientierung ist schließlich unvermeidbar, denn zusätzliche personelle und sächliche Ressourcen für besondere (schul-)pädagogische Unterstützungsmaßnahmen werden nur dann zur Verfügung gestellt, wenn in einem Feststellungsverfahren der sonderpädagogische Förderbedarf eines schulpflichtigen Kindes durch die Schulverwaltung festgestellt wird. Dies geschieht in der Regel über die Benennung der Defizite des Kindes hinsichtlich seines Lernerfolgs bzw. aktuellen Leistungsstandes.

2.3.3 Fachwissenschaftliche Kritik am Begriff des sonderpädagogischen Förderbedarfs

Es entwickelte sich eine rege fachwissenschaftliche Auseinandersetzung über den Inhalt und die Terminologie der KMK-Empfehlungen von 1994:

- Die KMK-Empfehlungen von 1994 greifen zwar in der allgemeinen Zielsetzung die Empfehlungen der Bildungskommission des deutschen Bildungsrates aus dem Jahr 1973 und die internationale Diskussion zur Integration auf, „ausgehend vom heute erreichten Standard in der Behindertenförderung die Weiterentwicklung der schulischen Förderung aller behinderten und von Behinderung bedrohten Kinder und Jugendlichen abzusichern und die Bemühungen um gemeinsame Erziehung und gemeinsamen Unterricht für behinderte und Nichtbehinderte zu unterstützen" (KMK 1994a, zit. nach Drave/Wachtel/Rumpler 2000, 27). Sie bestätigen damit allerdings lediglich die seit 1972 entstandene Pluralisierung bzw. Diversifikation der Formen und Orte sonderpädagogischer Förderung (vgl. hierzu auch Heimlich 1996; Kanter 2000), ohne klare Empfehlungen für die Weiterentwicklung integrativer Strukturen abzugeben.[10] Diese Haltung hat den KMK-Empfehlungen die Kritik eingebracht, die Legitimation sonderpädagogischen Handelns letztendlich doch wieder institutionenbezogen statt personenbezogen vorzunehmen (Langfeldt 1998, Mand 2002; Schuck 2003). Hinsichtlich der Entscheidung über den Förderort sind es weniger der Förderbedarf des Kindes oder die Wünsche seiner Eltern als die beruflichen Vorerfahrungen der diagnostizierenden Lehrkraft bezüglich integrativen Unterrichts und Sonderschule (vgl. Mand 2002) und die Schulpolitik des jeweiligen Bundeslandes. Der Begriff des sonderpädagogischen Förderbedarfs wird benutzt, um eine grundsätzliche Veränderung sprachlich zu suggerieren, die es so nicht gibt: „Ganz offensichtlich dient die neue Terminologie nicht der Grundlegung systemstruktureller Veränderungen und damit der Überwindung von Aussonderung, sondern der Stabilisierung der gegebenen schul- und bildungspolitischen Verhältnisse und deren sprachlicher Absicherung" (Eberwein/Knauer 2002b, 24). Wir haben es also mit einem „wechselnden Sprachmuster" zu tun, das „vorschnell als neue Wirklichkeit gedeutet wird" (Bleidick 2002, 291).

- Die KMK-Definition des sonderpädagogischen Förderbedarfs genügt nicht den Anforderungen einer wissenschaftlichen Definition: Sie „ist tautologisch, indem sie sagt: Sonderpädagogischer Förderbedarf liegt dort vor, wo Schüler sonderpädagogischer Unterstützung, sonderpädagogischer Förderung bedürfen" (Bleidick/Rath/Schuck 1995, 254). Eine Definition mache aber nur Sinn, wenn sie ein ‚definierendes Abgrenzungskriterium' anführt: „Wer sagen will, was ein Sonderpädagogischer Förderbedarf ist, sollte vorweg explizit klarstellen, was Pädagogischer Förderbedarf ist und worin das Besondere des definierten Sachverhaltes liegt" (ebd.; vgl. auch Speck 1995a, Weisser 2005b).
- Der Begriff der Förderung sollte dazu beitragen, den Behinderungsbegriff, den man in dieser Phase zu überwinden suchte, überflüssig zu machen. Er bleibt aber heimliche Bezugsnorm, denn Behinderung und Förderung repräsentieren einen Bedeutungsgegensatz, der sich auf denselben Begriffsinhalt bezieht: Diese Erkenntnis erschließt sich sprachlich, wenn man den engen, etymologisch nach-

10 Die Empfehlungen (KMK 1994a) sprechen von sonderpädagogischer Förderung durch vorbeugende Maßnahmen, im gemeinsamen Unterricht, in Sonderschulen, in kooperativen Formen, im Rahmen von sonderpädagogischen Förderzentren und im berufsbildenden Bereich und beim Übergang in die Arbeitswelt.

weisbaren Zusammenhang der Wörter ‚hindern', ‚fördern' und ‚fordern' in den Blick nimmt. Hinsichtlich des gegenwärtigen allgemeinen Sprachgebrauchs lässt sich dieser Zusammenhang in Bezug auf die Substantive ‚Behinderung', ‚Förderung' und ‚(An-)Forderung' erkennen (vgl. hierzu ausführlich C. Lindmeier 1993): Förderung wird demnach immer dort notwendig, wo (An-)Forderungen nicht erfüllt werden können, zum Beispiel auf Grund einer Behinderung (oder Benachteiligung). Dieses relationale Verhältnis macht es unmöglich, „Behinderung und Förderbedarf unabhängig von einer in einer konkreten Situation vorhandenen Anforderung zu beschreiben und einem Kind als Eigenschaft zuzuschreiben. Eine nähere Bestimmung von Förderbedarf unter Aussparung der jeweiligen Behinderung und der Anforderung erscheint daher unmöglich (vgl. hierzu auch Lemke/Schuck 2002, 86). Diese Schwierigkeit lässt sich ablesen an wenig aussagekräftigen Bestimmungsversuchen sowie an der – trotz seiner Ablehnung – erfolgenden Verwendung des Behinderungsbegriffes" (B. Lindmeier 2005, 138 f.).

- ‚Förderung' weist dem Kind die relativ passive Rolle des ‚Geförderten' zu. Diese Rolle wird durch die Entscheidung über den Förderort, die von der Schulverwaltung unabhängig vom Wunsch der Eltern getroffen werden kann, bestätigt (vgl. Eberwein 2000; Speck 1995 a, 2008). „Außenstehende, durch die Institution dazu berechtigte Personen definieren letztlich entgegen der Intention des Instruments der Kind-Umfeld-Analyse, worin der sonderpädagogische Förderbedarf besteht. Die Fassung des sonderpädagogischen Förderbedarfs als personenbezogene Kategorie unterstützt die Auffassung, es handele sich um ein unveränderliches, situationsübergreifendes Merkmal der Person, auf das das Schulsystem folgerichtig mit äußerer Differenzierung, d. h. ‚besonderen Maßnahmen', Lehrkräften und Schulformen reagiert" (B. Lindmeier 2005, 139, vgl. auch Beck 1996, 454).
- Das Thema der sozialen Ungleichheit und der Begriff der sozialen Benachteiligung kommen in den KMK-Empfehlungen überhaupt nicht vor, obwohl mit der Kind-Umfeld-Analyse (vgl. Sander 2000) ein ökologisch orientierter, unterstützungszentrierter Ansatz der Definition und Klassifikation von Förder- und Unterstützungserfordernissen auch auf der Grundlage von sozialer Ungleichheit möglich wäre.
- Als verteilungspolitischer Legitimationsbegriff erfüllt der Begriff des sonderpädagogischen Förderbedarfs denselben Zweck wie sein Begriffsvorgänger Sonderschulbedürftigkeit. Denn ebenso wie der Begriff der Sonderschulbedürftigkeit hat der Begriff des sonderpädagogischen Förderbedarfs die Funktion eines *ressourcenorganisierenden Konstrukts.*

Am 20. Oktober 2011 wurde unter dem Titel ‚Inklusive Bildung von Kindern und Jugendlichen mit Behinderungen in Schulen' (vgl. KMK 2011) eine neue Empfehlung verabschiedet, mit der die KMK Konsequenzen aus dem Übereinkommen der Vereinten Nationen vom 13. Dezember 2006 über die Rechte von Menschen mit Behinderungen zieht (vgl. BMAS 2008). Entgegen der Ankündigung in dem

Beschluss vom 18. November 2010 (vgl. KMK 2010), im Zusammenhang mit inklusiven schulischen Angeboten die Begrifflichkeiten des sonderpädagogischen Förderbedarfs und die Systematik der Förderschwerpunkte weiterentwickeln zu wollen, behält die Empfehlung zur inklusiven Bildung die seit 1994 bestehende Systematik der Förderschwerpunkte bei. Der Begriff des ‚sonderpädagogischen Förderbedarfs' wird zwar weitgehend durch die Formulierung ‚Bedarf an sonderpädagogischer Bildung, Beratung und Unterstützung' ersetzt. Außerdem findet sich die Formulierung ‚inklusive Bildung'. Beide Begriffe werden nicht erläutert, ebensowenig die Unterschiede zwischen ihnen. Der Begriff der sonderpädagogischen Förderung wird beibehalten und synonym mit ‚sonderpädagogischer Bildung' verwandt. Insgesamt ist die Begriffsverwendung eher verwirrend, als dass sich eine begriffliche Weiterentwicklung erkennen lässt (vgl. Lindmeier/Lindmeier 2012).

2.3.4 Neuere internationale Entwicklungen

Im Folgenden werden aus der Vielzahl interessanter internationaler Entwicklungen drei herausgegriffen, die von besonderer Relevanz für die deutsche Diskussion sind. Wie gezeigt wurde, beeinflusste der aus Großbritannien stammende Begriff ‚Special Educational Needs' die Einführung und Rezeption des Begriffs sonderpädagogischer Förderbedarf. Auch die derzeitige kritische Diskussion des Begriffs im angelsächsischen Raum gelangte über die Integrations- und Inklusionsbewegung wieder in die deutschsprachige Diskussion. Die Anstrengungen der OECD, ländergemeinsame Kategorien einzuführen, können möglicherweise vergleichende Forschung erleichtern und werden u. U. unser Verständnis davon, welche Gruppen von Kindern zusätzlicher Ressourcen bedürfen, in der Zukunft stark beeinflussen. Gleiches gilt für die Übertragung der ICF auf die Situation von Schulkindern, wie sie in der Schweiz erprobt wird.

Special Educational Needs – A New Look

Der Begriff ‚Special Educational Needs' (SEN), wie er durch den Warnock-Report von 1978 geprägt wurde, wurde im Education Act 1981 erstmals formuliert und ist letztmalig im Education Act 2001 reformuliert worden:

„Special Educational Needs (≈ besonderer Lernunterstützungsbedarf): Kinder haben einen besonderen Lernunterstützungsbedarf, wenn sie Lernschwierigkeiten aufweisen, die besondere Lernunterstützungsmaßnahmen verlangen.

Lernschwierigkeiten: Ein Kind hat eine Lernschwierigkeit, wenn es

a) bedeutend größere Schwierigkeiten im Lernen hat als die Mehrheit der Kinder im gleichen Alter,
b) eine Behinderung aufweist, die es daran hindert, Lernhilfen, die jedem Kind zur Verfügung stehen, in Anspruch zu nehmen,

c) unterhalb des schulpflichtigen Alters ist und unter die Definitionen a) oder b) fällt bzw. fiele, wenn seinem besonderen Lernunterstützungsbedarf nicht bereits begegnet würde“ (DES 2001, Chapter 33, 18; Übersetzung durch Plate 2008, 401).

Der Begriff ist im englischen Kontext nicht unumstritten. Als wesentlicher Faktor für die Weiterentwicklung der schulischen Strukturen während der vergangenen Jahrzehnte gilt, dass mit seiner Hilfe eine enge, medizinisch orientierte Behinderungsdefinition zugunsten der Beschreibung des Bedarfs der Schülerinnen und Schüler überwunden wurde und eine übergeordnete Kategorie etabliert wurde, der ca. 20 % aller Schülerinnen und Schüler zumindest temporär zuzuordnen sind und die durch ihre Größe und anderen Fokus die Diskriminierung zwar nicht aufhebt, aber mindert (vgl. ausführlich Plate 2008, Terzi 2010). Zugleich wurde die Zahl der Schülerinnen und Schüler mit SEN an Sonderschulen (special schools) von ca. 2 % Ende der 1970er Jahre auf aktuell ca. 1 % der Kinder reduziert – im Vergleich zu ca. 4,9 % in der Bundesrepublik (vgl. KMK 2012).

Eine neuere Diskussion um den Nutzen des Konzepts und Fehlentwicklungen der vergangenen Jahrzehnte kann hier nicht ausführlich aufgegriffen werden; die englische Diskussion zeigt aber mehrere kritische Punkte, die auch für unsere Situation relevant sind (vgl. Terzi 2010):

1. Identifikation besonderer Bedarfe: gefordert wird eine Balance von Gleichheit und Verschiedenheit in der Beschreibung der Kinder und ihres Bedarfs an besonderer Unterstützung. Wie kann man spezifische Bedarfe beschreiben, ohne die Kinder zu ‚ganz anderen‘, zu Kindern mit Problemen und Defiziten zu machen? Wie kann man verhindern, dass eine übergeordnete Kategorie wie ‚special educational needs‘ die sehr unterschiedlichen Bedarfe verschleiert oder zu einem Rückfall in medizinische Terminologie führt? Eine vorgeschlagene Lösung plädiert für eine Einteilung von Bedarfen in drei Dimensionen: allgemeine Bedarfe (1), Bedarfe einzelner Gruppen (2), z. B. generelle Bedarfe hörgeschädigter Kinder, und individuelle Bedarfe (3) (vgl. Norwich 2007).
2. Bildungspläne/Curricula: Was sollen die Kinder lernen, und wie sollen sie lernen? Wie kann man Unterricht konzipieren, der gleiche allgemeine Bildungsziele für alle formuliert, aber in den Lehrmethoden und in der Unterrichtsgestaltung Unterschieden Raum gibt, und der jedem Kind die Möglichkeit gibt, seine Interessen zu entwickeln und seine Begabungen auszuschöpfen? Die Antwort auf diese Frage übersteigt die Möglichkeiten eines Lehrbuchs. Es scheint in Großbritannien jedoch nicht mehr akzeptabel, von vornherein unterschiedliche allgemeine Ziele zu formulieren, so dass Curricula zwar unterschiedliche Niveaustufen, unterschiedliche Lehr/Lernmethoden und möglicherweise sogar unterschiedliche (Teil-)Inhalte umfassen dürfen, aber nicht grundsätzliche unterschiedliche allgemeine Ziele. Solche unterschiedlichen Inhalte könnten Fähigkeiten des täglichen Lebens für Jugendliche mit Lernschwierigkeiten bzw. geistiger Behinderung (wie Orientierung im Straßenverkehr, Haushalts-

tätigkeiten) und Vertiefungs- und Wahlkurse umfassen, wie sie im Sekundarschulsystem ohnehin üblich sind.

3. Grundwerte: Welche Werte und übergeordneten Ziele verfolgt das Bildungssystem? Norwich (2010) nennt zwei im Zusammenhang mit der Entwicklung inklusiver Schulstrukturen besonders wichtige Werte: Individueller Respekt vor jedem Kind drückt sich in der Schaffung einer angemessenen (Lern-)Umgebung entsprechend der individuellen Bedürfnisse jedes einzelnen Kindes aus. Dieser Grundwert wird ergänzt durch gleiche Rechte und Teilhabe an der Gemeinschaft, was das Gefühl der Zugehörigkeit und des Akzeptiertseins in normalen Schulen für alle Kinder einschließt. Damit schließt er eine ausschließliche Orientierung an akademischen Lernzielen ebenso aus wie eine bloße ‚Beschulung unter einem Dach', die für einzelne Kinder dennoch Isolation bedeutet.
4. Schulort bzw. Haltung zu Inklusion: Mit der Antwort auf die vorhergehenden Fragen hängt die Haltung gegenüber Integration bzw. Inklusion eng zusammen: Warnock (2010) sieht die Aufgabe der Schule wesentlich darin, Kindern eine angemessene Lernumgebung zu ermöglichen und ihnen, gleich an welchem Ort, das Gefühl der Zugehörigkeit zu geben. Sie müsse nicht das Ziel einer Gesellschaft für alle schon im schulischen Kontext zu verwirklichen suchen, zumal dies oft so ende, dass ein ‚Dabeisein' nur äußerlich als Lernen unter demselben Dach geschehe, ein Großteil der Kinder aber die Erfahrung des Ausgeschlossenseins mache und Hänseleien oder bullying erlebe. Norwich (2010) dagegen weist darauf hin, dass jeder Ausschluss eine Diskriminierung darstelle, und dass daran gearbeitet werden müsse, Schulen zu Orten für alle Kinder weiterzuentwickeln (vgl. auch Ainscow/Dyson 2006).
5. Zuweisung von Ressourcen: Die Frage der Zuweisung von Ressourcen hat immer eine praktische Seite, die organisatorische und rechtliche Regelungen umfasst, und eine Seite, die die Kriterien der Zuweisung und damit die Frage nach Gerechtigkeit tangiert. Sie wird im Teil über Ethik näher behandelt. Der englische Weg besteht in der praktischen Umsetzung darin, relativ viel Ressourcen für allgemeine Lernunterstützung zuzuweisen, die die Schulen vor Ort einsetzen können, und daneben für schwerer behinderte Kinder auf der Grundlage eines individuell festgestellten Anspruchs Bedarfe zu formulieren.
6. Radikale Vertreter schulischer Inklusion lehnen jede Benennung einzelner Kinder als besonders förderungsbedürftig ab, da mit der Benennung die Gefahr der Diskriminierung einhergeht (vgl. 4.7). Eine stark individualisierende Schule, die Heterogenität und Vielfalt als Normalfall ansieht, kann ihrer Auffassung nach den individuellen Bedürfnissen jedes Kindes auch ohne Benennung gerecht werden. Unserer Auffassung nach zeigt die Entwicklung der Praxis in Großbritannien ebenso wie in Deutschland allerdings, dass es nahezu unmöglich ist, zusätzliche Ressourcen bedarfsgerecht zur Verfügung zu stellen, ohne einen Bedarf zu formulieren, und dass sich mit der ‚Bezeichnungsscheu' alltagssprachliche, mitunter besonders diskriminierende Bezeichnungen einbürgern. In der Analyse einer Londoner Schule nennt Plate hier Begriffe wie ‚BA's = below average' und ‚bottoms' (vgl. Plate 2008, 421).

Bezeichnungen sollten u. E. zum einen möglichst allgemein gewählt sein und ‚Abstufungen' bzw. Rangordnungen innerhalb der Gruppe von Kindern mit SEN vermeiden. Bei der Allokation von Ressourcen sollte der Bedarf dann wesentlich spezifischer und konkreter benannt werden, als dies heute geschieht, um zu vermeiden, dass es sich um ein pauschales Etikett handelt.

Kategorisierung von Special Educational Needs durch die OECD

Die OECD (Organisation for Economic Co-Operation and Development) ist in den letzten Jahren zu einer einflussreichen internationalen Organisation in der Bildungspolitik avanciert (vgl. OECD 2003, 2004). Seit 1996 versuchen ihre Mitgliedsstaaten vergleichbare Daten zu Schülerinnen und Schülern mit SEN zu erheben. Da sich der Begriff der ‚special educational needs' als zu unspezifisch erwies, ging die OECD nach wenigen Jahren dazu über, länderübergreifende Kategorien zu entwickeln, mit deren Hilfe eingeschätzt werden kann, welche Gruppen von Schülern mit SEN in den nationalen Bildungssystemen zusätzliche Ressourcen erhalten. Obwohl dies noch nicht befriedigend gelungen ist, stellen wir die bisherigen Ergebnisse vor, um zu zeigen, welche Schwierigkeiten ländervergleichende Studien zu bewältigen haben.

Die OECD schlug 1999 zur Kategorisierung der ‚Special Educational Needs' drei Kategorien vor (vgl. OECD 2005 nach Hollenweger 2005, 156):

- Kategorie A: Schüler mit Behinderungen (students with disabilities),
- Kategorie B: Schüler mit Schwierigkeiten (students with difficulties),
- Kategorie C: Schüler mit Benachteiligungen (students with disadvantages).

(1) Länderübergreifende Kategorie A: Behinderungen. Schüler mit Behinderungen oder Schädigungen, die in medizinischen Kategorien als organische Funktionsstörungen angesehen werden können. Der Erziehungs- und Bildungsbedarf ist vorrangig in Problemen begründet, die diesen Behinderungen zuzuordnen sind.

(2) Länderübergreifende Kategorie B: Schwierigkeiten. Schüler mit Schwierigkeiten im Verhalten oder dem emotionalen Erleben oder spezifischen Lernschwierigkeiten. Der Erziehungs- und Bildungsbedarf ist vorrangig in Problemen in der Interaktion zwischen dem Schüler und seiner Bildungsumgebung begründet.

(3) Länderübergreifende Kategorie C: Benachteiligungen. Schüler mit Benachteiligungen, die vorrangig aus sozioökonomischen, kulturellen und/oder sprachlichen Faktoren entstehen. Der Erziehungs- und Bildungsbedarf besteht darin, die Benachteiligungen, die diesen Faktoren zuzuordnen sind, zu kompensieren.

Die Bildungsministerien der Mitgliedsländer waren aufgefordert, eine Zuordnung der Gruppen von Schülern zu treffen, die im jeweiligen schulischen Kontext des Landes diesen Kategorien zugeordnet werden und entsprechende Ressourcen erhalten. Dabei zeigte sich relative Einigkeit bezüglich der ersten Kategorie. Die Zuordnung zu Kategorie B und C zeigt größere länderspezifische Unterschiede, und insbesondere der komplexe Zusammenhang zwischen Benachteilung und der Entstehung von Lern- und Verhaltensschwierigkeiten, der eine Abgrenzung von

Kategorie B und C erschwert, wird nicht thematisiert. Dennoch gibt es einige Ergebnisse, die geeignet sind, die Selbstverständlichkeit der uns vertrauten Terminologie und Schulorganisation in Frage zu stellen (alle Zahlen: OECD 2003):

- Der Prozentsatz der Schüler, die in während der Pflichtschulzeit aufgrund von Behinderungen (Kategorie A) zusätzliche Mittel erhalten, liegt in allen Ländern ungefähr bei 1,5 Prozent. In Deutschland gehen 83,6 % dieser Schüler in spezielle Schulen und 16,4 % in Regelklassen bzw. -schulen. In vielen anderen OECD-Ländern (z. B. USA, England, skandinavische Länder) ist der Anteil der Schülerinnen und Schüler der Kategorie A in Förderschulen wesentlich niedriger (ca. 30 % bis 60 %).
- Der Prozentsatz der Schüler, die in Deutschland während der Schulpflichtzeit aufgrund von Schwierigkeiten (Kategorie B: Lernstörungen, Verhaltensstörungen) zusätzliche Mittel erhalten, liegt bei 2,6 %. In Deutschland besuchen fast 90 % dieser Schüler spezielle Schulen (Sonderschulen). Im Ländervergleich sind dies ungewöhnlich hohe Zahlen; lediglich in den Niederlanden gehen 50 % der Schüler der Kategorie B in spezielle Schulen. Ansonsten befinden sich in den USA, Kanada und in den untersuchten EU-Ländern nicht mehr als 10 % der Schüler dieses Personenkreises in speziellen Schulen (Sonderschulen). Allerdings sind die Unterschiede bei der Zuordnung von Schülern zu Kategorie B zwischen den Ländern größer als bezüglich Kategorie A.
- Der Prozentsatz der Schüler, die in Deutschland während der Schulpflichtzeit aufgrund von Benachteiligungen zusätzliche Mittel erhalten, liegt bei 0,3 %. Alle Schüler, die vom BMBF dieser Gruppe zugeordnet wurden, befinden sich in Regelschulen bzw. -klassen; es handelt sich um Kinder von Reisenden und Kinder nicht deutscher Muttersprache, soweit sie nicht in den Kategorien A und B einzuordnen sind. Es wurde in der Regel kein sonderpädagogischer Förderbedarf festgestellt. In Finnland liegt der Anteil von Schülern der Kategorie C bei 1 %; in Frankreich hingegen bei 8,8 % und in den Niederlanden sogar bei 16,6 %. Die Zahlen verweisen darauf, dass die Zahl der Schülerinnen und Schüler dieser Kategorie davon abhängig ist, wie das jeweilige nationale Bildungssystem eine solche Kategorie definiert und ob es zusätzliche Mittel für die Förderung bereitstellt.

Die Publikationen der OECD zeigen zwei strukturelle Probleme des Umgangs mit sonderpädagogischem Förderbedarf in der Bundesrepublik Deutschland auf:

- Lern- und Verhaltensschwierigkeiten werden traditionell eher dem ‚Behinderungsparadigma' zugeordnet und mit Sonder- bzw. Förderschulbedürftigkeit verknüpft. Durch diese Strategie lässt sich der Personenkreis, der zusätzliche Ressourcen erhält, klein und überschaubar halten (insg. 5–6 % der Schülerschaft).
- Benachteiligungen werden im deutschen Schulsystem – von wenigen Ausnahmen abgesehen – nicht als zusätzliche Ressourcenbedarfe anerkannt. Mit Blick auf die Ergebnisse der PISA-Studie 2000 (vgl. PISA-Konsortium 2001) müsste

ein solcher Bedarf bei 20 % bis 25 % der gesamten Schülerschaft anerkannt werden (sog. ‚Risikoschüler') (vgl. 2.4.2).

Schulische Standortgespräche mit Hilfe der ICF

Bei der Umsetzung der ICF im Schulbereich geht es ebenfalls um die Frage, welche Kinder besonderer Ressourcen bedürfen, und wie man diese Kinder identifizieren kann. Judith Hollenweger, ICF-Koordinatorin der WHO für die Schweiz, weist bereits 2005 darauf hin, dass die ICF für die Sonderpädagogik verschiedene Chancen bietet: „Insbesondere können ein vertiefter Austausch und eine konzeptionelle Analyse der heute in verschiedenen Kontexten angewendeten Behinderungskategorien in Bezug auf das Modell der ICF wichtige Einsichten bieten. Der Austausch kann in Schulhausteams, auf nationaler oder internationaler Ebene stattfinden und helfen, einige Fragen neu zu stellen: Welche Kinder sollen wann und wo durch sonderpädagogische Maßnahmen unterstützt werden? Weshalb unterscheiden sich die Förderraten so stark von einem Kanton oder Land zum anderen? Weshalb werden immer mehr Kinder als sonderpädagogisch förderungsbedürftig identifiziert? Wie wirkt die Art und Weise, in welcher Kinder sonderpädagogisch erfasst werden, auf ihre Beschulung? Welche Umweltfaktoren sind hier wirksam? Insbesondere erlaubt die ICF das Ausloten der Aspekte des ‚Behindert-Seins' und des ‚Behindert-Werdens' auf der Basis eines mehrdimensionalen, kontextabhängigen Verständnisses von Behinderungen" (2005, 152).

Mit Blick auf traditionelle Behinderungskategorien und unter Berücksichtigung neuerer Forschungsergebnisse zeigt Hollenweger, welchen Verkürzungen die sonderpädagogischen Beschreibungen von Behinderung(en) unterliegen und wie diese sowohl das Verständnis als auch die Planung von Maßnahmen behindern. Sie bestätigt damit aus der Perspektive der ICF die eingangs vorgetragene Kritik an der ‚Eindimensionalität' personen- oder merkmalsbezogener sonderpädagogischer Gegenstandsbestimmungen. Wenn Behinderung demgegenüber „als Resultat der komplexen Interaktion zwischen beeinträchtigten Körperfunktionen, den in einem bestimmten Kontext erforderlichen Fähigkeiten und den von der Umwelt angebotenen Unterstützungsmöglichkeiten und Rahmenbedingungen definiert würde, könnte die Sonderpädagogik in integrativen Settings gemeinsam mit anderen dort arbeitenden Professionen viel besser die eigene Rolle und Zuständigkeit entlang ihrer Kernkompetenzen (Fördern, Unterstützen etc.) statt wie bisher entlang von Krankheitsgruppen (Paraplegiker, Blinde, POS) definieren. Wenn bei keinem Kind mehr schwerwiegende Bildungsentscheide nur aufgrund der Zugehörigkeit zu einer bestimmten Gruppe getroffen würden – ohne eine unabhängige Klärung des Fähigkeitsprofils, der angestrebten Lernziele und der angestrebten Lernumgebung und Beziehungsangebote –, wäre es möglich, nach neuen Zugängen zur Feststellung des Bedarfs an Förderung, Unterstützung und Kompensationsmaßnahmen – sowohl beim Kind als auch bei anderen Personen und der Lernumgebung – zu suchen" (Hollenweger 2004, 35 f.). Ein solches Verständnis entspräche der von der ICF vertretenen ‚Philosophie', dass Partizipation bzw.

Teilhabe „sich als das definieren lässt, was sich auf der Basis der individuellen Voraussetzungen und der von der Umwelt gebotenen Beziehungen, Materialien oder Hilfsmittel von einer bestimmten Person in einem bestimmbaren Lebensbereich oder Kontext realisieren lässt“ (ebd.).

Es ist auch unsere Auffassung, dass das Denkmodell und die Sprache der ICF die Möglichkeit bieten, zwischen der Terminologie der Sonderpädagogik und der Regelpädagogik eine Verknüpfung herzustellen. Durch die Verknüpfung mit der ICF lässt sich die aktuelle bildungs- und schulpolitische Diskussion um Bildungsstandards, Schulqualität und -entwicklung und Leistungsmessungen in einen für die Sonderpädagogik relevanten Kontext stellen, in den das mehrdimensionale relative und relationale Phänomen der Behinderung eingebracht werden kann. Inwiefern es dadurch möglich wird, die Bedürfnisse des einzelnen Kindes oder Jugendlichen in Bezug auf seine Bildung und Erziehung zu erörtern, ohne dabei die Kontext- bzw. Umweltbedingungen aus den Augen zu verlieren, veranschaulicht Tabelle 1.

Tab. 1: Lokalisierung des Modells der ICF im pädagogischen Kontext (in Anlehnung an Hollenweger 2004)

Inklusionsrelevante pädagogische Bereiche	**ICF-Bereiche**	**Beispiele**
Bereich der Bildungsstandards	Aktivitäten (als individuelle Befähigung)	Kompetenzentwicklung in Mathematik Leistungen in Lesen und Schreiben Soziale Kompetenzen
	Partizipation (als soziale Befähigung)	Zugang zu Bildungsinhalten Lehrpläne Lernziele
Bereich der Qualitätsstandards	Umweltfaktoren (z. B. Personen, Produkte, Gesetze)	Ausstattung der Bildungsinstitutionen bzw. Schulen Qualifikation der Lehrpersonen Fördermaßnahmen Lerngelegenheiten Beziehungsangebote
Lernvoraussetzungen beim Kind	Personenbezogene Faktoren	soziale Herkunft, Motivation, Coping-Strategien, Selbstwertgefühl
	Körperfunktionen und -strukturen	Seh- und Hörfunktionen, Bewegungsfunktionen, Aufmerksamkeitsfunktionen, Stimm- und Sprechfunktionen, mentale Funktionen

In diesem Zusammenhang gilt es noch einmal in Erinnerung zu rufen, dass die Domänen der ICF (Aktivitäten/Partizipation) Bereiche bezeichnen, in welchen alle Menschen im Laufe ihres Lebens Fähigkeiten und Fertigkeiten erwerben, die für ein volle und wirksamen Teilhabe am gesellschaftlichen Leben bedeutsam sind. Eine solche ‚Domäne' ist der Bereich der Bildung bzw. Ausbildung. Bildungsstandards legen einerseits die bei den Schülerinnen und Schülern zu entwickelnden Kompetenzen, andererseits auch die in der Schule zu gestaltenden Partizipationsbereiche (Bildungsinhalte, Lernziele, Lehrplanbereiche) fest. Demgegenüber wird die schulische Umwelt mit ihren Unterstützungs- und Beziehungsangeboten, aber auch mit den dort vorhandenen Hilfsmitteln oder Materialien und gesetzlichen Grundlagen durch die verschiedenen Dimensionen der Schulqualität und -entwicklung beschrieben. Die diagnostische Erfassung der individuellen Lernvoraussetzungen des Kindes oder Jugendlichen sollte nicht nur Defizite eines Kindes identifizieren, sondern auch Stärken, die pädagogisch angesprochen bzw. eingesetzt werden können. „Die ICF könnte als Grundlage hierzu dienen und Schulsystemen ein Instrument zur Beschreibung aller Schülerinnen und Schüler bieten, ohne Kinder mit Behinderungen a priori als ‚andersartig' zu identifizieren und somit auch getrennt zu erfassen. Dies könnte auch ein wichtiger Beitrag zu einer stärkeren Integration der Anliegen behinderter Kinder in die Regelschule leisten" (Hollenweger 2005, 161). Als Lernvoraussetzungen müssten zum einen personenbezogene Faktoren und zum anderen Körperfunktionen und -strukturen Beachtung finden.

Durch diese Dimensionierung ändert sich auch der Auftrag der Sonderpädagogik in Forschung und Praxis. Mit Blick auf ein inklusives Bildungssystem ergeben sich dabei die in Tabelle 1 aufgezeigten Perspektiven. Je nach dem, welche Dimension fokussiert wird, ergeben sich allerdings unterschiedliche Zielperspektiven, die wiederum mit unterschiedlichen Zielgruppen, Fragestellungen und Untersuchungsgegenständen korrespondieren (vgl. Tab. 2 auf Seite 56).

Finanziert durch das 6. Rahmenforschungsprogramm der EU wurde im Sinne dieser Dimensionierung im Projekt ‚Measuring Health and Disability in Europe. Supporting Policy Development' der Frage nachgegangen, wie die ICF in Bildungskontexten eingeführt und angewendet werden könnte (vgl. Hollenweger 2006; Kunz/Felkendorff 2008). Kunz und Felkendorff (2008) fassen die wichtigsten Empfehlungen aus dem Projekt MHADIE an die Bildungspolitik zusammen. Demnach eignet sich die ICF bzw. die Kinderversion ICF-CY

- zur Harmonisierung der statistischen Erfassung von der Prävalenz von Behinderung,
- als klassifikatorischer Referenzrahmen zur Aufbereitung bildungspolitischer Daten,
- zur analytischen ‚Entflechtung' der bestehenden, kanonisierten Behinderungskategorien,
- als Matrix für die Analyse von Problemsituationen im Bildungssystem,
- zur Ausweitung der Population für Datenerhebungen auf Kinder im Alter von 0 bis 6 Jahren,

Tab. 2: Dimensionierung einer am Modell der ICF orientierten inklusiven Bildung (in Anlehnung an Hollenweger 2004)

Zielperspektive	Zielgruppe	Fragestellung	Untersuchungsgegenstand
Teilhabe an Bildung	Kinder, Jugendliche und Erwachsene, die vom Ausschluss aus dem allgemeinen Bildungssystems bedroht oder betroffen sind	Wie können Ausschlussprozesse überwunden und Barrieren beseitigt werden?	Bildungssysteme pädagogische Fachkräfte Prozesse in Bildungsinstitutionen gesellschaftliche Prozesse
Befähigung des Individuums	Kinder, Jugendliche und Erwachsene, die mit Probleme mit bildungs- bzw. schulrelevanten Aktivitäten (z. B. Lesen, Schreiben, Rechnen; in Gruppen lernen) haben	Wie können die Schwierigkeiten beim Lernen überwunden oder verringert werden?	Bildungsangebote und Fördermöglichkeiten Betroffene in Interaktion mit Lehrpersonen Lehr-/Lernprozesse
Überwindung von schädigungsspezifischen Einschränkungen	Kinder, Jugendliche und Erwachsene mit Gesundheitsproblemen, umschriebenen Syndromen oder Schädigungen der Körperfunktionen/-strukturen	Wie können schädigungsspezifische Einschränkungen kompensiert werden?	Unterstützungssysteme und Hilfsmittelangebote Fachpersonen für schädigungsspezifische Kompensationsangebote (z. B. Krankengymnastik) Prozesse bei der Organisation schädigungsspezifischer Kompensationsangebote Erlernen von Techniken und Umgang mit Hilfsmitteln

- zur Erfassung von Partizipation und deren Folgen in der Schule und
- zur Erhebung von Ergebnisindikatoren für die Wirkung von Bildungssystemen im Hinblick auf Behinderung.

Die Empfehlungen aus dem Projekt MHADIE werden in einigen Kantonen der Schweiz bereits umgesetzt. Ein Beispiel hierfür sind die von Hollenweger und Lienhardt für den Kanton Zürich entwickelten ‚Schulischen Standortgespräche'. Dabei handelt es sich um ein auf die ICF gestütztes Verfahren zur Förderplanung und Zuweisung von schulhausnahen sonderpädagogischen Maßnahmen, welches ab dem Schuljahr 2007/2008 in den Kindergärten und Schulen des Kantons Zürich verbindlich eingeführt wurde (vgl. Hollenweger/Lienhard 2007; Hollenweger/Luder 2010).

2.4 Benachteiligung

2.4.1 Was bedeutet (Bildungs-)Benachteiligung?

In Bildungseinrichtungen befinden sich auch Kinder, Jugendliche und Erwachsene, die zwar hinsichtlich ihrer vollen und wirksamen Teilhabe an Bildung beeinträchtigt sind, aber kein Gesundheitsproblem und folglich auch keine Schädigungen körperlicher Strukturen oder Funktionen aufweisen. Die hiervon Betroffenen sind demnach nicht aufgrund einer Behinderung in ihrer Bildung benachteiligt, sondern aufgrund eines anderen sozialen Merkmals. Der Begriff der Bildungsbenachteiligung bezeichnet die geringeren Chancen von Menschen beim Erwerb von Bildung, die trotz formaler Chancengleichheit vorhanden sind. Er impliziert ausdrücklich nicht die vorsätzliche oder bewusste Diskriminierung, sondern statistisch belegbare Nachteile dieser Gruppen bei der Verteilung von Bildungschancen und beim Erreichen von Bildungserfolgen.

Seit den Ergebnissen der PISA-Studie (Deutsches PISA-Konsortium 2001), die u. a. einen besonders engen Zusammenhang zwischen sozialer Herkunft und Bildungserfolg für die Bundesrepublik Deutschland nachwiesen und sehr schlechte Leseleistungen bei 22 % der 15-jährigen belegten, wurden frühe Fördermaßnahmen bereits in Kindergarten und Schule eingeführt. Dies geschah – möglicherweise auf Grund des aus politischen Gründen resultierenden Zeitdrucks – ohne eine gründliche bildungssoziologische Analyse des komplexen Zusammenwirkens von Bedingungen der sozialen Herkunft und Mechanismen innerhalb der Bildungseinrichtungen. Die überwiegend bildungspolitisch motivierte Diskussion zeigte auch, dass kein Konsens bezüglich eines pädagogisch und politisch brauchbaren und nicht diskriminierenden Begriffs von Benachteiligung existiert. So wird mitunter das geringe Vorhandensein von Bildungsressourcen als Bildungsarmut bezeichnet und mit Kompetenzarmut gleichgesetzt (vgl. Allmendinger/Leibfried 2003; Solga/Powell 2006). Unseres Erachtens besteht allerdings die Gefahr, dass ein so verstandener Begriff der Bildungsarmut die Probleme mangelnder Bildungsbeteiligung und mangelnden Bildungserfolgs individualisiert, zu einem persönlichen Verschulden umdeutet und die im Folgenden dargestellten herkunftsbedingten Benachteiligungen ausblendet (vgl. hierzu auch Brake/Büchner 2011).

Soziale Ungleichheit

Bei der Analyse der Bildungsbenachteiligung greift die Bildungssoziologie auf die Erkenntnisse und Methoden der Soziologie der Ungleichheit zurück. Soziale Ungleichheit ist ein zentrales Phänomen der Sozialstruktur der Gesellschaft, das im Rahmen der *Sozialstrukturanalyse* (als Form der Gesellschaftsanalyse) untersucht wird (vgl. Burzan 2007; Rössel 2009). Hradil definiert soziale Ungleichheit als einen ungleichen Zugang zu Gütern, die in einer Gesellschaft als wertvoll gelten, knapp sind und deren Besitz darüber entscheidet, welche gesellschaftliche

Position ein Mensch in einer Gesellschaft einnimmt (vgl. 2004, 195 f.). Im Unterschied dazu stellen soziale Unterschiede eine bloße Verschiedenheit ohne Relevanz für den Zugang zu gesellschaftlichen Gütern dar. Solga, Berger und Powell sprechen immer dann von sozialer Ungleichheit, „*wenn Menschen ... einen ungleichen Zugang zu sozialen Positionen haben und diese sozialen Positionen systematisch mit vorteilhaften oder nachteiligen Handlungs- und Lebensbedingungen verbunden sind.* Es geht also um gesellschaftlich verankerte, mithin ... um regelmäßige und dauerhafte Formen der Begünstigung und Benachteiligung – und nicht um den zufälligen Lottogewinn, der jemanden zum Millionär macht. Es geht auch nicht einfach nur um Verschiedenartigkeit (z. B. im Musikgeschmack, in der Religion...), sondern um Unterschiede im Zugang zu knappen Ressourcen, die die Menschen schlechter oder besser stellen. Es handelt sich also um überindividuelle Ungleichheiten in der Verteilung von Handlungsressourcen sozialer Gruppen, die durch das Verhalten und Denken des Einzelnen nicht kurzfristig beeinflusst werden können" (2009, 15). Diese Definition von sozialer Ungleichheit enthält noch keine Vorentscheidung darüber, wie gerecht oder ungerecht soziale Ungleichheit ist. Der soziologische Begriff unterscheidet sich also vom alltagssprachlichen Gebrauch des Wortes ‚Ungleichheit', das häufig gleichbedeutend mit ‚Ungerechtigkeit' verwendet wird.

Die Abgrenzung zwischen (neutralen) sozialen Unterschieden und sozialer Ungleichheit ist allerdings nicht einfach zu treffen, denn unter bestimmten historischen und gesellschaftlichen Bedingungen können aus Unterschieden soziale Benachteiligungen entstehen[11]. Dies lässt sich am Beispiel des Körpergewichtes illustrieren, denn „es scheint nicht mehr egal zu sein, wie viel man wiegt. Mit starkem Übergewicht verbinden sich heute beispielsweise zunehmend auch systematische Nachteile beim Zugang zu Beschäftigung – sei es mit der Begründung einer fehlenden Attraktivität in Berufen mit direktem Kundenbezug, eines höheren Risikos von Ausfällen durch Krankheit oder aufgrund einer Stigmatisierung durch die Unterstellung mangelnder Fähigkeiten zur Selbstkontrolle..." (ebd.). Hier zeigt sich, wie Unterschiede durch soziale Bewertungsprozesse in soziale Ungleichheit transformiert werden.

Hradils (vgl. 2008, 213 f.) Unterscheidung zwischen Ursachen, Determinanten, Dimensionen und Folgen sozialer Ungleichheit wird auch von Solga, Berger und Powell (2009) aufgegriffen:

- Als *Determinanten sozialer Ungleichheit* gelten danach soziale Merkmale von Menschen, die mit großer Wahrscheinlichkeit (durch ihre Bewertung) zu Vor- oder Nachteilen führen, für sich betrachtet aber keine Vor- oder Nachteile

11 Die Milieuforschung weist zudem darauf hin, dass auch an sich neutrale Unterschiede wie Musikgeschmack oder Einrichtungsstil mit Merkmalen sozialer Ungleichheit wie Einkommen und Bildungsniveau in typischer Weise übereinstimmen können, so dass aus den an sich belanglosen Unterschieden sozial relevante Folgerungen gezogen werden können. Dies könnte beispielsweise beim Hausbesuch einer Mitarbeiterin des Allgemeinen Sozialdienstes, die dem Verdacht auf Kindeswohlgefährdung nachgeht, relevant sein.

darstellen, wie Geschlecht, Alter oder Wohnort. Solga, Berger und Powell (a. a. O., 18 f.) weisen darauf hin, dass diese Determinanten zwar teilweise biologischen Ursprungs sind, aber die ihnen zugewiesene Bedeutung eine soziale Konstruktion darstellt. Sie unterscheiden zudem soziale und biologische Merkmale, die ein Mensch ‚vorfindet', wie soziale Herkunft oder Behinderung, und im Verlauf der Biographie entstandene Merkmale wie Familienstand, Bildungsstand oder Beruf. Bildungsstand und Beruf zeigen die Problematik der Systematik: beide werden auch den Dimensionen zugeordnet.

- *Ursachen sozialer Ungleichheit* sind die sozialen Prozesse oder Mechanismen, durch die aus Determinanten Dimensionen sozialer Ungleichheit werden. Dies können beispielsweise Vorurteile wie die oben beschriebenen Vorurteile gegenüber Menschen mit Übergewicht sein, die dazu führen, dass aus der Determinante Übergewicht ein ungleiches (höheres) Arbeitslosigkeitsrisiko (Dimension sozialer Ungleichheit) wird. In Bezug auf bildungsbenachteiligte Kinder sind es beispielsweise Prozesse, die bei der Gestaltung des Übergangs vom Kindergarten in die Schule wirksam werden und die dazu führen, dass Kinder aus armen Familien – bei gleichem Entwicklungsstand – häufiger vom Schulbesuch zurückgestellt werden als Kinder aus nicht armen Familien (vgl. Hock et al. 2000).
- *Dimensionen sozialer Ungleichheit* sind die wichtigsten Arten sozialer Vor- und Nachteile, die in einer bestimmten Gesellschaft vorkommen. „Unter ihnen waren die drei ‚klassischen' Dimensionen, nämlich Vor- und Nachteile wirtschaftlicher Art, des Ansehens und der Macht, in bislang allen Gesellschaften wichtig" (Hradil 2008, 214). In ‚postindustriellen' Gesellschaften kommt als vierte Grunddimension die Bildung hinzu; aber auch Gesundheits-, Freizeit- und Wohnbedingungen gelten heute als wesentliche Dimensionen sozialer Ungleichheit. Diese Dimensionen können zudem wiederum als Determinanten für weitere Ungleichheiten wirken: dabei wirken nicht nur inhaltlich nachvollziehbare Zusammenhänge wie ein hohes Bildungsniveau als Determinante für ein geringes Arbeitslosigkeitsrisiko. Auch die Wohnungsadresse – beispielsweise in einem sozialen Brennpunkt – kann als Determinante für ein hohes Arbeitsmarktrisiko wirken, was jede Lehrkraft erlebt, die für Schüler in den Förderschwerpunkten Lernen und Verhalten Praktikumsplätze zu akquirieren sucht.
- *Auswirkungen sozialer Ungleichheit* entstehen, da die durch die Dimensionen sozialer Ungleichheit strukturierten äußeren Lebensbedingungen das Denken und Handeln vielfältig strukturieren, Mentalitäten, Werthaltungen und alltägliche Verhaltensweisen beeinflussen, zu Lebensstilen und sozialen Milieus werden, soziale Netzwerke hinsichtlich ihrer Größe und Struktur beeinflussen und dann wiederum als Determinanten wirken können.

Die Aufmerksamkeit der soziologischen Ungleichheitsforschung gilt nicht nur den typischen, ungleichen Lebensbedingungen von Gruppen innerhalb der Gesellschaft, sondern auch der Frage, welche Formen der Ungleichheit legitim sind. In diesem Zusammenhang werden zwei Formen der sozialen Ungleichheit unterschieden: *Verteilungsungleichheit* bezeichnet die ungleiche Verteilung eines Gutes „in der Bevölkerung schlechthin" (Hradil 2004, 196), *Chancenungleichheit* dagegen die Chance einer bestimmten Gruppe (Kinder mit Migationshintergrund, Frauen), bei der Verteilung von Gütern mehr oder weniger zu erhalten. Soziale Benachteiligung bedeutet in diesem Zusammenhang eine ungerechtfertigte Vorenthaltung von Chancen und Gütern, Chancengleichheit und soziale Gerechtigkeit beziehen sich umgekehrt auf sozialpolitische Maßnahmen, die Benachteiligungen verschiedener Bevölkerungsgruppen ausgleichen sollen (‚Nachteilsausgleiche').

Bildungsbenachteiligung als Problem ungleicher Bildungschancen und -erfolge

Der Zusammenhang von sozialer Ungleichheit und Bildung gehört heute zu den zentralen Themen der Bildungssoziologie und der soziologischen Bildungsforschung (vgl. hierzu u. a. Allmendinger/Aisenbrey 2002; Mägdefrau/Schumacher 2002; Büchner 2003; Berger/Kahlert 2008; Becker/Lauterbach 2010; Krüger et al. 2010; Brake/Büchner 2011) und wird aktuell vor allem im Hinblick auf den Zugang zu und die Teilhabe an Prozessen institutionalisierter Bildung thematisiert. Unter *Bildungsbeteiligung* wird dabei in der Regel die Art, der Umfang und die Dauer der formalen Bildung von Personen und gesellschaftlichen Gruppen verstanden, die an bestimmten Bildungslaufbahnen und bestimmten Bildungsabschlüssen in bestimmten Bildungsinstitutionen festgemacht wird. Dabei geht es um die statuszuweisende Funktion von Bildung und den damit verbundenen Berechtigungserwerb ebenso wie um die Frage des individuellen Kompetenzerwerbs als Voraussetzung für kulturelle Teilhabe und soziale Anschlussfähigkeit im menschlichen Lebenslauf.

Der Begriff der *Bildungsbenachteiligung* tauchte im bildungs- und sozialpolitischen Kontext der in den 1960er Jahren einsetzenden Gesellschafts- und Bildungsreform erstmals auf. Er bezeichnet soziale Disparitäten der Bildungsbeteiligung und des Qualifikations- bzw. Kompetenzerwerbs (Bildungserfolg) und bezieht sich auf herkunftsbedingte Ursachen sozialer Ungleichheit im Bereich der Bildung. Dabei werden zwei Aspekte der sozialen Herkunft von Kindern, Jugendlichen und Erwachsenen, die in Bildungseinrichtungen bedeutsam werden, besonders betrachtet, nämlich ökonomische, soziale und kulturelle Ressourcen des Elternhauses und Migrationshintergrund (vgl. z. B. Solga 2005, 2008; Vereinigung der bayerischen Wirtschaft 2007). Bildungsbenachteiligung meint also die geringeren Chancen und Erfolge von Gruppen von Menschen, die trotz formaler Chancengleichheit beim Erwerb von Bildung vorhanden sind. Wie einleitend bereits angemerkt, ist hiermit keine bewusste Diskriminierung gemeint, sondern statistisch belegbare Nachteile dieser Gruppen.

Das Problem der sozialen Ungleichheit der Bildungschancen und -erfolge wurde spätestens seit Dahrendorf und seiner 1965 in der ZEIT veröffentlichten Artikelserie ‚Bildung als Bürgerrecht' zum Kernthema der deutschen Bildungssoziologie. Mit dem Diktum von der Schule ‚als primärer, entscheidender und nahezu einziger Dirigierungsstelle für Rang, Stellung und Lebenschancen des einzelnen'

(1957, 17) hatte zuvor bereits Schelsky dem Postulat der Gleichheit der Bildungschancen gesellschaftliche Brisanz verliehen. Die Verbesserung der Chancengleichheit ist seit dieser Zeit sowohl demokratisches Postulat als auch ökonomische Notwendigkeit (vgl. Georg Pichts Proklamation der ‚Bildungskatastrophe' Ende der 1950er Jahre). In der Folge wurden verschiedene Strategien kompensatorischer Bildung entwickelt, die die schlechteren Startbedingungen benachteiligter Kinder durch gezielte Angebote ausgleichen sollten. Das bekannteste ist die Fernsehsendung ‚Sesamstraße', die durch das Erlernen von Buchstaben und Zahlen die Schulfähigkeit von Vorschulkindern verbessern sollte.

Nach einer Zwischenphase der Stagnation der Ungleichheitsdebatte ist seit Mitte der 1990er Jahre von einer Phase der ‚Wiederentdeckung der Ungleichheit' die Rede. Im Spannungsfeld von gesellschaftlich vorgegebenen (externen) Ungleichheitsstrukturen und innerhalb des Bildungssystems (selbst-)erzeugten Ungleichheiten geht es in diesem Zusammenhang um das Ziel, geeignete Maßnahmen zum Abbau ungleicher Bildungschancen bzw. Bildungsungerechtigkeit zu begründen und durchzusetzen. Eine weitere deutliche, empirisch und zugleich bildungspolitisch begründete Schubkraft hat das Ungleichheitsthema in jüngster Zeit in der Folge der Ausrufung der zweiten deutschen Bildungskatastrophe erhalten, nachdem in der PISA-Studie (vgl. Deutsches PISA-Konsortium 2001) für das deutsche Bildungswesen ein besonders enger Zusammenhang zwischen sozialer Herkunft und erworbenen Basiskompetenzen festgestellt wurde. Dabei wird das Verhältnis von sozialer Herkunft und (Bildungs-)Leistung als eine komplexe Wechselwirkung betrachtet, die lebensgeschichtlich sehr früh zu wirken beginnt und an den Übergängen des Bildungssystems verstärkt wird (vgl. Vereinigung der bayerischen Wirtschaft 2007; Autorengruppe Bildungsberichterstattung 2008).

In der gegenwärtigen Fachdiskussion sind zwei Hauptströmungen der Analyse ungleicher Bildungschancen auszumachen. Die eine Strömung erklärt die ungleichen Chancen nach dem von Weber und Bourdieu entworfenen „makrosoziologischen Ansatz einer ständischen Organisierung von Klasseninteressen" (Vester 2005, 15), die andere erklärt sie nach dem u.a. auf Boudon und Goldthorpe bezogenen „mesosoziologischen Modell der auf Familienmilieus zurückgebundenen Herkunftseffekte auf die Bildungswege" (ebd.). Beide Strömungen üben grundlegende Kritik an der in Politik und Öffentlichkeit vorherrschenden meritokratischen Ideologie der Chancengleichheit (vgl. 3.3.2.1) und sehen die Ursachen der ungleichen Bildungschancen in der Herkunft aus verschiedenen sozialen Klassen. Außerdem gehen sie beide von einer nach ‚Erwerbsklasssen' (Weber) gegliederten Gesellschaftsordnung und einem zwischen diesen Klassen bestehenden vertikalen Gefälle an Macht und biographischen Chancen aus. Darüber hinaus gelangen beide Strömungen zu dem empirisch belegten Ergebnis, „dass die relativen Chancen, die höheren Bildungsabschlüsse zu und Berufspositionen zu erlangen, trotz gewisser Verbesserungen immer noch nach Herkunft ausgesprochen ungleich sind" (a.a.O., 16).

Da wir auf den Erklärungsansatz von Bourdieu in Abschnitt 2.4.4. eingehen werden, wird an dieser Stelle nur der Ansatz Boudons, der auch bei der Interpretation der Ergebnisse der PISA-Studien überwiegend herangezogen wurde, vorgestellt. Dieser Ansatz zählt zu den sog. ‚Rational-Choice-Theorien', bei denen es sich um entscheidungs- und handlungstheoretische Modelle des individuellen Bildungsverhaltens handelt, die zur Identifizierung und Analyse sozialer Mechanismen für die Entstehung und die Reproduktion von Bildungsungleichheiten herangezogen werden. ‚Rational-Choice-Theorien' gehen davon aus, dass „die zwischen Sozialschichten variierenden elterlichen Bildungsentscheidungen, die auf Abwägungen von Vor- und Nachteilen langfristiger Bildungsinvestitionen als einem sozialen Mechanismus basieren, ausschlaggebend für Genese und Dauerhaftigkeit von Bildungsungleichheiten (sind)" (Becker 2011, 106). Um die Entstehung und Reproduktion von sozial ungleichen Bildungschancen erklären zu können, wird von Boudon (1974) vorgeschlagen, zwischen *primären und sekundären Effekten der sozialen Herkunft* zu unterscheiden (vgl. Abb. 3 auf der folgenden Seite): „Zum einen erlangen Kinder aus höheren Sozialschichten infolge der Erziehung, Ausstattung und gezielten Förderung im Elternhaus eher Fähigkeiten, die in der Schule vorteilhaft sind. Aufgrund dieser günstigen Voraussetzungen im Elternhaus weisen Kinder aus höheren Sozialschichten eher bessere Schulleistungen auf, während Arbeiterkinder aufgrund ihrer sozialen Herkunft eher kognitive Nachteile haben (primäre Effekte der sozialen Herkunft). Zum anderen sind elterliche Bildungsentscheidungen im Familien- und Haushaltskontext ausschlaggebend für den weiteren Bildungsweg ihrer Kinder. Diese Entscheidungsprozesse variieren in Abhängigkeit von den ökonomischen Ressourcen der Privathaushalte deutlich zwischen den Sozialschichten (sekundäre Effekte der sozialen Herkunft)" (Becker/Lauterbach 2010, 15 f.).

Becker und Lauterbach weisen allerdings darauf hin, dass auch die sekundären Effekte sozialer Herkunft von institutionellen Vorgaben und der Struktur des Bildungswesens ‚erzwungen' werden. Wenn Eltern in Deutschland bereits am Ende der Grundschule, und somit so früh wie in keinem anderen Bildungssystem, über den weiteren Bildungsweg ihrer Kinder entscheiden müssen, dann ist das möglicherweise die Erklärung für „*die Struktur, das Ausmaß und die Dauerhaftigkeit von Bildungsungleichheiten*" (a. a. O., 17). Generell gilt in diesem Zusammenhang: „Je stärker ein Bildungssystem stratifiziert ist, je mehr Bildungshürden auf dem Weg zur höheren Bildung überwunden werden müssen, je segmentierter die Bildungswege und je breiter die Bildungsangebote an den einzelnen Übergängen im Bildungssystem sind, desto schwerer wiegen sekundäre Herkunftseffekte bei der Entstehung und Reproduktion sozialer Ungleichheit von Bildungschancen. Je rigider die leistungsbezogenen Sortier- und Selektionsleistungen des Bildungssystems sind, desto größer sind die Gewichte primärer Herkunftseffekte bei den Übergangsstellen im Bildungssystem" (a. a. O., 17).

Das deutsche Schulsystem zeichnet sich sowohl durch rigide und frühe Selektion als auch durch segmentierte und vielfältig gestufte Bildungswege aus, so dass von einem kumulativen Effekt auszugehen ist. Boudon hält die sekundären Herkunftseffekte für höher zu gewichten als die primären Herkunftseffekte. Die empirische bildungssoziologische Forschung ist allerdings noch nicht eindeutig genug,

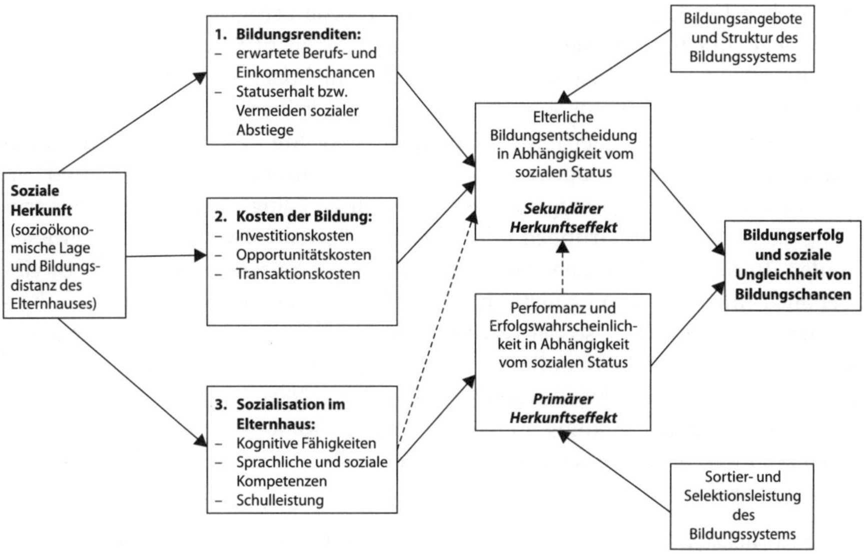

Abb. 3: Primäre und sekundäre Effekte sozialer Herkunft (nach Becker/Lauterbach 2010, 16).

um sie an dieser Stelle ausführlicher darzustellen; insbesondere gibt es wesentliche Unterschiede zwischen Migranten und Einheimischen, aber auch innerhalb weiterer untersuchter sozialer Gruppen. Wenn wir im Folgenden dennoch einen kurzen Blick auf eine sekundäranalytische Auswertung der PISA 2000-Studie werfen, so geschieht dies vor allem deshalb, weil wir uns einem möglichst facettenreichen Verständnis von (Bildungs-)Benachteiligung annähern wollen.

2.4.2 Die doppelte Benachteiligung von Schülern aus unterprivilegierten Gesellschaftsschichten im deutschen Schulwesen

Sekundäranalysen zu PISA 2000 zeigen, dass einige in Deutschland übliche institutionelle Bedingungen des schulischen Lernens die durch die familiale Herkunft bedingte Ungleichheit der Bildungschancen maßgeblich verstärken (vgl. Baumert/Waterman/Schümer 2003; Baumert/Stanat/Waterman 2006; Maaz/Baumert/Cortina 2008). Schümer (2004) spricht deshalb von einer ‚doppelten Benachteiligung' von Schülern aus unterprivilegierten Gesellschaftsschichten im deutschen Schulwesen.

Hierzu ist zunächst festzuhalten, dass es zwischen den an der PISA-Studie 2000 beteiligten OECD-Mitgliedsländern große Unterschiede in der Schul- und Unterrichtsorganisation gibt. Besonders auffällig sind in diesem Zusammenhang die Differenzen im Umgang mit ungleichen Schülervoraussetzungen. „Auf der einen

Seite stehen Länder, die großen Wert auf heterogene Lerngruppen legen, die ihre Kinder einschulen, wenn sie ein bestimmtes Alter – nicht einen bestimmten Entwicklungsstand – erreicht haben, die alle Schulpflichtigen gemeinsam unterrichten, die die Regelversetzung eingeführt haben und keinerlei externe oder interne Differenzierung der Schüler nach Leistung zulassen. Auf der anderen Seite gibt es Länder, die leistungshomogene Lerngruppen für unverzichtbar halten und auf verschiedene Weise dafür sorgen, dass Schüler ihren Fähigkeiten und ihrem Lernerfolg entsprechend in Gruppen oder Klassen eingeteilt bzw. Schulen zugewiesen werden. In der Regel werden indirekte Formen der Selektion bevorzugt. Es gibt aber auch eine Reihe von Ländern, in denen die Überzeugung vom Sinn leistungshomogener Lerngruppen so tief verwurzelt ist, dass die verschiedenen Formen der Selektion offen praktiziert und allgemein akzeptiert werden. Zu diesen Ländern gehört die Bundesrepublik Deutschland" (Schümer 2004, 73).

Die Verfahren zur Bildung möglichst leistungshomogener Gruppen sind im Pflichtschulwesen der verschiedenen Bundesländer fast ausschließlich Verfahren zur ‚negativen Auslese':

- die Zurückstellung noch nicht ‚schulreifer' Kinder vom Schulbesuch;
- das ‚Sitzenbleiben' von Schülern, die das Klassenziel nicht erreicht haben;
- die Einrichtung verschiedener Bildungsgänge (Förderschwerpunkt geistige Entwicklung, Förderschwerpunkt Lernen, Hauptschule, Realschule, Gymnasium) für Schüler mit unterschiedlichen Lernvoraussetzungen und Leistungen;
- die Einrichtung von Niveaukursen innerhalb von Schulen der gleichen Schulform;
- die Zurückstufung von Schülern in eine weniger anspruchsvolle Schulform innerhalb des Regelsystems (z.B. von der Hauptschule in die Realschule);
- die Überweisung lernschwacher Schüler aus Grund- und Hauptschulen in Förderschulen mit dem Schwerpunkt Lernen oder von dort in Förderschulen mit dem Schwerpunkt geistige Entwicklung.

Durch diese Maßnahmen wird tatsächlich eine größere Leistungshomogenität in den einzelnen Schulformen erreicht als in den Schulklassen anderer OECD-Länder üblich. Die Selektion der Schülerinnen und Schüler nach ihren Fähigkeiten und Leistungen hat aber auch ‚unerwünschte Nebenwirkungen', denn sie führen auf Grund des Zusammenhangs zwischen sozialer Herkunft und Schulleistungen zu einem hohen Maß an sozialer und ethnischer Segregation. Kinder aus Arbeiterfamilien werden häufiger zunächst einmal vom Schulbesuch zurückgestellt, sind in Sonderschulen für Lernbehinderte bzw. mit Förderschwerpunkt Lernen überrepräsentiert, und müssen häufiger als andere Klassen wiederholen (vgl. hierzu Tillmann 2004; Schwerdt 2005; Wischer 2007). Eine Untersuchung zu Armut von Kindern im Vorschulalter zeigt, dass auch arme Schulanfänger im Vergleich zu nicht armen Gleichaltrigen bei gleichem Kompetenzniveau häufiger vom Schulbesuch zurückgestellt werden (vgl. Hock et al. 2000). Der Preis für Homogenisierung ist also hoch: „Die Vorstellung, man müsse Heterogenität reduzieren, müsse sich der Homogenität zumindest annähern, fordert sehr viele Opfer. Das Ziel,

Kindern bei Lernschwierigkeiten zu helfen, wird dabei weitgehend verfehlt" (Tillmann 2004, 38)

Die soziale Segregation ist aber nicht die einzige Folge der externen Differenzierung nach Leistung. Die Schul- und Unterrichtsorganisation beeinflusst vielmehr auch die innere Struktur des in deutschen Schulen üblichen Unterrichts und die Selbsteinschätzung der Schüler hinsichtlich ihrer eigenen Fähigkeiten. „Wenn alle Schüler einer Klasse vergleichbare Voraussetzungen besitzen und die gleichen Ziele erreichen sollen, liegt es nahe ‚eindimensional' zu unterrichten (Rosenholtz & Simpson, 1984), das heißt die Schüler im Klassenverband mit demselben Stoff zu konfrontieren, Unterrichtsgespräche mit der ganzen Klasse zu führen und allen prinzipiell die gleichen Aufgaben zu geben, anstatt sie in kleineren Lerngruppen oder gar individuell arbeiten zu lassen. Wie Rosenholtz und Simpson auf der Basis empirischer Untersuchungen gezeigt haben, schafft die Tatsache, dass den Schülern im Unterricht im Allgemeinen dieselben Fragen und die gleichen Aufgaben gestellt werden, eine einheitliche Grundlage für die Wahrnehmung der intellektuellen Fähigkeiten der einzelnen Schüler durch Lehrer und Mitschüler und folglich auch für die Selbstwahrnehmung" (Schümer 2004, 74 f.).

Lehrer müssen im Hinblick auf die verschiedenen Schulkarrieren und die mit Ihnen verbundenen Berechtigungen möglichst objektiv feststellen, ob Schüler das Klassenziel erreicht haben, ob sie den Anforderungen der besuchten Schulform entsprechen können und welche Schulform ihnen zu empfehlen ist. Dies erfolgt durch schriftliche Lernerfolgskontrollen, die in den letzten Jahren in immer stärkerem Ausmaß als landesweite, standardisierte Tests durchgeführt werden. Das Selbstbild, das die Schüler im Unterricht von ihren Fähigkeiten entwickelt haben, wird durch diese formalen Leistungsbeurteilungen stark geprägt. Im Falle leistungsschwacher Schüler, die die Erfahrung schlechter Noten, des Sitzenbleibens oder der Überweisung auf eine Förderschule machen, ist die ‚adäquate Selbsteinschätzung' gleichbedeutend mit einem negativen Selbstwertgefühl. Es gelingt ihnen zwar in Lernsituationen, in denen keine direkte Vergleichssituation mit leistungsstarken Schülern stattfindet, beispielsweise nach der Überweisung an die Förderschule, ein positives Bild der eigenen Leistungsfähigkeit (wieder) zu entwickeln. Da sie aber mit der Struktur des Schulsystems vertraut sind, ist ihnen bewusst, wo sie auf dessen Skala stehen und welche Zukunftsperspektiven mit dieser Stellung verbunden sind, was für den Förderschwerpunkt Lernen durch eine Untersuchung von Haeberlin et al. (1990; vgl. zu den Langzeitwirkungen auch Eckhart et al. 2011) nachgewiesen wurde: nach der Überweisung an die Förderschule stieg das Selbstwertgefühl der Schüler zunächst an, um gegen Ende der Schulzeit, zeitgleich mit der notwendigen Auseinandersetzung mit beruflichen Perspektiven, wieder zu sinken. Schümer verweist in diesem Zusammenhang auf Forschungsstudien, die belegen, dass niedrige Selbstwirksamkeitsurteile und negative Selbsteinschätzungen affektive und kognitive Probleme nach sich ziehen und entwicklungshemmend wirken. Diese Befunde aus der empirischen psychologischen Bildungsforschung sind deswegen so alarmierend, weil der Anteil der Schüler, die während ihrer Schulkarriere irgendwann durch die Schulorganisation definierte ‚Misserfolge' zu verkraften hatten, sehr hoch ist: „Insgesamt 39 Prozent der in Deutschland erfassten 15-Jährigen gehören zur Gruppe derjenigen, die mindestens einmal im Verlauf ihrer Schulzeit negativ ausgelesen wurden; annähernd 9 Prozent mussten sogar mehr als einmal die Erfahrung machen, dass sie den Anforderungen ihrer Lerngruppe nicht gewachsen sind" (a.a.O. 76). In einem Schulsystem, das großen Wert auf die Homogenisierung von Lerngruppen legt, kommt es zu einer Konzentration von Schülern mit ‚Misserfolgskarrieren' in den weniger anspruchsvollen Schulen des Systems.[12] Unabhängig von den Fähigkeiten dieser Schulen, die Schüler adäquat zu fördern, ist es fraglich, ob die gemeinsame Erfahrung von Mißerfolgskarrieren und dem Stigma einer Sondereinrichtung geeignet sind, ein optimales Lernklima zu ermöglichen und die Schüler nach ihren individuellen Voraussetzungen bestmöglich zu fördern (vgl. auch Pfahl 2003; Powell 2003). Ähnliches gilt auch für die leichteren Formen des Scheiterns, wie Klassenwiederholungen, deren vermeintliche Zwecke – Homogenisierung der Lerngruppe und Aufnahme des wiederholenden Schülers in eine seinem Leistungsvermögen gemäße Lerngruppe – nach einer neueren Studie (vgl. Klemm 2009) nicht dauerhaft erreicht werden.

Die Gefahr solcher ‚Kompositionseffekte' liegt in der Entstehung ungünstiger Lernmilieus, in denen Schüler wenig Lernfreude und Leistungsmotivation entwickeln und in der Folge auch keine guten Leistungen erbringen. Wo es zu einer ‚sozialen Entmischung' der Schule und damit auch zu einer „Verringerung der sozialen Ressourcen für den Bildungserwerb" (Solga/Wagner 2001, 123) kommt, führt sich also das Prinzip der Leistungssteigerung durch Homogenisierung der Lerngruppen selbst ad absurdum. In Anbetracht der Ergebnisse ländervergleichender Bildungsforschung und Leistungsbemessung geraten die Sonder- oder Förderschulen insgesamt und die (Sonder-)Schule mit dem Förderschwerpunkt Lernen im Besonderen erneut unter Legitimationsdruck (vgl. Pfahl 2008). Außerdem gerät in den Blick, dass es sich bei den Schülern, die die PISA-Forscher zur ‚Risikogruppe' zählen, um eine wesentlich größere Gruppe als die Gruppe der Schülerinnen und Schüler mit verwaltungsrechtlich anerkanntem sonderpädagogischen Förderbedarf handelt. Die Sonderschule wird im Zuge dessen als ‚Schonraum-Falle' (vgl. Schumann 2007) wahrgenommen und die Absolventen der (Sonder-)Schule mit dem Förderschwerpunkt Lernen werden als größte Gruppe unter den Jugendlichen

12 So gehören rund 40 % der Schüler, die Realschulen, integrierte Gesamtschulen oder Schulen mit mehreren Bildungsgängen besuchen, zu den Schülern mit Misserfolg in Form von Sitzenbleiben oder unfreiwilligem Schulwechsel von einem anspruchsvollen in einen weniger anspruchsvollen Bildungsgang. In der Hauptschule machen die Schüler mit ‚Misserfolgskarrieren' 64 Prozent aus; unter ihnen sind rund 14 Prozent, die mindestens zweimal im Verlauf ihrer Schulzeit die an sie gestellten Anforderungen nicht erfüllt haben. Noch hinzuzurechnen sind diejenigen Misserfolgserfahrungen, die im Übergang auf eine weiterführende Schule erlebt werden, wenn der gewünschte Besuch von Gymnasium oder Realschule nicht möglich ist oder in Bundesländern, in denen der Elternwille maßgeblich ist, eine anderslautende Empfehlung ausgesprochen wird.

ausgemacht, die ohne Abschluss in die Bildungsgesellschaft entlassen werden (vgl. Solga 2005; Autorengruppe Bildungsberichterstattung 2008).

2.4.3 Die Benachteiligungsdebatte in der (Schul-)Pädagogik bei Lernbehinderungen

In der Pädagogik bei Lernbehinderungen kommt dem Benachteiligungsbegriff seit der Veröffentlichung des Buches ‚Die Erziehung der sozio-kulturell benachteiligten Schüler' (1970) von Ernst Begemann eine erhebliche Bedeutung für die Erklärung der sog. ‚Lernbehinderung' zu. Sozio-kulturell benachteiligte Schüler ‚versagen' deshalb in der Schule, weil Lerninhalte, Leistungs- und Verhaltensanforderungen und Sprache sich an den Erfahrungen und Interessen der Mittelschicht orientieren und die Erfahrungen und Kenntnisse der Schüler der Unterschicht ignorieren und entwerten. Das Schulversagen von Kindern unterer Schichten wurde dabei auf eine schichtspezifische Primärsozialisation zurückgeführt, die durch Normenrigidität, mangelnde Zukunftsorientierung, einen restringierten (statt elaborierten) Sprachcode und einschränkenden Erziehungsstil gekennzeichnet ist (vgl. Cloerkes 2007). Das ‚gesellschaftstheoretische Paradigma' (Wocken 2000) wurde in den 1970er Jahren durch den materialistischen Ansatz der Behindertenpädagogik ergänzt und radikalisiert, indem lernbehinderte Kinder als „Kinder der armen, proletarischen, sozial rückständigen Unterschicht" (Jantzen 1974, 120) angesehen und Sonderschulen als „Schule[n] der potentiellen und tatsächlichen industriellen Reservearmee" (ebd.) bezeichnet wurden. Bereits in den 1970er Jahren gelang der ‚Soziologie der Behinderten' der empirische Nachweis, dass etwa 90 % der Schüler der Schule für Lernbehinderte aus der Unterschicht stammen (Thimm/Funke 1977).

Dieser bis heute fachlich unbestrittene Befund führte allerdings weder in der sonderpädagogischen Theoriebildung noch in der Bildungs- und Schulpolitik zu einer angemessenen Würdigung. Begemanns Begriff der ‚sozio-kulturellen Benachteiligung' konnte sich in der Sonderpädagogik nie richtig durchsetzen, weil er das Sonderschulsystem und vor allem die Schule mit dem Förderschwerpunkt Lernen (in den 1970er Jahren: Schule für Lernbehinderte) kritisch hinterfragt. Begemann wurde unterstellt, den Begriff lediglich soziologisch aufzufassen und als monokausale Erklärung des Schulversagens dieser Schüler fehlzudeuten (vgl. hierzu Kanter 2002), was allerdings nicht zutreffend ist (vgl. Begemann 2002). Diese Kritik trifft vielmehr auf die im Teilkapitel 2.2.2 dargestellte, einseitige Rezeption soziologischer Theorien zu Behinderung zu, in deren Kontext eine an einen schädigungsbezogenen, defizitorientierten Behinderungsbegriff angelehnte Deutung von Lernbehinderung als Intelligenzdefizit erfolgte, die bis heute das dominante Erklärungsmuster blieb. Wocken stellt rückblickend fest: „Dem gesellschaftstheoretischen Paradigma ... blieb eine nachhaltige Wirkung versagt, sowohl in der theoretischen Breitenwirkung als auch hinsichtlich der zeitlichen Anerkennung. Lernbehinderte als soziokulturell Benachteiligte zu apostrophieren, scheint heutigentags ‚höchst unmodern' (Mand 1996, 165) zu sein" (2000, 493, vgl. auch Preuss-Lausitz 1981).

In neuerer Zeit findet der Begriff allerdings nicht nur über die PISA-Debatte, die hier nicht nochmals aufgenommen wird, sondern auch über die Armutsforschung wieder Eingang in die Diskussion. Der Zusammenhang von Armut und (Lern-)Behinderung war von wenigen Autoren (vgl. Iben 1968, Probst 1976; Klein 1985; Weiß 1989) kontinuierlich bearbeitet worden, ist aber seit Mitte der 1990er Jahre durch einige bundesweite Studien zu Armut bei Kindern und durch den 10. Kinder- und Jugendbericht (BMFSFJ 1998), der den Begriff der ‚Infantilisierung der Armut' prägte, wieder hochaktuell (vgl. z. B. Zander 2005).

Armut wird in entwickelten Ländern nicht als existenzgefährdende absolute Armut, sondern als relative Armut bezogen auf die ökonomischen, sozialen und kulturellen Standards der jeweiligen Gesellschaft verstanden. Relative Armut kann eindimensional bezogen auf die finanziellen Ressourcen verstanden werden – im Fall von Kindern das zur Verfügung stehende Familieneinkommen oder der Teil des Einkommens, der für kindliche Bedürfnisse zur Verfügung steht. Sie kann auch mehrdimensional verstanden werden, indem verschiedene Dimensionen der Lebenslage, zu denen die finanziellen Ressourcen als eine Dimension gezählt werden, beispielsweise durch soziale Beziehungen, Arbeit, Bildung und andere ergänzt werden. Viele Untersuchungen verwenden den ressourcenorientierten, eindimensionalen Armutsbegriff, da er gut operationalisierbar ist. Dennoch gilt das ‚Lebenslagenkonzept' als der angemessenere Ansatz, denn „Lebenslagen beziehen sich auf materielle und immaterielle, objektive und subjektive Aspekte der Lebensverhältnisse von Menschen und damit auf die ihnen zur Verfügung stehenden Handlungsspielräume" (Glatzer/Hübinger 1990, 36). Armut als materielle Unterversorgung führt zu einer Verengung der Handlungsspielräume eines Menschen und kann so seine Partizipationschancen in zentralen Lebensbereichen, beispielsweise Bildung, einschränken. Während (materielle) Armut der Bildungspolitik nicht direkt zugänglich ist, kann soziale Benachteiligung durch die Strukturen des Bildungssystems, wie bereits dargestellt, gemildert oder verstärkt werden. Hans Weiß (2006) weist darauf hin, dass ein zeitgemäßes (sonder-)pädagogisches Verständnis von sozialer Benachteiligung die Gemeinsamkeiten und Unterschiede zwischen Armut und sozialer Benachteiligung herausarbeiten muss, was allerdings noch nicht in ausreichender Klarheit geschehen ist.

Gleichzeitig geraten Lernbehinderungen im Kontext von Lagen-, Milieu- und Lebensstilkonzepten (vgl. u. a. Sasse 1999; Ellinger/Koch 2001 im Anschluss an Hradil und Geißler) als Grundlage pädagogischer Interventionen in den Fokus der Betrachtung, denn der Schichtbegriff, der als wesentliche Unterscheidung von Unter- und Mittelschicht die Beschäftigung des Vaters bzw. männlichen Ehepartners als Arbeiter oder Angestellter bzw. Beamter einführte, ist zur Beschreibung heutiger Arbeits- und Lebensverhältnisse zu grob und ungenau. Der Begriff der sozialen Lage bezeichnet die ‚objektive' Seite des sozialen Status wie das Einkommen oder den Bildungsabschluss; die ‚subjektive' Seite des sozialen Status wird durch Milieu- und Lebensstilkonzepte erfasst. Nur im Zusammenspiel beider lässt sich beschreiben, dass und „warum beispielsweise Personen mit dem gleichen Einkommen sehr unterschiedliches Erziehungsverhalten, differierende Konsumgewohnheiten etc. zu entwickeln vermögen“ (Sasse 1999, 429). Die Sozialstrukturanalyse beschäftigt sich mit dem Umstand, dass Menschen relativ eigenständig und individuell mit ‚objektiven‘ Lebenslagen umgehen, und zeigt, dass und inwiefern die unterschiedlichen sozialen Lagen individuelle Spielräume bereithalten, um einen eigenen Lebensstil finden zu können. Statt Schüler der Schule mit dem Förderschwerpunkt Lernen pauschal der Unterschicht zuzuordnen, ist deshalb danach zu fragen, in welchen Lagen und Milieus sie seltener bzw. häufiger zu finden sind, und wie sich die Milieus und der Lebensstil ihrer Herkunftsfamilie auf ihre Lebenssituation auswirken. „Soziale Benachteiligung geht nach diesem Verständnis nicht mit einem passiven Erdulden der Situation durch die Betroffenen einher, sondern verweist zugleich auf mehr oder minder umfangreiche Entwicklungspotenziale, die aktiv handelnd genutzt werden können“ (Sasse 1999, 432). Das von Hiller entwickelte Konzept der Alltagsbegleitung demonstriert, wie diese Entwicklungspotenziale mit sozial- und sonderpädagogischer Unterstützung im Übergang von der Schule in das Berufsleben entfaltet werden können (vgl. Hiller 1989; 1992/1994, 2003; Schroeder/Storz 1994).

2.4.4 Risikobiografien benachteiligter junger Erwachsener

In der beruflichen Bildung bzw. Qualifizierung begründet der Begriff der sozialen Benachteiligung seit Anfang der 1980er Jahre einen rechtlichen Anspruch auf besondere Förderung (vgl. BMBF 2001, 2002).[13] Aus sonder- und berufspädagogischer Sicht sind junge Menschen[14] im Übergang von der Schule in den Beruf benachteiligt oder zumindest von Benachteiligung erheblich bedroht, „wenn ihnen einerseits mit Erreichen der Volljährigkeit die uneingeschränkte Geschäftsfähigkeit und Strafmündigkeit zugemutet wird und wenn dabei andererseits zugleich einer oder gar mehrere der folgenden Tatbestände auf sie zutreffen:

13 Das Sozialgesetzbuch III (Arbeitsförderung) vom 24. März 1997 nennt als der ‚besonderen Förderung‘ bedürftige Jugendliche: „(1) Förderungsbedürftig sind lernbeeinträchtigte und sozial benachteiligte Auszubildende, die wegen der in ihrer Person liegenden Gründe ohne die Förderung 1. eine Berufsausbildung nicht beginnen, fortsetzen, erfolgreich beenden können oder 2. nach dem Abbruch einer Berufsausbildung eine weitere Ausbildung nicht beginnen oder 3. nach erfolgreicher Beendigung einer Ausbildung ein Arbeitsverhältnis nicht begründen oder festigen können oder 4. Angebote zur beruflichen Eingliederung nicht oder nicht mehr in Anspruch nehmen oder mit diesen noch nicht eingegliedert werden können“ (§ 242 SGB III).

14 Das Sozialgesetzbuch VIII (Kinder- und Jugendhilfe) vom 26. Juni 1990 legt in § 7 fest, dass als ‚junger Mensch‘ zu gelten hat, „wer noch nicht 27 Jahre alt ist“; dabei gilt als „Kind, wer noch nicht 14 Jahre alt ist“, als „Jugendlicher, wer 14, aber noch nicht 18 Jahre alt ist“, und als „junger Volljähriger, wer 18, aber noch nicht 27 Jahre alt ist“.

- ökonomisch gesehen stehen ihnen weniger als die Hälfte der Mittel zur Verfügung, über die ihre Altersgenossen direkt oder indirekt verfügen;
- in sozialer Hinsicht sind sie im wesentlichen nur auf behördliche und institutionelle Sicherung angewiesen und können im übrigen, was ‚sozialen Begleitschutz' anbetrifft, von Familie, Verwandtschaft und Bekanntschaft nichts oder nur wenig Kompetentes erwarten;
- was die kulturelle Dimension betrifft, bleiben sie in Schule und Ausbildung erfolglos und müssen zwischen mehreren Kulturen so aufwachsen, dass weder für sie selbst noch für andere klar werden kann, wohin sie gehören;
- hinsichtlich ihrer individuellen Ressourcen sind junge Menschen benachteiligt, wenn sie sich mit gravierenden körperlichen, psychischen und/oder kognitiven Einschränkungen auf Dauer arrangieren müssen.

Die Benachteiligung radikalisiert sich mit zunehmendem Lebensalter, sie verschärft sich jeweils an den Schnittstellen, an denen der Übergang in andere gesellschaftliche Teilsysteme erzwungen wird" (Hiller 1996, 23).

Hiller beruft sich bei dieser Benachteiligungsdefinition auf die ‚Kapitalsortentheorie' von Bourdieu (1983). Diese besagt, dass sich die Lebenslage und die Zukunftsperspektiven von Menschen dadurch beschreiben lassen, dass man den Umfang und die Zusammensetzung ihres ökonomischen, kulturellen und sozialen Kapitals ermittelt und „darauf bezogen die spezifische Struktur jener Felder analysiert, in denen sie zurechtkommen müssen oder agieren wollen" (a.a.O., 22f.). Eine ausführliche Analyse verschiedener Felder, beispielsweise Legalität, Gesundheit, Arbeit, Beziehungen, der vorhandenen ‚Kapitalsorten', die Entwicklung der ‚Karrierestränge' benachteiligter Jugendlicher in den einzelnen Feldern und die Möglichkeiten einer sozialpädagogischen Alltagsbegleitung bieten Hiller (1989), Schroeder/Storz (1994) und Burgert (2001). Schroeder vertritt auf der Basis seiner Forschungen zur Schulentwicklung unter den Bedingungen von Einwanderung und Verarmung – ebenfalls in Anlehnung an Bourdieu – die Auffassung, dass sich „in Prozessen der *Verräumlichung von Bildung* soziale Ungleichheit reproduziert" (2002, 12).[15] Mit dem Titel seiner Studie (‚Bildung im geteilten Raum') über den Hamburger Stadtteil Wilhelmsburg will er darauf aufmerksam machen, dass sich für die Schulentwicklung in ‚benachteiligten sozialen Räumen' die Frage stellt, wie sich unter dem Anspruch der Verwirklichung von Chancengerechtigkeit der Zugang zu Bildung und der Erwerb von Bildung so organisieren lässt, dass diese sozialen Teilungsprozesse nicht verstärkt, sondern abgebaut werden.

An dieser Stelle empfiehlt sich ein kurzer Exkurs zu Bourdieus Erklärungsansatz von sozialer Ungleichheit bzw. Bildungsungleichheit. Bourdieu entwirft in seiner Theorie kultureller Reproduktion (vgl. Bourdieu/Passeron 1971; Bourdieu 1982) ein Modell des *sozialen Raumes*, dessen erste Ebene als Raum objektiver sozialer

15 Dabei stellt er Benachteiligung in den Kontext der Verfügbarkeit von sechs verschiedenen Kapitalsorten, von denen vier (physisches, ökonomisches, soziales und kulturelles Kapital) von Bourdieu übernommen sind und zwei (ökologisches und juridisches Kapital) von ihm selbst hinzugefügt werden (vgl. 2002, 23ff.).

Positionen konstruiert wird (vgl. Burzan 2007). Diesem Modell liegt die bereits angesprochene Ausweitung des Kapitalbegriffs zugrunde:

- Das ökonomische Kapital „bezeichnet das Kapital, das im engeren Sinne bislang als solches verstanden wurde, also etwa Eigentum und Vermögen. Es ist relativ direkt in Geld konvertierbar" (a. a. O., 127).
- Mit sozialem Kapital sind Ressourcen gemeint, die auf der Zugehörigkeit zu einer Gruppe beruhen und ein Netzwerk von sozialen Beziehungen begründen. „Jemand kennt die entscheidenden Leute und kann an bestimmten Fäden ziehen, um seine Ziele zu erreichen, er ist in einem weiten Sinne ‚kreditwürdig'. Dieses Kapital ist erheblich von der familiären Herkunft abhängig, es bedarf aber auch einer dauerhaften Beziehungsarbeit, um dieses Kapital aufrechtzuerhalten" (a. a. O., 128).
- Besonders intensiv beschäftigt sich Bourdieu mit dem kulturellen Kapital, das in drei Formen existiert. Das *inkorporierte* Kulturkapital meint Bildung, nicht nur im Sinne des in der Schule erworbenen Wissens, sondern auch im Sinne familiärer Sozialisation und Erziehung. *Objektiviertes* kulturelles Kapital bedeutet demgegenüber den Besitz von kulturellen Gütern (z. B. Bilder, Bücher, Instrumente), die allerdings nur strategisch eingesetzt werden können, wenn der Handelnde sie ‚inkorporiert'. *Institutionalisiertes* Kapital bezieht sich schließlich auf formale Bildungsabschlüsse, die einen relativ dauerhaften und rechtlich garantierten Wert darstellen, der institutionell anerkannt ist und eine gewisse Übertragbarkeit in ökonomisches Kapital gewährleistet.

Um die Position einer Person im sozialen Raum zu bestimmen, ist es nicht ausreichend, das *Kapitalvolumen* in den drei genannten Kapitalsorten quantitativ zu bestimmen. Eine gesellschaftliche Klasse wird vielmehr auch durch die *Kapitalstruktur* bzw. das Verhältnis der Kapitalsorten (insb. von ökonomischem und kulturellem Kapital) definiert. In Bezug auf die soziale Laufbahn wird zudem die *Kombination der Kapitalsorten im Zeitverlauf* betrachtet. Dabei stellt sich die Frage, ob es sich z. B. bei einer Person um einen ‚Aufsteiger' oder einen ‚Absteiger' handelt oder ob innerhalb einer Klasse heterogene Lebensverläufe typisch sind.

Da sich die Klassenzugehörigkeit am ehesten in den Lebensstilen bzw. in einer typischen Handlungspraxis ausdrückt, verknüpft Bourdieu den Raum objektiver sozialer Positionen mit dem Raum der subjektiven Lebensstile. Diese Verknüpfung leistet der Begriff des *Habitus*, bei dem es laut Eder um kollektive Erfahrungs- und Wahrnehmungsschemata geht, „die die *klassenspezifische* Reproduktion von Meinungen regulieren" (1989, 28), und die Bourdieu aus kultursoziologischer Perspektive als ‚Geschmack' bezeichnet (vgl. Klein 2008). Wie soziale Positionen und Lebensstile konkret verbunden sind, arbeitet Bourdieu auf der Basis von Interviews, Beobachtungen sowie Sekundäranalysen in seinem Bestseller ‚Die feinen Unterschiede' (vgl. Bourdieu 1982) heraus. Demnach zeichnet sich der ‚legitime Geschmack' der oberen bzw. herrschenden Klassen im Frankreich der 1960er und 1970er Jahre durch den Sinn für soziale Distinktion und zum Teil auch durch eine Vorliebe für Luxusartikel (z. B. bei Unternehmern mit einem hohen Anteil an ökonomischem Kapital) aus. Charakteristisch für den ‚prätentiösen Geschmack' der mittleren Klassen und das Kleinbürgertum ist hingegen der Versuch, den oberen Klassen – unter anderem durch Bildungsbeflissenheit – nachzueifern, während sich der ‚populäre' oder ‚Notwendigkeitsgeschmack' der unteren Klassen vor allem am Praktischen orientiert. Burzan weist darauf hin, dass es Bourdieu mit dieser Analyse der ‚feinen Unterschiede' des Geschmacks „nicht etwa darum geht, eine angeborene Unfähigkeit z. B. zu einer ästhetischen Wahrnehmung festzustellen, sondern die distinktiven Strategien der höheren Klassen zu betonen, die die Macht haben, ihren Geschmack als den legitimen zu definieren und gegen einen allgemeinen Zugang zu verteidigen" (2007, 134 f.).

Bourdieus „kulturtheoretische Wendung" der Klassenanalyse (Eder 1989, 15) hat zumindest in der Bildungssoziologie bis heute kaum an Aktualität eingebüsst. Zieht man seine Theorie kultureller Reproduktion zur Erklärung von Bildungsungleichheit heran, dann ergibt sich, dass eine ‚klassenneutrale' Betrachtung der meritokratischen Funktionsweise moderner Bildungssysteme nicht möglich ist. „Da sich die für den Schulerfolg relevanten Kriterien an der Elitekultur orientieren und Kinder der unteren Klassen nicht über entsprechende kulturelle Ressourcen (‚kulturelles Kapital') verfügen, schneiden sie in der schulischen Selektion schlechter ab als die oberen Klassen. Darüber hinaus besitzen die unteren Klassen kein ausreichendes eigenes Wissen über die Bedeutung der verschiedenen Bildungsgänge und lassen sich deshalb bei der Bewertung der Bildungsziele stärker als die oberen Klassen von schulischen Leistungskriterien leiten. Die herkunftsspezifisch ausgeprägten Einstellungen und Erwartungshaltungen gegenüber der Bildung bestimmen also auch die Wahl von Bildungsgängen und führen letztlich zur ‚Selbsteliminierung' der unteren Klassen…" (vgl. Schimpl-Neimanns 2000, 639).

In einer jüngeren Arbeit Schroeders (2006) findet sich eine aktuelle Weiterentwicklung des praxisrelevanten Begriffs der ‚benachteiligten sozialen Räume', die auf Habermas' Überlegungen zum Spannungsverhältnis von Lebenswelt und System rekurriert (vgl. Habermas 1973). Schroeder geht davon aus, dass Benachteiligung ein relationaler Begriff ist, „der semantisch auf Hindernisse für die individuelle Selbstgestaltung, auf Kontexte, Situationen und Erfahrungen der Ungleichheit verweist, und sich normativ auf Ansprüche von Gerechtigkeit und Erhöhung von Chancen gesellschaftlicher Teilhabe bezieht" (2006, 207). In einer solchen Perspektive kommt das Spannungsverhältnis von Lebenswelt und System in den Blick, das sich sehr verkürzt ausgedrückt als Unterscheidung von soziokulturellen und institutionellen Aspekten gesellschaftlichen Lebens auffassen lässt. Unter Berufung auf Habermas wird von Schroeder unterstellt, „dass sich einerseits die gegenwärtigen Lebenswelten Deutschlands angemessen als sozial ausdifferenziert und kulturell pluralisiert beschreiben lassen, dass es jedoch andererseits dem Bildungssystem bislang nicht gelungen ist, in der Gestaltung seiner Binnen- wie auch seiner Außenverhältnisse entsprechende Verknüpfungsleistungen zu erbringen, so dass für alle Schülerinnen und Schüler wesentliche Voraussetzungen zur Existenzsicherung geschaffen werden: nämlich einen Schulabschluss zu erreichen und einen Arbeitsplatz zu finden" (a. a. O., 208).

Dabei handelt es sich vor allem um ein schulpädagogisches Verknüpfungsproblem im Übergang von der allgemeinen schulischen Bildung zur beruflichen (Schul-)Bildung, das dadurch entsteht, dass Lösungen für lebensweltliche Problemkonstellationen von Kindern und Jugendlichen nicht als Aufgabe des Bildungssystems verstanden werden. Schroeder unterscheidet daher drei verschiedene schulpädagogisch relevante Benachteiligungssituationen: „(1) Marktbenachteiligungen aufgrund einer unzureichenden schulischen Vorbereitung auf die Arbeitswelt, (2) soziale Benachteiligungen durch fehlende lebenslagenspezifische Bildungskonzepte und (3) Rechtsbenachteiligungen in Form von gesetzlichen Ausschlüssen oder erschwerten Zugängen zum allgemeinen und beruflichen Bildungswesen“ (ebd.).[16] Durch jede dieser Benachteiligungsformen werden unterschiedliche Anforderungen an die Organisation schulischer Bildung gestellt (vgl. Tab. 3).

Anders als Hiller (1996) und Haeberlin (1996), die Behinderung als eine Unterkategorie unter den Benachteiligungsbegriff subsumieren, bezieht Schroeder behinderte Menschen in die Definition des Benachteiligungsbegriffs nicht mit ein. Dies erscheint nicht nur in rechtlicher Hinsicht sinnvoll, denn das SGB III und die berufliche Rehabilitation unterscheiden – wenngleich nicht immer ganz eindeutig – zwischen Behinderten- und Benachteiligtenförderung (vgl. Biermann 2008; Ginnold 2008). Die Ausklammerung von Menschen mit Behinderungen macht aber auch deshalb Sinn, weil die von Schroeder beschriebenen Dimensionen der Benachteiligung keinen unmittelbaren Zusammenhang mit einem Gesundheitsproblem aufweisen.

Nach Spies und Tredop (2006) werden die Gegebenheiten des Aufwachsens von sozial-, bildungs- und marktbenachteiligten Jugendlichen „immer häufiger zum biografischen Risiko der gesellschaftlichen Ausgrenzung – sie drohen an ihrer strukturell bedingten, aber scheinbar individuell zu verantwortenden ‚Risikobiografie‘ zu scheitern“ (9).[17] Auch Spies und Tredop halten daher am Benachteiligungsbegriff fest, weil er im sonder- und sozialpädagogischen Diskurs verankert ist und sich in der Sozialpädagogik auf die anzustrebende soziale Gerechtigkeit bezieht. Zum anderen erscheint er ihnen für schulpädagogische Reflexionen nützlich, weil er als relationaler Begriff „den Blick auf die strukturelle Bedingtheit von

16 Schroeders Unterscheidung schulpädagogisch relevanter Benachteiligungssituationen deckt sich weitgehend mit dem Begriffsgebrauch in der Berufs- und Wirtschaftspädagogik, wo Benachteiligung aus analytischen Zwecken traditionell in soziale Benachteiligungen, marktbezogene Benachteiligungen und Bildungsbenachteiligungen eingeteilt wird (vgl. z. B. Rützel 1995; Bohlinger 2004). Mit der Beibehaltung des Benachteiligungsbegriffs grenzt sich die berufs- und wirtschaftspädagogische Benachteiligungsforschung auch gegen den von der Berufsbildungspolitik seit der Jahrtausendwende favorisierten Begriff ‚Jugendliche mit besonderem Förderbedarf‘ (vgl. BMBF 2001, 2002) ab (vgl. z. B. Engruber/Euler 2003; Bojanowski/Eckert/Ratschinski 2004), der abgelehnt wird, weil er eine individualtheoretische Zuschreibung von Verantwortung nahelegt.

17 Mit dem Schlagwort ‚Risikobiografie‘ greifen Spies und Tredop einen von Büchner und Krüger im Rahmen ihrer Untersuchungen zur Milieuabhängigkeit von Bildungschancen und deren Ausschlussmechanismen geprägten Begriff auf (vgl. Büchner/Krüger 1996; Büchner 2001).

Tab. 3: Schulpädagogisch relevante Benachteiligungssituationen (Schroeder 2006, 208)

Problemkonstellation	Merkmale der Klientel	Konsequenzen für Schuleentwicklung und Unterricht
Marktbenachteiligungen	• Potenziell erwerbsfähig • Potenziell ausbildungsfähig • Probleme beim Übergang von der Schule in die Arbeitswelt	• Verdichtung der Nahtstelle Schule/Arbeitswelt • Schulformübergreifende Bildungsgänge • Alltagsorientiertes Curriculum
Soziale Benachteiligungen	• Prekäre Lebenslagen • Ausgeprägte Lern- und Verhaltensprobleme • Zeitweise nicht erwerbsfähig	• Personenbezogene Angebote • Bildungspass • Wiedereinstieg ermöglichen • Alltagsbegleitung/Therapie
Rechtsbenachteiligungen	• Eingeschränkt schulpflichtig • Nicht ausbildungsberechtigt • Eingeschränkte/verwehrte Arbeitserlaubnis • Unbestimmte Aufenthaltsdauer	• Existenzsichernde Angebote während des Verfahrens der Anerkennung • Nachholende Angebote bei Anerkennung

Lern- und Leistungsproblemen lenkt und die individualisierende ‚Versagensperspektive'... relativieren und entschärfen hilft, wenngleich auch dieser Begriff nicht ganz unproblematisch ist: Als Klammer für all jene, die von Marginalisierung bedroht und betroffen sind, eröffnet der Benachteiligtenbegriff den Zugang zu Fördermaßnahmen, aber zugleich stigmatisiert dieser Terminus die Jugendlichen, wenn sie als Absolventen eines Angebotes der Benachteiligtenförderung den Zugang zum ersten Arbeitsmarkt suchen" (a. a. O., 10; vgl. hierzu auch Geßner 2004). Diese Gefahr der Stigmatisierung, die auch dem ressourcenorganisierenden Konstrukt der Benachteiligung anhaftet, versucht man in der Benachteiligtenförderung neuerdings mit dem Konzept der *milieusensiblen kommunalen Bildungslandschaften* zu minimieren (vgl. Hiller 2007; Katzenbach/Schroeder 2007).

2.4.5 Benachteiligung in der Weiterbildung

Die Frage, wie benachteiligte Erwachsene mit Weiterbildungsangeboten erreicht werden können, beschäftigt die Erwachsenenpädagogik bereits seit dem 19. Jahrhundert. Seit diesen Anfängen lassen sich nach Siebert (2006) vier Phasen sozialer Integration durch Erwachsenen- oder Weiterbildung unterscheiden, deren Gemeinsamkeit die Integration von Minderheiten ist. Die soziale und politische Zielsetzung dieser Konzepte und Programme ist der Abbau von Isolation, Stigmatisierung und sozialer Ungleichheit. Obwohl erst in der dritten Phase explizit der Begriff der Benachteiligung etabliert wurde, sollen hier alle Phasen kurz beschrieben werden:

1. Das Programm der bürgerlich-liberalen ‚Deutschen Gesellschaft zur Verbreitung von Volksbildung' war die Volksbildung durch Popularisierung von Kultur und Wissenschaften, die alle sozialen Schichten erreichen sollte. Damit sollte nach der Reichsgründung 1871 die nationalstaatliche Identität und die Integration der Arbeiterschaft gestärkt werden, die durch kommunistisches und sozialistisches Gedankengut gefährdet schien. In heutigen Kategorien machte das Programm nicht die Welterfahrung der Adressaten zum Ausgangspunkt, sondern passte einen festen Bildungskanon lediglich in der didaktischen Aufbereitung an. Gleichzeitig machte sie aber wichtiges Kulturgut für breite Schichten zugänglich und etablierte die Idee der Weiterbildung im Erwachsenenalter, die als Vierter Bildungssektor entstand.
2. Dieses Konzept wurde in der Weimarer Zeit von der ‚Neuen Richtung' der Volksbildung abgelöst, die an die Stelle der ‚Volksberieselung' die Sozialform der Arbeitsgemeinschaft von Kopf- und Handarbeitern setzen wollte. Bei diesen Zusammentreffen von Akademikern, Arbeitern und Bauern sollte eine volkstümliche Bildung erarbeitet werden, die sich an den gemeinsamen Interessen und Alltagsproblemen und nicht an einem bürgerlichen Kulturkanon oder an akademischen Wissenschaftsdisziplinen orientierte. Schlüsselbegriffe dieser Variante sozial-integrativer Erwachsenenbildung waren deshalb Begegnung, Gemeinschaft und Verständigung. Diese Phase trägt bereits deutliche Merkmale des Empowerment-Gedankens, der für die sozialen Bewegungen der Nachkriegszeit bestimmend wurde.
3. In den 1970er Jahren setzte sich das Konzept der Zielgruppenarbeit durch, das Chancengleichheit und soziale Gerechtigkeit durch die Weiterbildung benachteiligter Schichten erreichen wollte. Die angestrebte und zeittypische (Interessens-)Homogenität der Lerngruppe wurde mit der Artikulation und Durchsetzung gruppenspezifischer Interessen begründet. Wegen der politischen Zielsetzung waren zunächst Industriearbeiter eine bevorzugte Zielgruppe, später Arbeitslose, Ausländer, Menschen mit Behinderung und seit den 1980er Jahren ältere Mitbürger und Frauen. Seit Ende der 1980er Jahre wurde der Zielgruppenarbeit allerdings vorgeworfen, durch das Prinzip der Homogenisierung von Lerngruppen einer Ghettoisierung und Isolation Vorschub zu leisten. Diesem Vorwurf wurde entgegengehalten, dass die Lernenden zunächst in einem sozialen ‚Schonraum' stabilisiert und durchsetzungsfähig werden sollten, um sich in dann in heterogenen Lerngruppen und im normalen Alltagsleben behaupten zu können. Diese Phase korrespondiert zeitlich mit dem Ausbau des Sonderschulsystems, der in Bezug auf die ‚Durchgangsschulen' (Sprache, Verhalten) ähnlich begründet wurde, und trägt wie die erste Phase deutlich kompensatorische Züge.
4. Eine vierte Phase sozial-integrativer Erwachsenenbildung zeichnet sich in der aktuellen Diskussion zur multikulturellen Gesellschaft und zum interkulturellen Lernen ab. Soziale Integration bedeutet jetzt nicht mehr Separierung in Zielgruppen und ebenso wenig Angleichung, Nivellierung und Verstehen um jeden Preis, sondern Anerkennung von (kultureller, geschlechtlicher, altersspezi-

fischer) Differenz. Grenzen des Fremdverstehens werden erkannt und anerkannt. Die Erfahrung der ‚Nicht-Verstehbarkeit' des anderen soll dabei in eine bedeutungsvolle Erkenntnis einer konkreten Grenzlinie eigener Erfahrungsmöglichkeiten verwandelt werden. Diese stark identitätsbildende Ausrichtung der Überlegungen lässt sich als Ausdruck der Auseinandersetzung mit den soziologisch registrierten gesellschaftlichen Individualisierungstendenzen und der Diskussion über die ‚Auflösung der Normalbiographie' und der ‚Pluralisierung der Lebensstile' deuten.

Zu den benachteiligten Zielgruppen der Weiterbildung zählen seit den 1970er Jahren Erwachsene unter 25 Jahren ohne abgeschlossene Schul- bzw. Berufsausbildung, Arbeitslose bzw. Langzeitarbeitslose, Sozialhilfeempfänger, Menschen mit Behinderung, Ausländer und Aussiedler, Alleinerziehende, Berufsrückkehrer, An- und Ungelernte (Teilqualifizierte), Personen in strukturschwachen ländlichen Regionen, Erwachsene mit Lernschwierigkeiten, Analphabeten, Strafgefangene und ältere Menschen über 55 Jahren (vgl. Brüning 2002; C. Lindmeier 2009).[18]

Der Begriff der Benachteiligung wurde allerdings erst durch eine Expertise des Deutschen Instituts für Erwachsenenbildung (DIE) im Auftrag des Bundesministeriums für Bildung und Forschung neu gefasst (vgl. Brüning 2001) und diente als Grundlage für die Studie ‚Benachteiligte und Bildungsferne – Empfehlungen für die Weiterbildung' (vgl. Brüning & Kuwan 2002). Die konkreten Ziele dieser Projektstudie waren die Operationalisierung des Begriffs der Benachteiligung, die Analyse von strukturellen Barrieren der Weiterbildungsbeteiligung, die Erarbeitung von Vorschlägen für bildungspolitische Akzente zur Abwendung von sozialer Exklusion und die Formulierung von Forschungs- und Entwicklungsfragen zur Förderung von benachteiligten Personen (vgl. Brüning 2002).

Die Benachteiligung der genannten Gruppen bezieht sich auf den (Weiter-)Bildungsbereich, auf die Möglichkeiten der Integration in den ersten Arbeitsmarkt und auf die soziale und kulturelle Teilhabe. Auch erwachsene Menschen mit einer Biographie als behinderter Mensch zählen in der Weiterbildung daher zu den Benachteiligten, obwohl ihre Benachteiligung – neben vielen Gemeinsamkeiten mit anderen benachteiligten Gruppen – zweifellos auch einige Spezifika aufweist. Die Faktoren der Benachteiligung liegen dabei sowohl auf der individuellen als auch auf der sozialen Ebene. Zu den individuellen Faktoren zählt Brüning die Bildungsbiographie (Schul- und Berufsabschluss), die Lernsozialisation, das Lerninteresse, das Alter und das Geschlecht, das Verwertungsinteresse und die Wert-

18 Die grundsätzliche Offenheit des Weiterbildungssektors für alle Bevölkerungsteile findet ihren Niederschlag zum einen in den Erwachsenenbildungsgesetzen der einzelnen Bundesländer, die seit den 1970er Jahren verabschiedet worden sind, und zum anderen in den zahlreichen Modellversuchen, Programmen und Projekten zur Weiterbildung von benachteiligten Bevölkerungsgruppen, die von Bund und Ländern bzw. der Bundesagentur für Arbeit (BA) seit Anfang der 1980er Jahre finanziert werden. Seit 1995 hat die BA ihre Ausgaben zur Förderung der beruflichen Weiterbildung allerdings von fast 8 Mrd. Euro im Jahr 1996 auf gut 3,6 Mrd. Euro im Jahr 2004 reduziert (vgl. Konsortium Bildungsberichterstattung 2006).

haltungen und Einstellungen zu Weiterbildung. Soziale Faktoren, die Einfluss auf Benachteiligung haben, sind vor allem der soziale Status und das soziale Milieu der Herkunftsfamilie, die Erwerbstätigkeit bzw. Arbeitslosigkeit, der berufliche Status und das Einkommen, der Familienstand und die Nationalität bzw. Ethnizität und das soziale Netzwerk. Faktoren für Benachteiligung sind aber auch in veränderten Arbeitsbedingungen (z. B. der Wegfall von Tätigkeiten oder Berufen durch Rationalisierung oder Verlagerung ins Ausland) oder in der Einstellung der Arbeitgeber zur Weiterbildung bzw. zu deren Förderung zu sehen. Schließlich tragen auch die institutionellen Bedingungen der Erwachsenenbildungsträger, die Organisationsstruktur der Angebote, die Qualität des pädagogischen Personals, die Organisationsformen des Lernens, die Vermittlungsformen der Lerninhalte und die Unterstützungsangebote einen wesentlichen Einfluss auf den Zugang zur Weiterbildung. Hierzu gehören u. a. die Erreichbarkeit der Bildungsstätte, die Kinderbetreuung, die Zeitstruktur (vormittags, nachmittags, abends; Vollzeit, Teilzeit, berufsbegleitend) und der zeitliche Umfang, die Kosten, die Orientierungsmöglichkeiten (z. B. durch Beratung) und die sozialpädagogische Begleitung. Weitere Zugangsbarrieren sind die ordnungspolitischen Rahmenbedingungen, weil durch sie die Beteiligungsmöglichkeit an bzw. die Ausschließung aus Weiterbildung auf formaler Ebene erfolgt. Hierzu gehören das Bildungssystem, die gesetzlichen Grundlagen und die Förderprogramme. Alle diese Faktoren stehen in Wechselwirkung miteinander und können kumulierend wirken, wie das Schaubild zu Benachteiligung zeigt (vgl. Abb. 4 auf der folgenden Seite).

Das Zusammenwirken der einzelnen Faktoren ist allerdings unzureichend erforscht. „Zwar korreliert ein niedriger Bildungsabschluss mit einer geringen Teilnahme an Weiterbildung. Es gibt aber zu wenig Erkenntnisse darüber, ob und wie die schlechteren Ausgangsbedingungen kompensiert werden können oder ob einmal erlebte Benachteiligung sich wie ein roter Faden durch das ganze Leben zieht" (Brüning 2002, 19). In der theoretischen Diskussion lassen sich hierzu bislang zwei unterschiedliche Positionen ausmachen. Die erste Position vertritt die Auffassung, die individuellen Lebenschancen seien durch die primäre Sozialisation und das soziale Umfeld so vorgeprägt, dass eine Veränderung kaum möglich erscheint. Ferner geht sie davon aus, dass didaktisch-methodische Ansätze, die die Selbstreflexion und die Thematisierung biographischer Ereignisse berücksichtigen, um beispielsweise Lernblockaden aufzulösen, wenig wirksam sind. Im Gegensatz zu dieser bildungspessimistischen Position geht die zweite Position davon aus, dass durch (Bildungs-)Maßnahmen, die auf die jeweilige Person zugeschnitten sind, negative Bedingungen und Umstände wie z. B. Benachteiligung minimiert oder sogar aufgehoben werden können.

Diese Erkenntnisse sind auch für die schulische Diskussion relevant: „Wenn der Blick nur auf die Personen gerichtet ist, die für benachteiligt gehalten werden, verfestigt sich die Defizitsicht. Ihre Erfahrungen, ihre vorhandenen Kompetenzen und Potenziale sowie Bewältigungsstrategien, um mit ihrer Lebenssituation umzugehen, bleiben außerhalb der Wahrnehmung und Anerkennung. ‚Benachteiligt' wird zur individuellen Zuschreibung der Gesamtperson, die zudem meist von

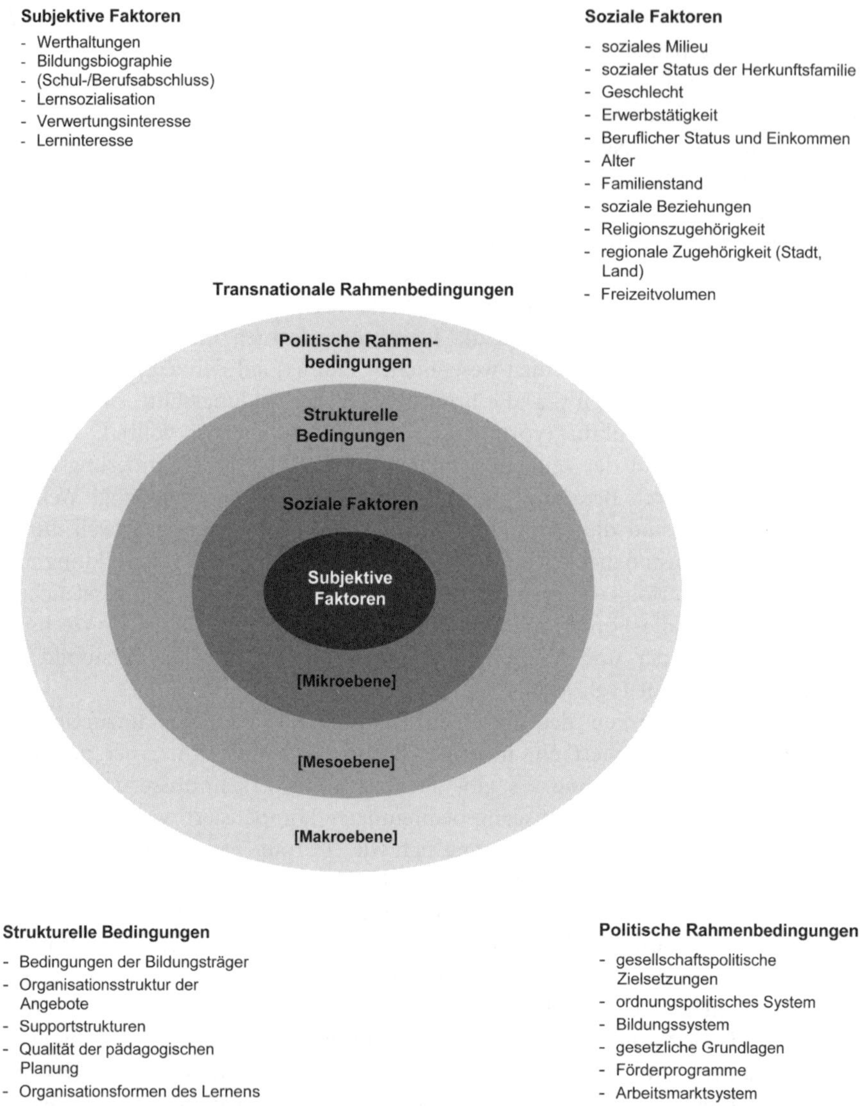

Abb. 4: Einflussfaktoren der Benachteiligung (nach Brüning 2002)

außen, in der Regel von Institutionen, vorgenommen wird. Damit geht eine normative Zuschreibung von Defiziten einher, die zu Stereotypisierung und zu Stigmatisierung führen kann“ (a. a. O., 20). Benachteiligung ist demnach abhängig von der je gegebenen gesellschaftlichen Situation und den damit verbundenen Möglichkeiten. Ein solches Begriffsverständnis erweitert den Wahrnehmungshorizont um eine strukturelle und politische Ebene und nimmt diejenigen Faktoren in den Blick, die außerhalb des Einzelnen liegen und die Entstehung von Benachteiligung beeinflussen. Reduzierung von Benachteiligung und Hinführung zu lebenslangem Lernen können so (wieder) als übergreifende gesellschaftliche Zielsetzungen angesehen werden. Dies geschieht allerdings heute unter anderen Vorzeichen als in den 1970er Jahren, in denen die ‚Illusion der Chancengleichheit' (vgl. Bourdieu/Passeron 1971) die bildungspolitischen Zielsetzungen prägte.

2.5 Exkurs: Internationale bildungstheoretische Ansätze

Lange Zeit stand innerhalb der Sonderpädagogik das Konzept der Förderung gegenüber Erziehung und Bildung stark im Vordergrund. Seit einigen Jahren wird vermehrt versucht, den Bildungsbegriff so neu zu formulieren, dass die Bildungsbedürfnisse und Bildungsinhalte sehr schwer behinderter Schülerinnen und Schüler einbezogen werden können (vgl. Musenberg/Riegert 2010).[19] In dieser sonderpädagogischen Debatte werden bildungstheoretische Perspektiven, die im internationalen Diskurs entstanden sind, aber inzwischen auch innerhalb der deutschen Erziehungswissenschaft diskutiert werden (vgl. z. B. Andresen/Otto/Ziegler 2008; Andresen 2009), noch kaum berücksichtigt. Mitunter finden sich Verweise, die allerdings nicht den Charakter einer kritischen Rezeption haben, beispielsweise in der in Kap. 4.5 dargestellten Ablehnung des Konzepts der Grundbildung innerhalb der Geistigbehindertenpädagogik. Da in mehreren Kapiteln dieses Bandes auf bildungstheoretische Perspektiven Bezug genommen wird (vgl. 3.3, 4.5.), möchten wir drei zur Zeit diskutierte Ansätze knapp skizzieren, denn: „Hält die Erziehungswissenschaft an Bildung als ihrem Leitbegriff fest, so muss sie ihn im internationalen Diskurs schärfen, deutlich machen, was ihren Zugriff auf Bildung von denen anderer Disziplinen gegebenenfalls unterscheidet, und sie muss die für Theoriebildung und empirische Forschung relevanten Fragestellungen markieren. Dabei ist auch zu klären, inwiefern an Bildung als ‚critical concept' festgehalten und der Anspruch an das Potenzial der Kritik ausgelotet werden kann" (Andresen 2009, 87 f.). Die grundlegende Perspektive auf das kritische Potenzial von Bildung gehört laut Andresen zu den nach wie kontrovers diskutierten Themen des erziehungswissenschaftlichen Diskurses. Biesta (2003) arbeitet heraus, dass Bildung – historisch betrachtet – nie eine rein abstrakte Idee gewesen ist, sondern als Antwort auf die Herausforderungen der politischen Gegenwart in allen historischen Epochen die Funktion eines ‚critical concepts' innehatte.

19 Ackermann (1990, 2010) knüpft dabei an die Tradition der Aufklärung und den klassischen Bildungsbegriff sowie das Leitprinzip der Selbstbestimmung an, indem er Selbstbildung als zentrales Ziel und Mittel der Bildung beschreibt. Bei Stinkes steht Leiblichkeit als nicht exklusives Bildungsprinzip im Mittelpunkt (1999, 2008 a).

Zunächst sollen fünf unterschiedliche Funktionen von Bildung beschrieben werden, die Robeyns[20] unter Verweis auf die Armuts- und Lebensqualitätsforschung von Dreeze und Sen (2002) im internationalen bildungstheoretischen Diskurs identifiziert:

1. Bildung kann *intrinsisch* bedeutsam sein: Bildung hat eine *intrinsische Funktion*, wenn jemand das Wissen über eine Sache einfach um dieses Wissens selbst willen wertschätzt: dies ist beispielsweise bei der nicht beruflich ausgeübten oder verwertbaren Beschäftigung mit Kunst, Musik, Literatur und auch mit Sprachen, die man nicht um der Verständigung willen lernt, der Fall.

Bildung kann sehr verschiedene *instrumentelle Funktionen* erfüllen, ökonomische und nicht ökonomische, individuelle und kollektive Funktionen.

2. Die *(instrumentelle) individuelle ökonomische Funktion* von Bildung besteht in ihrer Bedeutung für den individuellen Lebensstandard eines Menschen: Zugang zum Arbeitsmarkt, ausreichendes Einkommen, Schutz vor Arbeitslosigkeit werden durch Bildung wesentlich erleichtert. Daneben schützt Bildung auch vor Konsumentscheidungen, die beispielsweise zu Überschuldung oder dazu führen, dass Menschen sich betrügen lassen, weil sie Vertragsbedingungen (das ‚Kleingedruckte') nicht verstehen.
3. Daneben gibt es eine *(instrumentelle) kollektive ökonomische Funktion* von Bildung: Wenn in einer Volkswirtschaft Mangel an ausreichend gebildeten Arbeitskräften herrscht, wie dies in Deutschland unter dem Stichwort ‚Bildungskatastrophe' in den 1960er Jahren und aktuell unter dem Stichwort ‚Fachkräftemangel' diskutiert wird, hemmt dies das wirtschaftliche Wachstum und die allgemeine Wohlfahrt.
4. Die *(instrumentelle) individuelle nicht-ökonomische Funktion* von Bildung besteht darin, dass Menschen durch Bildung Zugang zu nützlichen Informationen erhalten: sie können sich durch Zeitungen und Wahlprogramme über Politik informieren und politisch beteiligen, oder sie können durch Fremdsprachenkenntnisse mit Menschen des betreffenden Sprachraumes kommunizieren. Dadurch erweitern sich ihre Wahlmöglichkeiten und Spielräume in der Lebensgestaltung.
5. Die *(instrumentelle) kollektive nicht-ökonomische Funktion* von Bildung besteht darin, dass Menschen die unter 4. beschriebenen Spielräume im Sinne gesellschaftlichen Engagements nutzen können: wenn beispielsweise körperlich oder kognitiv beeinträchtigte Menschen durch Bildung Alternativen zu den üblichen, stark fremdbestimmten und ökonomisch und sozial eingeschränkten Lebensmöglichkeiten behinderter Menschen kennenlernen, wenn sie zudem durch Bildung die Fähigkeiten erwerben, um sich zu artikulieren, können sie sich kollektiv organisieren und für bessere Lebensumstände eintreten. Dies ist durch

20 Im Folgenden nutzen wir eine Übersetzung aus Englischen, die P. Ressler besorgt und 2009 in der Zeitschrift ‚Berliner Debatte Initial' (www.berlinerdebatte.de) online veröffentlicht hat.

die Selbstbestimmt-leben-Bewegung, durch ‚Mensch zuerst' bzw. ‚People First' und durch verschiedene Selbsthilfegruppen praktiziert worden.

Im neueren internationalen Diskurs werden laut Andresen drei zentrale bildungstheoretische Ansätze diskutiert und hinsichtlich ihrer Bedeutung auch für politische Entscheidungs- und Handlungsoptionen abgewogen. Dabei wird zwischen einem ‚human capital model of education', einem ‚capability model of education' und einem ‚right based model of education' unterschieden (vgl. Robeyns 2009). Während im Humankapital-Ansatz die ökonomischen Funktionen der Bildung dominieren, geht es im zweiten Ansatz um Bildung im Sinne von Verwirklichungschancen (capabilities) mit dem Ziel positiver Freiheit beim Erwerb konkreter (Funktions-)Fähigkeiten (functionings), und im dritten um das durch den UN-Sozialpakt (1966) und die UN-Kinderrechtskonvention (1989) angestoßene (Menschen-)Recht aller auf (Grund-)Bildung, was vor allem intrinsische und nicht-ökonomische Funktionen berücksichtigt.

Bildung als Humankapital

Der Humankapital-Ansatz der Bildung wurde in den 1960er Jahren von einer Gruppe US-amerikanischer Wirtschaftswissenschaftler entwickelt (vgl. Schulz 1963; Becker 1993) und ist inzwischen Bestandteil wirtschaftswissenschaftlicher Theorien. „Aus Sicht der Humankapitaltheorie ist Bildung insofern relevant, als sie Fertigkeiten hervorbringt und bei der Aneignung von Wissen hilft, das eine Investition in die Arbeitskraft und Produktivität des Menschen als wirtschaftlichen Produktionsfaktor darstellt" (Robeyns 2009, 57).

Der Humankapital-Ansatz fokussiert also ausschließlich die individuelle und die kollektive ökonomische Funktion von Bildung, betont aber damit auch den zweifellos wichtigen Aspekt, dass durch Bildung erworbene Fertigkeiten und Wissensbestände wesentlich dazu beitragen, wie viel Einkommen eine Person erwerben kann. Der Humankapital-Ansatz ist daher für die Armutsprävention von großer Bedeutung. In Bezug auf behinderte und benachteiligte Menschen ist festzustellen, dass sie in weitaus höherem Umfang von Arbeitslosigkeit betroffen sind, bei Schwerbehinderten ist die Arbeitslosenquote in Deutschland ungefähr doppelt so hoch wie in der Allgemeinbevölkerung. Zudem verlassen mehr als 75 % der Absolventen der Förderschulen die Schule ohne Hauptschulabschluss (KMK 2012, 9). Auch bei Wertschätzung des positiven Aspekts, den Zusammenhang von Bildung, individueller ökonomischer Lage und volkswirtschaftlichen Aspekten herauszuarbeiten, birgt der Humankapital-Ansatz allerdings große Einseitigkeiten:

1. Der Ansatz ist ‚ökonomistisch', da er als Nutzen von Bildung ausschließlich eine erhöhte Produktivität und einen höheren Lohn anerkennt. Er vernachlässigt nicht-ökonomische instrumentelle Funktionen und die intrinsische Funktion von Bildung. So kann er weder die nicht-ökonomische Bedeutung von Grundbildungskursen noch ihre intrinsische Bedeutung erkennen. Auch die Bildung derjenigen kognitiv beeinträchtigten Menschen, die sich aus allein ökonomi-

scher Perspektive nicht amortisieren wird, kann mit diesem Ansatz nicht begründet werden.

2. Er erkennt nicht, dass Bildung nur eine Variable ist, weshalb unterschiedliche Personengruppen bei gleicher Bildung unterschiedlich große Chancen auf ein ausreichendes oder gutes Einkommen haben. „Selbst wenn der Umfang und die Qualität der Bildung gleich sind, kann nicht jeder diese Bildung im selben Maße zur Einkommensgenerierung nutzen. Dies kann entweder auf individuelle oder auf äußere Restriktionen zurückzuführen sein, die der Sache nach sozial oder natürlich oder eine Mischung aus beiden Faktoren sein können. Individuelle Restriktionen sind zum Beispiel körperliche oder geistige Behinderungen. Zu den äußeren Restriktionen natürlicher Art gehört etwa das Fehlen eines Arbeitsmarktes für qualifizierte Arbeitskräfte“ (Robeyns 2009, 58).

Bildung ausschließlich als Humankapital zu begreifen, erweist sich also als sehr einseitig: „Dies bedeutet jedoch nicht, dass man ganz und gar darauf verzichten sollte, Bildung als Humankapital zu betrachten. Vielmehr ist es wichtig zu begreifen, dass Bildung mehr ist als nur Humankapital“ (a. a. O., 59).

Bildung als Handlungsbefähigung und Verwirklichungschance

Der ebenfalls aus dem ökonomischen Kontext stammende Capability-Ansatz[21] der Bildung basiert auf einem international zunehmend diskutierten, gerechtigkeitstheoretischen Ansatz, bei dem die Frage nach einem guten Leben bzw. einer gelingenden Lebensgestaltung im Zentrum des Interesses steht. Er wurde von dem indischen Ökonomen und Nobelpreisträger Amartya Sen und der US-amerikanischen Philosophin Martha C. Nussbaum erstmals in den 1980er Jahren vorgelegt und wurde seitdem beständig weiterentwickelt. „Der primäre Fokus von Sens *Capability Approach* ist das Arrangement differenter Handlungs- und Daseinsweisen, über das je unterschiedliche Menschen verfügen und damit verbunden die Frage nach ihren positiven Freiheiten, sich für ein als erstrebenswert betrachtetes Leben entscheiden zu können. Demgegenüber schlägt Martha Nussbaum mit ihrem Capabilities Approach eine objektive Liste fundamentaler Möglichkeiten und Befähigungen vor, die sie als Grundlage eines erfüllten, gedeihlichen Lebens (‚human flourishing‘) im Sinne komplexer menschlicher Zustände und Handlungsweisen begründet“ (Otto/Ziegler 2008, 9). Laut Robeyns bietet der Capability-Ansatz einen breiten normativen Rahmen für die Beurteilung von individuellem Wohlergehen und sozialer Gerechtigkeit. Deshalb wird er nicht nur in der Bildungstheorie, sondern auch in der Entwicklungstheorie, in der Wohlfahrtsökonomie, in der Sozialpolitik und in der politischen Philosophie verwendet.

21 ‚Capabilities‘ werden sowohl als Verwirklichungschancen als auch Befähigungen übersetzt. Die Bezeichnungen ‚Capability Approach‘ und ‚Capabilities Approach‘ werden gleichermaßen benutzt, wie das nachfolgende Zitat von Otto/Ziegler zeigt. Wir schreiben außerhalb von Zitaten Capability Approach.

Der Capability Approach stellt die Chancen von Menschen in den Mittelpunkt, ihr Leben entsprechend eigener Vorstellungen zu verwirklichen, indem er zwischen ‚functionings' (Funktionsweisen) und ‚capabilities' (Befähigungen bzw. Verwirklichungschancen) unterscheidet (vgl. Sen 2010). ‚Functionings' sind die Aktivitäten und Lebensumstände, die eine Person tatsächlich verwirklicht oder schätzt (valuable doings and beings). Hierzu gehören grundlegende Funktionsweisen wie Ernährung und Gesundheit, und komplexe, wie gesellschaftliche Teilhabe oder Religionsausübung. ‚Capabilities' stellen demgegenüber die tatsächliche Freiheit eines Menschen dar, bestimmte Funktionsweisen erreichen zu können. Das heißt z. B. die Freiheit, am gesellschaftlichen Leben teilzuhaben, eine Religion auszuüben oder sich ohne Scham in der Öffentlichkeit zu zeigen. Die Menge an Befähigungen und Handlungsspielräumen (capability set) eines Menschen bedeutet daher ein Potenzial an realisierbaren Lebensentwürfen, aus dem er seine ‚functionings', seine tatsächliche Lebensgestaltung, im Einklang mit eigenen Lebensplänen und Präferenzen auswählt; z. B. eine Religion auszuüben oder nicht.[22]

Sens zentrale Annahme lautet, dass das Wohlergehen (well-being) eines Menschen in erster Linie von den Befähigungen und Verwirklichungschancen und nicht von den ‚functionings' abhängt. Zum einen, weil der Freiheit, wählen zu können, ein eigenständiger Wert zukommt; zum anderen, weil zwei Menschen ihr Leben trotz gleicher Befähigungen und Handlungsspielräume je nach eigenen Lebensentwürfen und Präferenzen unterschiedlich gestalten werden. Bildung ist im Rahmen eines Ansatzes, der grundlegende Handlungsbefähigungen als ‚positive Freiheiten' bzw. Verwirklichungschancen auffasst, sowohl aus intrinsischen als auch instrumentellen Gründen von Bedeutung (vgl. Dreeze/Sen 2002). „Über Wissen zu verfügen und Zugang zu Bildung zu haben, die einer Person die Chance auf ein erfülltes Leben ermöglicht, wird generell als wertvoll angesehen.... Gebildet zu sein kann jedoch auch für die Entwicklung anderer Fähigkeiten instrumentelle Bedeutung haben" (Robeyns 2009, 62). Der Capability-Ansatz würdigt damit sowohl die ökonomischen als auch die nicht-ökonomischen Funktionen von Bildung: Lese- und Schreibfähigkeiten beispielsweise sind wichtig, um anspruchsvollere berufliche Tätigkeiten ausüben zu können. Sie erweitern aber auch die gesellschaftlichen Handlungsmöglichkeiten von Menschen.

Als Lebensqualitäts- und Wohlfahrtsforscher vertreten Sen und Nussbaum mit Blick auf Erwachsene die Position, „dass eine gute und gerechte Gesellschaft die

22 Welche ‚capabilities' und ‚functionings' als relevant angesehen werden, ist nach Sens Konzeption einerseits von Untersuchungszweck und -voraussetzungen abhängig. Andererseits sollte die Auswahl und Gewichtung von Befähigungen oder Funktionsweisen – aufgrund der großen Bedeutung unterschiedlicher Werturteile in einem solchen Prozess – unter möglichst breiter Beteiligung der Betroffenen erfolgen. Letztlich legt Sen (vgl. 2000, 100) daher bewusst keine Liste relevanter ‚capabilities' vor. Darin unterscheidet sich Sens Capability-Ansatz von dem Capabilities-Ansatz Martha Nussbaums, die versucht hat, eine zumindest vorläufige Liste möglichst allgemeiner Verwirklichungschancen vorzulegen (vgl. Nussbaum 2010, 122 ff.).

Handlungsbefähigungen und Verwirklichungschancen der Menschen erweitern sollte, ohne sie dabei in bestimmte Funktionsweisen zu drängen. Nicht eine bestimmte Funktionsweise, sondern die Befähigung des Einzelnen, sich für oder gegen eine bestimmte Lebensführung zu entscheiden, ist im Prinzip der Bezugspunkt moralischer Überlegungen" (ebd.). Bei Kindern geht der Capability-Ansatz davon aus, dass sie erst lernen müssen, die besten Entscheidungen für ihr individuelles Wohlergehen und ihre Persönlichkeitsentwicklung zu treffen, insofern ist der durch die Schulpflicht gegebene ‚Bildungszwang' für Kinder gerechtfertigt, was vor allem mit Blick auf Entwicklungsländer nachvollziehbar ist, in denen Kinder häufig nicht zur Schule gehen, wenn sie keiner Schulpflicht unterliegen. Der Zwang zur Bildung gilt aber auch bei Kindern immer nur mit der Einschränkung, „dass die Bildung qualitativ hochwertig ist, auf die Entwicklung des ganzen Menschen abzielt und die Kinder nicht in ihrer emotionalen, persönlichen und intellektuellen Entwicklung hemmt" (ebd.).

Obwohl Menschen mit kognitiven Beeinträchtigungen anfänglich in diesem Ansatz nicht bedacht bzw. in Nussbaums früheren Schriften sogar ausgenommen waren (vgl. Müller 2004), beziehen sich Sen und Nussbaum in neueren Arbeiten ausdrücklich auch auf diesen Personenkreis (vgl. Sen 2010; Nussbaum 2010). So vertritt Nussbaum in ihrem Werk ‚Die Grenzen der Gerechtigkeit' in kritischer Auseinandersetzung mit der Gerechtigkeitstheorie von J. Rawls die These, „dass die zentrale Frage der Gerechtigkeitstheorien nicht darin bestehe, auf welche Prinzipien des sozialen Zusammenlebens sich gleich autonome, rational handelnde Kontrahenten (Kinder, Ältere und Behinderte werden nicht, Frauen wurden lange Zeit nicht dazu gezählt) zum gegenseitigen Vorteil einigen würden, sondern darin, welches Minimum von Eigenschaften und Fähigkeiten jedes Individuum braucht, damit es ein menschenwürdiges Leben führen kann..." (Stojanov 2007, 40). Mit dieser Weiterentwicklung des Capability-Ansatzes wird nicht nur die individuell-intrinsische Funktion der Bildung stärker betont; der auf Handlungsbefähigungen und Verwirklichungschancen beruhende Bildungsansatz rückt damit auch stärker in die Nähe des menschenrechtsbasierten Bildungsansatzes, was sich u. a. daran ablesen lässt, dass Bildung nach Auffassung beider Ansätze sozial gerecht *und* qualitativ hochwertig sein soll (vgl. Liebel 2007, 2009; Oelkers/Schrödter 2008; C. Lindmeier 2011 a).

Bildung als Menschenrecht

Im Unterschied zu neoliberalen Wirtschaftswissenschaftlern betonen Wissenschaftler oder Organisationen, die sich an den Menschen- und Bürgerrechten orientieren, dass Bildung ein Menschenrecht ist, das jeder Person garantiert werden sollte. Auf Grundrechte verweisende Bildungsansätze werden vor allem von denjenigen UN-Organisationen befürwortet, die sich – wie UNESCO und UNICEF – mit Kindern und Bildung befassen. Auf der Ebene konkreter Initiativen ist die Modellierung von Bildung als Recht eng mit der auf dem Weltbildungsforum 2000 in Dakar begründeten ‚Education for All'-Bewegung (UNESCO 2003) verbunden, die allen Kindern bis 2015 eine kostenfreie Grundschulbildung ermöglichen möchte.[23] Um dabei die Belange behinderter Menschen als besonders ‚vulnerabler' und von Marginalisierung bedrohter Gruppe nicht aus den Augen zu verlieren, wurde 2001 die UNESCO-Initiative ‚Das Recht auf Bildung für Menschen mit Behinderung: Für Inklusion' gegründet (vgl. UNESCO 2004). Ihre Schriften (vgl. UNESCO 2005, UNESCO/Deutsche UNESCO-Kommission e. V. 2009) machen deutlich, dass die UNESCO nicht nur die Gruppe behinderter Menschen zu den besonders vulnerablen und von Marginalisierung bedrohten Gruppen zählt.

In der Debatte über Bildung als Menschenrecht wird die intrinsische Bedeutung von Bildung besonders betont. „Ob eine bestimmte Sache irgendeinen instrumentellen Wert besitzt oder nicht, ist für ihren Anspruch, ein Rechtsgegenstand zu sein, vollkommen unerheblich. Zudem wird Bildung nicht einfach nur als ‚gute Sache' betrachtet, der man sich widmet, wenn einmal Mittel übrig sind, sondern als Recht eines jeden Menschen" (Robeyns 2009, 59). Bildung als Menschenrecht zu betrachten, stellt also den konzeptionellen Gegenpol zum Humankapital-Ansatz dar. Während letzterer den Gedanken der Effizienz betont, stellt ersterer den Aspekt einer über Rechte vermittelten Gerechtigkeit heraus (vgl. UNESCO 2009). Die Konsequenzen für das jeweilige Menschenbild lassen sich daran ablesen, dass der Humankapital-Ansatz den Menschen letztlich als Inputfaktor für Wirtschaftsproduktion und ökonomisches Wachstum betrachtet, während ihn Vertreter des Menschenrechtsdiskurses als höchstes Ziel moralischer und politischer Erwägungen begreifen. „Daraus folgt, dass auch Menschen, deren ökonomische Produktivität aller Wahrscheinlichkeit nach durch Bildung nicht sonderlich gewinnt (z. B. geistig behinderte Kinder), dasselbe Recht auf Bildung haben wie Menschen, die mit einer hohen wirtschaftlichen Rendite auf ihre Bildung rechnen können" (Robeyns 2009, 60). Neben der intrinsischen Funktion berücksichtigt dieser Ansatz u. E. allerdings auch die nicht-ökonomischen instrumentellen Funktionen von Bildung.

Probleme birgt der menschenrechtsbasierte Bildungsansatz vor allem in der Umsetzung:

1. In der Umsetzung der UN-Behindertenrechtskonvention in Deutschland kann man erkennen, was Tomasevski (2003) als grundsätzliches Problem bezeichnet: Regierungen unterzeichnen die UN-Menschenrechtserklärungen und -initiativen zwar, aber setzen sie anschließend nicht angemessen um. Es fehlen beispielsweise klare Zielsetzungen, verbunden mit Zeitplänen, und ausreichend weitreichende Selbstverpflichtungen der Regierung (vgl. v. Bernstorff 2011; Aichele 2012).
2. Wird das Recht auf Bildung lediglich auf einen formalen Rechtsanspruch reduziert, kann das Problem entstehen, dass dieses Recht nicht gleichermaßen als

23 Vorläufer und Wegbereiter dieser Initiative waren die UN-Standardregeln über Chancengleichheit von Menschen mit Behinderung (vgl. UN 1993) und die Erklärung der Salamanca-Weltkonferenz der UNESCO (vgl. UNESCO 1994).

moralisch begründetes Menschenrecht aufgefasst wird, das nicht von der Zustimmung einer Regierung abhängig ist (vgl. Pogge 2002). Erst wenn man sich darauf verständigt, dass das Recht auf Bildung nicht nur ein gesetzliches, sondern auch ein moralisches Recht ist, kann erreicht werden, dass „alle, die zur Umsetzung dieses Rechtes beitragen können, es als moralische Verpflichtung ansehen, dies auch tatsächlich zu tun" (Robeyns 2009, 60f.).

3. Die Formulierung von Bildung als Menschenrecht legt nahe, dass die Realisierung durch staatliches Handeln zu erfolgen hat, wodurch aus dem Blick gerät, dass „auch Individuen, Familien und Gemeinschaften ihren Kindern Zugang zu guter Bildung [schulden], selbst wenn sie dazu nicht durch ein Gesetz verpflichtet sind" (ebd.).
4. In Entwicklungsländern ist häufig noch nicht sichergestellt ist, dass alle Kinder ihr Recht auf Bildung gleichermaßen und vollständig in Anspruch nehmen können, selbst wenn die materiellen Voraussetzungen vorhanden sind. Zu den Hinderungsgründen gehören Vorurteile, beispielsweise bezüglich der Bedeutung des Schulbesuchs für Mädchen.

‚Bildung für Alle' ist der normative Maßstab, dem sich die im Jahr 1989 verabschiedete UN-Kinderrechtskonvention verschreibt und der durch die UNESCO-Initiative ‚Education for All' zur Jahrtausendwende bekräftigt wird. Die an diesem Maßstab ausgerichtete Diskussion um den Schulbesuch von Mädchen oder das weltweite Verbot von Kinderarbeit zugunsten der Sicherung einer Grundbildung für alle Kinder sensibilisiert laut Andresen „für eine politische und pädagogische Bedeutung formaler Bildung als Gesamtverantwortung eines Staates, jedem Kind Bildung, die bestimmten Qualitätskriterien entspricht, zu garantieren" (2009, 87). Der normative Maßstab der inklusiven Bildung, den sich die UN-Behindertenrechtskonvention in Anlehnung an die UNESCO-Strategie für Inklusion zu Eigen macht, und der in Artikel 24 der UN-BRK erstmals ausdrücklich als Rechtsanspruch ausgestattet ist, weist vor allem durch die Stärkung des Rechts auf Partizipation und gesellschaftliche Zugehörigkeit über den Grundbildungsansatz der UN-KRK hinaus (vgl. C. Lindmeier 2008; Degener 2009), womit auch die instrumentellen nicht-ökonomischen Funktionen der Bildung gestärkt werden.[24]

24 Liebel (2012) verknüpft den menschenrechtsbasierten Ansatz der Bildung mit dem Capability-Ansatz der Bildung, indem er über Kinderrechte und ihren möglichen Beitrag zu politischer und sozialer Gerechtigkeit reflektiert. Soll das Kindeswohl im Sinne der UN-KRK auch als *Partizipationsrecht* verstanden und konzipiert werden, bedarf es nach seiner Auffassung der konkreten Begegnung mit dem Kind. Diese Art der Begegnung ist nicht nur ein in den Verfahrensordnungen formal vorgegebenes Anhörungserfordernis, sondern ein Gerechtigkeitsgebot höchster Ordnung, ohne dessen Beachtung niemand dem Kind gerecht werden kann. Um solche dialogischen Prozesse zu fundieren, sind laut Liebel Theorien und Forschungen gefragt, die sich ausdrücklich Fragen des Wohlergehens oder Wohlbefindens *und* der Handlungsoptionen der Individuen widmen. Der von Sen entwickelte Befähigungsansatz ist zwar nicht im Besonderen auf Kinder und deren möglicherweise spezifisches Wohlbefinden gerichtet, bietet aber Anknüpfungspunkte, die für eine subjekt- und handlungsorientierte

Wie man den nachfolgenden Ausführungen entnehmen kann, orientiert sich unser Buch vor allem am menschenrechtsbasierten Ansatz und am Capability-Ansatz der Bildung, da wir ebenso wie Liebel der Auffassung sind, dass Grundrechte mit der Frage nach den Ergebnissen aus der Perspektive der Betroffenen verbunden werden müssen.

- Die Rechte auf Partizipation (right to participation) und Inklusion (right to inclusion) geraten vor allem im menschenrechtsbasierten Ansatz der Bildung als Ausdifferenzierung der UN-Kinderrechtskonvention (kurz: UN-KRK) in den Blick (vgl. Bernstein 2000). Es handelt sich hierbei um eine neuere Tendenz in der Auslegung der UN-KRK, die sich seit der Verabschiedung der UN-Behindertenrechtskonvention verstärkt hat (vgl. C. Lindmeier 2011 b; Liebel 2012).
- Im Humankapital-Ansatz wird dagegen mit dem individuumbezogenen Begriff der Beschäftigungsfähigkeit (employability) ein defizitorientiertes Ausschlusskriterium definiert, das es mit Blick auf die Realisierung eines partizipativen und inklusiven Bildungssystems kritisch zu reflektieren gilt. Interpretiert man ‚employability' jedoch als ‚Maximierung von Beschäftigungsoptionen' (vgl. Kraus 2008) dann ergeben sich auch aus dieser bildungstheoretischen Perspektive begrenzte Anschlussmöglichkeiten für eine Pädagogik bei Behinderung und Benachteiligung. Eine Auseinandersetzung mit dem Humankapital-Ansatz erscheint unabhängig davon notwendig, weil er über die Europäische Beschäftigungsstrategie (vgl. BMBF 2004) und die Einführung von nationalen Bildungsstandards (vgl. KMK 2005) Eingang in die – durch die Ergebnisse der PISA-Studien ausgelösten – deutschen Reformdiskussionen gefunden hat.
- Der Capability-Ansatz der Bildung lässt ebenfalls eine Auslegung dahingehend zu, dass Bildung am besten in partizipativen und inklusiven ‚Settings' verwirklicht werden kann, integriert aber auch die (wirtschaftlichen und sozialen) Verwirklichungschancen als Ergebnis von Bildung. Dementsprechend formuliert der 13. Kinder- und Jugendbericht (vgl. BMFSFJ 2009) der Bundesregierung: „Weil es Befähigungsgerechtigkeit nicht geben kann, ohne dass die Teilhabe am gesellschaftlichen Leben gesichert ist, stellt die Sachverständigenkommission der Befähigungsperspektive die Notwendigkeit gesellschaftlicher *Inklusion* und *Beteiligung* zur Seite. Inklusion und Beteiligung werden dabei als Herausforderung, Verpflichtung und Aufgabe einer sozialen Gemeinschaft verstanden, alle Menschen in vergleichbarer Weise von Geburt an bis ins Alter am Leben in allen gesellschaftlichen Bereichen aktiv zu beteiligen und nicht Sonderbezirke oder so genannte Schonbereiche für bestimmte Gruppen von Menschen (z. B. Menschen mit Behinderung, aus anderen Ländern Zugewanderte, sozial Benachteiligte etc.) zu schaffen. Dies wird als ein wesentliches Merkmal einer demokratischen, solidarischen und freiheitlichen Gesellschaftsordnung begriffen" (Deutscher Bundestag 2009, 35).

Konzipierung des Kindeswohls und die Entwicklung entsprechender Indikatoren genutzt werden können.

3 Ethische Grundannahmen

Ethische Grundannahmen besitzen in der Pädagogik bei Behinderung und Benachteiligung seit mehr als zwei Jahrzehnten einen hohen Stellenwert. Sie lösten die (Sonder-)Anthropologie (vgl. Kap. 2) als jahrzehntelang gültiges normatives Bezugssystem (vgl. Antor/Bleidick 2006) ab und umfassen Fragen des *Lebensrechts* und der *Menschenwürde* und Fragen des *Menschenrechts auf Bildung* und der staatlichen Sicherstellung von Freiheit und Gleichheit im Bildungs- und Schulwesen (*Bildungsgerechtigkeit*).[25]

Einer allgemeinen Tendenz in der Erziehungswissenschaft folgend artikulierte sich unser Fach in den vergangenen zwei Jahrzehnten außerdem zunehmend *anthropologiekritisch* (vgl. z. B. Jacobs 1997; Mattner 2000; Haeberlin 2005). Aus dieser Perspektive „bleibt alle Anthropologie defizitär und potenziell behindertenfeindlich, da Behinderung in ihr nicht vorkommt, ja anthropologische Kategorien theoretisch wie praktisch zur Ausgrenzung der Betroffenen aus dem Menschlichen missbraucht wurden und werden" (Jacobs 2009, 297). Nach einer Periode, in der anthropologisches Nachdenken insbesondere durch Vertreter der Kritischen Theorie und der Postmodernen Philosophie als sinnlos abgelehnt wurde, hat in der allgemeinen Erziehungswissenschaft das Interesse an anthropologischen Fragen allerdings in der vergangenen Jahren wieder kontinuierlich zugenommen. Eine theoretische Rezeption der Verschränkung von Anthropologie, Anthropologiekritik und Ethik, die auch für pädagogische Überlegungen zu Fragen der Behinderung offen ist (vgl. z. B. Zirfas 2003, 2004), steht in unserem Fach noch weitgehend aus und kann im Rahmen eines Lehrbuchs nicht geleistet werden. Worauf es dabei ankäme, verdeutlicht Jacobs: „Anthropologische Aussagen müssen auf gemeinsame Erfahrung der Solidarität und Koexistenz beziehbar sein, ja aus diesen erst entwickelt werden. Eine solche anthropologie- und gesellschaftskritische Herangehensweise, die die Verschiedenheit wie die Gleichwertigkeit der Menschen achtet..., bleibt gerade für eine Behindertenpädagogik in integrativer Absicht von erheblicher Relevanz" (Jacobs 2006, 181). Dieser Forderung kommen einige neuere ethische Ansätze nach, die seit mehr als einem Jahrzehnt in der Pädagogik bei Behinderung und Benachteiligung rezipiert werden (vgl. 3.4).

Anthropologische Fragen einer würdevollen und humanen Gestaltung des gesellschaftlichen Umgangs mit behinderten und benachteiligten Menschen werden zunehmend im Rahmen einer pädagogischen Rezeption der *Anerkennungsethik* (Honneth) beantwortet, die durch die *Care-Ethik* (Fürsorge-Ethik) und die *kommunitäre*, Solidarität fokussierende (Sozial-)Ethik eine Ergänzung und Vertiefung erfährt. Diese Ansätze der intersubjektiven Anerkennung und Achtsamkeit gehen von der anthropologischen Prämisse der ‚anerkannten Abhängigkeit'

25 Gerechtigkeit ist in erster Linie ein Thema der politischen Philosophie und der Rechtsphilosophie. In der Sonderpädagogik ist es allerdings bislang üblich, dieses Thema der Ethik zu subsumieren.

(McIntyre) aus und bieten konkrete Anknüpfungspunkte für die Reflexion von Handlungsprinzipen und Zielperspektiven wie Normalisierung, Integration/Inklusion oder Selbstbestimmung, die ohne eine solche Vergewisserung über anthropologische und ethische Grundannahmen der Gefahr einer unprofessionellen Verkürzung auf eine Sozial- bzw. Erziehungstechnologie ausgesetzt wären.

3.1 Ethik und Pädagogik

Um das Wechselverhältnis von Pädagogik und Ethik näher bestimmen zu können, müssen zunächst einige ethische Grundbegriffe erläutert werden. In diesem Zusammenhang sollen auch die wichtigsten Modelle der Ethikbegründung vorgestellt und eine Aufgabenbestimmung von pädagogischer Ethik vorgenommen werden.

Moral und Ethik

Moral stellt die „für die Daseinsweise des Menschen konstitutiven [...] normativen Grundannahmen für das Verhalten vor allem zu den Mitmenschen, aber auch zur Natur und zu sich selbst dar“ (Höffe 2002, 177). Sie ist ein wichtiges regulatives Element geschichtlich gewachsener und tradierter Lebensformen. Moralische Aussagen sind normative (wertende) Sätze, die Gebote und Werturteile beinhalten, wie sie in der Alltagspraxis mit dem Anspruch auf allgemeine Verbindlichkeiten auftreten und zu einem bestimmten Handeln auffordern (z. B. „Du musst jetzt die Wahrheit sagen, um schlimmere Folgen zu verhüten!“ oder „Ehrlich währt am längsten!“). Moralische Vorstellungen und Verhaltensregulative werden während der Sozialisation verinnerlicht und wirken ‚unbewusst‘, solange sie nicht bewusst reflektiert und problematisiert werden. Dieses moralische Gefühl lässt uns gut und schlecht, falsch und richtig unterscheiden, ohne dass wir uns über die Gründe unseres moralischen Urteils völlig im Klaren wären.

Ethik beginnt mit dem Nachdenken über Moral bzw. darüber, dass es viele Moralvorstellungen gibt, die sich im Widerstreit befinden. Sie ist eine philosophische Disziplin, die sich mit den Normen menschlichen Handelns und deren Rechtfertigung befasst, somit eine „Theorie der Moral, die die Regeln der Moral zu formulieren, allgemeinverbindliche von nicht allgemeinverbindlichen Regeln zu unterscheiden und die allgemeinverbindlichen Regeln zu rechtfertigen und zu begründen sucht“ (Steinvorth 1990, 207). Ethische Aussagen sind normative Sätze zweiter Ordnung, die nicht unmittelbar zu einem Handeln auffordern, sondern einen Maßstab zur Beurteilung der Moralität von Handlungen bieten und insofern generell zu einer kritischen Willensbildung vor jedwedem Handeln auffordern. Das vielleicht bekannteste Beispiel eines normativ-ethischen Grundsatzes ist der kategorische Imperativ von Immanuel Kant: „Handle stets so, dass die Maxime deines Willens jederzeit zugleich als Prinzip einer allgemeinen Gesetzgebung gelten könnte“ (1788, 62).

Moral geht der Ethik also voraus, denn es kann zwar „keine Ethik ohne Moral, wohl aber eine Moral ohne Ethik geben“ (Steinvorth 1990, 207).

Allgemeine und angewandte Ethik

In systematischer Hinsicht wird in der Ethik zwischen allgemeiner Ethik und angewandter Ethik unterschieden. Die angewandte Ethik umfasst verschiedene bereichsspezifische Ethiken wie die Bioethik (inkl. Medizinethik), die Sozialethik (inkl. politische Ethik), die Wissenschaftsethik, die philosophische Praxis, die feministische Ethik und die pädagogische Ethik. Innerhalb der allgemeinen Ethik wird zwischen Metaethik, deskriptiver oder empirischer Ethik und normativer Ethik unterschieden.

Unter metaethischem Aspekt untersucht die Ethik die Sprache und Logik moralischer Diskurse, die Methoden moralischer Argumentationen und die Leistungskraft ethischer Theorien. Die Ethik wird also zur Metaethik, wenn sie sich in kritischer Selbstanalyse auf ihre methodisch-systematischen Bedingungen hin befragt und ihrer Prinzipien vergewissert. Metaethische Aussagen sind deskriptive Sätze zweiter Ordnung, vermittels derer keine Handlungen, sondern ethische Theorien und Systeme beschrieben, analysiert, rekonstruiert, erklärt und unter wissenschaftlichen Gesichtspunkten kritisch beurteilt werden.

Unter deskriptivem Aspekt beschreibt die Ethik die empirisch vorfindlichen Normen- und Wertesysteme bestimmter historischer Gemeinschaften und den Einfluss klimatischer, geografischer, kultureller, religiöser, ökonomischer und anderer Faktoren auf die Moral einer Gemeinschaft. Außerdem untersucht sie die verschiedenen Moralvorstellungen hinsichtlich ihrer Geltungsansprüche.

Unter normativem Aspekt fragt die Ethik nach den Prinzipen eines für alle guten Lebens, nach dem Maßstab moralisch guten Handelns und nach dem Moralprinzip. Als ethische Begründungsverfahren (normative Ethiken) können drei Positionen unterschieden werden (vgl. Wolf 1994): der deontologische, der utilitaristische und der diskursethische Typ der Begründung. Eine ‚Sonderstellung‘ innerhalb der normativen Ethik nehmen die Tugendethiken ein.

- Die *deontologische Ethik* (gr.: *deos* = Pflicht) leitet die Regeln moralischen Handelns von höchsten Prinzipien ab, die selbst nicht mehr hintergehbar sind (Pflicht-, Prinzipien- oder Gesinnungsethik). Ein solches unableitbares Grundrecht ist die Menschenwürde. Die Achtung der Menschenwürde hat den Stellenwert einer unhintergehbaren Prämisse inne und bildet daher den vernünftigen Grund der Rechtsordnung als Ganzer. Die Menschenwürde fundiert insbesondere die Menschenrechte, „in denen die Achtung der gleichen Würde institutionelle Rückendeckung findet. Ohne Rückbezug auf die Menschenwürde ist ein angemessenes Verständnis der Menschenrechte letztlich nicht möglich“ (Bielefeldt 2008, 5).

- Für die *utilitaristische Ethik* (lat.: *utilis* = nützlich) ist das gut, was nützlich ist (reiner Konsequentialismus, folgenorientierte Ethik). Nur die Erfahrung kann lehren, was möglichst vielen nützlich ist, und das Nützliche ist zugleich moralisch. Der klassische Utilitarismus vertritt das Prinzip der Interessenserwägung aller Betroffenen, indem er ‚hedonistisch' für das größtmögliche Glück der größten Zahl eintritt. Auf die Spielart des ‚Präferenz-Utilitarismus', die durch die sog. ‚Singer-Debatte' in der Sonderpädagogik Bekanntheit erlangte, wird im Abschnitt über Lebensrecht und Menschenwürde (3.2) näher eingegangen.
- Die *Diskursethik* ist ein vertragsethisches Begründungsverfahren, das Entscheidungen vom herrschaftsfreien Diskurs einer idealen Kommunikationsgemeinschaft abhängig macht. Der Diskurs besteht aus zwei Schritten: der grundsätzlichen Argumentenreflexion auf eine regulative Idee und dem praktischen Diskurs aller Beteiligten über das gewonnene Moralprinzip. Es handelt sich also zum einen um ein deontologisches Element, eine Basisentscheidung, die dem diskursiven Element vorausgeht. Zum anderen ist die Diskursethik eine empirische Konsensustheorie, ein demokratisches Verfahren, allerdings mit Minderheitenschutz. Die Grenzen der Diskursethik werden von der *advokatorischen Ethik* (vgl. Brumlik 1991; Bleidick 1992; Antor 1999) bearbeitet: „Ungeborene, unmündige Kinder, Koma-Patienten und Gebrechliche, die nicht mehr im Besitz ihrer geistigen Kräfte sind, können nicht als Partner an der idealen Kommunikationsgemeinschaft teilnehmen. Eltern, Vormünder, Ärzte und Pfleger müssen als Advokaten für sie sprechen" (Antor/Bleidick 2000, 79).
- Nach Wolf (1994) bildet die *Tugendethik* zwar ebenfalls keinen eigenständigen Grundtyp ethischer Argumentation. Eine normative Ethik kommt dennoch nicht ohne explizit oder implizit vorausgesetzte ‚Tugenden' aus, die die psychologischen Triebkräfte für die praktische Umsetzung eines ethisch begründeten Moralsystems bilden. „Tugenden wie Tapferkeit, Freundschaft, Liebe, Partnerschaft, Achtung, Fairness, Mitleid, Dankbarkeit usw. bezeichnen – nicht nur kognitiv, sondern auch motivational – verankerte Haltungen und Grundeinstellungen, welche eigentlich jede Moralphilosophie in irgendeiner Art voraussetzen muss. Angewendet auf die Frage einer Berufsethik für Heilpädagogen bedeutet dies, dass sie unter anderem auch explizite Aussagen über die für ein bestimmtes Berufsverständnis erwünschten Tugenden machen sollte" (Haeberlin 2005, 316; vgl. hierzu auch Gröschke 2002). Die Problematik von Tugendethiken lässt sich an der Tugend des Mitleids aufzeigen. Kobi warnt vor einer ‚Mitleids-Ethik' und beschreibt ein ‚auxiliares Paradoxon', das dadurch entsteht, dass dem Hilfeempfänger einerseits geholfen wird, zugleich aber seine inferiore Position festgeschrieben wird: „Hilfe neigt sich hinab, um aufzurichten, und markiert durch eben diese Bewegung die tiefere Position des Beholfenen. Hilfe wirkt peiorativ; sie kann, mitleidsverbunden, schamlos beschämend sein" (2004, 427).

Pädagogische Ethik

Ethik als angewandter Ethik „geht es um die Klärung besonderer Probleme. Mit zunehmender Spezialisierung der gesellschaftlichen Praxis haben sich immer mehr Bereichs- oder Spezialethiken herausgebildet, die das von der Grundlagenethik bereitgestellte Begriffs- und Methodeninstrumentarium auf Fragenkomplexe anwenden, deren Lösung von gesellschaftlichem Interesse ist" (Pieper/Thurnherr 1999, 10). Die pädagogische Ethik als angewandte Ethik nimmt für sich in Anspruch, „in einem bestimmten Sinne die Grunddisziplin der Erziehungslehre bzw. der Erziehungswissenschaft zu sein, insofern die pädagogische Frage nach den Zielen von Erziehung unmittelbar an die ethische Frage gekoppelt bleibt nach dem, was der Mensch als Mensch aus sich machen soll" (Pieper/Thurnherr 1998, 12).

Das Verhältnis von Ethik und Pädagogik kann unter mindestens drei Aspekten beleuchtet werden:

„*Erstens*: Erziehung und Bildung sind ohne ethischen Horizont nicht denkbar. Das heißt, es gibt legitime ethische Normen, die für die Gestaltung von Erziehungs- und Bildungsprozessen leitend sind oder sein sollten. Auf dieser Ebene erfolgt eine reflexive Fokussierung der ethischen Vorstellungen und Normen, die pädagogischem Handeln und pädagogischen Theorien unhinterfragt und explizit zugrunde gelegt werden bzw. zu deren Legitimation herangezogen werden. *Zweitens*: Erziehen selbst steht zumindest teilweise unter moralischen Kategorien. Dies betrifft beispielsweise die Haltung und den Ethos von Pädagogen, die es zu beleuchten und zu hinterfragen gilt. *Drittens*: Da der Mensch in seiner Entwicklung offen ist, ist er auch offen für Gut und Böse. Hier kommt die Ethik insofern ins Spiel, als sich Moralität u. a. durch Erziehung entwickelt" (Dederich 2001, 15 unter Bezug auf Hügli 1998).

Nach Thurnherr (2000) weist die pädagogische Ethik eine gewisse Nähe zur politischen Ethik insofern auf, als diese u. a. „Ziele der Erziehung reflektiert und dabei auch darüber nachdenkt, was die Gemeinschaft von ihren mündigen Mitgliedern erwarten soll und berechtigterweise auch erwarten darf" (139).[26] Daraus kann man schließen, dass die pädagogische Ethik individualethische und sozialethische Sichtweisen in sich vereinigen muss:

- Die individualethische Sichtweise bezieht sich auf die Rechtfertigung grundlegender individueller (Rechts-)Ansprüche auf Bildung und Erziehung, die als

26 In einer der ersten und bedeutendsten wissenschaftlichen Grundlegungen der Pädagogik wird dieses Verhältnis von Friedrich Schleiermacher als unauflösbar dialektisches bestimmt: „Beide Theorien, die Pädagogik und die Politik, greifen auf das vollständigste ineinander ein; beide sind ethische Wissenschaften und bedürfen einer gleichen Behandlung" (1983,12). Dementsprechend definiert Schleiermacher: „Die Pädagogik ist eine rein mit der Ethik zusammenhängende, aus ihr abgeleitete angewandte Wissenschaft, der Politik koordiniert" (ebd.). Schleiermacher ist auch der erste wissenschaftliche Pädagoge, der sich mit den Fragen der sozialen Ungleichheit und Benachteiligung beschäftigt und Überlegungen zu sozialer Gerechtigkeit und Bildungsgerechtigkeit anstellt.

Minimaldefinition eines allgemeinen und rechtlich gesicherten Anspruchs auf Achtung der Menschenwürde angesehen werden können.
- Der sozialethischen Sichtweise geht es um die gesellschaftliche Rechtfertigung von Hilfen bei der schulischen und gesellschaftlichen Umsetzung nach Maßgabe von ethischen Prinzipien wie Anerkennung oder Gerechtigkeit.

Dementsprechend muss eine ethische Fundierung der Pädagogik bei Behinderung und Benachteiligung sowohl das individuelle *Lebens- und Bildungsrecht* als Menschenrecht als auch die sozialethische Frage der *Anerkennung von Verschiedenheit* und die politisch-ethische Frage der *wirksamen und gleichberechtigten Teilhabe* an (inklusiver) Bildung thematisieren.

3.2 Lebensrecht und Menschenwürde

Die Frage des Lebensrechts und die Berufung auf die Menschenwürde spielen gegenwärtig in zahlreichen Feldern der angewandten Ethik eine wichtige Rolle. Von herausragender Bedeutung sind sie in der Bioethik und in der Medizinethik, wo die Achtung der Menschenwürde des Patienten und die unbedingte Lebenserhaltungspflicht fundamentale Gebote repräsentieren. Dem entspricht das Grundgesetz der Bundesrepublik Deutschland, das in Art. 2 Abs. 2 von der grundsätzlichen Gleichwertigkeit allen Lebens ausgeht (Art. 2, Abs. 2).

Medizin- und bioethische Fragen des Lebensrechts und der Menschenwürde sind vor allem Fragen des Umgangs mit ethischen ‚Grenzsituationen' am Anfang und am Ende des Lebens, die als Folgeprobleme des technologisches Forschritts in der Humanmedizin bzw. in der Pädiatrie und Gerontologie entstehen. Zu den Themen, die für die Pädagogik bei Behinderung und Benachteiligung von unmittelbarer Relevanz sind, zählen insbesondere die pränatale Diagnostik, die Präimplantationsdiagnostik im Vorfeld der In-Vitro-Fertilisation (künstliche Befruchtung), die embryonenverbrauchende Grundlagenforschung, die Möglichkeiten und Grenzen der medizinischen Versorgung von Frühgeborenen, die aktive und passive Sterbehilfe bei sehr schwer geschädigten Früh- bzw. Neugeborenen sowie die intensivmedizinischen Behandlungsmöglichkeiten bei schwer erkrankten, unfallverletzten oder komatösen Patienten unterschiedlichen Alters.

Medizin- und bioethische Fragen werden in unserem Fach seit den 1990er Jahren verstärkt diskutiert. Dementsprechend steht inzwischen eine Fülle an Monographien und Herausgeberbänden zur Verfügung, mit deren Hilfe man sich mit den im Folgenden aufgeworfenen Fragen vertieft auseinandersetzen kann (vgl. u. a. Antor/Bleidick 1995, 2000; Mattner 2000; Dederich 2000, 2003; Leonhardt 2004, Speck 2005). Auslöser dieser Diskussion waren die normativ-ethischen Überlegungen des australischen Moralphilosophen Peter Singer, der in seinem Buch ‚Praktische Ethik' (1984/1994) die nichtfreiwillige ‚Früheuthanasie' bzw. aktive Tötung von behinderten Neugeborenen präferenz-utilitaristisch zu rechtfertigen versucht. Dabei kommt es zu einer aus Sicht unserer Fachdisziplin nicht hinnehmbaren Relativierung des Lebensrechts behinderter Menschen: „Sofern der Tod eines behinderten Säuglings zur Geburt eines anderen Kindes mit besseren Aussichten auf ein glückliches Leben führt, dann ist die Gesamtsumme des Glücks größer, wenn der behinderte Säugling getötet wird" (Singer 1994, 238).

Bio- und medizinethische Fragen der Pädagogik bei Behinderungen werden auch in einen historiographischen Forschungszusammenhang gestellt, denn die ‚Singer-Debatte' löste auch eine intensive Aufarbeitung der Geschichte der Eugenik und ‚Euthanasie' aus. Dabei interessiert vor allem die Frage, ob sich eine ideologische Kontinuität zwischen der Eugenik und ‚Euthanasie' vor der Zeit des Nationalsozialismus, während der NS-Zeit selbst und der Gegenwart feststellen lässt. Diese Kontinuitätsthese wird allerdings fachwissenschaftlich kontrovers diskutiert; ob man von einer ideologischen Kontinuität zwischen ‚alter und neuer Eugenik' oder ‚alter und neuer Euthanasie' sprechen kann, lässt sich nur beantworten, wenn man sich mit den jeweils zugrundeliegenden moralischen oder ethischen Motiven näher beschäftigt.

Die Beschäftigung mit den Themen ‚Lebensrecht' und ‚Menschenwürde' ist für die Pädagogik bei Behinderung und Benachteiligung aber auch aufgrund der wechselvollen abendländischen Geschichte des Umgangs mit Menschen mit langfristigen körperlichen, seelischen, geistigen oder Sinnesbeeinträchtigungen unerlässlich, denn die moralische und ethische Bewertung des Lebens und der Würde dieser Menschen stellt sich historisch äußerst ambivalent dar: „Ebenso wie es historische Beispiele einer Abwertung behinderten Lebens mit grausamer Verfolgung und Tötungsprogrammen von der Antike bis in die jüngste Gegenwart hinein gibt, so lassen sich andererseits eindrucksvolle Zeugnisse der Achtung, Pflege und Fürsorge für behinderte Menschen aufzählen" (vgl. Antor/Bleidick 2000, 60).

Dennoch kritisiert Dederich (2000) nach einem Jahrzehnt intensiver ethischer Debatten zurecht, dass die Auseinandersetzung mit bio- und medizinethischen Grundfragen lange Zeit auf die Auseinandersetzung mit den Thesen Singers fixiert war und fast ausschließlich auf der Ebene allgemeiner und fundierender Fragen zur Ethik, Anthropologie und gesellschaftlichen Entwicklung angesiedelt war. Dadurch geriet die Ebene der klinischen und gesellschaftlichen Praxis und der mit ihr verknüpften Folgeprobleme des technologischen Fortschritts der Bio- bzw. Humanmedizin zu sehr aus dem Blick. Die Beschäftigung mit diesen Fragen macht deskriptiv-ethische Forschungsansätze notwendig (vgl. C. Lindmeier 2007), die u. a. Methoden der qualitativ-empirischen Forschung gewinnbringend einsetzen und im vergangenen Jahrzehnt bereits vereinzelt vorgelegt wurden (vgl. Willenbring 1999; Lenhart 2005; Baldus 2006; Strachota 2006).[27]

27 Zudem nimmt in diesem Kontext das in Berlin angesiedelte Institut Mensch. Ethik und Wissenschaft (www.imew.de), das 2002 von neun Behinderten- und Sozialverbänden als gemeinnützige GmbH gegründet wurde, eine wichtige Koordinations- und Beratungsfunktion

3.2.1 Lebensrecht

Die Frage der historischen Kontinuität von Eugenik und ‚Euthanasie' in Vergangenheit und Gegenwart ist für die ethische Betrachtung des Lebensrechts von Menschen mit Behinderungen von zentraler Bedeutung. Der Frage nach Kontinuitäten und Brüchen zwischen der Vorgeschichte des Nationalsozialismus, der Zeit des Nationalsozialismus selbst und der Gegenwart wird in der Auseinandersetzung mit ethischen Grundfragen der Pädagogik bei Behinderung und Benachteiligung außerdem eine besondere Bedeutung beigemessen, weil sie die Geschichte des eigenen Faches berührt (vgl. Möckel 2001; Ellger-Rüttgardt 2008).

In einem ersten Zugang sollen zunächst die zentralen Begriffe dieses Abschnittes erläutert werden:

- Der auf Francis Galton (1883) zurück gehende Begriff der Eugenik (von gr. *eu* ‚gut' und *genos* ‚Geschlecht') bezeichnet zum einen die Lehre von der Erbgesundheit (synonym: Eugenetik, Erbhygiene) und zum anderen die Verhütung von Erbschäden und die Weiterverbreitung von Erbkrankheiten. Auf Letzteres zielt auch die humangenetische Beratung, die in der Bundesrepublik Deutschland seit den 1970er Jahren etabliert wurde und heute in ca. 300 genetischen Beratungsstellen (Kliniken und freien Arztpraxen) angeboten wird. In diesem Zusammenhang ist von einer neuen und liberalen Eugenik die Rede, die aufgrund des Fortschritts der Medizin möglich geworden ist (vgl. Habermas 2001).
- Der Begriff der ‚Euthanasie' (von gr. *eu* ‚gut' und *thanatos* ‚Tod') bezeichnet die Lehre vom schönen, leichten Tod. Wegen des missbräuchlichen Gebrauchs des Begriffs vor und während der NS-Zeit, der im Dritten Reich die Ermordung von Menschen mit Behinderungen Menschen kaschieren sollte, wird heute nur noch der synonyme Begriff der Sterbehilfe verwendet. Bei der Sterbehilfe ist zwischen *aktiver* Sterbehilfe als gezieltem aktivem Herbeiführen des Todes (Tötung auf Verlagen), und *passiver* Sterbehilfe als Unterlassen oder Abbrechen lebensverlängernder Maßnahmen zu unterscheiden. Beide sind direkte Formen der Sterbehilfe im Unterschied zu *indirekter* Sterbehilfe als Leidenslinderung bei Schwerkranken unter Inkaufnahme der Lebensverkürzung. In Bezug auf Singers Präferenzutilitarismus wurde der Vorwurf der Befürwortung einer ‚neuen Euthanasie' in Form sog. ‚Früheuthanasie' erhoben (vgl. z. B. Bonfranchi 1992).

Eugenik und ‚Euthanasie'

Es ist eine geschichtswissenschaftlich weitestgehend abgesicherte Erkenntnis, dass die Nationalsozialisten an ideologische Strömungen anknüpften, die sich bis in das

---

wahr. Ein Tätigkeitsschwerpunkt des Instituts liegt auf medizin- und bioethischen Fragen, die beispielsweise im Zusammenhang von Pränatal- und Präimplantationsdiagnostik oder Stammzellforschung auftauchen. Das IMEW entwickelt ethisch fundierte Positionen zu aktuellen Fragen und Gesetzesvorhaben, erstellt Gutachten und nimmt an der gesellschaftlichen Diskussion dieser Fragen aus der Sicht von Menschen mit Behinderung teil.

19. Jahrhundert zurückverfolgen lassen (vgl. Beck 1996). Die Zwangssterilisierungen[28] und die ‚Euthanasie'-Aktionen während des Nationalsozialismus stellen insofern einen konsequenten und vielfach tödlichen Höhepunkt einer Entwicklung dar, die eng mit der Sozial-, Wirtschafts- und Wissenschaftsgeschichte Europas und mit dem Geist der Neuzeit verbunden ist (vgl. Dederich 2000). Dies wird deutlich, wenn man neben der Eugenik weitere Motive in den Blick nimmt, die zur menschenverachtenden und -vernichtenden Politik der Nationalsozialisten beitrugen:

- Sozialdarwinismus: Hierbei handelte es sich um eine biologistisch determinierte, in der zweiten Hälfte des 19. Jahrhunderts sehr populäre sozialwissenschaftliche Theorie, welche Teilaspekte der Evolutionstheorie nach Charles Darwin auf menschliche Gesellschaften anwendet und deren Entwicklung als Folge natürlicher Selektion beim ‚Kampf ums Dasein' auffasst. Der Sozialdarwinismus schrieb den niederen Volksschichten, die sich zahlenmäßig stärker fortpflanzten, geringere Intelligenz und erhöhte soziale Auffälligkeit zu, weshalb die Selektion zugunsten höherwertiger Menschen propagiert wurde (vgl. Vogt 1997).
- Rassenhygiene: Die Hauptaufgabe der Rassenhygiene bestand darin, die freiwillige oder zwangsweise Sterilisierung des ‚erbkranken Nachwuchses' durchzusetzen. Darüber wurde spätestens seit der Gründung einer deutschen Gesellschaft für Rassenhygiene (1904) durch Alfred Ploetz öffentlich diskutiert. 1911 wurde von Erich Haeckel in Dresden die erste *eugenische Beratungsstelle* eröffnet. Rassenhygienische Eheberatung zielte auf die „Schaffung von Hindernissen für die Fortpflanzung Minderwertiger durch Isolierung, Eheverbote und ähnliche Mittel, Begünstigung der Fortpflanzung Tüchtiger durch wirtschaftliche Ermöglichung ihrer Frühehe (...) und wirtschaftliche Vergünstigungen ihrer vielkindrigen Ehe" (Schallmeyer 1918, zit. n. Schumann 1989, 136).

Während vor der NS-Zeit vor allem die freiwillige Sterilisierung propagiert wurde, legalisierten die Nationalsozialisten mit dem ‚Gesetz zur Verhütung erbkranken Nachwuchses' vom 14. Juli 1933 bereits unmittelbar nach der Machtübernahme die Zwangssterilisierung. Als erbkrank im Sinne dieses Gesetz galten alle, die von „1.angeborene(m) Schwachsinn, 2. Schizophrenie, 3. zirkuläre(m) (manisch-depressivem) Irresein, 4. erbliche(r) Fallsucht, 5. erbliche(m) Veitstanz (huntingtonsche Chorea), 6. erbliche(r) Blindheit, 7. erbliche(r) Taubheit, 8. schwere(r) erbliche(r) körperliche(r) Mißbildung" (1933, 529) betroffen waren. Ferner konnte

28 Die negative Eugenik sucht die Vermehrung von Personen mit als schlecht bewerteten Erbanlagen durch zwangsweise oder freiwillige Unfruchtbarmachung (eugenische Sterilisierung) zu verhindern. Positive Eugenik will die Fruchtbarkeit von Menschen erhöhen, die als gut bewertete Erbanlagen besitzen, oder durch Beratung die Geburtenraten von Kindern mit guten Erbanlagen steigern, beispielsweise durch die Aufklärung über die Folgen von Alkoholkonsum in der Schwangerschaft. Die Nationalsozialisten betrieben neben der Zwangssterilisierung auch eine positiv-eugenische Rassenpolitik, um die Geburtenrate ‚arischer' Kinder auch aus außerehelichen Beziehungen zu erhöhen, was durch anonyme Entbindungen und die Vermittlung der Kinder zur Adoption – bevorzugt an Familien von SS-Angehörigen – erreicht werden sollte.

zwangsweise unfruchtbar gemacht werden, wer an ‚schwerem Alkoholismus' litt. Die Hilfsschulen wurden im Rahmen der sog. ‚Gleichschaltung' aller staatlichen Organe und Institutionen gezwungen, bei der Durchführung des Gesetzes mitzuwirken. Eine Vielzahl an Quellen deutet darauf hin, dass ein Teil der Hilfsschullehrerschaft dem Nationalsozialismus politisch anhing und die Zwangssterilisierung von insg. 300 000 bis 400 000 Menschen in den Hilfsschulen unterstützte (vgl. Höck 1979; Brill 1994, 2011).

Den Übergang von negativ-eugenischen Überlegungen zur aktiven ‚Euthanasie' markierte im Sinne einer ideologischen Wende bereits vor der NS-Zeit die berüchtigte Schrift des Reichsgerichtspräsidenten Binding und des Psychiaters Hoche über die ‚Freigabe der Vernichtung lebensunwerten Lebens' (1920). Die Verfasser beziehen sich in dieser Schrift vor allem auf Menschen mit geistigen Behinderungen in Anstalten, die sie als „leere Menschenhülsen" (a. a. O., 55) und „Ballastexistenzen" (ebd.) bezeichneten und zur aktiven Tötung ‚freigeben' wollten. Dabei handele es sich um „Bemühungen, die dadurch ihre besondere Tragweite erhalten, dass es bisher nicht möglich gewesen, auch nicht im Ernste versucht worden ist, diese Defektmenschen von der Fortpflanzung auszuschließen" (ebd.). Während die Formulierung ‚lebensunwertes Leben' auf das ethische Motiv der ‚Erlösung von unheilbaren Leiden' abhebt, bezieht sich das zweite, utilitaristische Motiv, das auch für die Eugenik kennzeichnend ist, auf den volkswirtschaftlichen Gesamtnutzen, den unproduktive Menschen durch ihren Hilfe- und Pflegebedarf mindern.

Die ‚Euthanasie'-Aktionen der Nationalsozialisten begannen kurz vor Ausbruch des 2. Weltkriegs und hatten im Unterschied zur Zwangssterilisierung keine gesetzliche Grundlage. Die sog. ‚Kindereuthanasie' begann mit dem Fall des Kindes Knauer. 1938 traten die Eltern des Kindes mit einem persönlichen Brief an Hitler heran, die Tötung ihres blinden, geistig behinderten und mit nur einem Bein geborenen Sohnes zu veranlassen. Nach Begutachtung durch seinen ‚Leibarzt' Karl Brandt ordnete Hitler die aktive Tötung dieses Kindes an. Der Fall Knauer war vermutlich einer der Anlässe für die Schaffung des ‚Reichausschusses zur wissenschaftlichen Erfassung erb- und anlagebedingter schwerer Leiden', der seit dem Frühjahr 1939 die Kindereuthanasie durch die sog. ‚Aktion Gnadentod' koordinierte. Die Organisation der Massenvernichtung von über 70 000 erwachsenen Menschen mit Behinderungen in Tötungsanstalten wie Grafeneck oder Hadamar war hingegen der ‚Reichsarbeitsgemeinschaft für Heil- und Pflegeanstalten' übertragen worden, die unter der Leitung von Victor Brack seit dem Frühjahr 1939 in der Tiergartenstraße 4 in Berlin angesiedelt war und aus Gründen der Geheimhaltung als ‚Aktion T 4' bezeichnet wurde.

Das allmähliche Bekanntwerden in der Öffentlichkeit und der Widerstand aus beiden christlichen Kirchen veranlassten Hitler, die Aktion durch persönliche Verfügung am 24. August 1941 einzustellen. Zahlreiche Quellen weisen daraufhin, dass im Zuge der ‚Aktion 14 f 13' in den Konzentrationslagern ebenfalls eine höhere Zahl von ‚Schwachsinnigen' und ‚Geisteskranken' ermordet wurden; ihre genaue Zahl lässt sich aber nur schwer schätzen. Trotz Hitlers Verfügung wurde die Tötung behinderter Menschen während des Krieges als sog. ‚wilde Euthanasie' in Kliniken und Anstalten fortgesetzt, deren Insassen entweder durch tödliche Injektionen aktiv getötet oder dem Tod durch Verhungern preisgegeben wurden. Den zuletzt genannten Aktionen dürften weitere 50 000 bis 70 000 Menschen zum Opfer gefallen sein, sodass die Zahl der während des Dritten Reiches ermordeten Menschen mit Behinderungen und psychischen Krankheiten auf 120 000 bis 150 000 geschätzt wird (vgl. Beck 1996; Trus 2003). Neben den sozialdarwinistischen und rassenhygienischen Motiven spielten dabei volks- bzw. kriegswirtschaftliche Motive ein Rolle, denn die Kliniken und Anstalten wurden zunehmend als Lazarette für die Verwundeten aus dem 2. Weltkrieg genutzt. Die Weiterführung der ‚wilden Euthanasie' durch Teile des ärztlichen und pflegerischen Personals erfolgte ohne offiziellen Auftrag. Sie belegt, dass das Personal aus eigener Überzeugung handelte.

Humangenetische Beratung

Der Gegenstand der Humangenetik ist die Variabilität im menschlichen Genom und ihre Bedeutung für Gesundheit und Krankheit. Genetische Methoden spielen heute bei der Erforschung der Ursachen vieler Krankheiten eine Rolle. Dabei stehen die monogenen Merkmale und Krankheiten im Vordergrund. Die genetische Forschung konnte bislang über 2000 monogenetische Erkrankungen nachweisen, die zum Teil äußerst selten vorkommen.

Die humangenetische Beratung soll Menschen mit einem Kinderwunsch im Sinne des Rechts auf ‚informationelle Selbstbestimmung' Auskunft darüber erteilen, wie hoch bei ihnen die Wahrscheinlichkeit ist, ein Kind mit geschädigten Erbanlagen zu zeugen. Dabei lassen sich Indikationen zur genetischen Beratung *vor* Eintritt der Schwangerschaft (z. B. Erkrankungen oder Fehlbildung; Chromosomenaberrationen oder monogene Erkrankungen bei Ratsuchenden oder den Verwandten) oder *während* einer Schwangerschaft (z. B. auffälliger Ultraschallbefund, Strahlenbelastung, erhöhtes Alter der Mutter) unterscheiden.

Durch eine genetische Beratung werden Ratsuchende mit einem (Wiederholungs-)Risiko für eine Erbkrankheit über die Folgen der Erkrankung, die Wahrscheinlichkeit ihres Verlaufes und über deren Weitergabe sowie Präventionsmöglichkeiten (Vorbeugung) oder Behandlung informiert. Außerdem soll ihnen geholfen werden, eine individuelle Entscheidung in einer konkreten Situation treffen zu können u. a. auch im Hinblick auf Familienplanung. Humangenetische Beratung ist seit den 1970er Jahren durch die gesetzliche und private Krankenversicherung abgedeckt.

Für eine genetische Beratung bezüglich eines Wiederholungsrisikos ist eine genaue biochemische oder molekulargenetische Diagnose (pränatale Diagnose) der entsprechenden Erkrankung erforderlich.[29] Dabei ist eine wichtige Frage, ob eine Krankheit dem sog. Mendelschen Erbgang folgt. Bei jedem Erbgang besteht in

29 Näheres regelt das Gesetz über genetische Untersuchungen bei Menschen (Gendiagnostikgesetz – GenDG) vom 31. Juli 2009, das am 1. Februar 2010 in Kraft getreten ist.

der Regel ein bestimmtes Wiederholungsrisiko, z. B. bei einer autosomal dominanten Erkrankung ein 50 %iges Risiko für Nachkommen von selbst betroffenen Patienten. Eine autosomal rezessive Erkrankung wie beispielsweise die Mukoviscidose bedeutet hingegen, dass beide Eltern der erkrankten Person in der Regel gesunde Anlageträger für die Erkrankung sind. Für jedes weitere Kind dieser Eltern besteht daher ein Risiko von 25 % für diese Erkrankung, unabhängig vom Geschlecht. Außerdem gibt es geschlechtsgekoppelte Erkrankungen, zu denen z. B. die Muskeldystrophien des Typs Duchenne gehören, an denen fast ausschließlich Männer erkranken. Bei zahlreichen anderen Krankheiten spielen genetische Komponenten zwar eine wichtige Rolle, sie folgen aber nicht den sog. ‚Mendelschen Erbgängen'.

Um nicht mit der alten Eugenik und insbesondere mit der NS-Zeit in Verbindung gebracht zu werden, wird der Begriff der Eugenik in der Humangenetik abgelehnt. Andererseits trifft es zu, dass am Aufbau der Humangenetik in der Nachkriegszeit auch Erbbiologen beteiligt waren, die bereits in der NS-Zeit aktiv waren (vgl. Waldschmidt 1992). Heute werden die Entscheidungen, sowohl hinsichtlich der Realisierung eines Kinderwunsch bei einem Risiko einer genetisch bedingten Erkrankung oder über Fortsetzung oder Beendigung einer Schwangerschaft mit einem auffälligen Befund dem betroffenen Paar bzw. der Mutter allein überlassen. Man könnte daher argumentieren, es sei keine Kontinuität zwischen alter Eugenik und heutiger humangenetischer Beratung zu erkennen. Nicht selten kommt es allerdings dazu, dass sich die Ratsuchenden von der Entscheidung überfordert fühlen, die Folgen nicht abschätzen können, z. B. die Belastungen durch einen späten Schwangerschaftsabbruch, und sie im Nachhinein bereuen. Langfristige psychische Belastungen können die Folge sein (Post-Abortion-Syndrom). Zum anderen leistet die Propagierung neuer medizinisch-technischer Diagnose- und Prognosemöglichkeiten gesellschaftlichen Tendenzen der Diskriminierung Vorschub, da das Leben von Menschen mit Behinderungen zunehmend als vermeidbares Lebensrisiko angesehen wird. Eltern behinderter Kinder werden dabei mit Sätzen wie „Das ist doch heutzutage nicht mehr nötig!" konfrontiert. In dieser Situation ist eine individuelle und freie Entscheidung kaum möglich, da sie gesellschaftlich dahingehend vorgeformt ist, dass die Geburt eines geschädigten Kindes zu vermeiden ist (vgl. Strachota 2006). Die neue – liberale oder positive – Eugenik (vgl. Habermas 2001) setzt zwar im Unterschied zur alten Eugenik, die stark von Zwangsmaßnahmen und Kollektivlösungen gekennzeichnet ist, auf die Prinzipien der Freiwilligkeit und der informationellen Selbstbestimmung (vgl. Speck 2005). Dennoch wird eine Kontinuität des Grundgedankens der Verhinderung von genetisch bedingten Schädigungen deutlich.

Ein kollektiver Trend zu dieser Betrachtung ‚behinderten Lebens' deutet sich nach Speck „bereits in Forderungen nach *genetischen Reihentests*, aber auch in Interessensbekundungen von Versicherungen und Arbeitgebern an, die sich gegen bestimmte Risiken absichern wollen" (2005, 84). Der Staat wird deshalb seines Erachtens nicht außen vor bleiben können, „wenn es darum geht, die Anwendung der neuen Techniken durch Regulierung zu steuern, um notwendige gemeinsame

Güter im Sinne der Verteilungsgerechtigkeit ... zu sichern" (ebd.). Mattner vertritt die Auffassung, dass durch die in Aussicht gestellte ‚behindertenfreie' Welt ein humangenetisch konstruierter Mythos der Normalität geschaffen wird, „mit dem Behinderung per se zum vermeidbaren, nicht lebenswerten Leidenszustand wird. Die Nicht-Existenz, der Tod scheint aus der genetischen Normalitäts- bzw. der dort verankerten ökonomischen Perspektive die einzig vorstellbare Erlösungs-Alternative" (2000, 128).[30] Wir sind daher der Auffassung, dass die neue und liberale Eugenik in ihren Normalitätskonstruktionen und in ihren Vorstellungen über die ökonomische Brauchbarkeit von Menschen mit Behinderungen in einer ideologischen Kontinuität mit der alten Eugenik steht.

Pränatale Diagnostik und Präimplantationsdiagnostik

Pränatale Diagnostik (PND) und Präimplantationsdiagnostik (PID) sind Methoden der Diagnostik, die während und vor der Schwangerschaft zur Anwendung kommen. Beide Verfahren werden in der Pädagogik bei Behinderung und Benachteiligung und zum Teil auch in anderen Wissenschaften (z. B. in der Theologie) als ethisch problematisch angesehen, weil sie als Grundlage für Selektionsentscheidungen gegen ‚behindertes Leben' (z. B. Schwangerschaftsabbruch) dienen (vgl. Haker 2002; Kollek 2002).

Während der Schwangerschaft werden nach den Mutterschaftsrichtlinien des Bundesausschusses der Ärzte und Krankenkassen Vorsorgeuntersuchungen der Schwangeren und des ungeborenen Kindes vorgenommen. Die PND soll dabei dazu beitragen, Risikoschwangerschaften und Risikogeburten frühzeitig zu erkennen, Gefahren für Leben und Gesundheit von Mutter und Kind abzuwenden und Gesundheitsstörungen rechtzeitig zu erkennen und der Behandlung zuzuführen (vgl. Nationaler Ethikrat 2003).

Bei der pränatalen Diagnostik muss außerdem zwischen nicht-invasiven (insb. Ultraschall-Untersuchungen) und invasiven Verfahren unterschieden werden. Invasive Verfahren werden bei Anhaltspunkten für eine genetisch bedingte kindliche Fehlbildung, eine Stoffwechselkrankheit oder eine Infektion zur genaueren Abklärung eingesetzt; diese Anhaltspunkte ergeben sich häufig aus den Ergebnissen der routinemäßig eingesetzten nicht-invasiven Verfahren. Zu den invasiven Verfahren gehören die Chorionzottenbiopsie (Untersuchung des Plazentagewebes), die Amniozentese (Fruchtwasseruntersuchung) und die Fetalblutpunktion (Nabelschnurpunktion). Mit ihnen ist immer ein gesundheitliches Risiko für die Schwangere (Infektionen, Blutungen, wehenartige Schmerzen) und das Ungeborene (Verletzungsrisiko) verbunden; insbesondere besteht die Gefahr der Aus-

30 Um das Recht auf Unvollkommenheit zu stärken, haben die Stiftung Deutsches Hygienemuseum und die Deutsche Behindertenhilfe – Aktion Mensch e. V. in den Jahren 2000 und 2001 eine Ausstellung mit dem Motto ‚Der (im-)perfekte Mensch' durchgeführt, das in der Öffentlichkeit für Aufsehen gesorgt hat. Mattner eröffnete diese Ausstellung mit einem Beitrag über ‚Die Erfindung der Normalität', in dem er die Notwendigkeit einer auf das Mensch-Sein verpflichteten Ethik beschwört (vgl. Mattner 2001).

lösung von Fehlgeburten (1 bis 4 %) (vgl. Lux 2005). Bei nicht therapierbaren Schädigungen des Ungeborenen (z. B. spina bifida) oder Chromosomenaberration (z. B. Trisomie 21) wird die Schwangerschaft in über 90 % der Fälle abgebrochen. Die Pränataldiagnostik bildet hier die Grundlage für eine Selektionsentscheidung mit tödlichem Ausgang für den Fötus.

Die ethische Problematik der pränatalen Diagnostik hat sich seit der Zulassung der sog. ‚Spätabtreibung' weiter verschärft, denn seit der Novellierung des § 218 f. StGB im Jahr 1995 (vgl. Eberbach 2005) kann bis zum errechneten Geburtstermin abgetrieben werden, „wenn der Abbruch der Schwangerschaft unter Berücksichtigung der gegenwärtigen und zukünftigen Lebensverhältnisse der Schwangeren nach ärztlicher Erkenntnis angezeigt ist, um eine Gefahr für das Leben oder die Gefahr einer schwerwiegenden Beeinträchtigung des körperlichen oder seelischen Gesundheitszustandes der Schwangeren abzuwenden, und die Gefahr nicht auf eine andere für sie zumutbare Weise abgewendet werden kann" (§ 218 a, Abs. 2). Durch die Spätabtreibung, die nicht nur aus ethischer, sondern auch aus juristischer Sicht kritisiert wird, erlaubt der Gesetzgeber also de facto die aktive Tötung bereits lebensfähiger Embryonen, auch wenn dieser Akt strafrechtlich nicht als aktive Sterbehilfe bzw. ‚Früheuthanasie' angesehen wird. Wie die pränatale Diagnostik insgesamt leistet die Spätabtreibung damit in der Praxis der Diskriminierung behinderter Menschen Vorschub, denn es wird bei Vorliegen einer Schädigung in der Regel angenommen, dass der Tatbestand des § 218 a Ab. 2 erfüllt ist, eine Schädigung also grundsätzlich eine Gefahr der schwerwiegenden Beeinträchtigung des seelischen Gesundheitszustandes der Mutter darstellt.[31]

Als Präimplantationsdiagnostik (PID) wird die genetische Untersuchung von Embryonen bezeichnet, die wenige Tage alt sind und durch künstliche Befruchtung (In-vitro-Fertilisation) erzeugt wurden. Für eine Präimplantationsdiagnostik werden dem Embryo in der Regel drei Tage nach der Befruchtung, wenn der Embryo aus sechs bis zehn Zellen besteht, ein bis zwei Zellen (Blastomeren) entnommen. Nach erfolgter Präimplantationsdiagnostik, die mittels unterschiedlicher Techniken durchgeführt werden kann, werden für die Übertragung in die Gebärmutter der Frau von mehreren Embryonen diejenigen ausgewählt, bei denen bestimmte Chromosomenstörungen oder -mutationen mit großer Wahrscheinlichkeit ausgeschlossen werden können. Im Zusammenhang mit der Präimplantationsdiagnostik wird auch die Forschung an denjenigen embryonalen Stammzellen, die nicht in die Gebärmutter transferiert wurden, äußerst kontrovers diskutiert (verbrauchende Embryonenforschung).

Die Präimplantationsdiagnostik ist in England entwickelt worden und wird seit etwa zehn Jahren in zahlreichen Ländern praktiziert. In Deutschland war die Durchführung der Präimplantationsdiagnostik aufgrund des Embryonenschutzgesetzes (1990) bis vor kurzem verboten. Mit der Änderung bzw. Erweiterung

31 Zur weiteren Vertiefung in das Thema ‚Spätabtreibung' empfehlen wir die Publikationen von Römelt (2005), Peters (2011), Weilert (2011) und Dolderer (2012).

des Embryonenschutzgesetz um § 3a[32] ist die PID in Deutschland im Juli 2011 eingeschränkt zugelassen, was in einem aktuellen Positionspapier der Bundesvereinigung Lebenshilfe bereits im Vorfeld der Entscheidung des Gesetzgebers scharf zurückgewiesen wurde (vgl. BVLH 2011).

Neben möglichen Selektionsentscheidungen gegen das Leben eines Menschen mit Behinderung steht die Präimplantationsdiagnostik in Gefahr, für eine genetische Selektion erwünschter Merkmale des Kindes (z. B. die Selektion des Geschlechts oder anderer erwünschter Merkmale – Stichwort: ‚Designerbaby') genutzt zu werden. Reyer (2003) weist darauf hin, dass sich die Anhänger einer liberalen Eugenik vor allem in den individualistisch eingestellten, aufstiegsorientierten Mittelschichten finden. Daraus folgert für Speck, dass die neue Eugenik nicht einfach eine Privatangelegenheit ist, sondern Zündstoff für eine Spaltung der Gesellschaft in sich birgt: „Die Überbewertung nützlicheren und makellosen Lebens zieht eine Minderbewertung und Benachteiligung der weniger Nützlichen nach sich. Die Vorteile, die sich die einen verschaffen können, bedeuten für die Anderen ein Abgedrängt-Werden und ein Verlust an Schutzwürdigkeit und vergleichbarer Lebensqualität" (2005, 84). Deshalb fragt Speck (2005) provokativ: „Soll der Mensch biotechnisch machbar werden?"

3.2.2 Menschenwürde

Die Beispiele der Präimplantationsdiagnostik und der Forschung an embryonalen Stammzellen beweisen, dass sich durch die Biotechnologie und die auf ihr beruhenden medizinischen Diagnosemöglichkeiten eine Relativierung des normativen Universalismus der Menschenwürde einzustellen beginnt (vgl. z. B. Antor/Bleidick 2000; Antor 2003, 2009; Dederich 2004a; Graumann 2004; Speck 2005). Eine offene Infragestellung der Menschenwürde propagiert hingegen Peter Singer bzw. der Präferenz-Utilitarismus. Singer richtet sich vor allem gegen die Auffassung, dass dem Menschen als Spezies ein – insbesondere von den Tieren – abgehobener ‚Sonderstatus' zukommt, auf Grund dessen eine Unantastbarkeit der ‚Heiligkeit' menschlichen Lebens verteidigt wird (sog. ‚Speziesismus-Vorwurf'). Demgegenüber behauptet er, dass die Zugehörigkeit eines Menschen zur Spezies Homo sapiens allein noch keine Bedeutung dafür habe, ob es verwerflich sei, ihn zu töten. Entscheidend sei vielmehr der ‚Personstatus' eines Menschen, der durch

32 Art. 1, Abs. 2 regelt die Zulässigkeit der PID wie folgt: „Besteht auf Grund der genetischen Disposition der Eltern oder eines Elternteils für deren Nachkommen eine hohe Wahrscheinlichkeit für eine schwerwiegende Erbkrankheit, handelt nicht rechtswidrig, wer zur Herbeiführung einer Schwangerschaft nach dem allgemein anerkannten Stand der medizinischen Wissenschaft und Technik einen Embryo in vitro vor dem intrauterinen Transfer auf die Gefahr dieser Krankheit untersucht. Nicht rechtswidrig handelt auch, wer eine Präimplantationsdiagnostik zur Feststellung einer schwerwiegenden Schädigung des Embryo vornimmt, die mit hoher Wahrscheinlichkeit zu einer Tot- oder Fehlgeburt führen wird" (Deutscher Bundestag 2011, 4).

Eigenschaften wie Rationalität, Autonomie und Selbstbewusstsein gekennzeichnet ist und den ‚missgebildete Säuglinge' nicht haben. „Sie zu töten kann daher nicht gleichgesetzt werden mit dem Töten normaler menschlicher Wesen" (1984, 179). Singer betont, dass sich diese Schlussfolgerung nicht auf Säuglinge beschränkt, die wegen „irreversibler geistiger Zurückgebliebenheit niemals rationale, selbstbewusste Wesen werden können" (1984, 179), sondern grundsätzlich auf Säuglinge zutrifft. Die potentielle Fähigkeit des Fötus, ein rationales, selbstbewusstes Wesen zu werden, könne nicht als Grund dagegen gelten, ihn in einem Stadium zu töten, in dem er diese Eigenschaften noch nicht habe. Die Tötung höherer Säugetiere, denen Singer ein gewisses Maß an personalen Eigenschaften zuspricht, ist daher s. E. moralisch verwerflicher als die Tötung von ‚Nicht-Personen', die der menschlichen Spezies angehören.

Demgegenüber gilt es herauszustellen, dass die Achtung der Menschenwürde in unserer Gesellschaft den Stellenwert einer unhintergehbaren Prämisse aller moralischen und rechtlichen Verbindlichkeiten innehat, den vernünftigen Grund der Rechtsordnung als Ganzer bildet und die Menschenrechte fundiert (vgl. Bielefeldt 2008 a). Diese ethische Erstrangigkeit der Menschenwürde spiegelt sich im Grundgesetz (GG) der Bundesrepublik Deutschland wider. Dessen erster Satz, der aus der Erfahrung mit der NS-Diktatur heraus formuliert wurde (vgl. Böckenförde 2003), lautet: „Die Würde des Menschen ist unantastbar." Auch die Änderung des Art. 3 des GG von 1994 – „Niemand darf wegen seiner Behinderung benachteiligt werden" – bringt diesen Rechtsanspruch auf Achtung der Würde jedes Menschen implizit zum Ausdruck. Die Menschenwürde steht aber nicht nur am Anfang des Grundgesetzes der Bundesrepublik Deutschland; „sie ist gleichsam auch das erste Wort der Allgemeinen Erklärung der Menschenrechte von 1948, mit der die Vereinten Nationen – wenige Monate vor der Verabschiedung des Grundgesetzes – den Prozess der internationalen Normierung von Menschenrechtsstandards einleiteten" (Bielefeldt 2008 a, 5).

Bei aller Zustimmung, die der Grundsatz der Menschenwürde nach wie vor weithin findet, zeigt sich allerdings auch unter Verfassungsrechtlern eine zunehmende Unsicherheit darüber, was unter der Würde des Menschen eigentlich zu verstehen sei. Bielefeldt spricht sogar von einem ‚Irrationalismusverdacht' gegen die Menschenwürde. Dieses ‚Unbehagen an der Menschenwürde' findet auch in einigen wichtigen neueren Kommentaren zum Grundgesetz Niederschlag; beispielsweise in der Neu-Kommentierung von Artikel 1 Absatz 1 des Grundgesetzes durch Matthias Herdegen im einflussreichen Grundgesetzkommentar von Maunz-Düring (zunächst 2003 erschienen, Anfang 2005 noch einmal leicht modifiziert), die als repräsentativ für die neuere Richtung im verfassungsrechtlichen Verständnis der Menschenwürde gilt. Herdegen fasst die Garantie der Menschenwürde „als eine positivierte Verfassungsnorm, die bei allen Besonderheiten juristisch wie andere hochrangige Rechtnormen behandelt werden müsse" (Bielefeldt 2008 a, 9). Das bedeutet, dass er die Menschenwürde als einen Grundrechtsanspruch neben anderen Grundrechten versteht und ihr die Erst- bzw. Höchstrangigkeit abspricht. Außerdem bekennt sich Herdegen ausdrücklich zu „einer *restriktiven*

Deutung, zur Beschränkung der inhaltlichen Konkretisierung auf einen engen Kern des personalen Achtungsanspruches" (2005, Rdnr. 41).

Nach Bielefeldt stehen hinter dem Interesse an einer restriktiven Interpretation des Würdegrundsatzes verschiedene Motive, von denen er – ohne Anspruch auf Vollständigkeit – vier heraushebt:

1. Die Sorge, dass die Rationalität der Rechtsordnung durch eine allzu häufige und oftmals unspezifische Inanspruchnahme der Menschenwürde Schaden erleiden könnte. Aufgrund der semantischen Offenheit mit einem alles überragenden Rang sei der Begriff der Menschenwürde ein „Einfallstor für bestimmte Partikularethiken" (Dreier 2004, Rdnr. 49) in das Verfassungsrecht.
2. Die Befürchtung, dass das gewaltenteilige Gefüge des demokratischen Verfassungsstaates durch eine Überstrapazierung der Menschenwürde aus dem Lot geraten könnte (z.B. in Form einer Abschwächung des Geltungsanspruchs anderer Grund- oder Menschenrechte oder sonstiger Rechtsnormen).
3. Die Befürchtung, dass durch die Erstrangigkeit des Menschenwürdeprinzips einer autoritären ‚Moralisierung' von Öffentlichkeit, Politik und Rechtsprechung Vorschub geleistet wird (z.B. durch den mit der Menschenwürde begründeten gesetzlichen Embryonenschutz, der die Forschungsfreiheit einschränkt).
4. Die Befürchtung, der Verfassungskonsens der pluralistischen Gesellschaft (religiös-weltanschauliche Neutralität des Staates und der staatlichen Rechtsnormen) werde durch den aus der christlichen Tradition stammenden Begriff der Menschenwürde zugunsten eines religiös-weltanschaulichen Bekenntnisses durchbrochen.

Obwohl die in diesen Motiven enthaltenen Bedenken gegen den Umgang mit dem Begriff der Menschenwürde ernst genommen werden müssen, darf dies nach Bielefeldts Auffassung, der wir uns anschließen, nicht dazu führen, dass der umfassende Gehalt und Stellenwert der Menschenwürde als Grundlage der Rechtsordnung insgesamt und insbesondere der Menschenrechte in Zweifel gezogen wird.

Der Achtungsanspruch der Menschenwürde

Ausführungen zur Menschenwürde beginnen häufig mit einem bestimmten ‚Menschenbild' (z. B der Auszeichnung des Menschen als ‚Ebenbild und Gleichnis Gottes' im ersten Schöpfungsbericht des Buches Genesis). Religiös-weltanschaulich geprägte Menschenbilder haben den großen Vorzug, dass sie sofort ein dichtes Assoziationsfeld aufrufen, das den abstrakten Begriff der Menschenwürde mit inhaltlichen Vorstellungen füllt. Ihr Nachteil besteht darin, dass diesen Assoziationen nur diejenigen folgen können, die dieser Religion bzw. Weltanschauung nahe stehen. Daher wurde der Begriff der Menschenwürde ohne Bezug auf ein spezifisches religiöses Menschenbild in die Allgemeine Erklärung der Menschenrechte (AEMR) von 1948 aufgenommen.

Um der Problematik einer religiös-weltanschaulichen und damit immer partikularethischen Erschließung der Idee der Menschenwürde zu entgehen, wird diese seit der Zeit der Aufklärung von einem elementaren Anspruch der *Selbstachtung* und der *Achtung des anderen* her erschlossen: „Dass Menschen Abkommen miteinander eingehen können, die für alle verlässlich gelten sollen; dass sie einander wechselseitige Versprechungen machen können; dass sie für sich allein und im Gespräch mit anderen Orientierung suchen und normative Eckpunkte in einer Verfassungsordnung festschreiben können – dies alles hängt daran, dass Menschen sich selbst und einander als Subjekte möglicher Verantwortung achten. Dieser Achtungsanspruch ist die Quelle normativer Verbindlichkeiten überhaupt. Er schwingt immer mit, wenn Menschen Verbindlichkeiten, gleich welcher Art, miteinander eingehen" (Bielefeldt 2008a, 12f.). Die bindende Wirkung solcher Verbindlichkeiten bleibt auch dann noch bestehen, wenn eine langfristige Nutzenbilanz für den Einzelnen negativ ausfällt.

Da der Achtungsanspruch den Stellenwert einer unhintergehbaren Voraussetzung normativer Voraussetzungen überhaupt hat, umfasst er notwendigerweise *alle Menschen* (normativer Universalismus). Nach Maßgabe der *Gleichheit* gehören alle Menschen „in das Gewebe des wechselseitigen Achtungsanspruchs, der das gesamte Feld von Moral und Recht fundiert. Wollte man die Achtung der Menschen in ihrer Würde hingegen von äußeren Kriterien abhängig machen – zum Beispiel von persönlicher Lebensleistung, gesellschaftlicher Nützlichkeit oder individuellen Merkmalen wie Charme und Intelligenz –, dann wäre die Menschenwürde in ihrem schlechthin grundlegenden normativen Status geleugnet; sie wäre externen Bewertungen unterworfen und eben nicht mehr letzter Bezugspunkt. Rassismus, Sexismus, Homophobie, die Missachtung von Menschen mit Behinderungen und andere Ideologien der Ungleichheit stellen deshalb nicht nur eine Kränkung der unmittelbar betroffenen Menschen dar, sondern zersetzen darüber hinaus die normativen Fundamente menschlichen Zusammenlebens" (a.a.O., 14).

Damit will Bielefeldt zum Ausdruck bringen, dass der Begriff der Menschenwürde *kein Leistungsbegriff* ist. Der Begriff der Menschenwürde steht also weder für biologische und intellektuelle noch für moralische Leistungen eines Menschen, „sondern bezeichnet jenen elementaren Achtungsanspruch, der jedem Menschen aufgrund seines bloßen Menschseins zukommt" (a.a.O., 15). Dementsprechend muss auch der für das Verständnis der Menschenwürde entscheidende Begriff der *Verantwortungssubjektivität* vor der Verwechslung mit irgendwelchen ‚Leistungsideologien' geschützt werden. „Die Achtung der Würde des Menschen als Verantwortungssubjekt ist gerade nicht davon abhängig, in welchem Maße der Einzelne tatsächlich für sich und andere tätige Verantwortung übernimmt" (ebd.). Es geht also nicht darum, sich den Respekt als Verantwortungssubjekt erst konkret erarbeiten oder ‚verdienen' zu müssen; die Menschenwürde besteht vielmehr in der *prinzipiellen*, womöglich auch nur *potenziellen*, Befähigung des einzelnen Menschen, normative Verbindlichkeiten einzugehen.

Diese Auffassung ist für die Beantwortung der gegenwärtig so kontrovers diskutierten Frage, ob auch dem vorgeburtlichen menschlichen Leben – insbesondere in seiner frühen Phase – Würde zukommt, von grundlegender Bedeutung. In jüngeren Kommentierungen zu Artikel 1 Absatz 1 GG ist nämlich die Tendenz unverkennbar, Relativierungen hinsichtlich des unbedingten Würde- und Lebensschutzes vorzunehmen. In diesem Zusammenhang ist wiederum auf Herdegens Auffassung zu verweisen, dass mit der ‚bloßen Potentialität' des Embryo noch keine genügende Bedingung für würdehaftes Menschsein gegeben sei. „Es handle sich vielmehr nur um menschliches Leben mit ‚Würdeanspruch', d. h. der Würdeschutz sei offen für *Abwägungen.* Zum Beispiel verletze das therapeutische Klonen die Würde nicht, weil der in vitro gezeugte Embryo diese eben noch *nicht habe.* Folgerichtig bestünden auch gegen Keimbahntherapie, Präimplantationsdiagnostik und ‚positive' Eugenik keine Bedenken" (Speck 2005, 101). Speck vermisst allerdings eine nähere und hinreichende Begründung für diese Relativierung des Würdeschutzes des Ungeborenen, die immerhin einen ‚Epochewandel des deutschen Rechtsbewusstseins' markiert, obwohl in der Bundesrepublik an sich immer noch das Embryonenschutzgesetz von 1990 gilt, nach welchem auch Embryonen ausdrücklich unter dem Schutz des Grundgesetzes stehen.

Bielefeldt weist in diesem Zusammenhang zunächst darauf hin, dass man dem Thema nicht in schlicht gegenständlicher Betrachtung gerecht werde, da es immer auch wesentlich darum gehe, welche Auswirkungen der Umgang mit vorgeburtlichem Leben auf das Selbstverständnis des geborenen Menschen und das gesellschaftliche Gewebe ihrer wechselseitigen Achtung habe (vgl. hierzu auch Habermas 2001). „Was bedeutet es für das Selbstverständnis des Individuums und der Gesellschaft, wenn vorgeburtliches menschliches Leben in seinem Frühstadium Gegenstand ‚verbrauchender Forschung' werden kann? Wie wird sich eine Gesellschaft entwickeln, in der sich biotechnische ‚Optimierungsoptionen', beginnend mit plausiblen Projekten der Krankheitsbekämpfung, immer mehr durchsetzen und immer tiefer reichende Eingriffe ermöglichen? Was bedeutet dies für das Verständnis von Elternschaft und das Verhältnis der Generationen zueinander? Wie wird eine solche Gesellschaft mit den verbleibenden Kranken oder Behinderten umgehen? Wird sie beispielsweise diejenigen Eltern, die sich aus Überzeugung weigern, von den Möglichkeiten der Präimplantationsdiagnostik Gebrauch zu machen, ganz oder teilweise aus der solidarischen Gesundheitsfinanzierung ausschließen?" (Bielefeldt 2008 a, 16).

Andererseits räumt er ein, dass der Rekurs auf die Menschenwürde für eine präzise Orientierung in diesen Fragen *allein* nicht ausreicht. Die Ausklammerung des vorgeburtlichen Lebens aus dem Achtungsanspruch der Würde wäre für Bielefeldt gleichwohl kein gangbarer Weg, denn sie würde ein Moment willkürlicher Zäsur einführen, „das letztlich auch den Status des Würdeprinzips im Umgang der Geborenen miteinander in Mitleidenschaft ziehen müsste" (ebd.). Dies veranschaulicht ein fiktives, aber realistisches Beispiel von Dietmar Mieth: „Ein Behinderter, dem man erzählt, man möchte einen Embryo selektieren, weil er oder sie die gleiche Behinderung hat, sagt, dann wäre ja ‚ich' selektiert worden" (2003, 71). Das Beispiel weist darauf hin, dass zwischen vorgeburtlichem und nachgeburtlichem Leben eben doch eine Kontinuität besteht, „deren Ignorierung nicht ohne gravierende Auswirkungen auf das Gewebe zwischenmenschlicher Verbindlichkeiten im Ganzen bleiben kann. Die Achtung der Menschenwürde muss daher auch das vorgeburtliche Leben einschließen" (Bielefeldt 2008a, 16).[33]

Diese Auffassung vertritt auch der frühere Bundesverfassungsrichter Ernst-Wolfgang Böckenförde, der die Geltung der *ungestuften Menschenwürde* entschieden gegen anders lautende Neu-Kommentierungen des Grundgesetzes verteidigt und anstelle eines restriktiven einen expansiven Gebrauch des verfassungsrechtlichen Begriffs der Menschenwürde empfiehlt. Worin diese Würde besteht, beschreibt er so: „Ungeachtet verschiedener – philosophischer, theologischer, juristischer – Ansätze, den Inhalt der Menschenwürde näher zu bestimmen, hat sich ein gemeinsam anerkannter Kernbestand herausgebildet. Er lässt sich mit der von Kant entlehnten Formel ‚Zweck an sich selbst' oder der vom Bundesverfassungsgericht gegebenen Interpretation: ‚Dasein um seiner selbst willen' umschreiben. Darin sind die Stellung als eigenes Subjekt, der Ausschluss von Instrumentalisierung nach Art einer Sache, über die einfach verfügt werden kann, positiv gewendet, das Recht auf Rechte, die es zu achten und zu schützen gilt, eingeschlossen" (2002, 4). Damit bestätigt Böckenförde die Geltung der sog. ‚Objektformel', die das Bundesverfassungsgericht, ausgehend von dem Kommentar von Günter Düring (1956), seiner Rechtssprechung zur Menschenwürde über Jahrzehnte fast ohne Ausnahme zugrunde gelegt hat.

„Sucht man eine bestimmte Phase des Lebensprozesses von der Achtung der Menschenwürde auszunehmen", so Böckenförde weiter, „etwa weil es doch erst ein Acht- oder Sechzehnzeller sei oder noch nicht zur ohnehin ungewissen Nidation gekommen sei, reißt man ein Loch in die Entwicklung des einzelnen Menschen selbst. Soll die Achtung seiner Würde für jeden Menschen als solchen gelten, muss sie ihm von Anfang an, dem ersten Beginn seines Lebens zugesprochen und darauf erstreckt werden, nicht erst nach einem Intervall, das er – gegen Verzweckung und Beliebigkeit nicht abgeschirmt – erst einmal glücklich überstanden haben muss. Dieser erste Beginn seines Lebens liegt nun aber in der Befruchtung, nicht erst später. Durch sie entsteht ein gegenüber Samenzelle und Eizelle, die auch Formen menschlichen Lebens sind, eine neues und eigenständiges menschliches Lebewesen, das durch die Zusammenfügung eines so und nicht anders bestimmten Chromosomensatzes unverwechselbar gekennzeichnet ist. Dies ist das biologische Fundament des Menschen" (a.a.O., 4f.).

Menschenwürde und Menschenrechte

Die Allgemeine Erklärung der Menschenrechte (1948) und die dort wiederaufgenommenen Leitbegriffe der Französischen Revolution – Freiheit, Gleichheit, Brüderlichkeit – führen aus, wie Menschenrechte und Menschenwürde miteinan-

33 Beispiele dieser Art wurden in den beiden Ethik-Kommissionen, die die Bundesregierung zur Klärung der medizin-ethischen Probleme der genetischen Diagnostik eingesetzt hat, kontrovers diskutiert, da der Diskriminierungsgehalt unterschiedlich bewertet wird (vgl. Enquête-Kommission 2002; Nationaler Ethikrat 2003).

der in Beziehung stehen. Während die Relevanz der ersten beiden Prinzipien für das Verständnis der Menschenrechte weitgehend anerkannt ist, ist die Funktion des dritten Prinzips, selbst in der Auslegung als Geschwisterlichkeit, Solidarität oder der Partizipation, unklar (vgl. Bielefeldt 2008 b). Dieses Strukturprinzip wurde deshalb in vielen Erörterungen der Menschenrechte einfach weggelassen. Freiheit, Gleichheit und Brüderlichkeit bzw. Geschwisterlichkeit müssen aber zusammen betrachtet werden, da sie einander durch ihre wechselseitigen Beziehungen Kontur geben und eine gemeinsame Struktur bilden. In neueren Veröffentlichungen wird zudem darauf hingewiesen, dass die Prinzipien Freiheit, Gleichheit und Brüderlichkeit in den neueren Begriffen der Autonomie, der Diskriminierungsfreiheit und der Partizipation bzw. Inklusion aufgenommen und hinsichtlich der Erfahrungen von Menschen in Behinderungssituationen interpretiert werden. Dabei gehen Bielefeldt (2008 b, 2011, 2012) und Graumann (2011) vom Strukturprinzip der Freiheit aus und analysieren Geschwisterlichkeit bzw. Partizipation in Verbindung mit freier Selbstbestimmung. Aichele (2008, 2010, 2012) geht hingegen aus juristischer Perspektive von Gleichheit und Diskriminierungsfreiheit aus. Alle Autoren halten dabei aber an der inneren Einheit der Menschenrechte, ihrer Universalität und ihrem inhärenten Zusammenhang mit Menschenwürde fest. Bielefeldt formuliert diesen Zusammenhang in vier Punkten:

1. *Menschenrechte als universelle Rechte:* Bei den Menschenrechten handelt es sich um grundlegende Rechte, die jedem Menschen zukommen und schon mit dem Menschsein gegeben sind.
2. *Menschenrechte als unveräußerliche Rechte*: Bei den Menschenrechten handelt es sich um Rechtskategorien besonderer Art, weil in ihnen der Achtungsanspruch der Menschenwürde ausdrücklich Anerkennung findet. „Menschenrechte sind keine beliebigen Rechtstitel, die ein Mensch erwerben oder verlieren könnte, sondern haben den herausgehobenen Status ‚unveräußerlicher' Rechte" (Bielefeldt 2008 a, 24). Diese Denkfigur der unveräußerlichen und unverletzlichen Rechte lässt sich bis in die ersten Menschenrechtsdokumente des ausgehenden 18. Jahrhunderts zurückverfolgen (vgl. Reiter 2004).
3. *Menschenrechtliche Freiheit als moralischer Anspruch*: aus dem Universalismus und der Unveräußerlichkeit der Menschenrechte ergibt sich ein moralischer Anspruch für jeden einzelnen Menschen ebenso wie für staatliches Handeln: „Nicht nur der Staat hat sie zu respektieren, sondern auch jeder Mensch schuldet sich selbst und seinen Mitmenschen einen sorgsamen und solidarischen Umgang mit grundlegenden Rechten" (a. a. O., 27).
4. *Würdigung der Vielfalt menschlicher Lebensentwürfe*: Die Idee der Menschenwürde gibt der Vielfalt der menschlichen Lebensentwürfe und Menschenbilder Raum. Ihre relative Abstraktheit und Offenheit macht es möglich, sie mit verschiedenen religiösen oder weltanschaulichen Vorstellungen in Verbindung zu bringen. Beide Ebenen müssen aber voneinander unterscheidbar bleiben.

In der UN-Behindertenrechtskonvention (UN-BRK) wurden die Menschenrechte vor dem Hintergrund der Erfahrungen von mangelnder Freiheit und Fremdbestimmung, mangelnder Gleichheit und Diskriminierung und mangelnder Solidarität und sozialem Ausschluss neu interpretiert. Sie enthält nach Bielefeldts Auffassung innovative inhaltliche Elemente, die nicht nur für den Kontext der Behinderung relevant sind, sondern fortan auf das Verständnis der Menschenrechte im Ganzen ausstrahlen und daher auch für die Situation benachteiligter Menschen von höchster Bedeutung sind. Wesentlich ist insbesondere, dass das Menschenrecht der Geschwisterlichkeit, Solidarität bzw. Partizipation in seiner Bedeutung stärker gewürdigt wird: „Ein Freiheitsrecht, das nicht von vorneherein den Anspruch gleichberechtigter Geltung für alle in sich trüge, wäre damit gerade kein allgemeines Menschenrecht, sondern ein rechtliches Privileg; und ein Gleichheitsrecht, das nicht in sich selbst freiheitlich strukturiert wäre, hätte den Titel ‚Recht' nicht verdient. Gegen das typische Missverständnis, es gehe in den Menschenrechten lediglich und das isolierte Individuum, erinnert die dritte Komponente – das Prinzip der gesellschaftlichen Inklusion – außerdem daran, dass Freiheit nur im Miteinander der Menschen gelebt werden kann. Die drei Strukturprinzipien verweisen ihrerseits auf die Menschenwürde, von der her sich ihre Zusammengehörigkeit begreifen lässt" (Bielefeldt 2011, 119f.).

1. *Freiheitsrechte*: Laut Bielefeldt sind alle Menschenrechte als Freiheitsrechte zu interpretieren, da sie Ansprüche auf freie Selbstbestimmung und Selbstentfaltung artikulieren. Dies wird besonders deutlich an bürgerlichen und politischen Rechten wie ‚freie Meinungsäußerung' oder Religionsfreiheit, aber auch die wirtschaftlichen, sozialen und kulturellen Rechte sind Freiheitsrechte (vgl. Krennerich 2005). Das Recht auf Bildung als soziales und kulturelles Recht hat deshalb „wesentlich die Funktion eines ‚Empowerment-Rechts': Es verbessert zum Beispiel die Voraussetzungen dafür, dass Menschen ihr Recht auf Meinungsfreiheit wirksam in Anspruch nehmen können, trägt aber auch in sich selbst einen freiheitlichen Anspruch, der sich auch in den Lerninhalten und -methoden niederschlagen soll" (Bielefeldt 2011, 121).
2. *Gleichheitsrechte*: Ebenso lassen sich alle Menschenrechte auch als Gleichheitsrechte verstehen, wobei Gleichheit nicht als Verlust von Individualität und Freiheit zu verstehen ist, sondern als Schutz vor Diskriminierung. „Vielmehr erschließt sich die menschenrechtlich gedachte Gleichheit *nur in der Zusammensicht mit dem Freiheitsanspruch*. Sie zielt nicht auf gesellschaftliche Nivellierung und Homogenisierung, sondern im Gegenteil darauf, dass alle Menschen gleichermaßen die Möglichkeit haben sollen, ihre je ‚besonderen', eigenen Lebensentwürfe – für sich selbst und in Gemeinschaft mit anderen – in Freiheit zu finden und zu verwirklichen" (a. a. O., 123). Das Gleichheitsprinzip wird im Diskriminierungsverbot ausgestaltet. Menschliche Merkmale, die in einzelnen Gesellschaften und Epochen zu Diskriminierung führten, wurden in die Erklärung der Menschenrechte und das Grundgesetz aufgenommen, wie Rasse, Hautfarbe, Geschlecht, Sprache, Religion, politische und weitere Überzeugungen (vgl. Art. 2 Abs. 1 der Allgemeinen Erklärung der Menschenrechte 1948). Das Merkmal Behinderung war ursprünglich weder in der Allgemeinen Erklärung

der Menschenrechte noch im Grundgesetz der Bundesrepublik Deutschland enthalten, da es zum Zeitpunkt ihrer Verabschiedung im gesellschaftlichen Bewusstsein noch nicht ausreichend wahrgenommen wurde. Im Jahr 1994 wurde dieses Diskriminierungsmerkmal auf Drängen der Selbstbestimmt-Leben-Bewegung behinderter Menschen in Form einer Ergänzung des 3. Absatzes des Art. 3 in unser Grundgesetz aufgenommen. Seit 2000 enthält auch die Europäische Grundrechtscharta in ihrem Antidiskriminierungsartikel (Art. 21 Abs. 1) das Merkmal der Behinderung. Mit der UN-Konvention über die Rechte der Menschen mit Behinderungen wurde schließlich 2006 von den Vereinten Nationen eine ‚gruppenspezifische' Konvention verabschiedet, die dem Verbot der Diskriminierung behinderter Menschen weltweit Nachdruck verleihen soll. Am Beispiel des Diskriminierungsmerkmals der Behinderung lässt sich besonders gut aufzeigen, dass die Aufzählung der spezifischen Diskriminierungsverbote, durch die der Gleichheitsanspruch konkret konturiert wird, keine abschließende Liste bildet, sondern nur exemplarisch zu verstehen ist.

3. *Kommunitäre Dimension der Menschenrechte*: Am wenigsten im Bewusstsein verankert ist die kommunitäre Dimension, die ebenfalls alle Menschenrechte auszeichnet. Bestimmte Rechte wie das Recht auf Religionsfreiheit eröffnen nicht nur die Möglichkeit individueller Religionsausübung, sondern auch das Recht auf Gründung religiöser Gemeinschaften und gemeinsame Ausübung der Religion. Das Gleiche gilt für die Ausübung des Rechts auf freie Meinungsäußerung in Vereinen oder Parteien. Vor allem die Beschäftigung mit dem Thema Behinderung hat in den letzten Jahren darüber hinaus das Bewusstsein dafür geschärft, dass soziale Unterstützungsleistungen die Voraussetzung dafür bilden, dass Menschen überhaupt selbstbestimmt leben können (vgl. Graumann 2009). Diese Einsicht betrifft keineswegs nur Menschen mit Behinderungen, sondern alle Menschen. Den Geist der UN-Behindertenrechtskonvention könnte man formelhaft zusammenfassen in dem Motto „unterstützte Autonomie durch gleichberechtigte Inklusion, womit die Trias der Französischen Revolution – Freiheit, Gleichheit, Brüderlichkeit – eine aktualisierte Lesart erfährt" (Bielefeldt 2011, 126).

In der UN-Behindertenrechtskonvention erfahren demnach die Kernbegriffe der Französischen Revolution – Freiheit, Gleichheit, Brüderlichkeit – „eine Neuinterpretation, die für die Theorie und Praxis der Menschenrechte fortan maßgebend ist" (Bielefeldt 2012, 155). Aus dem Begriff der Freiheit leitet sich der Anspruch auf *assistierte Freiheit* ab, der Begriff der Gleichheit wird in Richtung *Barrierefreiheit* und *angemessene Vorkehrungen für den Einzelnen* konkretisiert, und an die Stelle der Brüderlichkeit bzw. Geschwisterlichkeit tritt das Prinzip der *gesellschaftlichen Inklusion.*

1. *Assistierte Freiheit*: Freiheit wird häufig als Freiheit bzw. Autonomie des Einzelnen verstanden, wobei ausgeblendet wird, dass jeder Mensch auf gesellschaftliche Unterstützungsleistungen und Rahmenbedingungen angewiesen ist, um Autonomie realisieren zu können. „Autonomie kann ... nur gelebt werden

durch gesellschaftliche Unterstützungsleistungen. Sie zielt nicht auf ‚Autarkie' eines selbstgenügsamen, ganz in sich ruhenden Individuums ..., sondern auf *selbstbestimmte Lebensführung*, die ohne fördernde und unterstützende soziale Strukturen nie gelingen kann.... Dies gilt nicht nur für Menschen mit Behinderungen, sondern im Grunde für jeden Menschen, also auch für Nicht-Behinderte" (a. a. O., 157). Das Strukturprinzip der Freiheit erfährt somit eine Neuinterpretation als „assistierte Freiheit" (vgl. Graumann 2011). Assistierte Freiheit darf allerdings nicht so verstanden werden, als bedeute Assistenz das Recht, Autonomie einzuschränken. Das Ziel der Autonomie bildet den Maßstab für Form und Inhalt von Assistenzleistungen, so dass Willensäußerungen eines Menschen nicht ignoriert werden dürfen. Dies gilt auch, wenn Menschen in der Umgebung der Auffassung sind, dass ein Mensch sich durch seine autonomen Handlungen Schaden zufügen könnte.

2. *Diskriminierungsverbot und Barrierefreiheit*: Das Gleichheitsgebot drückt sich im Diskriminierungsverbot aus. „Unter Diskriminierungen sind nicht nur intentionale Akte bewusster oder gar böswilliger Ungleichbehandlung zu verstehen, sondern auch mentale und strukturelle Manifestationen der Gleichheitsverweigerung"(Bielefeld 2012, 157). Strukturelle Diskriminierung zeigt sich beispielsweise in etablierten Strukturen im Bildungssystem oder in der architektonischen Gestaltung von Gebäuden. Es gibt ein zunehmendes Bewusstsein dafür, dass sich für diese Form der Diskriminierung kein konkreter Täter und keine konkrete Handlung ausmachen lässt, sondern dass das Zusammenwirken dieser Strukturen mit tief verwurzelten Gewohnheiten und Einstellungen als Barriere wirkt und diskriminierende Wirkung hat (vgl. B. Lindmeier 2012).
   Eng verbunden mit dem Diskriminierungsverbot ist daher das Konzept der *angemessenen Vorkehrungen*, worunter „notwendige und geeignete Änderungen und Anpassungen, die keine unverhältnismäßige oder unbillige Belastung darstellen und die, wenn sie in einem bestimmten Fall erforderlich sind, vorgenommen werden, um zu gewährleisten, dass Menschen mit Behinderungen gleichberechtigt mit anderen alle Menschenrechte und Grundfreiheiten genießen oder ausüben können" (UN-Behindertenrechtskonvention Art. 2 Unterabsatz 4), zu verstehen sind. Das Vorenthalten angemessener Vorkehrungen ist als Diskriminierung zu werten. Aichele führt aus, worin der Zusammenhang zwischen Barrierefreiheit und angemessenen Vorkehrungen besteht: „Während die Anforderungen an Barrierefreiheit abstrakt-generell ausgerichtet sind, beziehen sich angemessene Vorkehrungen auf konkrete, individuelle Situationen. Bei der Barrierefreiheit geht es also darum, Barrieren in einer Vielzahl von Fällen zu vermeiden, während angemessene Vorkehrungen darauf ausgerichtet sind, Barrieren nur in einem Einzelfall zu überwinden und erkennbare situative Hindernisse nur in Bezug auf eine bestimmte Person aus dem Weg zu räumen" (Aichele 2012, 69).
3. *Gesellschaftliche Inklusion*: Der Begriff der Inklusion, der den Text der UN-BRK durchgängig prägt, ist Bielefeldt zufolge als eine zeitgenössische Fassung des Begriffs der Brüderlichkeit zu sehen. Mit dem Leitbegriff der Inklusion weist die UN-BRK weit über die Integrationspolitik in den verschiedenen gesellschaft-

> lichen Feldern hinaus. „Bildhaft gesprochen geht es nicht mehr lediglich darum, innerhalb der bestehenden gesellschaftlichen Strukturen – zum Beispiel innerhalb des bestehenden Bildungssystems – die Türen zu öffnen, um nach Maßgabe des Möglichen auch für Behinderte etwas Platz zu schaffen. Vielmehr soll die Architektur der Gesellschaft im Ganzen auf den Prüfstand gestellt werden. Alle gesellschaftlichen Subsysteme sollen so verstanden und gestaltet werden, dass Behinderte *selbstverständlich dabei* sind. Es geht darum, dass die Betroffenen dauerhaft ein verstärktes Zugehörigkeitsgefühl (‚enhanced sense of belonging') ausbilden können (UN-Behindertenrechtskonvention, Präambel Lit. m...." (2012, 158).
> Während eine „institutionell-systemische Logik" (ebd.) danach fragt, welche behinderten Menschen ohne größere strukturelle Veränderungen integrierbar sind, muss ein Denken, das die Würde der betroffenen Menschen zum Ausgangspunkt nimmt, alle Formen menschlichen Zusammenlebens, -lernens und -arbeitens als ungenügend und veränderungsbedürftig ansehen, in denen Menschen sich ausgegrenzt, diskriminiert oder in ihrem Recht auf Selbstbestimmung nicht anerkannt sehen. Die UN-Konvention für die Rechte behinderter Menschen weist folgerichtig immer wieder darauf hin, „dass Inklusion keinesfalls ein bloßes Dabeisein bedeutet und als ein Verzicht auf qualifizierte und bedarfsgerechte Unterstützung missverstanden werden darf" (Wocken 2011, 57).

Die Neuinterpretation der inhaltlichen Strukturprinzipen der Menschenrechte ist also im Wesentlichen darauf zurückzuführen, dass das dritte Strukturprinzip der Brüderlichkeit bzw. Geschwisterlichkeit durch das *Prinzip der Inklusivität* (inclusiveness) eine neue Auslegung erfährt, die nicht nur für Menschen in Behinderungssituationen, sondern für alle von Diskriminierung und Ausgrenzungen betroffenen oder bedrohten Einzelpersonen oder Personengruppen Gültigkeit beansprucht (vgl. UNESCO 2005, 2009). Assistierte Freiheit und Gleichstellung durch Abbau von Barrieren sind als universell gültige Weiterentwicklung der herkömmlichen Strukturprinzipen der Freiheit bzw. Autonomie und der Gleichheit bzw. Partizipation nur denkbar, weil sie um die *kommunitäre Dimension* der freien und gleichberechtigten Gemeinschaftsbildung erweitert werden.

3.3 Recht auf Bildung und Bildungsgerechtigkeit

3.3.1 Bildung als Menschenrecht

„Das Recht auf Bildung ist nicht nur ein eigenständiges Menschenrecht, sondern auch ein zentrales Instrument, um den Menschenrechten zur Geltung zu verhelfen" (Bielefeldt/Seidensticker 2006, 5). Als ‚Empowerment'-Recht befähigt es den

Menschen, für die eigenen Rechte einzutreten und sich für die Rechte anderer zu engagieren. Im Recht auf Bildung kommen also die wechselseitige Abhängigkeit und die Unteilbarkeit der Menschenrechte zum Ausdruck. „Wenn das Recht auf Bildung gewährt wird, stärkt es andere Menschenrechte, auch umgekehrt wirkt sich die Verweigerung des Rechts auf Bildung auf andere Menschenrechte nachteilig aus. Für die Überwindung von Ausgrenzung und die Verwirklichung von Rechten, wie das Recht auf Arbeit und das Recht auf freie Meinungsäußerung, stellt Bildung ein zentrales Instrument dar" (Motakef 2006b, 49).

Das Menschenrecht auf Bildung ist erstmals in der *Allgemeinen Erklärung der Menschenrechte (AEMR)* aus dem Jahr 1948 enthalten (vgl. AEMR 1948). Art. 26 der AEMR (abgedruckt in C. Lindmeier 2008) umfasst bereits die vier Kernforderungen des Rechts auf Bildung der späteren Menschenrechtsabkommen, wenn auch in einer weniger ausformulierten Form. Sie bestehen in der Forderung nach einer unentgeltlichen und obligatorischen Grund(schul-)bildung, der Wahlfreiheit der Erziehungsberechtigten für die Bildung ihrer Kinder, der übergeordneten Struktur der Nicht-Diskriminierung und der Forderung, dass Bildungsziele formuliert werden müssen, um Missbrauch vorzubeugen (vgl. Motakef 2006a). Den umfassendsten Artikel zum Recht auf Bildung in den internationalen Menschenrechtsabkommen enthält der *Internationale Pakt über wirtschaftliche, soziale und kulturellen Rechte* von 1966 (Sozialpakt) (vgl. ICESCR 1966; abgedruckt in C. Lindmeier 2008).

Der Sozialpakt präzisiert die Bestimmungen zum Recht auf Bildung, wie etwa, dass *Grundbildung* (basic education) nicht mit Grundschulbildung (primary education) gleichzusetzen ist; denn auch Erwachsene sollen Zugang zu Grundbildung erhalten, wenn sie ihnen in Kindheit und Jugend vorenthalten wurde, z. B. durch sog. Alphabetisierungskurse. Die Umsetzung dieses völkerrechtlichen Vertrags zum Recht auf Bildung wird allerdings von der Verfügbarkeit der Ressourcen eines Vertragsstaates abhängig gemacht. Allein das in Art. 2 Absatz 2 des Sozialpakts verankerte *Diskriminierungsverbot* ist davon ausgenommen. Dieses soll, so der Sozialpaktausschuss[34] in seinem Allgemeinen Kommentar vom 8. Dezember 1999, in „vollem Umfang" und „umgehend" (Deutsches Institut für Menschenrechte 2005, 263) auf alle Aspekte der Bildung Anwendung finden.

Kernbereiche und Strukturelemente eines menschenrechtsbasierten Bildungsansatzes und Diskriminierungsverbotes

Bereits im Art. 26 der AEMR lassen sich drei Kernbereiche finden, die für das Recht auf Bildung kennzeichnend sind: das Recht *auf* Bildung im engeren Sinne, das Recht *durch* Bildung und das Recht *in* der Bildung (vgl. Lohrenscheit 2007;

34 Der UN-Sozialpaktausschuss ist das für die Einhaltung des Sozialpakts verantwortliche Kontrollgremium. Derartige Kontrollgremien wurden auch für die Umsetzung der UN-Kinderrechtskonvention (UN-KRK) von 1989 und der UN-Behindertenrechtskonvention von 2006 eingerichtet.

Kunze 2009). Das Recht auf Bildung wurde in den ‚General Comments' des UN-Sozialpaktausschusses in dem (nach der englischen Begrifflichkeit benannten) ‚4-A-Schema' weiter ausformuliert, um seine Wirksamkeit bzw. Justiziabilität zu erhöhen. „Die Auslegungen des Sozialpaktausschusses sind für die Vertragspartner zwar nicht rechtsverbindlich, setzen Staaten, die davon abweichen, politisch allerdings einem hohen Rechtfertigungsdruck aus" (Kunze 2009, 150). Katarina Tomasevski, die als erste UN-Sonderberichterstatterin zum Recht auf Bildung (1998–2004)[35] maßgeblich zu einem menschenrechtsbasierten Ansatz in der Bildung beigetragen hat, entwickelte dieses Schema zu einem Indikatorensystem weiter, wobei sie seine Bedeutung anhand zahlreicher Beispiele aus der nationalen und internationalen Rechtssprechung erläutert (vgl. u. a. Tomasevski 2001, 2003, 2006). Damit beweist sie, dass das Recht auf Bildung seit Jahrzehnten ein kontinuierliches Thema der Rechtssprechung ist (vgl. Lohrenscheit 2007).

Dem 4-A-Schema zufolge soll (Grund-)Bildung vier miteinander verknüpfte Merkmale nachweisen können:

a) *Verfügbarkeit (availability)*: Funktionsfähige Bildungseinrichtungen und -programme müssen in ausreichendem Maße zur Verfügung stehen. Was dies genau bedeutet, ist vom Kontext des jeweiligen Landes abhängig. Gebäude und ihre Ausstattung, einschließlich des Zugangs zu Bibliotheken, Informationstechnologien und qualitativ hochwertigen Lernmaterialien für alle Schüler, d. h. auch mit den notwendigen Anpassungen für Schüler mit Behinderungen, eine ausreichende Zahl gut ausgebildeter Lehrkräfte sind hier zu nennen. Was genau für welche Schule nötig ist, hängt von ihrer Schülerschaft ab, beispielsweise gibt es relevante Unterschiede zwischen Primar- und Sekundarbereich.

b) *Zugänglichkeit (access)*: Alle Schülerinnen und Schüler müssen Zugang zu Bildungseinrichtungen und -programmen haben. Die Zugänglichkeit hat drei Dimensionen:
   - Nichtdiskriminierung: ein Ausschluss von Bildungseinrichtungen und -programmen ist nicht zulässig.

35 Das Mandat der Sonderberichtserstattung zum Recht auf Bildung wurde durch die Resolution 1998/33 der UN-Menschenrechtskommission vom 17. April 1998 nach dem Vorbild bereits bestehender ‚Sondermechanismen' zur besseren Umsetzung der Entschließungen der Menschenrechtskommission eingerichtet (vgl. Lohrenscheit 2007). Außerdem sollte durch dieses Mandat die ‚Justiziabilität' der sozialen Teilhaberechte gestärkt werden. Katarina Tomasevski hatte dieses Amt für zwei jeweils dreijährige Perioden inne; von 2004 bis 2010 bekleidete das Amt der costa-ricanische Jurist Vernor Muñoz Villalobos. Das ursprüngliche Mandat beinhaltete den Auftrag des Sonderberichterstatters, einen Bericht über den Fortschritt der Realisierung des Rechts auf Bildung zu erstellen. Außerdem sollte der Zugang zu einer kostenlosen und verpflichtenden Grundbildung sowie deren Durchführung überprüft werden. Seit Beginn der dritten Amtsperiode (2004) soll der Sonderberichterstatter auch nach Mitteln und Wegen suchen, um die Schwierigkeiten und Hindernisse abzubauen, die der Realisierung des Rechts auf Bildung entgegenstehen (vgl. Muñoz 2007).

- Physische Zugänglichkeit: Bildung muss so organisiert werden, dass für jeden Schüler die Teilnahme am Unterricht in zumutbarer Entfernung oder durch moderne Technologie (z. B. Zugang zu Fernunterricht) sichergestellt ist.
- Wirtschaftliche Zugänglichkeit: Grundschulbildung muss für alle Schüler unentgeltlich sein, in Bezug auf Sekundar- und Hochschulbildung wird angesichts der Lage in den meisten Ländern der Welt eine allmähliche Einführung unentgeltlicher Sekundar- und Hochschulbildung gefordert.

c) *Annehmbarkeit (Akzeptierbarkeit, acceptability)*: Form und der Inhalt der Bildung müssen relevant, kulturell angemessen und hochwertig sein; dies betrifft sowohl Lehrpläne und Curricula als auch Lehrmethoden.

d) *Adaptierbarkeit (adaptability)*: Bildung muss einerseits den Erfordernissen sich verändernder Gesellschaften und Gemeinwesen angepasst werden, andererseits auch den Bedürfnissen der Schüler und Studenten entsprechen (vgl. Deutsches Institut für Menschenrechte 2005, 263).

Je nach regionalem Kontext und nach sozial- und bildungspolitischer Lage eines Landes bestehen starke Unterschiede bei der Umsetzung der vier Strukturelemente. Während es in zahlreichen Entwicklungsländern bereits an der Verfügbarkeit und Zugänglichkeit mangelt (z. B. wenn Schulen oder Schulbusse fehlen und für Kinder die Entfernung zur Schule zu groß ist, oder wenn Mädchen stärker von dem Risiko betroffen sind, die Schule vorzeitig beenden zu müssen), sind diese Punkte in Deutschland weitgehend verwirklicht. Nach Koch (2007) existieren allerdings Defizite bei Kindern mit ‚prekären Aufenthaltstiteln', für die nicht in allen Bundesländern eine Schulpflicht oder auch nur ein Schulbesuchsrecht besteht (vgl. auch Schroeder 2007). Zudem ist die Zugänglichkeit zu weiterführenden Schulen für blinde und gehörlose Schüler in der Regel nur über eine Internatsunterbringung gewährleistet. Wie die Ergebnisse der PISA-Studien zeigen, zeichnet sich aber auch ein umfassender Handlungsbedarf bei der Annehmbarkeit und der Adaptierbarkeit von Bildung ab. Dabei geht es vor allem um die Frage einer sozial gerechten und qualitativ hochwertigen Bildung (vgl. Kunze 2009).

Das Menschenrecht auf Bildung ist als *soziales Teilhaberecht* unteilbar mit den Rechten auf freie Meinungsäußerung, Mitbestimmung und Teilhabe am gesellschaftlichen und kulturellen Leben verbunden. „Es ist ein ‚Schlüssel' für den Zugang zu anderen Rechten (Menschenrechte *durch* Bildung) und es ist ein interaktives Recht, das die Partizipation aller beteiligten Akteure erfordert" (Lohrenscheit 2007, 39f.). Zu den sozialen Teilhaberechten *in* der Bildung gehören die Rechte des Kindes, der Eltern und Pädagog/innen, die mit ihnen arbeiten. „Dabei ist jedes Recht auch mit einer Verantwortung verbunden. Kinder ‚erhalten' Bildung in Institutionen wie der Schule oder im Kindergarten, doch sie müssen auch aktiv mitmachen. Eltern haben das Recht, über die Art der ihren Kindern zuteil werdenden Bildung mitzubestimmen, und sie müssen ihren Kindern grundsätzlich Teilhabe ermöglichen (Schulpflicht). Pädagoginnen und Pädagogen, ohne die Bildung nicht stattfinden kann, achten die Kinderrechte, und sie wollen auch ihre Rechte geachtet sehen“ (ebd.).

Während die Gewährleistungspflichten des Staates seit 1996 im Internationalen Pakt über wirtschaftliche, soziale und kulturelle Rechte der Vereinten Nationen verankert sind, wurden insbesondere die Achtungs- und Schutzpflichten gegenüber dem Kind als *Rechtssubjekt* durch die UN-Konvention über die Rechte des Kindes (UN-KRK) aus dem Jahr 1989 entscheidend gestärkt (vgl. Liebel 2007). Die Stärkung des Kindes als Rechtssubjekt erfolgt vor allem durch die Berücksichtigung des Kindeswillens (Art. 12. KRK). Dieses ‚Recht des Kindes auf Gehör‘ (vgl. Vereinte Nationen 2009) gilt als Grundprinzip der durch die UN-KRK neu eingeführten Rechtsgruppe der Partizipations- oder Beteiligungsrechte (vgl. Maywald 2010).[36] Um als Rechtssubjekte fungieren zu können, benötigen Kinder allerdings eine planmäßige Menschenrechtsbildung, die bereits in der frühen Kindheit beginnen sollte (vgl. Lohrenscheit 2004; Bundeszentrale für politische Bildung 2005; Lenhart 2006).

Menschrecht auf inklusive Bildung

Motakef stellt in ihrer Expertise ‚Recht auf Bildung‘ (2006a) für das Deutsche Institut für Menschenrechte heraus, dass sich das Diskriminierungsverbot nicht nur auf den diskriminierungsfreien Zugang zu Bildungseinrichtungen und ihre allgemeine Verfügbarkeit bezieht, sondern auch die inhaltliche Ausgestaltung der Bildungsangebote tangiert, „die unter Gesichtspunkten des Diskriminierungsverbots akzeptabel und auf die sich verändernden Lebenslagen der Menschen angemessen zugeschnitten sein sollen“ (a.a.O., 17). Wenn sich das Diskriminierungsverbot auf alle vier Strukturelemente eines menschenrechtlichen Bildungsansatzes bezieht, dann muss auch das *Prinzip der Inklusion*, das in der UN-Konvention zum Schutz der Rechte von Menschen mit Behinderungen (2006) einen zentralen Stellenwert hat, auf die Verfügbarkeit, die Zugänglichkeit, die Akzeptierbarkeit und die Adaptierbarkeit der Bildung bezogen werden. Dies gilt insbesondere für die Forderungen nach einem inklusiven Bildungssystem in Art. 24 (Recht auf Bildung) der Konvention (vgl. hierzu auch Bielefeldt 2010).

36 Partizipationsrechte werden erst seit der Verabschiedung der UN-KRK stärker beachtet. Internationale Nichtregierungsorganisationen und das UN-Kinderhilfswerk UNICEF betonen, „dass im Unterschied zu früheren Kinderrechtsdeklarationen nun den Kindern eine aktive Rolle bei Entscheidungen über ihr Leben ebenso wie in der Gesellschaft insgesamt zugemessen wird“ (Liebel 2007, 61f.). Kinder haben demnach „ein Recht auf freie Meinungsäußerung und auf freien Zugang zu Informationen und Medien, sowie das Recht, sich friedlich zu versammeln und Vereinigungen zu bilden. Sie haben Anspruch darauf, Informationen kindgerecht vermittelt zu bekommen. Die Staaten sind gehalten, das Recht der Kinder auf Gedanken-, Gewissens- und Religionsfreiheit zu achten. Sie müssen die Privatsphäre und die persönliche Würde von Kindern wahren. Kinder haben wie Erwachsene ein Recht auf Freizeit und Beteiligung am kulturellen und künstlerischen Leben (Art. 12–17,31)“ (a.a.O., 43).

Das Recht auf inklusive Bildung besagt, dass keine Person aufgrund einer Behinderung vom allgemeinen Bildungs- und Schulsystem ausgeschlossen werden darf (Art. 24 Absatz 2 UN-BRK). Worauf es bei seiner Verwirklichung ankommt, lässt sich mit Hilfe der vier Strukturelemente des menschenrechtlichen Bildungsansatzes genauer bestimmen.

- *Verfügbarkeit und inklusive Bildung*: eine zentrale, in der Bundesrepublik strittige Frage besteht darin, ob das Kriterium der Verfügbarkeit von Bildung ausreichend umgesetzt ist, wenn für Kinder mit Behinderung Bildung überwiegend nur in separaten Einrichtungen und Schulen gewährleistet werden kann, obwohl grundsätzlich akzeptiert ist, dass eine gemeinsame Erziehung vorzuziehen wäre, wenn es gelänge, sie qualitativ hochwertig vorzuhalten. Lohrenscheit macht darauf aufmerksam, dass Tomasevski die Verfügbarkeit der Bildung unter Berufung auf das Gleichheitsgebot auf den Ansatz der Inklusion ausweitet. „Bildung in separaten Institutionen ... widerspricht dem Sinn einer Bildung als öffentlichem Gut, das für alle Kinder im gleichem Maß frei verfügbar sein muss" (2007, 44). Als Begründung zieht Tomasevski u. a. eine historische Entscheidung des obersten US-amerikanischen Gerichtshofs aus dem Jahr 1954 heran. Der ‚Fall Linda Brown' gilt als Meilenstein in der Rechtssprechung zur Überwindung der Rassendiskriminierung in der (schulischen) Bildung. *‚Separate is not equal'* – getrennt ist nicht gleich – lautete das weltweit bekannt gewordene Urteil, das der Tochter eines Pfarrers mit schwarzer Hautfarbe den Besuch der ihrem Wohnort nächstgelegenen Grundschule für weiße Kinder gestattete. Mit diesem Urteil wurden aussondernde Schulen auf der Grundlage rassischer Kategorien als Verletzung des Gleichheitsgebots und somit als Verfassungsverstoß deklariert.
- *Zugänglichkeit und inklusive Bildung*: Die Forderung nach einem diskriminierungsfreien Zugang zu Bildung schließt die Notwendigkeit der Bereitstellung von zusätzlichen Ressourcen für die Unterstützung bildungsbenachteiligter gesellschaftlicher Gruppierungen ein. Diese Unterstützung impliziert sowohl die wirtschaftliche Zugänglichkeit, d. h. die kostenfreie Bereitstellung zusätzlicher Ressourcen und Hilfsmittel, als auch den physischen Zugang. Es muss beispielsweise gewährleistet sein, dass z. B. auch Menschen mit Rollstühlen freien Zugang zu den allgemeinen Bildungseinrichtungen haben, und dass angemessene Vorkehrungen für hör- und sehgeschädigte Schüler getroffen werden. Letzteres ist für die pädagogische Fachdiskussion von besonderer Bedeutung, denn mit Blick auf das Recht auf die physische Zugänglichkeit der Bildungsinstitutionen und -programme in sicherer Reichweite verbieten sich wohnortferne Förderschulen und berufliche Rehabilitationseinrichtungen von selbst.
- *Annehmbarkeit bzw. Akzeptierbarkeit und inklusive Bildung*: Für alle Kinder und Jugendlichen müssen Formen und Inhalte der Bildung so gestaltet sein, dass sie den allgemeinen Bildungszielen eines Landes entsprechen. Für einen Teil der Kinder mit Behinderungen ist es zwar nötig, Bildungsinhalte in einfacherer Form zu vermitteln und auch die Formen der Vermittlung bedarfsgerecht anzupassen. Es ist aber zu prüfen, ob dies zu einem Reduktionismus führt, der gegen

das Gleichheitsgebot verstößt und daher nicht akzeptabel ist. Dies ist aus unserer Sicht immer dann der Fall, wenn die Lerninhalte völlig abgekoppelt werden von den Inhalten, die Kindern ohne Behinderungen vermittelt werden, und/ oder wenn es keine Anschlussmöglichkeiten an das Regelcurriculum gibt (curriculare Inklusion). Unter diesem Gesichtspunkt ist zu untersuchen, ob die in der Bundesrepublik Deutschland schulrechtlich verankerte Eigenständigkeit der Bildungsgänge und Curricula der Förderschulen mit den Förderschwerpunkten geistige Entwicklung und Lernen einen Verstoß gegen die diskriminierungsfreie Akzeptierbarkeit der Bildungsformen und -inhalte darstellt.[37]

- *Adaptierbarkeit und inklusive Bildung*: Adaptierbarkeit bedeutet, dass Bildungssysteme flexibel sein und sich den wandelnden Erfordernissen von Gesellschaften und Gemeinwesen anpassen müssen. Die Adaptierbarkeit von Bildung bezieht sich allerdings nicht nur auf die äußeren Lebensbedingungen von Kindern, Jugendlichen und Erwachsenen, sondern auch auf die freie Entfaltung ihrer Persönlichkeit. Hierzu gehört, dass sie in ihrer Einzigartigkeit und Einmaligkeit geachtet werden. Dieser Ansatz, der den Menschen das Recht auf Verschiedenheit einräumt, wird in der Pädagogik international als ‚inclusive education' bezeichnet. Inklusive Bildung schließt alle Kinder, Jugendlichen und Erwachsenen gleichermaßen ein und verteilt sie nicht nach verschiedenen Merkmalen eingruppiert in getrennte Institutionen. Deshalb hält Lohrenscheit mit Blick auf das Bildungsrecht von Kindern fest: „Kinder werden von Bildung ausgeschlossen oder aussortiert, weil sie anders sind; weil sie schwarz sind, Mädchen oder Jungen, lesbisch oder schwul, arm, behindert, hochbegabt oder weil die gesetzten Normen ihren Bedürfnissen nicht gerecht werden. Ein inklusiver Ansatz in der Bildung heißt hingegen alle Kinder mit gleichen Rechten in ihrer Unterschiedlichkeit willkommen" (2007, 47). Nach Bielefeldts (2009) Auffassung führt dieser *‚diversity-Ansatz'* der inklusiven Bildung konsequent dazu, dass manche Formulierungen der UN-Behindertenrechtskonvention eine Nähe zu Dokumenten des kulturellen Minderheitenschutzes aufweisen. Wenn beispielsweise die Staaten dazu verpflichtet werden, die sprachliche Identität der Gehörlosen anzuerkennen und zu fördern (Art. 24, 3 und 4), dann erinnere dies im Wortlaut an die im Rahmen des Europarats entwickelten Standards zur Anerkennung der kulturellen Identität von nationalen Minderheiten. Dahinter steckt die Einsicht, dass die eigenen Kommunikationsformen, die Menschen mit spezifischen Beeinträchtigungen ausgebildet haben, nicht nur ein Notbehelf sind, mit dem kommunikative ‚Defizite' kompensiert werden. Alternative

37 So könnte es beispielsweise sein, dass auch Schülerinnen und Schüler mit sonderpädagogischem Förderbedarf in den Förderschwerpunkten Lernen und geistige Entwicklung die Fremdsprache Englisch erlernen wollen, was ihnen durch die Lehrpläne für diese Förderschwerpunkte in den meisten Bundesländern vorenthalten wird, da das Fach Englisch nicht unterrichtet wird und/oder die Lehrkräfte nicht im Fach Englisch ausgebildet werden. Aus langjährigen Erfahrungen in der Erwachsenenbildung mit Menschen mit Lernschwierigkeiten wissen wir, dass diesbezüglich immense Weiterbildungsinteressen bestehen, zumal grundlegende Englischkenntnisse für die Bewältigung des Alltags immer wichtiger werden.

Kommunikationsformen wie die Gebärdensprache stellen vielmehr kulturelle Errungenschaften dar, die gesellschaftliche Anerkennung und staatliche Förderung verdienen.
Aus rechtlicher Perspektive stellt Tomasevski in ihrem dritten allgemeinen Bericht an die UN-Menschenrechtskommission aus dem Jahr 2001 heraus, dass man das Strukturelement der Adaptierbarkeit am besten begreift, wenn man sich die zahlreichen Gerichtsurteile zum Bildungsrecht behinderter Kinder vergegenwärtigt. Weltweit vertraten nationale Gerichte in Urteilen übereinstimmend die Auffassung, dass sich die Schulen den Kindern anpassen sollten, um der in der Kinderrechtskonvention (1989) der Vereinten Nationen propagierten Idee der Berücksichtigung des Kindesinteresses (the best interest of the child) zu entsprechen. Weit verbreitete Auffassungen, wonach Kinder gezwungen werden sollten, sich an die jeweils verfügbare Schule anzupassen, erwiesen sich also durch diese Rechtsprechung als falsch bzw. diskriminierend.

Durch das Prinzip der Inklusivität wird deutlich, dass Bildung als eine Frage von Recht und Gerechtigkeit aufzufassen ist: „Bildung ist zur entscheidenden Voraussetzung für die Verwirklichung eigener Freiheit geworden.... Wenn die Lebenschancen des Einzelnen aber immer stärker vom Zugang zu Bildung abhängen, wird die Frage, wie die Voraussetzungen für Bildung und die Chancen zur Bildung verteilt sind, auch immer mehr zu einer Frage sozialer Gerechtigkeit“ (Kunze 2009, 148).[38] Wenn die Ausgestaltung von Bildungsprozessen heute in stärkerem Maße als zu früheren Zeiten ein zentraler Teil der ‚Sozialen Frage‘ ist, bedeutet das allerdings noch nicht, dass Bildung selbst soziale Gerechtigkeit herstellen könnte. Dies ist und bleibt in der Hauptsache eine Aufgabe einer verantwortungsbewussten Sozial- und Bildungspolitik, die sich angesichts der Ratifizierung der UN-Behindertenrechtskonvention der Herausforderung einer *inklusiven (Bildungs-)Gesellschaft* stellen muss.

38 Rechtlich geht es dabei vor allem das Konzept der ‚angemessenen Vorkehrungen‘, die laut Art. 24 Abs. 2c der UN-BRK zum integralen Bestandteil des Rechts auf eine inklusive Bildung gehören. Nach Art. 2 Unterabsatz 4 bedeuten ‚angemessene Vorkehrungen‘ im Sinne dieses Übereinkommens „notwendige und geeignete Änderungen und Anpassungen, die keine unverhältnismäßige oder unbillige Belastung darstellen und die, wenn sie in einem bestimmten Fall erforderlich sind, vorgenommen werden, um zu gewährleisten, dass Menschen mit Behinderungen gleichberechtigt mit anderen alle Menschenrechte und Grundfreiheiten genießen oder ausüben können“. Die Monitoring-Stelle des Deutschen Instituts für Menschenrechte folgert hieraus in ihrer Stellungnahme zur UN-BRK vom 10. August 2010: „Das Konzept ist vor allem dann relevant, wenn es gilt, im Einzelfall individuelle Barrieren zu überwinden und das Umfeld auf den Bedarf einer behinderten Person einzustellen. Es flankiert das zentrale Konzept der Inklusion, das sich durch die UN-BRK wie ein roter Faden zieht. Denn Inklusion verlangt die Anpassung der Umwelt an die individuellen Bedürfnisse des Menschen mit Behinderung. Gemeint ist nicht etwa umgekehrt ein Anpassungszwang der betreffenden Person oder gar ihr Ausschluss aus dem allgemeinen Bildungssystem“ (5). Die ausführliche rechtswissenschaftliche Analyse der UN-BRK von Rothfritz (2010) untermauert die Auslegung, dass die Versagung einer angemessenen Vorkehrung eine Diskriminierung darstellt (s. Art. 2 Unterabsatz 3 UN-BRK).

3.3.2 Bildungsgerechtigkeit

Die Frage, wie die demokratischen Prinzipien der individuellen Freiheit und der Gleichheit bzw. Gleichbehandlung aller in ein und demselben Bildungssystem realisiert werden können, wird seit der Französischen Revolution u. a. in pädagogischen Theorien der Gerechtigkeit ausformuliert (vgl. z. B. Geißler 1964; Oelkers 2008). Im Zentrum des Zusammenhangs von Bildung und Gerechtigkeit steht nach Zirfas (2008) „die Frage nach der Einschätzung von Gleichheit und Ungleichheit bzw. nach den Kriterien, die es möglich machen, zwischen Gerechtigkeit und Ungerechtigkeit zu differenzieren" (2008, 8). Ungerechtigkeit ist allerdings weder mit Ungleichheit noch mit Gleichheit identisch, denn es gehört zu den Maximen des neuzeitlichen Bildungsgedankens, „Individualität individuell zu fördern und somit Ungleiches ungleich zu behandeln, aber auch allen Menschen gleiche Bildungschancen zu eröffnen und somit Gleiches gleich zu behandeln" (a. a. O., 7).

Einer der Hauptimpulse der Bildungsreform der sechziger und siebziger Jahre des 20. Jahrhunderts bestand darin, mehr Gerechtigkeit in das Bildungswesen zu bringen und damit überhaupt das Recht auf Bildung umfassend zu realisieren (vgl. Flitner 1985). Ihr Leitbegriff war die *Chancengleichheit*, die im bildungspolitischen Diskurs inzwischen immer häufiger vom Begriff der *Bildungsgerechtigkeit* abgelöst wird (vgl. u. a. Vereinigung der Bayerischen Wirtschaft 2007; Heinrich-Böll-Stiftung 2008; Deutscher Lehrerverband 2009; Brenner 2010). Die seit den 1980er Jahren auf bildungspolitischer Ebene ausgetragenen Auseinandersetzungen zwischen Sonderschulverfechtern und Verfechtern des gemeinsamen Unterrichts behinderter und nicht behinderter Kinder und Jugendlicher zeigen, dass es dabei ebenfalls in erster Linie um die Frage geht, welche Form der Beschulung aus welchen Gründen gerechter ist. Die normativ-ethischen Begründungen für diese konträren Positionen blieben allerdings vage (vgl. z. B. Bleidick 1986; Hinz 1993). Durch die Forderung nach einem inklusiven Bildungssystem, die in Deutschland verstärkt nach der Jahrtausendwende einsetzt (vgl. z. B. GEW 2003; Schnell/Sander 2004), aber erst seit der Ratifizierung der UN-Konvention über die Rechte behinderter Menschen im März 2009 zu einem ernsthaften bildungspolitischen Thema geworden ist, wird die Frage nach einer gerechten Bildungsorganisation allerdings auf eine Generalkritik am drei- bzw. fünfgliedrigen deutschen Schulsystem reduziert.

Aus Sicht der pädagogischen Ethik muss diese bildungspolitische Debatte über die Schulstruktur in den sozialethischen und politisch-ethischen Argumentationszusammenhang unseres demokratischen Gemeinwesens zurückgeführt werden (vgl. Herrmann 2010). In diesem Sinne lautet die zentrale Frage, wie die staatliche Ordnung Freiheit und Gleichheit im Bildungssystem sichert. Christian Liesen (2006) kritisiert zutreffend, dass die Sonder- und Integrationspädagogik auf den pädagogisch-anthropologischen und individualethischen Argumentationszusammenhang fixiert ist und kein klares Bild von Gerechtigkeit und Gleichheit im Bildungssystem entfaltet. Die aktuelle Herausforderung einer Ethik der Pädagogik bei Behinderung und Benachteiligung besteht deshalb darin, die Bemühungen um einen normativ-ethisch begründeten Standpunkt zur Frage der sozialen Gerechtigkeit in Erziehung und Bildung bzw. Bildungsgerechtigkeit zu intensivieren.

3.3.2.1 Bildungsgerechtigkeit im internationalen Diskurs

Die internationale Debatte über Bildungsgerechtigkeit beschäftigt sich intensiv mit Fragen der Gleichheit und Ungleichheit im Bildungs- und Schulsystem. Dabei wird Bildungsgleichheit (educational equality) als ein fundamentales Prinzip sozialer Gerechtigkeit aufgefasst (vgl. Terzi 2008). Außerdem wird der liberale Egalitarismus, der allen Bürgerinnen und Bürgern das gleiche Recht auf eine freie Entfaltung der Persönlichkeit zusichert, als Grundlage weitergehender Überlegungen angesehen. Im internationalen Diskurs über Bildungsgleichheit konkurrieren derzeit zwei Ansätze (vgl. Giesinger 2008 b):

- Die erste Antwort wird aus John Rawls‘ Konzeption der ‚Gerechtigkeit als Fairness‘ abgeleitet, nach der Bildungsgerechtigkeit als *Wettbewerbs-Chancengleichheit* aufzufassen ist. Wettbewerbs-Chancengleichheit rekurriert auf das Prinzip der *Verteilungsgerechtigkeit*, das möglichst gleiche und damit gerechte Startbedingungen der Bildung zu schaffen versucht. In der angelsächsischen Bildungsphilosophie wird diese Position vor allem von Harry Brighouse (vgl. v. a. Brighouse 2000, 2003) vertreten.
- Die zweite Antwort orientiert sich an Amartya Sens und Martha C. Nussbaums capability approach, der ein Verständnis von Bildungsgerechtigkeit als *demokratischer Gleichheit* nahelegt. Demokratische Gleichheit rekurriert auf das Prinzip der *Teilhabegerechtigkeit*, das eine Angleichung der Handlungsbefähigungen und Verwirklichungschancen (capabilities) nahelegt und angemessene Bildungsergebnisse für alle einfordert. Hauptvertreterin dieser bildungsphilosophischen Konzeption ist Elizabeth Anderson (vgl. v. a. Anderson 1999, 2007).

Neben der Verteilungsgerechtigkeit und der Teilhabegerechtigkeit nimmt gelegentlich auch die sog. ‚Anerkennungsgerechtigkeit‘ (vgl. Stojanov 2007; Heinrich 2010) Einfluss auf den internationalen Diskurs über Bildungsgerechtigkeit. In der Kontroverse zwischen Vertretern der Verteilungs- und der Teilhabegerechtigkeit wird die Anerkennungsgerechtigkeit, die vor allem auf die wechselseitige soziale Wertschätzung von Verschiedenheit abhebt und viele Gemeinsamkeiten mit den multikulturalistischen Gerechtigkeitstheorien (vgl. Holzleithner 2009) aufweist, allerdings meist der Teilhabegerechtigkeit subsumiert (vgl. Anderson 1999).[39]

39 Wir stellen die Ethik der Anerkennung in Kapitel 3.4.1 genauer vor. In Bezug auf Bildungsgerechtigkeit sind wir der Auffassung, dass Anerkennung zwar eine wichtige Grundvoraussetzung für Bildungsgerechtigkeit ist, aber nicht geeignet ist, die Frage der Verteilung von Ressourcen und Chancen für die vollwertige und gleichberechtigte Partizipation an der demokratischen Gesellschaft zu lösen. Daher behandeln wir sie hier nur sehr knapp. Zudem halten wir den Begriff der Anerkennungs*gerechtigkeit*, der durch Stojanov in die erziehungswissenschaftliche Fachdiskussion eingeführt wurde, nicht für weiterführend, da Anerkennungstheorien sich nur am Rande mit der Frage des Verhältnisses von Gerechtigkeit und Gleichheit

Bildungsgerechtigkeit als Wettbewerbs-Chancengleichheit

Formale Chancengleichheit im Bildungssystem besagt zunächst, dass niemand aufgrund von (beispielsweise rassistischen oder sexistischen) Vorurteilen diskriminiert werden darf, und in positiver Hinsicht, dass Aufstiegs- und Erfolgschancen innerhalb eines gegliederten Schulsystems an diejenigen Personen vergeben werden sollen, die es aufgrund ihrer Leistungen am meisten verdienen (meritokratisches Prinzip) (vgl. C. Lindmeier 2011 a).

Bereits während der Bildungsreform der 1970er Jahre wurde diskutiert, dass diese Form der Chancengleichheit nicht ausreichend sei, um unterschiedliche Startbedingungen auszugleichen, was als nötig angesehen wurde, um einen fairen Wettbewerb zu realisieren. Chancengleichheit als *Gleichheit der Startbedingungen* soll dementsprechend faire Bedingungen im Wettbewerb um attraktive soziale Positionen oder Ämter als knappe Ressourcen sichern. Strittig ist, welche Wettbewerbsbedingungen als fair anzusehen sind; drei Antworten werden allerdings einvernehmlich ausgeschlossen: die Forderung nach Ressourcengleichheit, gleichen Bildungsangeboten und die Forderung nach gleichen Bildungsresultaten (vgl. Giesinger 2008 a):

- Ressourcengleichheit, die im Sinne der formalen Chancengleichheit angemessen wäre, ist kein angemessenes Kriterium für Bildungsgerechtigkeit, weil seine Anwendung ausschließen würde, dass für Kinder und Jugendliche mit Behinderungen, Benachteiligungen oder besonderen Begabungen zusätzliche Ressourcen beansprucht werden könnten.
- Auch die Forderung, dass alle Schüler Zugang zu den gleichen Bildungsangeboten haben sollten, ist nicht zu vereinbaren mit qualitativ hochwertigen, besonderen Förderangeboten für hochbegabte und benachteiligte Schüler.
- Die Forderung nach gleichen Bildungsresultaten erscheint nur umsetzbar, indem die benachteiligten Schüler stark gefördert werden und die Leistungsfähigkeit der sehr begabten und leistungsmotivierten Schüler weniger gefördert oder sogar gebremst würde. Dies würde nicht nur das (schulische) Wohlergehen dieser Schüler gefährden, sondern auch den sozialen und ökonomischen (Gesamt-)Nutzen schulischer Bildung mindern.

Eine Konzeption der fairen Chancengleichheit will die Gleichheit der Startbedingungen durch den Ausgleich von Bildungsbenachteiligung herstellen. Damit wird die formale Chancengleichheit ganz bewusst und auf der Grundlage bestimmter Anspruchskriterien durch vorübergehende kompensatorische Maßnahmen verletzt (z. B. zusätzlicher Sprachunterricht für Kinder mit Migrationshintergrund). Solche Maßnahmen der ‚positiven Diskriminierung' sind gerechtfertigt, da sie Unrecht auszugleichen suchen, nämlich den Umstand, dass Leistungen von Kindern die weitere Schullaufbahn bestimmen, die sie in einer noch unzureichend beherrschten Zweitsprache erbringen.

---

beschäftigen, sondern mit dem Zusammenhang von Anerkennung, Achtung und Missachtung (vgl. Gosepath 2004).

Auf der Grundlage fairer Startbedingungen ist dann allerdings der Einzelne dafür verantwortlich, was er daraus macht: „Ungleiche Anteile an den sozialen Positionen und Ämtern sind dann fair, wenn sie erarbeitet sind und nach Qualifikation zufließen. Unfair sind die Bevorzugungen und Benachteiligungen aufgrund willkürlicher und unverdienter Unterschiede der sozialen Umstände" (Gosepath 2004, 440). Nach Gosepath ‚übersieht' die Idee der fairen Chancengleichheit allerdings einen weiteren wesentlichen Bereich, „in dem das menschliche Schicksal durch Faktoren beeinflusst wird, für die die betreffende Person nichts kann, die also ‚unverdient' sind" (ebd.), nämlich ‚natürliche Begabungen'[40] und Behinderungen. Gosepath ist der Auffassung, dass, wenn soziale Umstände als unverdient und die daraus resultierenden Ungleichheiten deshalb als unfair wahrgenommen werden, dasselbe für natürliche Begabungen gelten muss. Dem gängigen Konzept von Verdienst wird damit die Grundlage entzogen, denn es wird deutlich, „dass das, was als eigene Leistung angesehen wird, keineswegs vollständig auf Eigenem beruht, sondern auf Ausstattungen, mit denen man sich zufällig vorfindet" (ebd.).

Das von Gosepath gegen das Prinzip der fairen Chancengleichheit ins Feld geführte Argument spielt auch in der internationalen Debatte über Bildungsgerechtigkeit eine zentrale Rolle. Der wichtigste Einwand gegen dieses ‚Standardverständnis der Bildungsgerechtigkeit' ergibt sich nach Giesinger (2007) aus der Frage, warum die Folgen sozialer Benachteiligung aus ethischen Gründen durch die Gesellschaft kompensiert werden müssen, während die Folgen eines Mangels an natürlichen Begabungen nicht als ungerecht angesehen werden.[41] „Die Nachteile, welche einer Person durch ihre natürliche Ausstattung, auf Grund einer angeborenen Lernschwäche oder Behinderung entstehen, werden moralisch hingenommen. Allenfalls werden besondere Ressourcen bereitgestellt, um dieser Person gewisse Hilfestellungen zu geben, aber der Ruf nach einer ‚Neutralisierung' solcher Ungleichheiten wird nicht laut. Es ist jedoch nicht unmittelbar klar, warum dieses ... Hindernis moralisch hinzunehmen ist, während das ... Hindernis (soziale Benachteiligung) inakzeptabel ist" (a. a. O., 370 f.). Ein für Giesinger naheliegender Grund besteht darin, dass es eher möglich erscheint, das Hindernis ‚soziale Benachteiligung' auszuräumen, als das Hindernis des Mangels an natürlichem Talent. „Natürliche Schwächen allerdings stellen einen mindestens ebenso großen Nachteil dar wie ungünstige soziale Umstände, und für *beide* Arten der Benachteiligung sind die Betroffenen in keiner Weise verantwortlich zu machen" (a. a. O., 370).

40 Besser anschlussfähig als der vage Begriff der ‚natürlichen Ressourcen' oder ‚natürlichen Begabungen', der auf einen biologistischen Begabungsbegriff und eine klare Trennung von Natur und Umwelt rekurriert und neurowissenschaftlich nicht haltbar ist, wäre ein Bezug auf die Terminologie der ICF (vgl. 2. 2), insbesondere der Körperfunktionen und -strukturen. Wir folgen dennoch in der Wiedergabe der Terminologie der Autoren.

41 Drei weitere Einwände beziehen sich auf die Familienstrukturen bzw. -kulturen und die primäre Erziehungsverantwortung der Eltern, die bei der Forderung nach fairer Chancengleichheit zu wenig Berücksichtigung finden. Auf diese Argumente kann hier allerdings aus Platzgründen nicht weiter eingegangen werden.

Ein anderer Grund dafür, behinderungsbedingte Nachteile nicht auszugleichen, besteht in der Prognose, dass dieser Ausgleich in vielen Fällen nicht zu einer dauerhaften Kompensation führen kann. Innerhalb der Theorie der fairen Chancengleichheit und der damit verbundenen Bindung gesellschaftlicher Positionen an das Verdienstkriterium lässt sich kaum ein Argument für die Gewährung von zusätzlichen Ressourcen für geistig behinderte Menschen finden, da sie trotz kompensatorischer Maßnahmen keine gesellschaftlich relevanten Positionen einnehmen können.

In seinem Aufsatz ‚Can Justice as Fairness Accomodate the Disabled?' (2001) kommt Brighouse zu einem ähnlichen Schluss; er weist darauf hin, dass diese Erkenntnis eine der härtesten Konsequenzen der Rawls'schen Gerechtigkeitstheorie ist. In der kantianischen vertragstheoretischen Tradition stehend, geht Rawls von einem hypothetischen ‚Urzustand' aus, in dem sich die Bürgerinnen und Bürgerinnen einer Gesellschaft als freie und gleiche Personen begegnen. Diese können sich als Gleiche begegnen, weil sie erstens die Befähigung besitzen, einen Gerechtigkeitssinn zu entfalten, und weil sie zweitens dazu befähigt sind, eine konzeptionelle Vorstellung des Guten zu entwickeln. Rawls spricht geistig behinderten Menschen ab, diese beiden moralischen Kräfte entwickeln zu können, und zieht daraus die Konsequenz, dass die Gesellschaft keine umfangreichen moralischen Verpflichtungen gegenüber diesen Menschen habe (vgl. hierzu ausführlich Nussbaum 2010).

Für Menschen mit körperlichen Behinderungen, die keine gravierenden kognitiven Beeinträchtigungen aufweisen und die beiden moralischen Kräfte entwickeln können, erscheinen zusätzliche Ressourcen in akzeptabler Höhe hingegen als fair, weil sie dazu beitragen, soziale Barrieren abzubauen. Allerdings müsse bei der Verteilung dieser Ressourcen auf das Problem der ‚unendlichen Ansprüche' geachtet werden. Zusätzliche Ressourcen für Menschen mit Behinderung müssen limitiert werden, weil eine vollständige Kompensation angeborener Behinderungen in manchen Fällen auch bei größten finanziellen Anstrengungen nicht möglich ist (vgl. hierzu auch OECD 2003).

Bildungsgerechtigkeit als demokratische Gleichheit

Als Alternative zu Rawls' Konzeption der fairen Gerechtigkeit bietet sich eine Konzeption von Gleichheit an, welche nicht gleiche Startchancen, sondern ein *angemessenes* oder *ausreichendes Maß an Bildung für alle* als gerecht begreift. Angemessene Bildung für alle bedeutet nach Amy Gutmanns (1987) Verständnis von demokratischer Erziehung, dass alle in Bezug auf zentrale Kompetenzen eine Schwelle überschreiten sollen, welche ihnen die vollwertige und gleichberechtigte Partizipation an der demokratischen Gesellschaft ermöglicht. Randall Curren (1995) spricht hingegen von einer Schwelle der sozialen Inklusion, während John White (1994) und Andrew Mason (2004) der Auffassung sind, jedem Menschen solle autonomes Wohlergehen ermöglicht werden. Diese Ziele sind primär durch eine gute Grundbildung zu erreichen; Kompetenz-Unterschiede oberhalb des Grundniveaus erscheinen den Vertretern dieser Schwellen-Konzeption der Bildungsgerechtigkeit hingegen als moralisch hinnehmbar (vgl. hierzu auch Giesinger 2007).

Eine besondere Position nimmt Elizabeth Anderson (1999) ein: ihrer Auffassung nach besteht die Grundfrage der Gerechtigkeitstheorie nicht in der Verteilung von Gütern, sondern in der *Ausgestaltung von Beziehungen.* Nach diesem Ansatz, den Giesinger als „Beziehungs-Egalitarismus" (2008 a, 283) bezeichnet, soll eine Gesellschaft geschaffen werden, in der sich alle *als Gleiche* begegnen können. Anderson wendet sich deshalb gegen die Gliederung des Schulsystems auf der Ebene der Primar- und Sekundarstufe, weil diese zum einen die Chancen von benachteiligten und behinderten Kindern auf Zugang zu sozialen und ökonomischen Spitzenpositionen mindert, zum anderen aber auch verhindert, dass privilegierte Kinder überhaupt in Kontakt mit benachteiligten und behinderten Kindern kommen. Dadurch wird die Herausbildung stereotypisierender Vorurteile gefördert und die Entwicklung von wechselseitigem Verständnis und von Sympathie behindert. An dieser Stelle werden deutliche Bezüge zur Ethik der Anerkennung erkennbar (vgl. 3.4.1).

Anderson greift zur Ausformulierung ihres Konzeptes auf den ‚Capability Approach' von Amartya Sen und Martha C. Nussbaum zurück, nach dem allen Menschen der Erwerb bestimmter umfassender Handlungsbefähigungen und Verwirklichungschancen (capabilities) ermöglicht werden soll, welche die Voraussetzungen für die Ausübung einzelner ‚Funktionen' (functionings) bilden, die eine Person für erstrebenswert erachtet (vgl. Otto/Ziegler 2008).[42] Die Förderung dieser ‚capabilities' erfordert ein gutes Schul- und Bildungssystem, das allen zugänglich ist. Dieses soll nach Anderson so ausgestaltet sein, dass alle Schüler ein grundlegendes Kompetenzniveau erreichen, welches ihnen die wirksame und gleichberechtigte Partizipation am sozialen und ökonomischen Leben ermöglicht. Alle Bürgerinnen und Bürger sollen beispielsweise die Schwelle überschreiten, gut lesen und schreiben zu können, aber nicht jede und jeder muss in der Lage sein, schwierige literarische Texte zu verstehen (vgl. Anderson 1999, 319). Demokratische Gleichheit bedeutet also, dass alle *gut genug* gebildet sein sollen, um als vollwertige Mitglieder der Gesellschaft handeln zu können; der Bildungsstand der Bürgerinnen und Bürger muss aber nicht gleich sein (vgl. Giesinger 2008 a). Die

42 „Während die Rede von ‚Kompetenzen' individualisierende Implikationen aufweist, geht es der Capabilities Perspektive um eine immanente Verknüpfung von Befähigungen, Infrastrukturen und Berechtigungen" (Ziegler/Schrödter/Oelkers 2010, 304). Eine solche Perspektive geht nach Bartelheimer davon aus, dass „individuelle Chancen (...) gesellschaftlich strukturiert (werden): Ökonomische Ressourcen und institutionelle Anspruchsvoraussetzungen (‚Umwandlungsfaktoren') bilden zusammen die kollektiven Unterstützungsstrukturen, von denen die Auswahlmenge an Verwirklichungschancen und die Wahlmöglichkeiten bei der individuellen Lebensführung abhängen" (2009, 51).

Schwelle muss zudem so festgelegt werden, dass ihr Erreichen mit der Chance auf einen weiteren schulischen und beruflichen Aufstieg einhergeht.[43]

Terzi (2007, 37) präzisiert, welche Basiskompetenzen für eine grundlegende Bildung konstitutiv sind:

- Literalität, die nicht nur Lesen und Schreiben, sondern auch grundlegende kommunikative Fähigkeiten umfasst,
- Rechnen und Verständnis für mathematische Zusammenhänge und Alltagsprobleme,
- Verständnis für elementare naturwissenschaftliche und technische Zusammenhänge,
- grundlegende soziale Fähigkeiten wie die Fähigkeit, Beziehungen einzugehen und an sozialen Aktivitäten teilzuhaben,
- Lerndispositionen wie Konzentrationsfähigkeit und körperliche Aktivitäten,
- Reflexions- und Handlungsfähigkeit.

Reflexions- und Handlungsfähigkeit spielt in einer Bildungskonzeption, wie sie der Capability Approach favorisiert, eine zentrale Rolle, weil sie in weiter entwickelter Form dazu führt, eine Konzeption des Guten auszubilden und eine kritische Reflexion der eigenen Lebensentwürfe vorzunehmen.

In ihrer Beurteilung von Gerechtigkeit oberhalb von Grundbildung nähert sich die Position Andersons und anderer Vertreter der Schwellen-Konzeption der Konzeption der fairen Chancengleichheit an. Ungleichheiten im Bildungs- und Kompetenzniveau werden nicht grundsätzlich als ethisch problematisch eingeschätzt. Damit sie von den ‚Schlechtergestellten' akzeptiert werden können, müssen allerdings zwei Bedingungen erfüllt sein. Die Vorteile, die aus den besonderen Leistungen der Begabten erwachsen, müssen erstens auch den Schlechtergestellten zu Gute kommen. Damit wird das Unterschiedsprinzip[44] aus der Rawls'schen Gerechtigkeitstheorie in der Theorie demokratischer Gleichheit bestätigt. Zweitens müssen die sozialen und ökonomischen Leistungen der weniger Begabten in ange-

43 Innerhalb eines Schul- und Bildungssystems bestehen an unterschiedlichen Stellen Hindernisse für das Fortkommen bildungsbenachteiligter Gruppen. Im US-amerikanischen System besteht nach Andersons Auffassung das Hauptproblem darin, dass die Gewährleistungen eines fairen Zugangs zu Colleges und Universitäten nicht sichergestellt ist. Im deutschen Schulsystem sind diese Ungerechtigkeiten bereits im Übergang von der Grundschule in die weiterführenden Schulen festzustellen, denn das dreigliedrige Schulsystem sondert Schüler unterschiedlicher sozialer Herkunft frühzeitig voneinander ab (vgl. Oelkers 2006). Der von 2004 bis 2010 amtierende UN-Sonderbeauftragte für das Recht auf Bildung hat diese Selektionspraxis in seinem Staatenbericht aus dem Jahr 2006 deshalb als Verstoß gegen die diskriminierungsfreie Chancengleichheit angeprangert (vgl. Munoz 2007).

44 Das Unterschieds- oder Differenzprinzip erlaubt soziale und ökonomische Ungleichheiten, sofern sie Schlechtergestellten zu Gute kommen. Es ist in Rawls' ‚Theorie der Gerechtigkeit' dem Prinzip der fairen Chancengleichheit nachgeordnet, das gleiche soziale und ökonomische Erfolgsaussichten für Personen mit gleichen natürlichen Anlagen und Motivationen vorsieht (vgl. Rawls 1979, 95 ff).

messener Weise wertgeschätzt werden, womit nochmals der Bezug zur Anerkennungsethik deutlich wird.

3.3.2.2 Behinderung und spezieller Lernunterstützungsbedarf als Probleme der Bildungsgerechtigkeit

An diesem Punkt stellt sich die Frage, was diese Konzeptionen von Bildungsgerechtigkeit für die Erziehung und Bildung von Kindern und Jugendlichen bedeuten, denen wir Behinderungen oder besonderen Lernunterstützungsbedarf zuschreiben. Erste Antworten auf diese Frage bieten die Überlegungen Lorella Terzis (2008). Die von ihr skizzierte Position basiert auf dem ‚Capability-Ansatz' und umfasst zwei Hauptelemente:

1. Die Neudefinition von Behinderung und besonderem Lernunterstützungsbedarf mittels der für den ‚capability approach' zentralen Begriffe der ‚functionings' und ‚capabilities'.
2. Ein normativ-ethisches Rahmenkonzept für die ‚Befähigungs-Gleichheit' in Erziehung und Bildung (capability equality in education). Terzi geht davon aus, dass ein solches Konzept der Bildungsgerechtigkeit eine notwendige Ausgangsbasis darstellt, um die wichtigsten Fragen der inklusiven Bildung diskutieren und berücksichtigen zu können.

Sens zentrale Annahme lautet, dass das Wohlergehen (well-being) eines Menschen in erster Linie von seinen Handlungsbefähigungen und Verwirklichungschancen (capabilities) und nicht von einzelnen ‚Funktionsweisen' (functionings) abhängt. Zum einen, weil Wahlfreiheit und Handlungsfähigkeit ein eigenständiger Wert zukommt; zum anderen, weil zwei Menschen ihr Leben trotz gleicher ‚Capabilities' je nach eigenen Lebensentwürfen und Präferenzen unterschiedlich gestalten werden. Individuelles Wohlergehen aus der Sicht des Capability-Ansatzes feststellen zu wollen bedeutet, die umfassende Befähigung von Menschen in den Blick zu nehmen, „ein Leben führen zu können, für das sie sich mit guten Gründen entscheiden konnten, und das die Grundlagen der Selbstachtung nicht in Frage stellt" (Bundesregierung 2005, 9).

Behinderung und besonderer Lernunterstützungsbedarf führen für die betroffenen Menschen zu zwei verschiedenen Problemen. Wenn sie durch den Ausschluss von einer ausreichenden Grundbildung die gesellschaftlich relevante ‚Schwelle' ausreichender ‚capabilities' nicht erreichen, sind sie von gesellschaftlicher Teilhabe ausgeschlossen; dies Problem teilen sie aber mit anderen Menschen. Ein weiteres Problem besteht bei der Umwandlung (conversion problem) von ‚Capabilities' in tatsächliche Lebensgestaltung. Bei sonst gleichen persönlichen Charakteristika, Capabilities und äußeren Lebensumständen benötigen Menschen mit Behinderung und speziellem Lernunterstützungsbedarf ein ‚Mehr' an Ressourcen und sozialen Grundgütern wie zum Beispiel Selbstachtung, um die gleiche Vorstellung von einem ‚guten Leben' zu realisieren; sie sind also benachteiligt. Sen unterscheidet ein *Einkommens-Handicap* (earning handicap) von einem *Umwandlungs-Handicap* (conversion handicap): Menschen mit Behinderung sind häufiger arbeitslos oder haben schlechter bezahlte Jobs als nicht behinderte Menschen. Aber selbst dann, wenn sie ebenso viel verdienen, erfahren sie Nachteile, wenn sie diese Ressourcen dazu einsetzen wollen, den gewünschten Lebensstil umzusetzen: beispielsweise erfahren sie Hindernisse hinsichtlich ihrer Mobilität und müssen mehr Ressourcen – auch nicht materielle Ressourcen wie Zeit oder Unterstützung durch andere – aufwenden, um Lebensmitteleinkäufe zu erledigen oder eine Urlaubsreise zu machen.

Als Armuts- und Lebensqualitätsforscher gibt Sen selten Beispiele aus dem Bildungsbereich; bezogen auf Bildung könnte man aber ebenso feststellen, dass Menschen mit Behinderung und speziellem Lernunterstützungsbedarf Einschränkungen erfahren, Bildungsangebote zu nutzen, und mehr Ressourcen aufwenden müssen, um sie nutzbar zu machen. Diese können im Einsatz spezieller Technologie (z. B. ein Schreibcomputer für ein Kind mit Körperbehinderung), spezieller Expertise (ein Lehrer, der dem Kind beibringt, diesen Computer zu nutzen), mehr Zeit zum Üben oder mehr Zeit für Prüfungen bestehen (Nachteilsausgleiche). Diese Ressourcen im Rahmen eines Bildungsangebots zur Verfügung zu stellen und damit dem ‚Umwandlungshandicap' zu begegnen, ist nach Terzi nicht nur eine Frage ausreichender Ressourcen, sondern eine Frage der Teilhabegerechtigkeit. Für die Erziehung und Bildung ist daher bedeutsam:

1. Mit der Bereitstellung von Bildung wird ein Grundbedürfnis erfüllt und die Erweiterung von Fähigkeiten ermöglicht.
2. Unter allen Fähigkeiten, die in der Schule gefördert werden können, sollten diejenigen besonders gefördert werden, die dem Individuum die effektive und gleichberechtigte Partizipation in der Gesellschaft ermöglichen (vgl. Terzi 2008).

Aus einer ‚Capability-Perspektive' wird Bildungsgerechtigkeit dementsprechend im Sinne von gleichen effektiven Möglichkeiten definiert, Funktionsniveaus zu erreichen, die für die Teilhabe an der Gesellschaft notwendig sind. Dies stellt einen grundlegenden Bildungsanspruch im Sinne der *Befähigungsgerechtigkeit* dar und begründet einen Schwellenwert für grundlegende Handlungsbefähigungen und Verwirklichungschancen, der allen Individuen zusteht.

Auf Grund der besonderen Schwierigkeiten, die durch Behinderungen und speziellen Lernunterstützungsbedarf entstehen, müssen die betroffenen Schülerinnen und Schüler zusätzliche Chancen und Ressourcen erhalten, die es ihnen ermöglichen, wirksame Niveaus der instrumentellen und intrinsischen Bildung in Bezug auf das für sie maßgebliche soziale Bezugssystem zu erreichen. Der aus der ‚Capability-Perspektive' formulierte Bildungsanspruch bietet folgende Lösungsansätze sowohl für normative als auch praxisbezogene Probleme der gerechten Allokation von Ressourcen für diesen Personenkreis (vgl. Terzi 2008, 158 ff.):

1. Der Bildungsanspruch wird innerhalb eines normativ-ethischen Rahmenkonzeptes festgelegt, das die konkurrierenden Gerechtigkeits- und Gleichheitsansprüche von Kindern und Jugendlichen mit und ohne Behinderungen oder besonderen Lernunterstützungsbedarf nach ihrer Verhältnismäßigkeit beurteilt.
2. Die Festlegung eines Schwellenniveaus grundlegender Bildung kann dazu beitragen, das Problem ‚unendlichen Bedarfs' zu vermeiden, weil die aus Behinderungen und speziellem Lernunterstützungsbedarf resultierenden Ansprüche innerhalb eines Rahmenkonzepts zum Tragen kommen, das diese Ansprüche in Relation zu den Ansprüchen anderer Individuen beurteilt.
3. Indem der Capability-Ansatz der Frage nachgeht, welche grundlegenden Capabilities bei allen Individuen gleichermaßen gefördert werden sollten, unterstützt er die konkrete Auswahl der Lerngelegenheiten. Dies gilt auch für Capabilities unterhalb der Schwelle der Grundbildung. Wie diese Auswahl im Interesse schwer geistig und mehrfach behinderter Kinder getroffen werden muss, ist ebenfalls an der Frage zu orientieren, welche Capabilities eine wirksame und gleichberechtigte Partizipation an der Gesellschaft ermöglichen.
4. Indem die individuellen Lernunterstützungsbedarfe aller Schüler gegeneinander abgewogen werden, sollte es in der Bildungspolitik möglich werden, besser fundierte Berechnungsgrundlagen für die Finanzierung von inklusiver Bildung auszuweisen. Terzi argumentiert hier zwar aus der Perspektive Großbritanniens und der dortigen Finanzierungsmodalitäten, allerdings ist in den meisten Ländern die Lehrer-Schüler-Relation an Regelschulen, Förderklassen und -schulen und Integrationsklassen relativ willkürlich festgelegt, so dass sich ihre Argumentation generalisieren lässt.

Neben diesen positiven Aspekten benennt Terzi (a. a. O., 160 f) auch einige Probleme ihres Ansatzes, die noch nicht ausreichend bearbeitet sind:

1. Das Schwellenmodell legt eine Auswahl grundlegender Handlungsbefähigungen nahe, die zu einem ‚Reduktionismus' führen kann. Dies gilt vor allem, wenn nur Capabilities, die zu einer wirtschaftlich und sozial unabhängigen Lebensführung benötigt werden, unterstützt werden, und das autonome Wohlergehen, zu dem die Wahl des gewünschten Lebensstils und das Treffen verantworteter Entscheidungen gehört, in den Hintergrund tritt (vgl. 2.5). Dieses Problem betrifft v. a. Schüler, die die Schwelle der Grundbildung erreichen können. Bei schweren geistigen und mehrfachen Behinderungen, angesichts derer ein Erreichen der Schwelle nicht zu erwarten ist, stellt sich die Frage, wie Bildungsinhalte ausgewählt werden sollen. Häufig werden (zunächst) ‚functionings' angestrebt, die das individuelle Wohlergehen des Kindes erweitern, aber nicht unmittelbar zu seiner wirksamen und gleichberechtigten Teilhabe am Leben der Gesellschaft beitragen. In beiden Fällen liegt die Lösung in einer begründeten Auswahl der Bildungsinhalte, die sich an dem von Terzi (s. o.) skizzierten umfassenden Verständnis von Grundbildung orientiert.
2. Die Schwellenkonzeption könnte dazu beitragen, dass zwischen Schülern unterschieden wird, die das Schwellenniveau erreichen, und solchen, die es nicht

erreichen werden. Damit würde eine Unterscheidung getroffen, die potentiell diskriminierend ist und an die Unterscheidung bildungsfähiger und bildungsunfähiger geistig behinderter Kinder erinnert, die erst vor einigen Jahrzehnten überwunden wurde. Wesentlich ist, sich daran zu erinnern, dass die Schwelle entsprechend der Handlungsbefähigungen und Verwirklichungschancen (Capabilities) bestimmt wurde, die nötig sind, um in einer konkreten Gesellschaft sein Leben so leben zu können, wie man es möchte, und um seine bürgerlichen Rechte auszuüben. Zudem ist zu beachten, dass die Schwelle nie zwischen Schülern unterscheiden darf, sondern lediglich die Verteilung von Möglichkeiten und Ressourcen weniger willkürlich zu gestalten vermag.

Für die Verteilung von Mitteln oberhalb der Schwelle plädiert Terzi unter Bezug auf Rawls dafür, denjenigen, deren Begabung ihnen gute oder sogar herausragende Bildungsergebnisse (Hochbegabung) ermöglicht, ebenfalls zusätzliche Möglichkeiten und Ressourcen für weitere Schuljahre bis zum Abitur, für Ausbildung und Hochschulstudium zu gewähren. Damit geht die Verpflichtung einher, die ereichten Positionen auch im Interesse der Allgemeinheit, insbesondere der benachteiligten Menschen, einzusetzen, die auf diese Weise auch wieder von den zusätzlichen Ressourcen profitieren, da sie in verschiedenen Bereichen für Innovation und gesellschaftlichen Fortschritt sorgen.

Abschließend lässt sich zusammenfassen, dass Terzi ein zweiteiliges, prinzipiengeleitetes Rahmenkonzept für eine gerechte Verteilung von Ressourcen in der Bildung vorschlägt: der erste Teil beschreibt, was für Kinder mit Behinderungen und besonderem Lernunterstützungsbedarf nötig ist, nämlich die Gewährleistung eines Mindestniveaus (Schwellenniveau) an Handlungsbefähigungen und Verwirklichungschancen. Der zweite Teil beschäftigt sich mit der gerechten Verteilung von Möglichkeiten und Ressourcen oberhalb der Schwelle.

3.3.2.3 Bildungsgerechtigkeit und Inklusion

Die Gerechtigkeitskonzeption der fairen Chancengleichheit hat sich als hilfreich in der Kompensation von Benachteiligung erwiesen. Ihr großes historisches Verdienst besteht zudem darin, erarbeitet zu haben, dass formale Chancengleichheit nicht ausreichend ist, um Gerechtigkeit zu erreichen, sondern dass kompensatorische Maßnahmen für bestimmte Gruppen von Menschen notwendig sind. Auch die Erkenntnis, dass die Startbedingungen von Kindern von besonderer Bedeutung sind, verdanken wir dieser Gerechtigkeitskonzeption.

Ihre Begrenzung besteht darin, die Herstellung gleicher Wettbewerbs-Chancen vom Kriterium des zu erwartenden Verdienstes abhängig zu machen. Gleiche Startbedingungen ‚lohnen' sich nur für diejenigen, die aufgrund ihrer sozialen Herkunft bildungsbenachteiligt sind, aber ‚von Natur aus' das Potenzial besitzen, auch in weiterführenden Schulen Bildungserfolge zu erzielen und in soziale und wirtschaftliche Spitzenpositionen einzurücken. Vertreter der Konzeption der fairen Chancengleichheit räumen zwar ein, dass auch diejenigen zusätzliche Ressourcen erhalten sollen, die aufgrund ihrer ‚natürlichen' Potenziale in der Bildung benachteiligt sind. Es gelingt ihnen aber nicht, die zusätzlichen Ressourcen für Kinder und Jugendliche mit Behinderung und speziellem Lernunterstützungsbedarf aus Gründen der Bildungsgerechtigkeit zu rechtfertigen. Eine weitere Begrenzung besteht in der Beschränkung auf die Herstellung gleicher Startbedingungen und die Ausblendung der Frage, welche Fähigkeiten in einer konkreten Gesellschaft benötigt werden, um ein wirtschaftlich selbständiges Leben zu führen, das zugleich den individuellen Ansprüchen an ein gelungenes Leben entspricht.

Beide Beschränkungen werden durch die Gerechtigkeitskonzeption der Teilhabegerechtigkeit überwunden, indem sie eine Ressourcenverwendung als gerecht definiert, die es möglichst allen Menschen ermöglicht, ein Mindestniveau an Bildung zu erreichen. Unter Berücksichtigung der Verschiedenheit sozialer und ‚natürlicher' Ressourcen und Potenziale wird Gleichheit in Form eines grundlegenden Bildungsniveaus angestrebt, das es jedem Menschen ermöglicht, wirksam und gleichberechtigt an der Gesellschaft teilzuhaben. Sie rechtfertigt, sowohl für behinderte als auch benachteiligte Menschen mehr Ressourcen zur Verfügung zu stellen, und dies nicht nur in der frühkindlichen Bildung und zu Beginn der Schulzeit, sondern während der gesamten Lebensspanne, insbesondere im Übergang aus der Schule in die Arbeitswelt, aber auch in der Fort- und Weiterbildung.

Beide Gerechtigkeitskonzeptionen sind allerdings in ihrer derzeitigen Ausformulierung nicht geeignet, besondere Ressourcen und Chancen für Menschen mit schweren Behinderungen zu rechtfertigen. Weder können diese Ressourcen und Chancen als befristete Kompensationsleistungen begründet werden, die durch spätere Leistungen bzw. Verdienste gerechtfertigt sind, noch ist das Erreichen bzw. Überschreiten der Schwelle gesellschaftlich notwendiger Fähigkeiten zu erwarten. Die Konzeption der Teilhabegerechtigkeit scheint allerdings grundsätzlich in der Lage zu sein, ethische Aspekte der reziproken Anerkennung unterschiedlicher Fähigkeiten und der Fürsorge in sich aufzunehmen. Dies kann unter Bezug auf die Ethik der Anerkennung Axel Honneths geschehen, deren drei Dimensionen sozialer Anerkennung Liebe und Fürsorge, moralischer Respekt und rechtliche Gleichbehandlung sowie solidarische Zustimmung und soziale Wertschätzung in Kapitel 3.4.1 ausführlich dargestellt werden. Weiter ausgeführt wird dieser Gedanke durch neuere Arbeiten von Martha Nussbaum, in denen sie den Capability Approach mit der Care- oder Fürsorgeethik (vgl. 3.4.2) verknüpft und bezogen auf Behinderung eine Konzeption langfristiger Fürsorge und sozialer Gerechtigkeit entwirft (vgl. z. B. Nussbaum 2003, 2010).

Anerkennungsethische Versuche, eine Pädagogik der Vielfalt (vgl. Prengel 1993; Preuss-Lausitz 1993) zu entwerfen, werden mit dem Leitmotiv einer ‚Wertschätzung von Verschiedenheit' (celebration of diversity, vgl. z. B. Barton 1998) und eines nicht wertenden Umgangs mit Gleichheit und Differenz begründet (vgl. Schwerdt 2005) und spielen nicht nur in der deutschen Integrationspädagogik, sondern auch in der internationalen ‚inclusive education' eine wichtige Rolle. Reiser (2007b) ist allerdings der Auffassung, dass mit dem Schlüsselkonzept der Wertschätzung von Verschiedenheit die Dialektik von Gleichheit und Verschiedenheit zu sehr in den Hintergrund tritt.[45] Auch wir sind der Auffassung, dass das Element der Gleichheit, das in jeder Konzeption von Gerechtigkeit enthalten sein muss, in der Anerkennungsethik zu wenig enthalten ist. Aus diesem Grund schließen wir uns Gosepaths (2004) Auffassung an, dass die Anerkennungstheorie keine Gerechtigkeitstheorie ist und weder Fürsorge noch Anerkennung echte Alternativen zur Bestimmung von Bildungsgerechtigkeit darstellen, aber in eine Theorie der Gerechtigkeit integriert werden können.

Die soziale Wertschätzung von Lernleistungen und Fähigkeiten behinderter und benachteiligter Menschen ist also letztlich nur vor dem Hintergrund einer Konzeption von Bildungsgerechtigkeit möglich, die allerdings eine grundsätzliche und voraussetzungslose moralische Anerkennung der autonomen Selbstentfaltung jedes Lernenden voraussetzt. Für die Realisierung einer inklusiven Bildung von behinderten und benachteiligten Menschen ist eine tragfähige Konzeption der Bildungsgerechtigkeit außerdem unverzichtbar, weil sie ein normativ-ethisches Rahmenkonzept für das Streben nach einer qualitativ hochwertigen Bildung im Rahmen einer inklusiven Schule und einer inklusiven Gesellschaft bereitstellt.

3.4 Anerkennung

3.4.1 Ethik der Anerkennung

Seit Ende der 1990er Jahre sind zahlreiche ethische Fachpublikationen erschienen, die sich mit dem Phänomen der Anerkennung und seiner Bedeutung für das sonder- und integrationspädagogische Denken und Handeln auseinandersetzen (vgl. v.a. Jakobs 1997; Dederich 2001, Rösner 2002). Dabei wird vor allem die von Axel Honneth (vgl. z.B. Honneth 1990, 1992, 1997) ausgearbeitete, sozialphilosophische Begründung der ‚Moral der Anerkennung' rezipiert. Honneth, der unter Rückgriff auf die Anerkennungslehre Hegels und die Sozialpsychologie Meads die Verschränkung von Identitätsentwicklung und Anerkennung beschreibt, wird nicht nur von unterschiedlichen Teildisziplinen der Pädagogik (vgl. z.B. Hafeneger/Henkenborg/Scherr 2002), sondern auch von anderen wissenschaftlichen Teilgebieten, die sich mit der intersubjektiven Konstitution personaler Integrität und menschlicher Würde beschäftigen, rezipiert. Es überrascht daher nicht, dass Honneths Anerkennungsethik auch in der Identitätspsychologie (vgl. z.B. Keupp/Höfer 1997) und in der Sozialisationstheorie (vgl. z.B. Leu 1999) eine wichtige Bedeutung erlangt hat.

45 Problematisch ist weiterhin, dass mitunter nicht nur eine Wertschätzung der Verschiedenheit von Kindern, sondern auch eine Nichtbewertung und Nichtbeachtung von benachteiligenden Lebenslagen erfolgt, denen Kinder schutzlos ausgeliefert sind. Dies wird beispielsweise durch die Care Ethik thematisiert und kritisiert.

Intersubjektive Anerkennung als moralische Verpflichtung

Ausgangspunkt von Honneths Ethik der Anerkennung ist die phänomenologische Analyse moralischer Verletzungen (vgl. zuerst Honneth 1990). Honneth geht davon aus, „dass die als ‚Unrecht' erlebten Tatbestände einen geeigneten Schlüssel angeben, um den inneren Zusammenhang zwischen Moral und Anerkennung zunächst einmal vorgriffshaft zu erläutern" (1997, 30). Diese Vorgehensweise bezeichnet er als ‚negativistisch', da sie von den Verletzungen, also der Verweigerung von Anerkennung, ausgeht, um schließlich zu positiven Beschreibungen zu kommen. Um eine solche Analyse moralischer Verletzungen durchführen zu können, bedarf es allerdings eines Vorwissens um die Entwicklungsstufen der praktischen Selbstbeziehung des Menschen. Mit Selbstbeziehung ist bei Honneth „stets das Bewusstsein oder Gefühl gemeint, das eine Person von sich selber im Hinblick darauf besitzt, welche Fähigkeiten und Rechte ihr zukommen" (a. a. O., 33). Dieses Vorwissen bezieht Honneth aus der philosophischen Theorie der Person und aus der Entwicklungspsychologie, in denen eine gewisse Übereinstimmung dahingehend besteht, dass sich drei Formen der praktischen Selbstbeziehung des Menschen unterscheiden lassen:

- Auf einer ersten Stufe beziehen sich die Subjekte in einer Weise auf sich selber, „dass sie ihre physischen Bedürfnisse als artikulationsfähigen Teil der eigenen Person begreifen" (ebd.). Diese Art von elementarer Sicherheit über den Wert der eigenen Bedürftigkeit bezeichnet Honneth mit Erikson (1973) als *Selbstvertrauen.*
- Eine zweite Form der praktischen Selbstbeziehung besteht in dem Bewusstsein, „ein moralisch zurechnungsfähiges Subjekt zu sein" (ebd.). Eine solche Art von Sicherheit über den Wert der eigenen Urteilsbildung bezeichnet Honneth unter Rückgriff auf die kantische Tradition als *Selbstachtung* oder *Selbstrespekt.*
- Die dritte Form der Selbstbeziehung kommt in dem Bewusstsein zum Ausdruck, „gute und wertvolle Fähigkeiten zu besitzen" (ebd.). Für diese Art von Sicherheit über den Wert der eigenen Fähigkeiten bietet sich nach Honneth der Begriff des *Selbstwertgefühls* an.

Begreift man diese Formen der Selbstbeziehung in dem Sinne als Stufen, dass sie unter ‚normalen' Bedingungen der personalen und psychischen Entwicklung eine Abfolge von notwendigen Voraussetzungen bilden, dann lassen sich ihnen in vorläufiger Unterscheidung drei Klassen von moralischen Verletzungen (Formen der Missachtung) zuordnen, die mit Graden der psychischen Beschädigung korrespondieren.

- Erstens müssen diejenigen moralischen Verletzungen als elementar gelten, die die „leibliche Integrität einer Person" (Honneth 1990, 1045) bedrohen. Durch Verletzungen dieser Art wird das Vertrauen in den Wert, den die eigene Bedürftigkeit in den Augen aller anderen genießt, zerstört. Typische Fälle dieser Klasse von moralischen Verletzungen stellen die (physische) Misshandlung, die Folter und die Vergewaltigung dar. Misshandlungen im Rahmen der Pflege behinderter und alter Menschen werden, weil sie häufig in subtiler Form geschehen, in der Regel als weniger gravierend wahrgenommen. Da sie in sehr intimen Situationen und wiederkehrend stattfinden, haben sie u. E. eine ähnliche Wirkung und sind dieser Form der Missachtung zuzurechnen.

- Zweitens lassen sich unzählige Fälle von moralischen Verletzungen beschreiben, „deren Eigenart darin besteht, die moralische Zurechnungsfähigkeit von Personen zu missachten“ (Honneth 1997, 34). Durch derartige Verletzungen wird die Selbstachtung zerstört oder zumindest beeinträchtigt, die wir für gewöhnlich durch die Anerkennung des Werts unserer Urteilsbildung durch andere Personen erlangen. In dieser Klasse der moralischen Verletzungen reicht das Spektrum der typischen Beispiele von den individuellen Fällen des Betrugs und der Täuschung bis hin zu Fällen der rechtlichen Benachteiligung ganzer Gruppen. Menschen mit Behinderung erfahren zum Teil eine Missachtung ihrer moralischen Zurechnungsfähigkeit sowohl durch gesetzliche Regelungen als auch gerichtliche Praktiken. Trotz des in Art. 3 Abs. 3 GG festgelegten Diskriminierungsverbots besteht beispielsweise bis heute eine Tendenz durch allgemeine Sozialdienste und Gerichte, Eltern mit geistiger Behinderung das Recht auf Wahrnehmung der elterlichen Sorge unter pauschalem Verweis auf das Kindeswohl abzusprechen und die Kinder in Pflegefamilien zu vermitteln.
- Drittens lassen sich Fälle von moralischen Verletzungen analysieren, „in denen einer oder mehreren Personen durch Demütigung und Respektlosigkeit demonstriert werden soll, dass ihre Fähigkeiten keine Anerkennung genießen“ (ebd.). Durch Verletzungen dieser Art wird das Gefühl beschädigt, innerhalb einer konkreten Gemeinschaft für die Mitmenschen von sozialer Bedeutung zu sein. In dieser Klasse der moralischen Verletzungen reichen die typischen Fälle von dem harmlosen Fall des ‚Nicht-Grüßens‘ bis hin zum gravierenden Fall der Stigmatisierung. Menschen mit Behinderung werden auf dieser Ebene häufig dadurch missachtet, dass ihre Fähigkeiten gering geschätzt werden und ihnen die Möglichkeit genommen wird, für den eigenen Lebensunterhalt und den ihrer Familie zu sorgen und im Interesse des Gemeinwohls tätig zu werden. Die Kritik am Fehlen von Bildungsabschlüssen für Menschen mit kognitiven Beeinträchtigungen, die Anstrengungen zur Verbesserung beruflicher Bildung, die Anerkennung und Förderung bürgerschaftlichen Engagements von Menschen mit Behinderung sind positive Beispiele für das allmählich zunehmende „Bewusstsein für die Fähigkeiten und den Beitrag von Menschen mit Behinderungen“ (Art. 8 UN-BRK).

Honneths Moralkonzeption basiert auf dem Zweck des Schutzes vor den beschriebenen moralischen Verletzungen. Da mit dieser Zwecksetzung die intersubjektiven Bedingungen gesichert werden sollen, unter denen menschliche Subjekte ihre persönliche Integrität wahren können, muss eine solche Moralkonzeption ebenso viele Formen der Anerkennung umfassen, wie es Typen der moralisch verletzenden Missachtung gibt. Das bedeutet:

- Im Hinblick auf die Stufe des Selbstvertrauens wird der Einzelne als ein Individuum anerkannt, „dessen Bedürfnisse und Wünsche für eine andere Person von einzigartigem Wert sind“ (1997, 36). In der ethischen Tradition finden sich für diese Art der Anerkennung, die den Charakter einer bedingungslosen Zuwendung zum anderen Menschen besitzt, Begriffe wie *Liebe* oder *Fürsorge*.
- In Bezug auf die Stufe der Selbstachtung wird der Einzelne als eine Person anerkannt, „der dieselbe moralische Zurechnungsfähigkeit zukommt wie allen anderen Menschen“ (a. a. O., 37). Im Rückgriff auf die Kantische Ethiktradition hat sich für diese Form der Anerkennung, die den Charakter einer universellen Gleichbehandlung besitzt, der Begriff des *moralischen Respekts* etabliert.
- Bezogen auf die Stufe des Selbstwertgefühls wird der Einzelne schließlich als eine Person anerkannt, „deren Fähigkeiten von konstitutivem Wert für eine konkrete Gemeinschaft sind“ (ebd.). Da für die Anerkennungsform, die den Charakter der besonderen Wertschätzung hat, in der ethischen Tradition die entsprechenden Moralbegriffe fehlen, hält es Honneth für sinnvoll, auf Kategorien wie *Solidarität* oder *Loyalität* zurückzugreifen.

Während Einstellungen der bedingungslosen Fürsorge nur im Rahmen von Beziehungen anzutreffen sind, in denen wechselseitige Beziehungen auf affektiver Basis bestehen, bezeichnet der moralische Respekt eine Form der Anerkennung, die von allen Subjekten gleichermaßen erwartet werden kann. Im Falle der Wertschätzung scheint es hingegen so zu sein, „dass ihr moralische Leistungen entsprechen, die nur im Rahmen konkreter Gemeinschaften einen verpflichtenden Charakter besitzen“ (ebd.). Daraus ergibt sich die Konsequenz, dass die moralischen Subjekte je nach Art der intersubjektiven Beziehung moralische Verpflichtungen haben, die die einzelnen Anerkennungsbeziehungen widerspiegeln:

- Handelt es sich erstens um jene Form der Anerkennung, „durch die der Wert der individuellen Bedürfnisnatur bestätigt wird, bestehen Pflichten der emotionalen Fürsorge, die sich in symmetrischer oder asymmetrischer Weise auf alle Partner einer solchen Primärbeziehung erstrecken“ (a. a. O., 38). Der typische Fall einer symmetrischen Verpflichtung ist das Verhältnis einer Freundschaft; der typische Fall einer asymmetrischen Verpflichtung die Beziehung von Eltern zu ihren Kindern. Letztere kehrt sich um, wenn die Eltern im Alter hilfs- und pflegebedürftig werden.
- Handelt es sich zweitens um jene Form der Anerkennung, „durch die die moralische Autonomie des einzelnen bekräftigt wird, so bestehen reziproke Verpflichtungen zur universellen Gleichbehandlung“ (a. a. O., 39). Demnach besteht für alle moralischen Subjekte die wechselseitige Pflicht, „sich als Personen zu respektieren und zu behandeln, denen dieselbe moralische Zurechnungsfähigkeit zukommt“ (ebd.).
- Wo es sich drittens um jene Form der Anerkennung handelt, „durch die der Wert von individuellen Fähigkeiten bekräftigt wird, bestehen reziproke Pflichten zur solidarischen Anteilnahme, die sich auf alle Mitglieder der entsprechenden Wertgemeinschaft erstrecken“ (ebd.).

Fasst man Honneths Analyse dieser drei voneinander unabhängigen und doch zusammengehörigen moralischen Verpflichtungen zu intersubjektiven Formen der Anerkennung zusammen, dann ergeben sich überblickshaft folgende Zusammenhänge (vgl. Tab. 4):

Tab. 4: Die Anerkennungsmoral Axel Honneths im Überblick

Art der praktischen Selbstbeziehung	Form der moralischen Verletzung	Form der intersubjektiven Anerkennung	Moralische Verpflichtung
Selbstvertrauen	Missachtung der leiblichen Integrität	bedingungslose Zuwendung in Form von Liebe oder Fürsorge	Fürsorge in symmetrischen und asymmetrischen (Primär-)Beziehungen
Selbstachtung	Missachtung der moralischen Zurechungsfähigkeit	universelle Gleichbehandlung in Form von moralischem Respekt	Reziproke Verpflichtung zur universellen Gleichbehandlung
Selbstwertgefühl	Missachtung der (kommunitären) Fähigkeiten	besondere Wertschätzung in Form von Solidarität oder Loyalität	Reziproke Verpflichtung zur solidarischen Wertschätzung

Aus diesem Überblick wird ersichtlich, dass die Ethik der Anerkennung in einem entscheidenden Punkt von herkömmlichen Auffassungen der Moraltheorie oder Ethik abweicht: „zwischen den drei Weisen der Anerkennung, die zusammengenommen den moralischen Standpunkt ausmachen sollen, kann kein harmonisches Verhältnis bestehen, sondern muss ein Verhältnis der Spannung existieren" (ebd.). Dieses Spannungsverhältnis kann nur in individueller Verantwortung gelöst werden; allerdings ist solchen Entscheidungen durch den universalistischen Charakter der Anerkennungsform des moralischen Respekts eine normative Beschränkung auferlegt: „weil wir alle Menschen als Personen anerkennen müssen, die das gleiche Recht auf Autonomie genießen, dürfen wir uns aus moralischen Gründen nicht für soziale Beziehungen entscheiden, deren Vollzug eine Verletzung jener Ansprüche verlangen würde" (a. a. O., 40). Der Umgang mit Menschen mit kognitiven Beeinträchtigungen konzentrierte sich lange Zeit vorrangig auf die zweifellos wichtige Gestaltung von Beziehungen der emotionalen Fürsorge und beachtete die anderen zwei Formen der Anerkennung, die für ihre Selbstachtung ebenso unverzichtbar sind, zu wenig: sich als moralisches (Rechts-)Subjekt erfahren zu können, indem beispielsweise Selbstbestimmung realisiert werden kann, und innerhalb einer Wertegemeinschaft als kommunitär handlungsfähige Person behandelt zu werden, indem die erbrachten Leistungen im Rahmen des Zusammenlebens anerkannt werden.

Auch eine Ethik der Anerkennung folgt den Grundannahmen, die in der Kantischen Tradition der Moralphilosophie vorherrschen: „im Falle eines moralischen Konflikts kommt den Ansprüchen, die alle Subjekte gleichermaßen auf den Respekt ihrer individuellen Autonomie besitzen, ein absoluter Vorrang zu" (ebd.). Sie werden allerdings ergänzt durch die Tradition der Fürsorge- oder Care-Ethik und sozialethische Ansätze des Kommunitarismus (vgl. C. Lindmeier 2010). In allen drei ethischen Traditionen wird jeweils eine der moralischen Einstellungen artikuliert, die den drei Anerkennungsformen entsprechen, mit denen die persönliche Integrität des Menschen geschützt werden soll. Dementsprechend konstatiert auch der (Sozial-)Pädagoge Brumlik: „Einen Menschen als Zweck seiner selbst zu betrachten, bedeutet, ihn in mindestens drei wesentlichen Dimensionen nicht nur zur Kenntnis zu nehmen, zu tolerieren, sondern auch anzuerkennen, d. h. nicht nur hinzunehmen, sondern zu bejahen: in der Dimension körperlicher Integrität, personaler Identität und soziokultureller Zugehörigkeit“ (2011, 43).

Zur Relevanz der Anerkennungsethik für die Pädagogik bei Behinderung und Benachteiligung

Bereits vor zehn Jahren forderte Markus Dederich die Mitwirkung an der Entwicklung einer ethischen und politischen Theorie der Anerkennung als eine der vorrangigsten (Zukunfts-)Aufgaben einer Pädagogik bei Behinderung und Benachteiligung. In einer solchen Theorie sieht er die Chance zur Verwirklichung einer Ethik und Politik, „die nicht homogenisierend ist, die dem Anderen als Anderem einen hohen Stellenwert einräumt, die Heterogenität und Differenz würdigt, die von der Asymmetrie menschlicher Beziehungen ausgeht, dabei das Prinzip der Gerechtigkeit nicht aus den Augen verliert und die Herausbildung neuer solidarischer Strukturen in der Gesellschaft unterstützt“ (2001, 222).

Für die Pädagogik bei Behinderung und Benachteiligung ist Honneths Anerkennungstheorie also in dreierlei Hinsicht von zentraler Bedeutung:

- Sie bietet erstens eine normative Begründung für die Relevanz der voraussetzungslosen Zuwendung in Form von Fürsorge, die insbesondere in der Pädagogik bei schweren Behinderungen aufgrund der lebenslangen, extremen Abhängigkeit der betroffenen Menschen auf Dauer gestellt sein muss. Die Fürsorge- oder Care-Ethik muss insbesondere dann für das professionelle Handeln zum Maßstab werden, wenn diese Form der Anerkennung nicht (mehr) von den primären Bezugspersonen übernommen werden kann. Gerade durch dieses Spannungsfeld von privater und professioneller Fürsorge klingt aber bereits an, dass Honneths Überlegungen im Rahmen einer Care-Ethik weiterentwickelt und umfassend reflektiert werden müssen (vgl. 3.4.2).
- Zweitens bietet sie eine normative Begründung für das Prinzip der „moralischen Gleichheit der Achtung aller Personen“ (Gosepath 2004, 13), dessen Realisierung durch das Überkommen der Vereinten Nationen über die Rechte von Menschen mit Behinderungen seit 2006 nachdrücklich eingefordert wird (vgl. BMAS 2008). Nach Stojanov bezieht sich ein solcher Begriff der ‚Anerkennungsgerechtigkeit‘ auf eine Idealsituation, „in der jedes einzelne Kind den gleichen moralischen Respekt als Minimalvoraussetzung der Entwicklung seiner Autonomiefähigkeit erfährt“ (2008 b, 525). Die Norm, die diese ‚Idealsituation‘

impliziert, bezeichnet er deshalb als „*Prinzip der egalitären Autonomiestiftung*" (ebd.). An dieser Auslegung der Anerkennungsgerechtigkeit lässt sich ablesen, dass die Anerkennungstheorie für die ethische Reflexion von Handlungsprinzipien und Zielperspektiven der Pädagogik bei Behinderung und Benachteiligung (wie z. B. Selbstbestimmung) relevant ist (vgl. Lindmeier 2001; Katzenbach 2004). Zur Klärung von Fragen der Verteilungs- und Teilhabegerechtigkeit in unserem Bildungssystem müssen allerdings weitergehende gerechtigkeitstheoretische Untersuchungen angestellt werden, wie sie im vorangegangenen Kapitel vorgetragen wurden (vgl. 3.2.2).

- Sie bietet drittens eine normative Grundlage für die Verpflichtung einer wechselseitigen Anerkennung von Fähigkeiten und Leistungen für eine konkrete Gemeinschaft, auf deren Basis Solidarität und soziale Zugehörigkeit entstehen können. Die Forderung der Anerkennung unterschiedlicher, aber gleich*wertiger* Leistungen ist insbesondere innerhalb der Integrationspädagogik artikuliert worden. Die von Honneth für diese dritte Form der Anerkennung reklamierte Ethik und Politik des *Kommunitarismus* geht davon aus, dass eine zu einseitige Betonung des liberalen Gedankens autonomer, nur sich selbst verpflichteter Individuen die Fundamente gesellschaftlichen Zusammenlebens auflöst. Kommunitaristische Ansätze beschäftigen sich daher mit den Grundlagen menschlichen Zusammenlebens, ihrer Wertebasis und der Vertiefung von Rechten und Pflichten innerhalb menschlicher Gemeinschaften (vgl. 3.4.3).

Auf Grund ihrer Bedeutung innerhalb unseres Fachs und ihrer kontroversen Rezeption werden Fürsorgeethik und Kommunitarismus im Folgenden ausführlicher behandelt.

3.4.2 Care Ethik (Fürsorgeethik)

Abhängigkeit als anthropologische Prämisse

Alasdair McIntyre hat mit seinem Buch ‚Die Anerkennung der Abhängigkeit' (2001) Hinweise für den Umgang mit asymmetrischen Abhängigkeitsbeziehungen vorgelegt, die seit einigen Jahren auch in der Pädagogik bei Behinderung und Benachteiligung rezipiert werden (vgl. Haeberlin 2002, 2005; Dederich 2004 b). McIntyre verweist nach Dederichs Auffassung „ganz zu recht auf einen blinden Flecken liberalistischer Theorien, die den Menschen einseitig als erwachsenes, vernunftbegabtes, körperlich wie psychisch intaktes und moralisch autonomes Vernunftsubjekt fassen und folgerichtig die Abhängigkeit aus der Ethik ausklammern" (2004, 109). Kritiker liberaler Gerechtigkeitstheorien betonen deshalb: „Als Kinder, eventuell als Invalide und als Menschen in hohem Alter brauchen wir alle die nicht reziproke Zuwendung unserer Mitmenschen. Erst wenn wir Abhängigkeit (*dependency*) und die entsprechende Leistung für Abhängige (*dependency work*) als fundamental für unser menschliches Dasein und für unsere menschlichen Beziehungen betrachten, gewinnen wir ein realistisches Bild von der Gesellschaft" (Meier-Seethaler 1997, 215).

Diese Überlegungen wurden von verschiedenen Theoretikerinnen, die sich zu einem großen Teil feministischen Positionen zurechnen lassen, aufgegriffen und zu einer Fürsorge- oder Care-Ethik weiterentwickelt. Der Begriff ‚Fürsorgeethik' ist eine Übersetzung des vieldeutigen englischen Terminus ‚ethics of care', der sich international in der ethischen Diskussion eingebürgert hat und von der englischsprachigen feministischen Ethik geprägt wurde (vgl. Herrmann 2008; Noddings 2010).[46] ‚Fürsorge' wird in der Sonder- und Integrationspädagogik gemeinhin mit einer bevormundenden Haltung verbunden und als Gegenbegriff zu Selbstbestimmung und Partizipation abgelehnt. In der neueren angelsächsischen philosophischen Diskussion fehlt diese Konnotation: „Von ‚Fürsorge' wird gesprochen, wenn Personen auf Bedürfnisse anderer mit Aufmerksamkeit und Zuwendung sowie mit spontaner Unterstützung bei deren Befriedigung reagieren. ‚Fürsorgliche' Personen verfügen über den solchen Handlungen entsprechenden Komplex von Haltungen und Handlungsdispositionen. Unter ‚Fürsorgeethik' wird eine Ethik verstanden, in der Fürsorge Priorität hat" (Herrmann 2008, 358). Auch Gruber und Coleman merken in ihrer Übersetzung eines Aufsatzes von Kittay an, dass sich die Care-Ethik mit der Frage beschäftigt, wie die Autonomie aller Beteiligten sich in durch einseitige Abhängigkeit gekennzeichneten Beziehungen wahren lässt, und stellen die Anteilnahme und Achtsamkeit als entscheidendes Merkmal von Fürsorge heraus (vgl. Kittay 2004, 67; Fußnote der Übersetzerinnen).

Im Unterschied zu MacIntyre, der die Fürsorge an die lokalen Wertegemeinschaften und damit in den Bereich des Privaten verweist, kritisiert die feministische ‚Care-Ethik' die mangelnde öffentliche Verantwortung für die ‚Sorge-Arbeit' (caring) und für diejenigen, die sie insbesondere in privaten Zusammenhängen verrichten. Unter Hinweis auf die reziproke Abhängigkeit zwischen der sorgenden und der umsorgten Person übt sie außerdem Kritik an den gesellschaftlichen Machtverhältnissen, innerhalb derer die ‚Sorge-Arbeit' verrichtet wird (vgl. Tronto 1993). Dabei weist sie ausdrücklich auf die Verletzlichkeit und die Gefahr der Unterdrückung hin, der sowohl die sorgende als auch die umsorgte Person in einer Gesellschaft ausgesetzt sind, in der ‚Sorge-Arbeit' primär als Privatsache auffasst wird (vgl. Kittay 1999). Dies bestätigt Herrmann in einem neuen Überblicksartikel: „Nicht nur kann, wer auf Fürsorgebeziehungen angewiesen ist, in der Regel nicht partizipieren, sondern auch die fürsorgenden Personen, in der Regel Frauen in Familien, sind zeitlich in die Betreuung und Pflege eingebunden, werden zu wenig entlastet oder können sich keine Entlastung leisten, so dass sie ihre staatsbürgerlichen Möglichkeiten nicht wahrnehmen können" (2008, 361f).

46 Bei den feministischen ‚ethics of care' handelt es sich um eine psychologische und philosophische Moraltheorie, die von der Entwicklungspsychologin Carol Gilligan – in Distanzierung zu Kohlbergs Theorie der Moralentwicklung (vgl. Kohlberg 1981) und in Abgrenzung zu den (männlich dominierten) ‚Gerechtigkeits-Ethiken' – in dem Buch ‚Die andere Stimme' (1982) entwickelte wurde (vgl. u.a. Baier 1994; Conradi 2001).

Indem die Fürsorgeethik darauf aufmerksam macht, dass Fürsorge als Sorge für andere traditionell an Frauen verwiesen wurde, die, soweit sie ihre Tätigkeit unbezahlt im privaten Kontext ausüben, damit selbst in Abhängigkeiten gedrängt wurden, wurde durch den fürsorgeethischen Diskurs das Thema Geschlechtergerechtigkeit um wichtige Facetten bereichert (vgl. Conradi 2001; Kittay/Feder 2002; Graumann 2006; Herrmann 2008; Noddings 2010).

Herrmann nennt in einem neueren Überblicksartikel weitere relevante Diskursstränge:

- Die zumindest phasenweise bestehende Bedürftigkeit und Abhängigkeit jedes Menschen „lässt eine generelle Auffassung von Menschen als unabhängige Staatsbürger, die kontinuierlich teilhaben können an der Gestaltung des politischen Geschehens, als Fiktion erscheinen" (Herrmann 2008, 361). Dieser Gedanke Herrmanns lässt sich unter Bezug auf den Capability Approach weiterführen: Verstünde man Menschen als bedürftig und dabei zugleich als berechtigt, ihre Handlungsbefähigungen so zu verwirklichen, dass sie am politischen Prozess partizipieren können, müsste Fürsorge in Philosophie und Sozialpolitik stark aufgewertet werden (vgl. auch Nussbaum 2010).
- Die Fürsorgeethik ist bereits zu einem festen Bestandteil der medizinischen Ethik und Ethik sozialer Berufe geworden: „In der Pflege, im Umgang mit Patienten, in der Erziehung, im Umgang mit geistig Behinderten und für Menschen in sozialen Berufen allgemein ist die Fürsorgeethik attraktiv, weil dem hier tätigen Personenkreis die Abhängigkeit aller Menschen selbstverständlich erscheint. Fürsorgeethik ist außerdem attraktiv, weil sie eine von Angehörigen helfender Berufe besonders stark wahrgenommene Beschränktheit kantischer Tradition aufhebt: dass nämlich ein moralischer Status an Autonomie und Vernunft gebunden sein soll" (Herrmann 2008, 361).

Behinderung und Abhängigkeit

Für den Umgang mit Behinderung und die Pädagogik bei Behinderungen wurde das Konzept der Care-Ethik vor allem durch die US-amerikanische Philosophin Eva F. Kittay fruchtbar gemacht (vgl. v. a. Kittay 1999). Martha C. Nussbaum greift Kittays Überlegungen auf, um die Grenzen von Rawls' Theorie der Gerechtigkeit aufzuzeigen (vgl. Nussbaum 2003, 2010), dessen zentrale Idee des Gesellschaftsvertrags von der Autonomie der Vertragspartner, ihrer Freiheit, Ratio und Handlungsfähigkeit ausgeht. Rawls betont also die zweite von Honneth benannte Form der moralischen Anerkennung, die Anerkennung als moralisches, rechtsfähiges Subjekt, besonders. Die Bedeutung von Rawls' Theorie wird durch die Care-Ethik nicht grundsätzlich in Frage gestellt (vgl. Kittay 2001 b), sondern lediglich durch die Frage ergänzt, wie Rechtsbeziehungen und persönliche Beziehungen angesichts von Abhängigkeit gestaltet werden können. Nussbaums zentrale These lautet, dass jede reale Gesellschaft eine ‚Fürsorge spendende' und eine ‚Fürsorge empfangende' Gesellschaft ist, die Wege finden muss, um mit menschlicher Bedürftigkeit und

Abhängigkeit angemessen umzugehen; „Wege, die vereinbar sind mit der Selbstachtung der Fürsorgeempfänger und die den Fürsorgespender nicht ausbeuten" (2003, 183).

Die Notwendigkeit einer fürsorgeethischen Ergänzung traditioneller (kontraktualistischer) Gerechtigkeitstheorien lässt sich nach Nussbaum daran erkennen, dass jeder Mensch sein Leben nicht als freier, gleicher und unabhängiger Vertragspartner, sondern als hilfloses Kind beginnt und für viele Jahre sowohl in körperlicher als auch in geistiger Hinsicht in einem Zustand einseitiger Abhängigkeit bleibt. Ebenso sei es am anderen Ende des Lebens für diejenigen, „die das Glück haben, ein hohes Alter zu erreichen, wahrscheinlich, dass sie eine weitere Periode extremer Abhängigkeit erwartet, entweder körperlich oder geistig, oder beides, was in der ein oder anderen Form abermals zwanzig Jahre dauern kann" (a. a. O., 182). In diesen Lebensphasen wird Abhängigkeit am deutlichsten erkennbar, aber selbst im jüngeren und mittleren Erwachsenenalter durchlaufen viele Menschen Phasen von Abhängigkeit, weshalb Abhängigkeit nicht als ‚Ausnahmezustand', sondern als zentrale menschliche Eigenschaft aufzufassen ist. Die Frage, wie auch für Menschen, deren Art der Beeinträchtigung erwarten lässt, „dass manche Typen asymmetrischer Abhängigkeit ein fortdauerndes Merkmal ihres Lebens sein werden" (ebd.), durch Fürsorge Handlungsbefähigungen und Verwirklichungschancen (Capabilities) eröffnet werden können, die ihnen ein Leben in Wohlergehen und Selbstbestimmung ermöglichen, ist die zentrale Frage der Care-Ethik.

Auch Kittay setzt sich mit der bereits erwähnten Kritik auseinander, die einige Vertreter der amerikanischen Disability Studies und der Selbstbestimmt-Leben-Bewegung am Begriff ‚Care' bzw. ‚Fürsorge' üben. Diese folgen ihrer Auffassung nach der gängigen Norm der Unabhängigkeit und definieren dementsprechend eine aus Behinderung resultierende Abhängigkeit als eine Abweichung, die stigmatisierend wirkt und zur Aberkennung vorhandener Fähigkeiten führt: „Abhängig zu sein heißt, abzuweichen von der Norm der Unabhängigkeit; in seinen Funktionen atypisch zu sein, so dass man vermutlich nicht mehr selbständig funktionieren kann. Es ist folgerichtig eine Abweichung, die einen abhängig macht. Der Zirkelschluss hält den behinderten Menschen in seiner stigmatisierenden Position gefangen. Wenn Unabhängigkeit normativ ist, werden Menschen mit einer Beeinträchtigung durch das Stigma, das mit Abhängigkeit und dem Bedarf an Fürsorge verbunden ist, isoliert" (Kittay 2004, 70). Kittay kritisiert daher an der Selbstbestimmt-Leben-Bewegung von Menschen mit Behinderungen, „dass sie die Norm der Unabhängigkeit nicht hinterfragt, sondern sie stattdessen für eine Gruppe reklamiert, der bis dahin diese Zuschreibung versagt worden war" (ebd.). Die Form, in der Fürsorge bislang geleistet wird, wird von Vertretern der Selbstbestimmt-Leben-Bewegung als Maßnahme angesehen, „die sich dem einzelnen aufdrängt und in sein oder ihr Leben eindringt, was den behinderten Menschen zum Bittsteller macht und den Fürsorgenden zum Teil des Problems" (a. a. O., 70 f.).

Hier mischen sich u. E. zwei verschiedene Problemstellungen. Zum einen wird Menschen, die sich als handlungsfähige Subjekte erleben, mit der Zuschreibung von Behinderung und partieller Abhängigkeit auch ihre Existenz als autonomes Subjekt (zweite Missachtungsform bei Honneth) und ihre Fähigkeiten zur Ausübung der Kontrolle über ihr Leben (dritte Missachtungsform bei Honneth) abgesprochen. Fürsorge erhält damit den Charakter ungewollter Einmischung und Bevormundung. In der daraus resultierenden grundsätzlichen Zurückweisung von Fürsorge durch die Selbstbestimmt-leben-Bewegung geht zum anderen auch das Wissen um Abhängigkeit als allgemein menschliche Eigenschaft und die grundlegende Notwendigkeit von Care bzw. Fürsorge in menschlichen Beziehungen verloren, und die Abwertung von Abhängigkeit als unerwünschte Normabweichung wird nochmals bestätigt und festgeschrieben.

Da Kittay sich mit Formen von Behinderung beschäftigt, die mit dauerhafter Abhängigkeit und asymmetrischen Beziehungen verbunden sind, ist sie demgegenüber davon überzeugt, „dass Fürsorge unabdingbar und sogar zentral ist für ein gutes Leben für Menschen mit *einer bestimmten Art* von Behinderungen" (a. a. O., 71).

Ethische Prinzipien einer guten Fürsorge

Die Care-Ethik als Ethik der Anerkennung von Abhängigkeit (MyIntyre) befindet sich im Einklang mit Moralkonzeptionen, die die fundamentale ethische Bedeutung der moralischen Gefühle der Liebe, Fürsorge und Achtung bzw. Achtsamkeit erkannt haben (vgl. Brumlik 2010). Auf dieser Grundlage bietet sie einen angemessenen Interpretationsspielraum dafür, „welches Handeln in welcher Situation innerhalb von individuellen, persönlichen und professionellen Sorge-Beziehungen unter Berücksichtigung der Bedürfnisse der umsorgten wie der sorgenden Person jeweils gefordert ist" (Graumann 2006, 19). Diesbezüglich lässt sich vor allem auf Joan Trontos (1993) Konzeption der Care-Ethik zurückgreifen, die vier Kriterien zur Charakterisierung einer guten Sorge für andere enthält:

- Das erste Kriterium besteht darin, gegenüber den Bedürfnissen der anderen *Aufmerksamkeit (attentiveness)* zu zeigen. Nach Graumann schließt es die Ignoranz gegenüber der Bedürftigkeit anderer ebenso aus „wie eine Überidentifikation um den Preis der Selbstaufgabe" (2006, 20). Um die Bedürfnisse anderer richtig wahrnehmen zu können, ist es allerdings notwendig, die eigenen Bedürfnisse zu kennen. Kittay (2001 a) und Graumann stellen heraus, dass dies nur möglich ist, wenn die fürsorgende Person ebenfalls durch gesellschaftliche Strukturen Halt erfährt. In der familiären Fürsorge ebenso wie in der professionellen Pflege- und Betreuungstätigkeit sind dies soziale und wirtschaftliche Absicherung sowie gesellschaftliche Anerkennung der geleisteten Tätigkeit.
- Das zweite Kriterium ist *Verantwortlichkeit (responsibility)*. Es besteht in der konkreten Bereitschaft, Sorge für andere zu übernehmen, und umfasst zudem das gesellschaftliche Engagement für soziale Strukturen und Institutionen, die die Fürsorge für bedürftige Menschen garantieren. ‚Responsibility' bedeutet

also, auf individueller wie auf gesellschaftlicher Ebene eine Praxis der Fürsorglichkeit (caring) zu etablieren.

- Das dritte Kriterium besteht darin, *Kompetenz (competence)* in Bezug auf die Praxis der Fürsorge zu zeigen und zu entwickeln, „um den Bedürfnissen der umsorgten Person tatsächlich gerecht werden zu können" (Graumann 2006, 20). Zu einer solchen ‚Fürsorgekompetenz' gehört die Fähigkeit zur Beziehungsgestaltung und Interpretation kommunikativer Signale sowie das Erkennen eigener Überforderung. Bei Fachkräften ist zudem eine spezifische Fachlichkeit Teil dieser Kompetenz.
- Das vierte Kriterium ist die *Empfänglichkeit (responsiveness)* für die Reaktionen, die der andere in der konkreten (Für-)Sorge-Beziehung zeigt. ‚Responsiveness' soll einen falsch verstandenen Paternalismus ebenso verhindern wie den Machtmissbrauch in (Für-)Sorge-Beziehungen. „Damit wird nicht nur von der sorgenden, sondern auch von der umsorgten Person ein aktives ‚Sich-einlassen' auf die Sorge-Beziehung und das kontinuierliche gegenseitige Wahrnehmen der Bedürfnisse der oder des jeweils anderen gefordert" (ebd.).

Die Formulierung dieser Kriterien knüpft an die sonderpädagogische Tradition tugendethischer Bestimmungen einer Berufsethik für Heil- und Sonderpädagogen an, wie sie Haeberlin (2005, 338 ff) vorgelegt hat. Problematisch an der Formulierung von Tugenden und Haltungen ist allerdings, dass sie die gesellschaftliche Einbindung der handelnden Personen, die vorherrschenden Moralvorstellungen und konkreten Lebens- und Arbeitsbedingungen ausblenden. Die Care-Ethik dagegen ist geeignet, diese auf der Grundlage der Anerkennung von Abhängigkeit mit zu reflektieren. Die Frage allerdings, wie eine Gesellschaft beschaffen sein muss, der es gelingt, Abhängigkeit nicht als Abweichung auszugrenzen und Care bzw. Fürsorge gesellschaftlich wertzuschätzen sowie die beteiligten Personen sozial und wirtschaftlich abzusichern, wird innerhalb der Care-Ethik bis jetzt nur am Rande bearbeitet (vgl. Schnabl 2005). McIntyre verweist in diesem Zusammenhang auf die kommunitaristische Idee, Rechte und Pflichten neu zu bestimmen und die Wertebasis der Gesellschaft zu reflektieren.

3.4.3 Kommunitäre Ethik

Kommunitaristische Ansätze wurden im deutschsprachigen Raum innerhalb der praktischen Philosophie und in der Politik seit den 1990er Jahren breit diskutiert (vgl. z. B. Honneth 1993 a; Brumlik/Brunkhorst 1993; Reese-Schäfer 1994; Zahlmann 1994; Weber 2002; Haus 2003) und in der Sonder- und Integrationspädagogik seit Mitte der 1990er Jahre kontrovers rezipiert (vgl. z. B. Gröschke 1993, 1995, 2000; Speck 1995 b; Antor 1996; Antor/Bleidick 1995, 2000; Stinkes 2000, 2002; C. Lindmeier 2001, 2010; Dederich 2001, 2003; Haeberlin 2002, 2005; Katzenbach 2004; Kulig/Theunissen 2004). Seit einigen Jahren ist die Debatte abgeebbt, ohne dass eine einheitliche Position entwickelt wurde; stattdessen existieren unterschiedliche kommunitaristische Ansätze nebeneinander. Die zentrale Aussage, in der verschiedene kommunitaristische Positionen übereinstimmen, besteht darin, dass eine Gesellschaft, die sich im Wesentlichen auf einzelne, nur ihrem Eigeninteresse verpflichtete Individuen stützt, ihre eigenen Grundlagen untergräbt (vgl. Reese-Schäfer 1994). Der philosophische Kommunitarismus fasst den Menschen als soziales Wesen auf und formuliert auf dieser Grundlage eine Kritik am Liberalismus und die Forderung einer geteilten Wertebasis für Moral, Politik und gesellschaftliche Institutionen. „Dies ist allerdings primär als Korrektiv und nicht als Alternative zu liberaldemokratischen Systemen zu verstehen, und auch in der aktuellen philosophischen Diskussion wird der Kommunitarismus zumeist als Kritik am, nicht aber als umfassender Gegenentwurf zum Liberalismus verstanden" (Forst 2008, 631)[47], wie der weiter unten ausführlich wiedergegebene ‚Grundwertekatalog' Etzionis illustriert.

Trotz unterschiedlicher Auffassungen über den Gemeinschaftsbegriff stimmen die wichtigsten Vertreter des Kommunitarismus darin überein, dass die soziale Integration von Menschen in gesellschaftliche Zusammenhänge nur dann angemessen gelingen kann, wenn die Mitglieder der Gesellschaft über eine gemeinschaftlich geteilte gemeinsame Orientierung an Werten aufeinander bezogen werden. Strittig ist allerdings, wie sehr es sich bei diesen Werten nur um die partikularen Werte kleiner, überschaubarer (Traditions-)Gemeinschaften oder auch um universelle Werte handeln sollte. Hinsichtlich der Beantwortung dieser Frage unterscheiden sich die sog. ‚Neukommunitarier' deutlich von den sog. ‚Altkommunitariern', die den Partikularismus überbetonen und den Liberalismus ablehnen. Da die ‚Neukommunitarier' demgegenüber liberale Auffassungen zwar kritisieren, aber nicht gänzlich ablehnen, ist es im Laufe der 1990er Jahre zu einer Zusammenarbeit kommunitaristischer und liberaler Gesellschaftstheoretiker gekommen, v. a. im Rahmen des 1990 durch Etzioni gegründeten ‚Communitarian Network' mit der Zeitschrift ‚The Responsive Community'. Zu den Altkommunitariern gingen die Neukommunitarier auf Distanz, weil erstere „zwar die Notwendigkeit von Gemeinschaften betont, aber die umgekehrte Gefahr repressiver und autoritärer Gemeinschaften kaum je direkt angesprochen hatten" (Reese-Schäfer 2001, 69). Von den ‚Neukommunitariern' um Etzioni werden in diesem Zusammenhang die *Responsivität* gegenüber den Individuen und die Verbindung von Rechten (rights) und Verantwortlichkeiten (responsibilities) betont, „während das traditionelle kommunitaristische Denken meist nur den Verpflichtungscharakter gegenüber den Gemeinschaften hervorgehoben und individuelle Rechtsansprüche darüber vernachlässigt hat" (Reese-Schäfer 2001, 70). Um diesen ‚neuen' Kom-

47 Nach Meyer (1999) macht es Sinn, zwischen einem ‚politischen' und einem ‚philosophischen' Kommunitarismus zu unterscheiden (vgl. hierzu auch Reese-Schäfer 1997). Wir schließen uns allerdings Haus' (2003) Auffassung an, dass eine strikte Trennung dieser beiden Spielarten des Kommunitarismus weder möglich nicht sinnvoll ist, weil den Kommunitarismus gerade auszeichnet, dass er der moralischen Begründung der politischen Theorie zu einer Renaissance verhelfen will.

munitarismus auch begrifflich von dem ‚alten', kollektivistischen Kommunitarismus abzuheben, spricht Etzioni von einem *‚responsiven Kommunitarismus'*.

Etzioni und die Neukommunitarier gehören also nicht zu denjenigen Kommunitaristen, „die in der partikularen Vergemeinschaftung das allein glückselig machende Ordnungsprinzip des menschlichen Zusammenlebens sehen" (Lange 2000, 270). Sie erkennen vielmehr auch das repressive Potenzial, das Gemeinschaften auf den Einzelnen oder auch auf andere Gemeinschaften ausüben können. Um einen solch übersteigerten Partikularismus und andere damit zusammenhängende Phänomene (z.B. Ethnozentrismus) zu vermeiden, will Etzioni die Gesellschaft aktivieren – „allerdings nicht eine Gesellschaft der rein rationalen und anonymen Vertragsbeziehungen..., sondern eine Gesellschaft als ‚Gemeinschaft der Gemeinschaften'" (Lange 2000, 271). Um ein Gleichgewicht zwischen Partikularismus und Universalismus herzustellen, fordert Etzioni, dass man die Auswahl der Werte, die die Sozialintegration steuern, bewahren und erneuern sollen, nicht allein den partikularen Gemeinschaften und Familien überlassen darf. Deshalb muss es einen Kernbestand allgemein akzeptierter und befolgter Werte geben, der auch die Gemeinschaften untereinander verbindet. Aus welchen Werten sich dieses integrative ‚Werte-Set' im Einzelnen zusammensetzt, kann aber nur von der ‚Gemeinschaft der Gemeinschaften' verhandelt und entschieden werden (vgl. Lange 2000).

Die ‚Gemeinschaft der Gemeinschaften' kontrastiert Etzioni mit zwei anderen Leitbildern der amerikanischen Gesellschaft, dem älteren Leitbild des ‚Schmelztiegels' und dem neueren der ‚Regenbogengesellschaft' (vgl. Etzioni 1997a, 271f.). Als Anhänger des soziologischen Funktionalismus[48] hält Etzioni beide Leitbilder historisch für überholt, denn „die reine Assimilationspolitik des Schmelztiegels gilt ihm als zu ordnungsverliebte Übersteuerung, die reine Identitätspolitik des Regenbogens ist dagegen zu autonomieverliebt und wirkt desintegrierend" (Lange 2000, 272). Das Gleichgewicht der beiden extremen Leitbilder stellt für Etzioni die Metapher des Mosaiks dar: „Ein Mosaik zeichnet sich durch Elemente unterschiedlicher Formen und Farben aus, die aber vom Leim und Rahmen zusammengehalten werden. Das Mosaik symbolisiert eine Gesellschaft, in der die verschiedenen Gemeinschaften ihre kulturellen Eigenheiten (von der Religion über die Sprache bis hin zu Küche und Musik) bewahren und sich selbstbewusst auf ihre spezifische Tradition beziehen können. Gleichzeitig sind sich die unterschiedlichen Gemeinschaften bewusst, dass sie selbst jeweils integraler Bestandteil eines umfassenden Ganzen sind. Darüber hinaus verbindet sie miteinander eine starke Verpflichtung gegenüber dem gemeinsamen ‚Rahmen'" (1997a 251f.).

48 Wie Reese-Schäfer (2001) herausstellt, geht Etzionis soziologischer Funktionalismus davon aus, das Gesellschaften nicht bloß für ihre einzelnen Mitglieder, sondern auch mit Blick auf die Beziehungen zwischen der Gesellschaft im Ganzen und den ihr zugehörigen Gemeinschaften und Subgruppen sowie zu anderen Gesellschaften ein Gleichgewicht zwischen sozialer Ordnung und Autonomie finden müssen. Diese Auffassungen finden sich bereits in Etzionis Frühwerk ‚Die aktive Gesellschaft' (1968/1975), in dem er sich gegenüber dem in den 1950er und 1960er Jahren dominierenden Strukturfunktionalismus Talcott Parsons abgrenzt.

Dieser gemeinsame Rahmen zeichnet sich dadurch aus, „dass er einige substantielle Grundwerte enthält, deren Achtung für jedes Individuum und für jede Gemeinschaft verbindlich ist" (Lange 2000, 272):

1. *Demokratie* wird *als ein Grundwert* angesehen. „Denn wenn Demokratie lediglich als ein Arrangement oder eine Verfahrensweise angesehen wird, könnte sie in dem Augenblick preisgegeben werden, wenn sie mit den Interessen mächtiger Gruppen in schwerwiegende Konflikte gerät" (a. a. O., 260).
2. Die *Verfassung* verkörpert die für die Politik und Gesellschaft richtungweisenden *Grundwerte* und garantiert verbindliche *Grundrechte*. „Dies sind vor allem allgemein anerkannte Vorstellungen darüber, wie die Freiheiten zu bewahren sind und mit welchen Mitteln die Rechte von Individuen und Minoritäten sowie die Zivilgesellschaft erhalten werden können" (a. a. O., 261).
3. Es bedarf *‚abgestufter Loyalitäten'*, um ein angemessenes Gleichgewicht zwischen partikularen Gemeinschaften und der Gesamtgesellschaft bewahren zu können. Damit meint Etzioni das Verteilen von Loyalitäten auf die Gemeinschaft, in der man unmittelbar lebt, und auf die umfassendere Gemeinschaft, wobei letzterer in einigen zentralen Angelegenheiten Priorität eingeräumt werden muss. „Gesellschaften funktionieren also nur, wenn die Mitglieder sich sowohl als Teil einer unmittelbaren Gemeinschaft wie auch als Teil eines umfassenden Ganzen (zu dem auch andere Gemeinschaften gehören) betrachten" (a. a. O., 264).
4. Wenn die ‚Gemeinschaft der Gemeinschaften' aufrechterhalten werden soll, müssen die Mitglieder der Einzelgemeinschaften die Wertschätzung und Verpflichtung gegenüber ihren jeweils eigenen besonderen Traditionen, Kulturen und Werten mit der *Achtung vor denen der anderen* verknüpfen. „Dies muss ohne Furcht davor geschehen können, dass eine solche Respektbezeugung als Indiz für die Übernahme oder Bejahung der Werte anderer missdeutet wird" (a. a. O., 265). Anders als Neutralität oder Toleranz bedeutet Achtung, keine normativen Einwände gegen die Gültigkeit bestimmter Werte für andere zu haben, auch wenn diese Werte nicht die eigenen sind.[49]
5. Um eine kommunitäre Gesellschaft zu schaffen und aufrecht zu erhalten, muss die Identitäts- bzw. Assimilationspolitik durch eine *‚komplexe Politik'* ersetzt werden. Damit meint Etzioni, dass es einzelnen gesellschaftlichen Gruppierungen ermöglicht werden muss, auch Bindungen zu anderen der Gesellschaft zugehörigen Gruppen eingehen zu können und sich gegenüber der umfassen-

49 In diesem Punkt weist Etzionis ‚responsiver Kommunitarismus' Gemeinsamkeiten mit den Überlegungen auf, die Charles Taylor (1993) und Michael Walzer (1998) zum Thema ‚Multikulturalismus' vorgetragen haben (vgl. C. Lindmeier 2001). Zu den Themen ‚Multikulturalismus', ‚Einwanderungspolitik' und ‚soziale Integration gesellschaftlicher Randgruppen' äußert sich auch das Positionspapier ‚Vielheit in der Einheit' (‚*Diversity Within Unity*'), das ‚die kommunitaristische Plattform' Anfang des 21. Jahrhunderts vorgelegt. Diese Papier ergänzt ‚das kommunitaristische Programm' (Download unter: http://www.gwu.edu) aus dem Jahre 1991 und ist in mehrere Sprachen übersetzt worden (vgl. auch Etzioni 1995).

deren ‚Gemeinschaft der Gemeinschaften' loyal zu zeigen. „Je mehr Individuen in verschiedenen und sich überschneidenden Gruppen aktiv sind – beispielsweise Mitglied einer nationalen Berufsgenossenschaft und einer lokalen ethnischen Gruppe sind –, umso eher wird der kommunitäre Charakter einer Gesellschaft bestehen können. Je mehr Individuen von irgendeiner Gruppe monopolisiert werden, umso weniger kommunitär wird die Gesellschaft sein" (a. a. O., 269).

6. Es ist ferner von zentraler Bedeutung, dass *gesellschaftsweite Dialoge* (‚Mega-Loge') geführt werden, und dass diese Dialoge auf zivile Art geführt werden und nicht in Kulturkriege umschlagen. Ein Beispiel für einen solchen ‚Kulturkrieg', der in den USA zum Teil mit ungeheurer Militanz ausgetragen wird, ist z. B. der Konflikt um die Legitimität von Schwangerschaftsabbrüchen. Dieser Kulturkrieg hat bereits eine erhebliche Anzahl von Menschenleben gekostet; ihn mittels einer prozeduralen Diskursethik (Habermas) zu zivilisieren, erscheint illusorisch. Etzioni schlägt deshalb statt prozeduraler Dialoge *substantielle ‚Überzeugungsdialoge'* vor. „In solchen Dialogen zählt dann weniger, wer das vernünftigste Argument vorweisen kann, sondern wer den besten Kompromiss zwischen den eingebrachten Wertvorstellungen erzielt" (Lange 2000, 273).
7. Neben den ‚Überzeugungsdialogen' ist bei der Bildung und Erhaltung kommunitärer Gesellschaften auch der Prozess der *Versöhnung* der unterschiedlichen Gruppenpositionen zu berücksichtigen. „Versöhnung sollte nicht mit Vermittlung, Konfliktlösung oder Verhandlung verwechselt werden: Diese Verfahren gehen von unterschiedlichen Interessen der Beteiligten aus und stützen sich daher vor allem auf Instrumente zum Erzielen von Kompromissen. Bei Versöhnung geht es dagegen um affektive Elemente wie Ärger und Hass und damit verbundene psychische Zustände" (Etzioni 1997 a, 270).[50]

Aus diesen gemeinsamen, substanziellen Grundwerten folgt nach Etzionis Auffassung für die gesellschaftliche und politische Praxis: „Eine Gesellschaft, die sich durch zentrifugale Kräfte bedroht sieht, muss *Institutionen und Prozesse fördern, die einer Stärkung gesellschaftlicher Bindungen und gemeinsamer Werte dienen.* Damit sollen Unterschiede nicht abgeschafft oder ‚assimiliert' werden; Ziel ist es vielmehr, den Rahmen, der die Einzelteile zusammenhält, zu festigen" (a. a. O., 273). An diesen ‚Grundwertekatalog' und den daraus abgeleiteten Maßnahmen zur Stärkung gesellschaftlicher Bindungen und gemeinsamer Werte lässt sich ablesen, warum der ‚responsive Kommunitarismus' auch als ‚*kommunitärer Liberalismus*' bezeichnet wird (vgl. Kallscheuer 1995). Fassen wir mit Vorländer zusammen, worum es dem ‚new communitarism' in Bezug auf die Erneuerung der Gesellschaft und des Sozialstaats im Wesentlichen geht, dann lässt sich Folgendes festhalten: „Dem Kommunitarismus geht es darum, ein Programm der gesellschaftlichen Balance zu entwerfen. Das Zielbild ist die Wiederherstellung einer aktiven Gesell-

50 Als Beispiel für eine gelungene *Versöhnung* führt Etzioni, der 1936 mit seinen Eltern wegen seiner jüdischen Herkunft aus Deutschland nach Palästina auswanderte, u. a. die Aussöhnung zwischen Juden und Deutschen nach dem 2. Weltkrieg an.

schaft freier und gleicher Bürger, die auf der Würde aller Menschen, gegenseitiger Toleranz sowie der friedlichen Austragung von Konflikten beruht und in der die Tugenden von Fürsorge und Teilen, von sozialer Gerechtigkeit und gemeinschaftsbezogener Verantwortung einen festen Platz haben" (2001, 20).

Etzioni, der dem politischen Kommunitarismus zuzurechnen ist, beschäftigt sich deshalb vor dem Hintergrund eines drohenden Zusammenbruchs des Sozialstaates mit einer Neuverteilung gesellschaftlicher Rechte und Pflichten. Einige seiner Veröffentlichungen, beispielsweise eine vielbeachtete Rede 1996 vor dem deutschen Bundestag (vgl. Etzioni 1997b), können daher so aufgefasst werden, als zielten sie auf den Abbau des Sozialstaates, wie manche Kritiker auch den Neukommunitariern vorwerfen. Etzioni erwidert hierauf, es ginge stattdessen um einen Umbau, der hauptsächlich moralisch und nicht in erster Linie fiskalisch oder ökonomisch motiviert sei. Eine neu überdachte ‚Teilung der Pflichten' gehe davon aus, dass grundsätzlich die betroffene Person selbst für ihre Belange zuständig sei (a. a. O., 27). Niemand sei befreit davon, einen eigenen Beitrag zu leisten, beispielsweise in der Gesundheitsvorsorge. Die Rede von einem ‚eigenen Beitrag' ist allerdings nicht allein fiskalisch aufzufassen, sondern auch als Bereitschaft, sich für die eigenen Belange zu engagieren. Gleichermaßen bestehen Pflichten gegenüber der Familie, der Gemeinschaft, in der man lebt, und gegenüber der Gesellschaft als Ganzer.

Die Rückbesinnung auf die Verantwortung für Leistungen in den benannten vier Bereichen dient daher in erster Linie der Ausbildung von *Gemeinsinn* und *Gemeinwohlorientierung* der Bürger und der Herausbildung der Zivilgesellschaft und soll durch sozialstaatliche Leistungen, soweit nötig, ergänzt werden. In diesem Zusammenhang gilt es noch einmal herauszustellen, dass soziale Gerechtigkeit für die Kommunitaristen auf dem Gedanken der Gegenseitigkeit (Reziprozität) und der wechselseitigen Anerkennung von Fähigkeiten und Leistungen für eine konkrete Gemeinschaft basiert. Für die Politik und Praxis der professionellen Arbeit mit behinderten und benachteiligten Menschen und ihren Angehörigen lassen sich hieraus drei Konsequenzen ableiten:

- Da der responsive Kommunitarismus niemanden davon befreien will, einen eigenen Beitrag zur Verbesserung seiner Lebensqualität zu leisten, schafft er Freiräume und Anreize für Aktivitäten im Sinne des Empowerments (Selbsthilfe, Selbstvertretung usw.). Durch die Einbindung in lokale Netze und durch die Schaffung von Unterstützerkreisen[51] unter Beteiligung von freiwillig Enga-

51 Die Bildung von Unterstützerkreisen im Rahmen persönlicher Zukunftsplanung wird von Peterson (1996) als eine solche Form des Engagements angesehen, die nur im Rahmen einer partikularen Gemeinschaft geschehen kann. Unterstützerkreise erbringen auf der Grundlage der persönlichen Beziehungen zu einem Menschen mit Behinderung Leistungen, die diejenigen des Sozialsystems, das universalistisch angelegt ist und sein muss, ergänzen. Unterstützerkreise bestehen aus den Menschen, die einem Menschen mit Behinderung (in Einzelfällen, falls sie oder er sich nicht äußern kann, den Angehörigen) besonders wichtig sind. Meist gehören Freunde, Verwandte und auch Lehrkräfte oder andere Fachkräfte zum Unterstützungskreis;

gierten (volunteers), die man in erster Linie unter dem Aspekt der Stärkung des sozialen Netzes einer behinderten oder benachteiligten Person würdigen sollte, ermöglicht der ‚responsive Kommunitarismus' auch behinderten und benachteiligten Menschen eine kommunitäre Einbindung als ‚Bürger unter Bürgern' (vgl. Lindmeier/Lindmeier 2000a, 2001).

- Peterson betont die Bedeutung inklusiver Bildung, denn eine inklusive Schule ermöglicht nicht nur Beziehungen behinderter und nicht behinderter Kinder und den Aufbau der entsprechenden sozialen und personalen Kompetenzen bei den Kindern, sondern fördert Nachbarschaftsentwicklung und Gemeinschaftsgefühl. Die Würdigung der kommunitären Einbindung von behinderten und benachteiligten Kindern und Jugendlichen und ihren Familien kann eine größere Aufmerksamkeit für die Bedeutung wohnortnaher, inklusiver Erziehungs- und Bildungsangebote bewirken und die Exklusion aus den bestehenden sozialen Netzen verhindern. Damit bietet die kommunitaristische Ethik auch eine normative Begründung für das Fachkonzept der Sozialraumorientierung (vgl. z. B. Hinte 2009), das sich ohne eine solche sozialethische Verankerung zu einer ökonomisch dominierten Sozialtechnologie der Nahraumplanung entwickeln wird.
- Die Bereitwilligkeit der familiären und kommunitären Gemeinschaften und aller in ihnen lebenden Menschen sowie die Bereitschaft der Gesellschaft als Ganzer, Menschen mit Behinderungen umfassende Möglichkeiten zu bieten, ihre (kommunitären) Fähigkeiten einzubringen und Teilhabe am Leben der Gesellschaft zu realisieren, sind nach kommunitaristischer Auffassung – ebenso wie die entsprechende Schaffung inklusiver Strukturen – nicht in das Belieben jedes Einzelnen gestellt. Vielmehr stellen sie innerhalb einer Ethik der intersubjektiven Anerkennung eine unhintergehbare ethische Verpflichtung dar, auf deren Basis Solidarität und soziale Zugehörigkeit entstehen können.

Der responsive Kommunitarismus setzt also in der Ethik und Politik der Anerkennung von behinderten und benachteiligten Menschen auf die sozial-inklusiven Kräfte der Zivilgesellschaft und auf die vermittelnde Funktion von intermediären Gemeinschaften, ohne dabei die Stärkung der individuellen Freiheits- und Grundrechte behinderter und benachteiligter Personen zu vernachlässigen, was den ‚Alt-

die übliche Dominanz von Fachkräften wird so aber aufgehoben. Auch andere behinderte Menschen bekommen als Mitglieder eines Unterstützerkreises eine bedeutende Rolle, da sie in der Regel einen spezifischen, durch ähnliche Erfahrungen oder enges Zusammenleben gewonnenen Blick auf die Lebenssituation der ‚Hauptperson' haben, der anderen Mitgliedern des Unterstützungskreises fehlt. Ihre Aufgabe ist es, mit der Hauptperson gemeinsam Wünsche zu formulieren, Lebensperspektiven zu entwickeln und zu realisieren, die der Hauptperson wichtig sind. Sie sollen die vorschnelle Verengung des Denkens auf das ‚Machbare', auf refinanzierbare Leistungen und den im jeweiligen gesellschaftlichen Kontext üblichen behinderungstypischen und dem Leistungssystem entsprechenden Lebensverlauf verhindern (vgl. B. Lindmeier/Meyer 2005).

kommunitariern‘ innerhalb der sonder- und integrationspädagogischen Rezeption (vgl. z. B. Antor 1996, Stinkes 2000, 2002, Dederich 2001, Katzenbach 2004) zu Recht zum Vorwurf gemacht worden war.

4 Handlungsprinzipien und Zielperspektiven

Alle pädagogisch Handelnden sollten sich und anderen Rechenschaft geben können über das, was sie tun. In diesem Sinne ist unser professionelles Handeln als *Verpflichtung* oder Selbstverpflichtung aufzufassen. Diese Verpflichtungen werden einerseits von gesellschaftlich oder staatlich autorisierten Institutionen legitimiert und andererseits der Verantwortung der Pädagogin oder des Pädagogen überantwortet (vgl. Kap. 6). Pädagogische Aufgaben lassen sich nur mehrdimensional legitimieren (vgl. Speck 1985, 130 f., für schulische Integration auch Wocken 2006, 100):

- *Ethische Legitimation:* Die Achtung der Menschenwürde verpflichtet im pädagogischen Handeln zur Achtung vor dem Menschen als Individuum und dessen freiheitlicher Selbstentfaltung. Erziehungsziele müssen so formuliert werden, dass sie nicht in Widerspruch zu diesem ethischen Grundsatz stehen.
- *Fachwissenschaftliche Legitimation:* Die Basis der inhaltlichen Legitimation pädagogischen Handelns bilden erziehungswissenschaftliche Erkenntnisse. Hinzu kommen angesichts der Komplexität pädagogischer Aufgaben bei Behinderungen und Benachteiligungen spezifische sonder- oder integrationspädagogische Erkenntnisse und fachwissenschaftliche Erkenntnisse anderer humanwissenschaftlicher Disziplinen, wie z. B. der Medizin, Soziologie, Psychologie oder der Sozialpädagogik.
- *Rechtliche Legitimation*: Aufgaben und Institutionen des Erziehungs- und Bildungswesens und der Behinderten- und Benachteiligtenhilfe werden durch gesetzliche Bestimmungen legitimiert, zu denen insbesondere das Grundgesetz, die Erziehungs- und Unterrichtsgesetze der Länder und die Sozialgesetzbücher gehören. Sie bilden die Grundlage für Anspruchsrechte Einzelner gegenüber diesen Institutionen, indem sie zum Beispiel das Bildungsrecht behinderter Kinder bzw. ihr Recht auf inklusive und qualitativ hochwertige Bildung garantieren und einklagbar machen.

Trotz der Rückbindung an ethische Prinzipien, Fachwissen und geltendes Recht ist der Spielraum zur Gestaltung von Erziehung und Bildung sowie der Unterstützung größtmöglicher Teilhabe und Inklusion noch groß. An der Gestaltung der Rahmenbedingungen, zu denen auch die Weiterentwicklung der gesetzlichen Grundlagen und der ethischen Prinzipien gehört, sind daher verschiedene Instanzen beteiligt:

- *Behinderte und benachteiligte Menschen* bzw. bei Kindern ihre gesetzlichen Vertreter, in der Regel die Eltern, sind als ‚Betroffene' besonders wichtig. Sie sind als Einzelpersonen aktiv, aber auch in Interessengruppen. Interessengruppen können an Fragestellungen ausgerichtet sein, die sich durch eine spezifische Behinderung ergeben (z. B. Deutscher Gehörlosen-Bund e. V.) oder durch gemein-

same Ziele (z. B. Gemeinsam leben – gemeinsam lernen e. V. als wichtigster ‚Integrations-Eltern-Verband'). Während Blinden- und Gehörlosenverbände schon auf eine mehr als 100jährige Tradition zurückblicken, organisieren sich Menschen mit einer geistigen Behinderung erst seit einigen Jahrzehnten selbst in Verbänden. Vorreiter ist dabei ‚Mensch zuerst – Netzwerk People First e. V. Deutschland'. In ihm sind Menschen organisiert, die nicht mehr ‚geistig behindert' genannten werden wollen, sondern sich als Menschen mit Lernschwierigkeiten bezeichnen.
- *Interessensgruppen:* Verbände, politische Parteien, Berufsgruppen, Kirchen und sonstige gesellschaftliche Gruppen setzen sich für die Belange ihrer Mitglieder oder für Dritte ein. Verbände behinderter Menschen und ihrer Angehörigen wurden bereits erwähnt. Auch Fachleute sind in Verbänden organisiert (z. B. GEW- Gewerkschaft für Erziehung und Unterricht; vds – Verband Sonderpädagogik; BHP – Berufsverband der Heilpädagogen). Dabei ist zu beachten, dass diese Verbände die Doppelaufgabe haben, die Berufsinteressen ihrer Mitglieder zu vertreten, zugleich aber – zumindest dem eigenen Anspruch nach – auch die Interessen von behinderten und benachteiligten Menschen.
- Aufgabe eines demokratischen *Staates* ist es, für einen Ausgleich gesellschaftlicher Interessensgegensätze zu sorgen.

Auf einer etwas konkreteren Ebene lassen sich Handlungsprinzipien und Zielperspektiven professionellen Handelns entwickeln. Da sie – im Zusammenwirken der benannten (Legitimations-)Instanzen – gesellschaftliche Tendenzen aufnehmen, unterliegen sie einem Wandel. Für die gegenwärtige Situation beansprucht insbesondere das Ziel einer umfassenden „Teilhabe am Leben in der Gesellschaft" Gültigkeit, das im Sozialgesetzbuch IX, Artikel 1 formuliert ist: „Behinderte oder von Behinderung bedrohte Menschen erhalten Leistungen nach diesem Buch und den für die Rehabilitationsträger geltenden Leistungsgesetzen, um ihre Selbstbestimmung und gleichberechtigte Teilhabe am Leben in der Gesellschaft zu fördern, Benachteiligungen zu vermeiden oder ihnen entgegenzuwirken." Der Begriff der Teilhabe ist relativ neu und ersetzt den Begriff der (sozialen) Eingliederung in das Leben der Gemeinschaft. Hinzu kommen seit Inkrafttreten der UN-Behindertenrechtskonvention der „volle und gleichberechtigte Genuss aller Menschenrechte und Grundfreiheiten durch alle Menschen mit Behinderungen ... und die Achtung der ihnen innewohnenden Würde" (Artikel 1) sowie der wirksame Schutz vor Diskriminierung mit dem Ziel der Inklusion.

Durch die fachwissenschaftliche Diskussion wurde konkretisiert, wie soziale Eingliederung bzw. Teilhabe definiert und umgesetzt werden könnten. Im Folgenden werden deshalb aktuelle *Handlungsprinzipien*, die die Fachdiskussion und Praxis prägen, im Überblick dargestellt. Die Handlungsprinzipien der Integration und der Inklusion entfalten im schulischen wie im außerschulischen Bereich Wirkung. Sie werden deshalb etwas ausführlicher dargestellt. Die übrigen Prinzipien wurden insbesondere im außerschulischen Feld und in Bezug auf erwachsene Menschen mit dauerhaftem und umfangreichem Unterstützungsbedarf wirksam.

- *Normalisierung*: Der Kerngedanke des Normalisierungsprinzips besteht darin, dass Menschen mit Behinderungen ein ‚Leben so normal wie möglich' führen können sollen. Normalisierung zielt daher vor allem auf den Abbau von Sonderregelungen für Menschen mit Behinderungen.
- *Selbstbestimmung*: Der Wunsch nach Selbstbestimmung wurde aus der Selbsthilfebewegung körperbehinderter Menschen in die Fachdiskussion getragen und setzte eine intensive Auseinandersetzung mit den Rechten und Pflichten von Mitarbeitern und Menschen mit Behinderung in Gang. Eng verbunden mit dem Prinzip der Selbstbestimmung ist das Assistenzprinzip, das die Gestaltung der Arbeitsbeziehung prägt.
- *Empowerment*: Das Konzept des Empowerments geht davon aus, dass Menschen sich immer auf einem Kontinuum von Selbstbestimmung und Fremdbestimmung, Autonomie und Abhängigkeit befinden. Es beschreibt Wege, Menschen mit wenig Macht und Einfluss allein und gemeinschaftlich zu stärken, sich zu ‚empowern', d. h. zu Macht zu gelangen.
- *Lebensqualität*: Das Konzept der Lebensqualität überträgt die Erkenntnisse der Lebensqualitätsforschung auf die Situation von Menschen mit Behinderung. Wie bei anderen Bevölkerungsgruppen wird einerseits danach gefragt, wie hoch die objektive Lebensqualität ist, die mit gesellschaftlichen Standards verglichen wird, und andererseits, wie die subjektive Einschätzung der Lebensqualität (Wohlbefinden) aussieht.
- *Sozialraumorientierung*: Das Prinzip der Sozialraumorientierung ist derzeit in der Jugendhilfe und der Behindertenhilfe sehr aktuell. Es führt, wenngleich meist ohne ausdrückliche Bezugnahme, relevante Gedanken des Empowermentprinzips weiter, indem es ein Gemeinwesen schaffen will, das Teilhabe ermöglicht und Menschen mit Behinderung in die Gestaltung ihres Gemeinwesens einbindet.
- *Integration*: Integration bezeichnet die Hereinnahme einer zuvor ausgeschlossenen Gruppe von Menschen in die Mehrheitsgesellschaft bzw. in die Regelschule, die sich dadurch zu einer ‚Schule für alle' verändert. Auch sprachlich meint Integration die ‚Hereinnahme' einer zuvor ausgeschlossenen Gruppe in die größere Gesamtgruppe. Integration kann die Integration von Migranten, behinderten Menschen und anderen meinen, je nachdem, welche Ausschlussprozesse in einer Gesellschaft stattfinden. Obwohl sich durch diesen Prozess sowohl die Angehörigen der Mehrheitsgesellschaft als auch die Mitglieder der zuvor ausgeschlossenen Gruppe verändern, wird in der momentanen Praxis von den integrierten Menschen eine möglichst gute Anpassung an die Regeln der Mehrheitsgesellschaft erwartet.
- *Inklusion*: Stärker als der Begriff der Integration betont Inklusion die Notwendigkeit, die Gesellschaft als Ganze so zu verändern, dass nicht mehr zwischen integrierten Menschen und anderen unterschieden wird, sondern alle gleichwertige Mitglieder sind. Während es in Integrationsklassen üblich ist, so genannte I-Kinder (Integrationskinder) von den anderen Kindern zu unterscheiden, kann es in einer inklusiven Schule keine ‚Inklusionskinder' geben.

- *Teilhabe*: Der Begriff der Teilhabe ersetzt im Sozialgesetzbuch IX den Begriff der Eingliederung und gewann so großen Einfluss auf die Fachdiskussion. Er wird häufig in Verbindung mit dem Begriff der Inklusion benutzt, um darauf hinzuweisen, dass nicht das bloße ‚Dabeisein', sondern eine substantielle Beteiligung angestrebt wird.
- *Prävention* und *Rehabilitation*: Die Begriffe stammen aus dem Gesundheitssystem und zielen hauptsächlich auf die Vorbeugung bzw. die Behebung von individuellen Defiziten. Sie werden auf Grund ihrer großen Bedeutung in der Sozialgesetzgebung und Praxis näher erläutert.

Es ist offensichtlich, dass sich diese programmatischen Handlungsprinzipen zu einem großen Teil überschneiden. Wegen ihres programmatischen Charakters haben sie in der Regel nur eine mittelbare Wirksamkeit in der Realität. Sie bedürfen also im alltäglichen Berufshandeln der Operationalisierung bzw. Umsetzung in konkrete Handlungen bzw. Handlungsziele.

4.1 Normalisierung

Der Begriff ‚Normalisierung' wurde durch Bank-Mikkelsen in das dänische Gesetz von 1959 über die Fürsorge für Geistigbehinderte eingeführt. Mit dem Gesetz wurde angestrebt, Menschen mit geistiger Behinderung, die zu dieser Zeit in Europa und Nordamerika in großen Anstalten lebten, ein „Leben so normal wie möglich" (zit. nach Thimm 1979, 4) zu ermöglichen. Der Grundgedanke des Normalisierungsprinzips ist, dass alle Menschen gleiche Rechte haben (Gleichheitsprinzip). Bank-Mikkelsen bezeichnet es als ein ‚Anti-Dogma', das sich gegen Diskriminierung behinderter Menschen, z. B. durch Verwahrung in Anstalten, wendet.

Nirje (erstmals 1968; vgl. 1993, 182 ff.) nennt folgende Bestandteile des Normalisierungsprinzips:

1. Ein normaler Tagesablauf
2. Ein normaler Wochenablauf
3. Ein normaler Jahresablauf
4. Die normalen Erfahrungen eines Lebenszyklus
5. Normaler Respekt
6. In einer zweigeschlechtlichen Welt leben
7. Normaler Lebensstandard
8. Normale Umweltbedingungen.

In den skandinavischen und angelsächsischen Ländern wurden daraufhin die Großeinrichtungen im Rahmen groß angelegter Deinstitutionalisierungsprogramme aufgelöst. Diese Entwicklung wurde durch mehrere Ereignisse bzw. gesellschaftliche Kräfte gefördert (vgl. Kugel/Wolfensberger 1969):

- Es gab massive öffentliche Kritik an den staatlichen Institutionen, die in den Medien als menschenunwürdig dargestellt wurden.
- Mehrere Gerichtsentscheidungen untersagten institutionelle Praktiken und sorgten dadurch landesweit für Veränderungen in den Institutionen. Besonders in den USA kam es zu Präzedenzfällen, die die Betreiber anderer Einrichtungen zu Veränderungen zwangen.
- Gesetzliche Veränderungen wie das Verbot von Einrichtungen einer bestimmten Größe förderten den Umwandlungsprozess.
- Die wissenschaftliche Auseinandersetzung mit dem Thema zeigte, dass Menschen, die als kaum bildbar, nicht beschäftigungsfähig und verhaltensauffällig eingeschätzt wurden, unter veränderten Lebensbedingungen eine Abnahme auffälligen Verhaltens zeigten und erfolgreich an Bildungs- und Beschäftigungsmaßnahmen teilnahmen.

Maßgeblich für die konzeptionelle Gestaltung war die Ablehnung der bisherigen Praktiken und das Bestreben, neue Konzepte zu entwickeln und zu zeigen, dass eine gemeindenahe Unterbringung möglich sei (vgl. Lindmeier/Lindmeier 2000 a, 304 ff). Diese Phase ist in Deutschland nicht nur zeitlich später, sondern auch anders verlaufen: die ehemaligen Anstalten wurden eher umstrukturiert als aufgelöst, und trotz Dezentralisierungsmaßnahmen wie ausgelagerten Gruppen bestehen vielerorts noch große Zentralbereiche mit mehr als 100 Bewohnern. Bis in die 1980er Jahre gab es in diesen Wohneinrichtungen Schlaf- und Wachsäle. Privateigentum, Privatsphäre, Partnerschaften und die Entwicklung eines individuellen Lebensstils waren so kaum möglich. Auch die Beschäftigungssituation war unzureichend. Heute haben alle Einrichtungen wenigstens eine Orientierung am Normalisierungsprinzip eingeführt. Größere Wohnheime sind in Gruppen gegliedert, in denen es Gemeinschaftsbereiche und Privaträume gibt, die Rechte der Bewohner sind in Heimverträgen geregelt. Fast alle Einrichtungen arbeiten mit einem Bezugsbetreuersystem, welches gewährleisten soll, dass jeder Bewohner eine besondere Vertrauensperson hat.

Aber auch heute sind in der Bundesrepublik Deutschland noch nicht alle Forderungen des Normalisierungsprinzips erfüllt, da es immense Unterschiede zwischen den einzelnen Wohneinrichtungen gibt: Noch immer gibt es Doppelzimmer, mitunter sogar Mehrbettzimmer, und auch die Dienstplanung schränkt viele Bewohner in der Gestaltung ihrer Schlafens- und Essenszeiten und in den Möglichkeiten der Körperpflege, beispielsweise des Duschens oder Badens, immer noch ein. Auch der Umgang mit Sexualität und Partnerschaft ist unterschiedlich, und eine angemessene Unterstützung geistig behinderter Eltern ist für viele Einrichtungen und ambulante Dienste noch ein relatives Neuland, obwohl anderen Orts bereits Erfahrungen aus mehreren Jahrzehnten vorliegen.

Ein Teil der beschriebenen Einschränkungen kann durch eine klare Orientierung am Normalisierungsprinzip und dem unten dargestellten Prinzip der Selbstbestimmung sowie durch eine gute und flexible Dienstplangestaltung abgemildert werden. Das Zusammenleben mit einer größeren Gruppe von nicht selbst gewählten Mitbewohnern entspricht aber grundsätzlich nicht normalen Lebensbedingungen unserer Gesellschaft. Es ist vor allem finanziell motiviert, denn bei hohem Hilfebedarf ist die Unterbringung in größeren Wohneinheiten kostengünstiger, da Leistungen wie Nachtwache oder Nachtbereitschaft für eine größere Gruppe von Menschen vorgehalten werden können. Heute ist kaum noch vorstellbar, dass das Normalisierungsprinzip in den 1980er Jahren zu großen Kontroversen geführt hat. Viele Mitarbeiter und auch Eltern bezweifelten aber die Fähigkeit geistig behinderter Menschen, in gemeindenahen Wohnformen oder im eigenen Wohnraum zu leben, und in einer Untersuchung von 1964 sprachen sich zwei Drittel der Befragten dafür aus, Kinder mit Behinderung sollten in einem Heim untergebracht werden, „möglichst weit weg von besiedelten Gebieten“ (v. Bracken 1964, zit. nach Thimm 1984, 11).

In der Rezeption des Normalisierungsprinzips gab es immer wieder Missverständnisse dahingehend, dass von Menschen mit Behinderung ‚normales Verhalten‘ erwartet werde. Nirje und Perrin nennen und entkräften in diesem Zusammenhang folgende Missverständnisse:

1. „Normalisierung heißt, Leute normal zu machen“ (1994, 203): Es geht um eine Normalisierung der Lebensbedingungen. Zwar ist zu erwarten, dass dadurch auch ein Rückgang auffälligen Verhaltens eintritt, aber es geht nicht darum, Menschen ‚normal zu machen‘.
2. „Spezielle Hilfen sind mit dem Normalisierungsprinzip unvereinbar“ (a. a. O., 204): Menschen mit Behinderung sollen die Unterstützung bekommen, die sie für ein ‚Leben so normal wie möglich‘ benötigen. Jeder Mensch nutzt spezielle Dienste, wie Fachärzte oder Erziehungsberatungsstellen; Ziel ist aber immer, das gewünschte Leben aufrecht zu erhalten. Wenn die Form, in der die Unterstützung erfolgt, ein normales Leben verhindert, wie es Förderschulen oder große Wohneinrichtungen tun, dann entspricht dies nicht dem Normalisierungsprinzip.
3. „Normalisierung heißt, Leute in ihrer Gemeinde ohne Unterstützung auszusetzen“ (a. a. O., 205): die bisher in speziellen Settings geleistete Unterstützung muss dort geleistet werden, wo Menschen in den Kindergarten, in die Schule und zur Arbeit gehen, wo sie wohnen und ihre Freizeit verbringen.
4. „Normalisierung ist ein Alles-oder-Nichts-Konzept“ (ebd.): Normalisierte Lebensbedingungen bedeuten nicht, dass Menschen völlig selbständig leben. Es wird auch weiterhin Unterstützungsangebote geben, die sich von den Lebensbedingungen anderer Menschen unterscheiden, wie alternative Beschäftigungsformen.
5. „Normalisierung eignet sich nur für leichter Behinderte“ (a. a. O., 206): Die Konsequenzen aus dem Normalisierungsprinzip sind im Gegenteil für schwer behinderte Menschen besonders weitreichend, denn sie leben unter den am wenigsten normalen Bedingungen und profitieren am stärksten von der konsequenten Ausrichtung ihres Alltags an den vielfältigen Möglichkeiten anderer Menschen.

6. „Geistig Behinderte sind am besten mit ihresgleichen dran, geschützt vor den Härten der Gesellschaft“ (ebd.): Pauschale Urteile dieser Art stellen widerlegte Vorurteile dar.
7. „Normalisierung ist eine skandinavische Erfindung, die bei uns nicht angewendet werden kann“ (a. a. O., 207): Dieses Vorurteil stammt aus der Anfangszeit der Umsetzung und ist durch die Entwicklung in der Bundesrepublik Deutschland ohnehin überholt.
8. „Normalisierung ist zwar ein humanistisches Konzept, aber idealisiert und unpraktisch“ (ebd.): Im Gegenteil handelt es sich um ein sehr einfaches und praktikables Konzept, da man jederzeit im Selbstversuch die Lebensbedingungen behinderter Menschen auf sich selbst anwenden kann und sich fragen kann: könnte und wollte ich so leben? Welche Einschränkungen würden sich ergeben? Wie könnte man Unterstützung anders organisieren?

In den USA wurde das Normalisierungsprinzip von Wolfensberger (1986/2005) weiter entwickelt, der die ‚Aufwertung der sozialen Rolle‘ (social role valorisation) in den Mittelpunkt stellte und das Verfahren PASSING entwickelte, mit dessen Hilfe Einrichtungen und Dienste dahingehend bewertet werden konnten, ob sie Normalisierung befördern (vgl. König 1992). In der Bundesrepublik Deutschland erlangte das Normalisierungsprinzip durch einen Kongress der Bundesvereinigung Lebenshilfe (1985) und die Arbeiten von Thimm (Thimm et al. 1985; Thimm 2005), der es als übergeordnetes Orientierungsprinzip moderner Behindertenhilfe ansieht, einen hohen Grad an Bekanntheit.

4.2 Selbstbestimmung

Das Prinzip der Selbstbestimmung gewann in Deutschland seit Beginn der 1990er Jahre zunehmend Einfluss auf die Fachdiskussion. Auch in diesem Fall beeinflusste ein Kongress der Bundesvereinigung Lebenshilfe zum Thema Selbstbestimmung, der 1993 in Duisburg veranstaltet wurde, die weitere fachliche Auseinandersetzung maßgeblich (Bundesvereinigung Lebenshilfe 1996).

Entstanden war dieses Prinzip bereits Jahrzehnte zuvor in der internationalen Independent-Living-Bewegung, die in den 1960er Jahren in den USA ihren Anfang nahm. Menschen mit Körperbehinderung erstritten die Erlaubnis, trotz umfangreicher Beeinträchtigungen auf dem Campus einer Universität zu leben und zu studieren. 1972 wurde das erste Zentrum für selbstbestimmtes Leben gegründet, zu dessen Leistungen die Beratung von Betroffenen durch Gleichbetroffene, das Peer Counseling, gehörte. Eine Gesetzesänderung von 1973, die weit reichenden Schutz vor Diskriminierung bot und damit die Weichen dafür stellte, behindernde Lebensbedingungen bekämpfen zu können, gilt als Meilenstein der Independent-Living-Bewegung (vgl. Miles-Paul 1992).

In der Bundesrepublik Deutschland formierte sich eine politisch motivierte Bewegung körperbehinderter Menschen im Verlauf der 1970er Jahre; sie fand im ‚Krüppeltribunal' im Jahr der Behinderten 1981 in Dortmund einen ersten Höhepunkt. Das Krüppeltribunal war eine Potestaktion gegen das Internationale Jahr der Behinderten, das weitgehend unter Ausschluss behinderter Menschen stattfand. Angeklagt waren Menschenrechtsverletzungen in Heimen, Werkstätten für Behinderte und Psychiatrien, Missstände im öffentlichen Personennahverkehr und mangelnde Barrierefreiheit.

1986 wurde das erste Zentrum für Selbstbestimmtes Leben in Bremen gegründet; heute gibt es in den meisten Bundesländern Zentren für Selbstbestimmtes Leben, wobei die Zahl der Zentren und somit ihre Erreichbarkeit angesichts eingeschränkter Mobilität sehr unterschiedlich ist.

Selbstbestimmt leben impliziert „die Kontrolle über das eigene Leben (...). Dies umfasst die Regelung der eigenen Angelegenheiten, die Teilnahme am täglichen Leben in der Gemeinde, die Ausübung einer Reihe von sozialen Rollen, das Treffen von Entscheidungen, die zur Selbstbestimmung führen und die Minimierung von physischen und psychischen Abhängigkeiten von Anderen" (Frieden et al., zit. n. Miles-Paul 1992, 19 f).

Miles-Paul und Frehse (vgl. 1994) fassen die Forderungen der deutschen Selbstbestimmt-Leben-Bewegung in folgenden Punkten zusammen:

- Durch Gleichstellung und Schutz vor Diskriminierung sollen erreicht werden, dass an Stelle einer Anpassung behinderter Menschen an ihre Umwelt eine Anpassung der Umwelt an die Bedürfnisse des behinderten Menschen geschieht.
- Entmedizinisierung und gesundheitliche Selbstverantwortung sollen das Bild körperbehinderter Menschen als unmündigen, pflegebedürftigen Kranken entgegenwirken, das aus der Dominanz medizinischer Normen resultiert.
- Integration soll die Sondereinrichtungen am Rande der Gesellschaft ablösen.
- Eine wichtige Forderung betrifft die Kontrolle zentraler Positionen in den Interessenvertretungen behinderter Menschen: Nicht behinderte Menschen sollen ausschließlich als Fördermitglieder vertreten sein, während nur behinderte Menschen Stimmrecht besitzen und wichtige Positionen innehaben. Hierdurch soll die Bevormundung behinderter Menschen durch die Wohlfahrtsverbände beendet werden.
- Auch die Unterstützungsangebote sollen ebenfalls durch die behinderten Menschen selbst kontrolliert werden. Dies kann durch persönliche Assistenz nach dem Arbeitgebermodell oder durch die Organisation und Leitung ambulanter Dienste durch körperbehinderte Menschen selbst oder eine starke Kundenvertretung als Kontrollgremium eines ambulanten Dienstes geschehen (vgl. auch Lindmeier/Lindmeier 2000 b).

Das Orientierungsprinzip der Selbstbestimmung verändert vor allem das professionelle Arbeitsbündnis und das Beziehungsgefüge zwischen Fachleuten und Menschen mit Behinderung (vgl. Rock 2001). Als neue Rolle der Fachkräfte werden *Assistenz* und *Begleitung* an Stelle von ‚Befürsorgung' (als Mischung von Bevormundung und Fürsorge) und Betreuung gefordert. Das Peer Counseling, die Beratung durch gleich Betroffene, die in Zentren für selbstbestimmtes Leben erfolgt, unterstützt Menschen mit Behinderung in diesem Prozess. Peer Counselor absolvieren eine Ausbildung, in der neben der Vermittlung von Beratungskompetenzen auch die Auseinandersetzung mit der eigenen Behinderung und den damit verbundenen Erfahrungen thematisiert wird.

Für die Umsetzung des Assistenzprinzips ist es besonders günstig, wenn der behinderte Mensch als Arbeitgeber seine Assistenzkräfte beschäftigt, sie einstellt, einweist und die ‚Regiekompetenz' ausübt. Auch hierzu leisten Zentren für selbstbestimmtes Leben Hilfestellung, indem sie zu rechtlichen und praktischen Fragen beraten, informieren und Fortbildungen anbieten (vgl. Mobile – Selbstbestimmt leben Behinderter e.V. 2001), und es ist dennoch noch immer ein kleinerer Teil der Menschen mit Körperbehinderung und hohem Assistenzbedarf, der Assistenz nach Arbeitgebermodell organisiert. Die Hürden sind hoch, insbesondere, wenn ein Mensch zuvor in abhängig machenden, voll versorgenden Heimstrukturen gelebt hat: die Angst, was passiert, wenn ein Assistent erkrankt oder kündigt und nicht rechtzeitig Ersatz gefunden werden kann, Schwierigkeiten bei der Ausübung der Arbeitgeberfunktion, die Notwendigkeit, einen angemessenen Stundensatz eventuell vor Gericht vertreten zu müssen, schrecken viele Menschen mit Behinderung ab. Peer Counselor fungieren daher auch als ‚Mutmacher' und positive Rollenvorbilder. Die vielen positiven Beispiele zeigen, dass der Gewinn an individueller Gestaltungsfreiheit in diesem Modell sehr hoch ist. Eine Alternative ist die Inanspruchnahme ambulanter Dienste, die Assistenz im eigenen Wohnraum leisten und ebenfalls dem Assistenzmodell verpflichtet sind. Die Möglichkeiten, selbstbestimmt die Assistenz zu organisieren, sind allerdings gegenüber dem Arbeitgebermodell einschränkt.

Selbstbestimmung ist auch bei schwerer und mehrfacher Behinderung möglich, denn auch bei extremer Einschränkung der Handlungskompetenz ist *Entscheidungs- oder Regiekompetenz* möglich. Wünsche und Bedürfnisse schwer und mehrfach behinderter Menschen können sich auch in leiblichen Ausdrucksformen artikulieren (Ausscheidung, Laut- und Geräuschproduktion, Bewegungsdrang, Selbst- oder Fremdaggression usw.). Diese Ausdrucksformen als Akte der Selbstbestimmung zu interpretieren erfordert ein Umdenken hinsichtlich unserer Auffassung von Behinderung. In diesem Fall besteht eine Aufgabe der Assistenz allerdings auch darin, Äußerungen zu interpretieren und Handlungsmöglichkeiten anzubieten, denn die Regiekompetenz kann in diesen Fällen nicht wahrgenommen werden. Zielsetzung ist auch hier die Auflösung von Machtstrukturen, um den Alltag nicht länger *für*, sondern *mit* behinderten Menschen zu gestalten, indem die *Wünsche* und *Bedürfnisse* der behinderten Menschen zum Orientierungspunkt des (pädagogischen) Handelns gemacht werden.

Selbstbestimmung wird in der Arbeit mit geistig behinderten Menschen international unter fünf Gesichtspunkten diskutiert (vgl. Lindmeier/Lindmeier 2003), allerdings ist in der Rezeption in Deutschland bisher vor allem der zweite Gesichtspunkt ausgearbeitet worden, während die übrigen Gesichtspunkte tendenziell vernachlässigt werden.

1. Selbstbestimmung ist ein Bündel von Fähigkeiten und Fertigkeiten bzw. Kompetenzen, die gelernt werden können – und gelehrt werden müssen; das Erlernen von selbstbestimmtem Entscheiden und Handeln ist bereits eine Aufgabe der Schule.
2. Selbstbestimmung ist ein innerer Antrieb zu autonomem, selbstgesteuerten und selbstbewußtem Verhalten (im Sinne von ‚Empowerment' und ‚sich seiner selbst bewußt sein'); als innerer Antrieb ist es auch auf vorsprachlichem Niveau vorhanden und deutbar.
3. Selbstbestimmung ist eine Form menschlicher Selbstgestaltung, die sich nur im Rahmen kommunikativer und sozialer Beziehungen vollzieht. Intentionale Kommunikation kann als eine grundlegende Form von Selbstbestimmung angesehen werden, entsprechend großer Wert muss auf die Kommunikationsangebote (Signale) nicht sprechender Menschen gelegt werden. Zudem ist das Leben aller Menschen durch gegenseitige Abhängigkeit, durch Interdependenz zwischen sich nahe stehenden Menschen, gekennzeichnet. Die soziale Komponente der Selbstbestimmung besteht daher in der Unterstützung von Beziehungen.
4. Selbstbestimmung ist ein politisches Recht, ein Bürgerrecht, das jedem Menschen unabhängig vom Art und Ausprägung seiner Behinderung zusteht.
5. Selbstbestimmung impliziert eine Aufforderung zur Veränderung des Systems der Hilfen für Menschen mit geistiger Behinderung.

4.3 Empowerment

In Ergänzung zum Selbstbestimmungsprinzip wird das Empowerment-Konzept seit Anfang der 1990er Jahre in die Diskussion über die Leitprinzipien professionellen Handelns in die Pädagogik bei Behinderung und Benachteiligung eingebracht (vgl. Hintermair 2009). Der Empowerment-Ansatz tritt ebenso wie das Leitprinzip der Selbstbestimmung für die Freiheits- und Selbstbestimmungsrechte behinderter und benachteiligter Menschen und Gruppen ein. Vertreterinnen und Vertreter des Empowermentgedankens kritisieren allerdings am Selbstbestimmungsprinzip, dass es die individuellen Bedürfnisse und Wünsche überbetont, während die Verbindung zu und das Verwiesensein auf andere Menschen zu wenig berücksichtigt werden. Der Begriff ‚Empowerment' fand deshalb schnell Eingang in unterschiedliche Fachwissenschaften. In der Bundesrepublik Deutschland wurde er zunächst in der Sozialen Arbeit und Sozialpsychologie rezipiert (vgl. u. a. Herriger 1997; Keupp 1990; Stark 1996). In der Heil- und Sonderpädagogik erfolgte die Rezeption des Empowerment-Konzepts maßgeblich durch Theunissen (2009) sowie durch Weiß (1992, 2000 b) und Mohr (2003).

Das Empowerment-Konzept stammt aus den USA und ist dort seit den 1950er Jahren mit der Geschichte der Bürgerrechtsbewegungen verbunden. Kennzeichnend für diese Bewegungen, z. B. die schwarze Bürgerrechtsbewegung und die Frauenbewegung, ist die Erfahrung der Diskriminierung und der Vorenthaltung von Bürgerrechten, von gesellschaftlicher Ohnmacht und mangelnder Wertschätzung. In ihrem Einsatz für gleiche Rechte erfuhren sowohl die einzelnen Protagonisten als auch die Bürgerrechtsbewegungen als Ganze eine Stärkung, die als ‚Empowerment' bezeichnet wurde. Mit diesem Begriff, der häufig als ‚Selbstermächtigung' übersetzt wird, wird die Erfahrung ausgedrückt, dass durch das gemeinsame politische Handeln Kräfte freigesetzt werden, die die ehemals ohnmächtigen und marginalisierten Personen und Gruppen handlungsfähig und mächtig werden lassen.

Diese Bewegungen waren wegweisend für weitere Bewegungen, beispielsweise die Independent-living-Bewegung in den USA und die deutsche Selbstbestimmt-Leben-Bewegung und ‚Mensch zuerst – Netzwerk People First Deutschland e. V.'.

Theunissen (2006, 81 f) versucht den komplexen Begriff Empowerment zu systematisieren, indem er vier Zugänge unterscheidet:

1. Empowerment verweist auf individuelle Kräfte, Stärken und Ressourcen, die es ermöglichen, Schwierigkeiten und Krisen aus eigener Kraft zu bewältigen. Es ist möglich, dass dem handelnden Menschen selbst seine Kräfte nicht immer bewusst sind.
2. Empowerment verweist auf die kollektive politische Durchsetzungskraft einer Gruppe, beispielsweise der Schwarzen in den USA oder der behinderten Menschen.
3. Empowerment bezeichnet den Lern- und Erfahrungsprozess, der entsteht, indem Menschen ihre Interessen durchzusetzen suchen und dadurch ihre Handlungsfähigkeit und Stärke (erstmals) erfahren, und indem sie sich zu Gruppen oder Organisationen zusammenschließen.
4. Empowerment bezeichnet schließlich die Anregung von außen, die verschüttete Ressourcen zu entdecken und entwickeln hilft. Innerhalb aller Bürgerrechtsbewegungen wird dieser Prozess sehr bewusst als gegenseitige Anregung und Unterstützung gleich betroffener Menschen zu gestalten versucht, um die bestehende Dominanz von nicht Betroffenen zu vermeiden.

Theunissen meint in diesem vierten Punkt allerdings vor allem die Anregung von außen durch Fachkräfte der sozialen Arbeit und der Behindertenhilfe, die mit Hilfe des Empowermentkonzepts bisherige, bevormundende Strukturen überwinden und eine „neue Kultur des Helfens" (a. a. O., 82) entwickeln könnten. Die Frage, ob und in welcher Weise Empowerment durch Fachkräfte angeregt und unterstützt werden kann, ist zentral für die Gestaltung von Unterstützungsleistungen, die Hilfe zur Selbsthilfe leisten und ein möglichst hohes Maß an Selbstbestimmung ermöglichen sollen.

Wesentlich ist außerdem der dialektische Grundgedanke des Empowermentkonzepts: Menschen sind in der Regel in der Lage, ihr Leben autonom zu gestalten. In sozial randständigen Lebenslagen wird diese Fähigkeit jedoch häufig verschüttet oder kann sich nicht entwickeln. Psychosoziale Hilfen, die zur Unterstützung von Menschen in Bedarfslagen entwickelt werden, unterstützen diese Menschen zwar, nehmen ihnen aber zugleich ihre Autonomie und machen sie abhängig, verstärken damit also ihre Hilfsbedürftigkeit (vgl. Rappaport 1985). Intention des Empowerment-Konzepts ist es, Menschen so zu unterstützen und zur Selbsthilfe anzuregen, dass sie ‚power' (Macht, Kraft) gewinnen und von Unterstützung unabhängiger werden.

Die dialektische Grundorientierung des Empowermentkonzepts geht daher von einem Spannungsverhältnis von Selbst- und Fremdbestimmung, Autonomie und Abhängigkeit aus. Menschen wie auch Gruppen in benachteiligten Situationen sollen mit Hilfe ihrer eigenen Stärken und auf der Grundlage gleicher Rechte ihr Leben ‚in die eigene Hand nehmen' können. Empowerment wendet sich also gegen paternalistische, bevormundende Hilfe in einem wohlfahrtsstaatlichen ‚Bedürftigkeits- und Abhängigkeitsmodell', ohne die Angewiesenheit auf Unterstützung in diesem Prozess auszublenden. Um Rechte und Pflichten wahrnehmen zu können, benötigen benachteiligte Menschen auch bedarfsgerechte *Ressourcen*, die der Wohlfahrtsstaat gewährleisten muss. Behinderten und benachteiligten Menschen mehr Kontrolle über ihr eigenes Leben zu ermöglichen, darf nicht dazu führen, deren Bedürfnisse nach Hilfe zu vernachlässigen.

Damit Hilfe nicht zu Bevormundung und Abhängigkeit führt, ist politisches Engagement für die Veränderung und Mitgestaltung des Hilfesystems (z. B. durch Selbsthilfegruppen) von hohem Stellenwert. Empowerment eignet sich deshalb auch als Ansatz für die Kooperation von Eltern behinderter Kinder und Fachkräften in der Frühförderung (vgl. Weiß 1992). Empowermentprozesse können sich nicht nur auf *individueller*, sondern auch auf *Gruppenebene* und *(gesamt-)gesellschaftlicher Ebene* entwickeln. Empowermentprozesse auf diesen Ebenen dürfen nach Weiß nicht als getrennt und unabhängig voneinander betrachtet werden. Die Wirkung dieser Prozesse liegt vielmehr gerade in der wechselseitigen Abhängigkeit und in der Integration von Veränderung auf allen drei Ebenen.[52]

Folgende Bezugswerte können nach Prilleltensky (1994) als Wertebasis von Empowerment benannt werden (vgl. B. Lindmeier 2008).

1. *Autonomie und Selbstbestimmung*: Autonomie und Selbstbestimmung zielen nicht auf ein von Bindungen freies ‚Ich-Projekt', wie es vielfach missverstanden worden ist, sondern auf die Wiedererlangung von Gestaltungsspielräumen im eigenen Leben (Kontrollbewusstsein in Bezug auf die Gestaltung des eigenen Lebens, Selbstrespekt).
2. *Verteilungsgerechtigkeit*: Eine faire Verteilung von Ressourcen und Lasten in einer Gesellschaft bedarf immer wieder der kritischen Überprüfung. Dieser

52 Den hohen Stellenwert der Selbsthilfegruppen von Eltern behinderter Kinder als Möglichkeit für gemeinsame Empowermentprozesse Gleichbetroffener dokumentiert die Empfehlung und Arbeitshilfe ‚Elterngruppen und Lebenshilfe' (1997) der Bundesvereinigung Lebenshilfe für geistig Behinderte e. V.

Punkt weist besonders deutlich auf die politische Dimension des Empowermentkonzepts hin.
3. *Kollaborative und demokratische Partizipation*: Diejenigen Menschen, die von einer Entscheidung betroffen sind, sollen auch in die Entscheidungsfindung eingebunden sein.

Das Handlungsprinzip ‚Empowerment' lässt mit dieser Wertebasis einen unmittelbar Bezug zu individual- und sozialethischen Grundannahmen der Pädagogik bei Behinderung und Benachteiligung erkennen (vgl. Kap. 3), während das Leitprinzip der Selbstbestimmung stärker auf pädagogisch-psychologische Grundannahmen zur kindlichen bzw. menschlichen Autonomieentwicklung rekurriert.

4.4 Lebensqualität

Der Begriff der *Lebensqualität* ist ebenfalls Ausdruck der in den 1990er Jahren fortgesetzten internationalen Diskussion über die Verbesserung der Hilfen und Lebensbedingungen für Menschen mit Behinderungen. Mit der Zielperspektive der Lebensqualität wird eine qualifizierbare und quantifizierbare Operationalisierung der Bedeutungselemente des Normalisierungsprinzips angestrebt. Der Begriff der Lebensqualität dient also zur *Überprüfung der Qualität* von Angeboten der Behindertenhilfe. In die Qualitätsprüfung sollen sowohl Kriterien der *objektiven* Lebensqualität (Lebensstandards) als auch der *subjektiven* Lebensqualität (Wohlbefinden) einbezogen werden.

Glatzer und Zapf (vgl. 1984, 391) definieren den Begriff Lebensqualität als individuelle Wohlfahrt und verstehen darunter die Konstellation der objektiven Lebensbedingungen und des subjektiven Wohlbefindens von Individuen und Gruppen. Lebensqualität wird demnach sowohl durch beobachtbare Lebensverhältnisse wie Wohnverhältnisse, soziale Kontakte, Gesundheit usw. als auch durch die je subjektiven Einschätzungen der einzelnen Individuen bestimmt. Dies ist jedoch eine neuere Entwicklung, denn die Wohlfahrtsforschung konzentrierte sich in ihren Anfängen auf den ‚Wohlstand der Nationen', der über die produzierte Gütermenge bestimmt wurde. Allmählich wurde der einzelne Bürger zur Vergleichsgröße der Wohlfahrt, wobei er aber noch nicht als Individuum wahrgenommen wurde. Erst in den ausgehenden 1960er Jahren richtete sich der Blick auf den unterschiedlichen individuellen Wohlstand und damit auch auf einzelne Individuen und gesellschaftliche Gruppen.

Nachdem die ausreichende Versorgung mit materiellen Gütern für die Mehrheit der Bevölkerung gesichert war, kam es zu einem Wertewandel, in dessen Verlauf materielle Werte zugunsten der immateriellen Werte zurücktraten. Erstmals wurden für die Einschätzung von Lebensqualität auch persönliche Einschätzungen der betroffenen Individuen relevant, die mit Begriffen wie Zufriedenheit, Selbstverwirklichung und Zugehörigkeit sowie der Sorge um die Lebensbedingungen zukünftiger Generationen beschrieben wurden, so dass ein neues Verständnis von Wohlfahrtsforschung entstand: „Die Kategorie Lebensqualität (...) wurde zur Formel für einen mehrdimensionalen Wohlfahrtsbegriff, und Lebensqualität zielte vornehmlich auf die individuelle Wohlfahrt" (a.a.O., 17).

Die Betrachtung der individuellen Wohlfahrt steht bis heute im Vordergrund, wobei meist objektive und subjektive Kriterien beachtet werden. Diese Betrachtungsweise ist als Lösung einer Debatte innerhalb der neueren Wohlfahrtsforschung anzusehen, die zwischen den Objektivisten und den Subjektivisten geführt wurde.

Die objektivistische Position geht davon aus, dass es bestimmte Grundbedürfnisse gibt, deren Befriedigung zur individuellen Wohlfahrt führt. Die Lebensverhältnisse lassen sich demnach erfassen und anhand von Standards als Optimum, Durchschnitt, Mindeststandard oder Substandard bewerten. Für die Bewertung der Lebensverhältnisse werden zunächst verschiedene Grundanliegen definiert. Das Ausmaß der individuellen Wohlfahrt bestimmt sich nach dem durch Sozialindikatoren gemessenen Grad der Zielerreichung der einzelnen Grundanliegen. Die Organisation für wirtschaftliche Zusammenarbeit und Entwicklung in Europa (OECD) entwickelte einen Katalog von acht Zielfeldern, in denen die zentralen Grundbedürfnisse befriedigt werden sollen:

- „Gesundheit
- Persönlichkeitsentwicklung und intellektuelle und kulturelle Entfaltung durch Lernen
- Arbeit und Qualität des Arbeitslebens
- Zeitbudget und Freizeit
- Verfügung über Güter und Dienstleistungen
- Physische Umwelt
- Persönliche Freiheitsrechte und Rechtswesen
- Qualität des Lebens in der Gemeinde" (zit. nach Beck 1992, 26).

Den Gegenpol zu dieser Theorie stellt die subjektivistische Position dar. In der Tradition der amerikanischen Quality-of-Life-Forschung (z.B. Shalock 1996a, 1996b) geht dieser Ansatz davon aus, dass Wohlfahrt nur dann als solche zu bezeichnen ist, wenn sie von den Betroffenen auch so erlebt wird. „Mit diesem Ansatz wird den empirischen Befunden Rechnung getragen, dass als ähnlich beobachtete Lebensbedingungen ganz unterschiedlich bewertet werden, dass Schlechtgestellte zufrieden und dass Privilegierte sehr unzufrieden sein können" (Glatzer/Zapf 1984, 20).

Die Wahrnehmung und die Beurteilung der eigenen Situation sind bei der subjektivistischen Position also entscheidend für die Ermittlung der Lebensqualität; sie entscheiden über das erlebte Wohlbefinden. Das gruppenspezifische Anspruchsniveau wird dabei durch Vergleichsprozesse konstituiert. Die Einschätzung der eigenen Situation erfolgt durch den Vergleich der eigenen realen Lebensbedingungen mit dem Anspruchsniveau und führt zu emotional gefärbten Einstellungen.

Nach Becker (1991) wird in der Forschung zum Thema Wohlbefinden der Begriff selbst sowie mehrere damit verwandte Begriffe, wie Glück und Zufriedenheit, nicht einheitlich verwendet. Mayring (1991) beispielsweise unterscheidet zwischen Freiheit von Belastung, Freude/Lust, Glück und Zufriedenheit; eine Unterscheidung, die hier nicht weiter ausgeführt werden soll. Wichtiger ist die Systematisierung Beckers, der zwischen *aktuellem* Wohlbefinden und *habituellem* Wohlbefinden unterscheidet. Den Begriff des aktuellen Wohlbefindens verwendet Becker zur Charakterisierung des momentanen Erlebens einer Person. Er umfasst positiv getönte Gefühle, Stimmungen und körperliche Empfindungen sowie das Fehlen von Beschwerden. Positiv getönte Gefühle werden im Hinblick auf das aktuelle Wohlbefinden häufig auch als intensive *Glücks*gefühle beschrieben. Stimmungen unterscheiden sich von Gefühlen durch ihre fehlende Intentionalität, längere Dauer und meist auch schwächere Intensität.

Im Gegensatz zum aktuellen Wohlbefinden handelt es sich beim habituellen Wohlbefinden um Aussagen über das für eine Person typische Wohlbefinden, d.h. um Urteile über aggregierte emotionale Erfahrungen. „Durch das Wort ‚Urteile' soll zum Ausdruck gebracht werden, dass Aussagen über habituelles Wohlbefinden primär durch kognitive Prozesse zustande kommen ..." (Becker 2001, 15). Hierzu gehören z.B. Aussagen zur allgemeinen Lebenszufriedenheit. Eine Person mit stark ausgeprägtem habituellem Wohlbefinden befindet sich relativ häufig in einem Zustand des Wohlbefindens, da es sich um eine relativ stabile Eigenschaft handelt. Urteile über habituelles Wohlbefinden beziehen sich meist auf Zeiträume von einigen Wochen bis zu mehreren Monaten; gelegentlich auch auf das gesamte bisherige Leben.

Die Einschätzung des habitualisierten Wohlbefindens als relativ stabile Eigenschaft, die von ebenfalls relativ stabilen Persönlichkeitsfaktoren ebenso wie von Umweltbedingungen abhängig ist, wird auch durch amerikanische Untersuchungen bestätigt (vgl. Edgerton 1996; Hatton 1998). Uneinigkeit besteht aber in der Frage nach der Gewichtung der beiden Variablen Person und Umwelt bei der Entstehung von habitualisiertem Wohlbefinden. Becker referiert eine Vielzahl von Erklärungsansätzen (personzentrierte, umweltzentrierte sowie passungstheoretische Ansätze), die aber gerade in ihrer Heterogenität zeigen, dass von dieser Seite noch keine verwertbaren Ergebnisse zu erwarten sind. Dennoch ist allein die Tatsache eines stabilen habitualisierten Wohlbefindens ungeachtet seiner Entstehungsfaktoren als sehr bedeutsam anzusehen.

Thimm, der den Begriff der Lebensqualität unter Verweis auf Glatzer und Zapf in die sonderpädagogische Diskussion einführte, umriss bereits 1978 das Problem der Einschätzung von Zufriedenheitsäußerungen behinderter Menschen: „Lebensqualität bedeutet Zufriedenheit mit Lebensbedingungen in Übereinstimmung mit Standards. Bloßes Zufriedensein auf objektiv niedrigem Lebensniveau aus Unkenntnis der Standards Nichtbehinderter kann nicht Ziel der Sonderpädagogik sein" (Thimm 1978, 29).

Etwa seit Mitte der 1980er Jahre besitzt der Begriff der Lebensqualität in der Sonderpädagogik große Bedeutung und gilt vor allem in der außerschulischen Arbeit mit Menschen mit Behinderung als Prüfstein für die Qualität der Angebote (vgl. Schwarte/Oberste-Ufer 1997). Dabei haben sich u. E. zwei Arbeits- und Forschungsschwerpunkte konstituiert, die aber häufig vermischt werden:

1. Objektive Lebensqualität als sozialpolitischer Begriff wird dazu verwandt, die Lebensbedingungen behinderter Menschen anhand der Standards nicht behinderter Menschen kritisch zu prüfen. Der Schwerpunkt liegt auf der Erfassung der Lebensqualität für eine Gruppe von Menschen, weshalb überindividuelle Indikatoren vorrangig berücksichtigt werden müssen, und der Entwicklung von sozialpolitischen Forderungen zur Verbesserung der Situation der Angehörigen dieser Gruppe. Häufig wird zwar zugleich Bezug genommen auf die subjektive Lebensqualität, aber die Verbesserung der Standards steht im Vordergrund.[53]
2. Eine zweite Richtung beschäftigt sich mit der Erfassung der subjektiven Einschätzung von behinderten Menschen hinsichtlich ihrer Lebensqualität einschließlich der Frage nach angemessenen Formen der Befragung von Menschen mit eingeschränkter Kommunikationsfähigkeit bzw. der Einschätzung ihrer nonverbalen Äußerungen (vgl. Schäfers 2008, Schützhoff/Konrad 2010). Ziel dieses Ansatzes ist es, durch die bessere Kenntnis der subjektiven Lebensqualität bzw. des Wohlbefindens von Menschen mit Behinderung zu einer besseren Unterstützung individualisierter Lebensentwürfe zu gelangen.

4.5 Sozialraumorientierung

Eines der neuesten Leitprinzipien der außerschulischen Behindertenhilfe ist die Sozialraumorientierung, die aus zwei verschiedenen Perspektiven eingefordert wird:

- Zum einen ist mit dem Begriff eine Stärkung der Perspektive behinderter Menschen selbst, ihrer Rechte und Wünsche verbunden, denn es hat sich gezeigt, dass Unterstützungsangebote wenig miteinander vernetzt und Fachkräfte wenig in der Lage sind, vom behinderten Menschen, seinen sozialen und räumlichen

53 Die gesamte Normalisierungsbewegung ist hier einzuordnen: „In zahlreichen Ländern fungiert der Begriff Lebensqualität als Zielbegriff der Normalisierungs- und Integrationsbemühungen. Seine Verwendung zielt vor allem darauf ab, neben der Förderung von Kompetenzen und der Verwirklichung normaler Lebensbedingungen die Respektierung von Bedürfnissen und die Verwirklichung eigener Perspektiven von einem sinnvollen Leben als Ziel auf der personalen Ebene umzusetzen. Damit soll die Respektierung des geistig behinderten Menschen als individuelles Subjekt auf der Zielebene gleichrangig durchgesetzt und der einseitigen, den geistig behinderten Mensch wiederum zum Objekt machenden Zielbestimmung vorgebeugt werden" (Beck 1992, 25).

Bezügen aus zu denken und zu handeln. Dies soll durch Sozialraumorientierung verändert werden.

- Zum anderen avancierte der Begriff zu einem wichtigen Begriff des Verwaltungshandelns. Sozialpolitik und Verwaltung erwarten von einer stärkeren Sozialraumorientierung, dass Hilfebedarfe behinderter Menschen teilweise durch nachbarschaftliche Kontakte und ‚normale Dienstleistunganbieter' abgedeckt werden können, so dass Hilfebedarfe und damit Kosten sinken. Dies ist möglich, setzt aber einen gut entwickelten Sozialraum und regelmäßige Investitionen in den Sozialraum voraus. Dies geschieht in einzelnen Kommunen, an anderer Stelle drängt sich allerdings der Eindruck auf, dass die Dienste und Einrichtungen der Behindertenhilfe zusätzlich zu ihren personenbezogenen Leistungen und ohne weitere Ressourcen auch Sozialraumentwicklung leisten sollen (vgl. Hinte 2006).

Sozialraum wird im Folgenden unter Bezug auf Bourdieu (1985) verstanden als geographischer Raum (Straße, Wohnviertel) und zugleich bzw. damit verwoben als sozialer Raum (Freunde, Familie, Kollegen). Der Sozialraum kann aus der *individuellen Perspektive* jedes Menschen betrachtet werden, der ihn nutzt. Dies geschieht in der Behindertenhilfe beispielsweise, indem das persönliche *Netzwerk* und die wichtigen räumlichen Bezugspunkte eines Menschen in die Hilfeplanung einbezogen werden. Dabei zeigt sich für Menschen mit Behinderung, dass sie durch Sondereinrichtungen häufig schon früh im Leben aus ihrem Sozialraum herausgenommen werden: in der Kindheit geschieht dies oft durch den Besuch einer Heilpädagogischen Kindertagesstätte, die außerhalb des Wohnviertels und des für ein Vorschulkind erfahrbaren geographischen und sozialen Raumes liegt. Im Schulalter setzt sich diese Entwicklung durch Sonderbeschulung fort. Sogar bei integrativer Beschulung ist der Einzugsbereich einer Integrationsklasse derzeit häufig so, dass Kinder mit Behinderung einen weiteren Schulweg haben als ihre Klassenkameraden, beispielsweise aus einem gesamten Landkreis oder anderen Stadtvierteln kommen. Wenn dieser Weg durch einen Fahrdienst bewältigt wird, haben die Kinder wenig Chancen, ihren Sozialraum zu erleben. *Organisationen* können aber auch sozialraumorientiert arbeiten, indem sie persönliche Netzwerke und Aktivitäten im Sozialraum stärken.

Zugleich wird der Sozialraum aber aus der Perspektive kommunaler Entscheidungsträger zu bestimmen und zu entwickeln versucht, denn er wird nicht mehr als etwas ‚Naturwüchsiges' angesehen, sondern als komplexes Konstrukt, das bewusst gestaltet werden kann und muss. Die Gestaltung kann selbstverständlich nicht veranlassen, dass Menschen ihren Sozialraum in bestimmter Weise erleben und nutzen, aber sie kann ‚Möglichkeitsräume' (*Strukturen*) schaffen, die von den Bürgern genutzt und weiterentwickelt werden können. Das SONI-Modell von Früchtel und Budde (vgl. 2010, 60) beschreibt entsprechend die vier Handlungsfelder **S**ozialstruktur, **O**rganisation, (persönliches) **N**etzwerk und **I**ndividuum als Ansatzpunkte sozialraumorientierter Arbeit.

Ursprüngliche Bindungen von Menschen an ihren Sozialraum wurden in der Behindertenhilfe lange Zeit nur wenig beachtet: Entfernungen zwischen Wohneinrichtungen mit überregionalem Einzugsbereich und dem ursprünglichen Wohnort waren oft weit, Zusammenarbeit mit Eltern und anderen Angehörigen ist grundsätzlich sehr zeitintensiv und anstrengend, und die Einrichtungen waren so konzipiert, dass sie behinderten Menschen alles bieten sollten: sie sollten nicht nur Wohnort sein, sondern auch Beschäftigung, Freizeit und neue soziale Kontakte bieten. Zudem waren Themen wie Sozialraum oder geographische und soziale Bindungen auch in der Fachdiskussion lange Zeit kein Thema. Der Gedanke, die Einrichtung als eigene Gemeinde, als ‚Ort zum Leben' (vgl. Gaedt 1992), zu konzipieren, lebt noch heute in der räumlichen Gestaltung vieler Komplexeinrichtungen fort, wird aber in den wenigsten Einrichtungen bewusst gelebt. Aber auch dort, wo keine bewusste Gestaltung stattfand, schufen Komplexeinrichtungen neue Sozialräume, die allerdings geographisch und sozial in der Regel am Rand der Gesellschaft liegen.

Sozialraumorientierung unterscheidet heute in der Regel mehrere Dimensionen, die eng miteinander verbunden sind. Leitfragen zu jeder Dimension könnten lauten (vgl. Tab. 5):

- *Fallspezifisch:* Welche Unterstützung benötigt ein Mensch mit einer Behinderung, um leben zu können, wo er es möchte und wie er es möchte?
- *Fallübergreifend:* Welche Unterstützung braucht das soziale Umfeld, um zu diesen Zielen beitragen zu können?
- *Fallunspezifisch:* Wie kann ein Gemeinwesen aussehen, das es auch Menschen mit (schweren) Behinderungen ermöglicht, in seiner Mitte mit anderen zu leben?

Tab. 5: Sozialraumorientierung in der Behindertenhilfe heute

Dimension	Fokus fachlichen Handelns		Behindertenhilfe
Fallspezifisch	Bedarfe und Wünsche des Individuums	→	Hilfeplanung; Förderplanung; Kind-Umfeld-Analyse
Fallübergreifend	Ressourcen des Sozialraums	→	Netzwerkarbeit, Nutzung der Ressourcen des Sozialraums
Fallunspezifisch	Gestaltung des Gemeinwesens	→	Teilhabepläne; Stadtplanung und -entwicklung

In der fallspezifischen Perspektive steht der einzelne Mensch mit Behinderung im Mittelpunkt – sein sozialer Nahraum ist hier auch schon angesprochen, aber aus seiner Perspektive, also sein persönliches Netzwerk, seine ‚Lieblingsorte' und Bezugspunkte im Wohnviertel etc. In dieser Dimension geht es darum, Wünsche zu ermitteln, Lebensperspektiven entwickeln zu helfen, den Alltag zu gestalten, Orientierung im sozialen Nahraum zu fördern, Orientierung in der Zeit zu fördern, Kommunikationsfähigkeiten zu fördern und besondere Schwierigkeiten wie herausforderndes Verhalten zu verstehen und Alternativen zu entwickeln. Für

Kinder ist der Besuch wohnortnaher Kindertageseinrichtungen und Schulen auch vor dem Hintergrund der Sozialraumorientierung zu betrachten: die genannten Ziele der Orientierung im sozialen und geographischen Raum und die Entwicklung ihrer persönlichen Netzwerke sind ebenso relevant wie Bildungsziele.

Eine fallübergreifende Perspektive einzunehmen bedeutet, dass die Menschen im sozialen Nahraum unter Bezug zum betrachteten Einzelfall in den Blick genommen werden. Hier geht es darum, auch die Schwierigkeiten der Menschen in der Umgebung wahrzunehmen und zu bearbeiten, die mit dem (vermuteten) ‚Anderssein' behinderter Menschen zu tun haben (vgl. Ausführungen zu Integration im nächsten Abschnitt). Dazu gehört die Wahrnehmung von Ohnmachtsgefühlen, Ängsten und Hilflosigkeit und das Angebot der Beratung und Unterstützung von Personen im Umfeld. Auch der Abbau von Vorurteilen durch Information oder Kennenlernen in geschützten Räumen und die Betonung von Gemeinsamkeiten gehören zur fallübergreifenden Arbeit, ebenso eine Stärkung des persönlichen Netzwerkes (vgl. Franz/Beck 2007, 287).

In der Betrachtung des sozialen Nahraums wird in der Regel auf das *Netzwerkkonzept* zurückgegriffen, das die sozialen Beziehungen zwischen Menschen analysiert: „Netzwerk meint hier die in der gesellschaftlichen und kulturellen Umbruchsituation erkennbaren Zusammenschlüsse, Lebensformen und Initiativen, die für eine alternative politische Kultur stehen und je nach Deutungskontext als politische Widerstandsnester oder als die bereits lebensfähigen Vorboten einer umfassenden Transformation gesehen werden, die in ein neues Zeitalter der Menschheitsgeschichte hineinführt. Die *Last der großen Hoffnungen* ruht auf dem Netzwerkbegriff. Mindestens transportiert er die Frage nach Lebensformen, in denen sich wechselseitige Unterstützung, Vertrautheit und das Gefühl der Zugehörigkeit entfalten kann" (Keupp 1987, 20). Die Konzentration auf die positiv bewerteten Funktionen von Netzwerken verstellt allerdings den Blick auf die Nachteile oder ‚Kosten' der Einbindung in Netzwerke, beispielsweise durch hohe soziale Kontrolle, oder durch Netzwerke, die zwar Verbundenheit gewähren, aber zugleich selbstgefährdendes Verhalten (wie Alkoholmissbrauch) unterstützen. Aus Platzgründen ist es nicht möglich, die Netzwerkforschung an dieser Stelle ausführlicher darzustellen. Festgehalten werden soll lediglich, dass unterschiedliche Typen von Netzwerken unterschiedliche Funktionen erfüllen, und dass die Frage, welche Art von Netzwerk – groß oder klein, mit vielfältigen Funktionen oder nur wenigen Funktionen, brüchig oder stabil – von vielen Bedingungen abhängt (vgl. B. Lindmeier 2006). Behinderungen und Benachteiligungen erschweren – insbesondere in einer Gesellschaft, die die betroffenen Menschen bereits als Kinder in Sondereinrichtungen ausgrenzt – auch die Ausbildung unterstützender Netzwerke.

Die fallunspezifische Perspektive zielt auf Entscheidungsträger im sozialen Nahraum. Sie führen Analysen des Sozialraums durch und planen auf dieser Grundlage Angebote, verbessern die Barrierefreiheit eines Gemeinwesens und arbeiten außer mit der Behindertenhilfe mit Jugendhilfe, Altenhilfe und Freizeit- und Kulturinitiativen zusammen. Auch hier müssen Träger der Behindertenhilfe maßgeblich beteiligt sein, denn nur so kann es gelingen, Kinder und Erwachsene mit

Behinderung bei der Entwicklung neuer Vorhaben von Anfang an ‚mitzudenken', beispielsweise indem bei der Einführung von Ferienmaßnahmen für Kinder von vornherein auf Barrierefreiheit und darauf geachtet wird, dass das eingestellte Personal auch in der Betreuung behinderter Kinder kompetent ist.

4.6 Integration

Anders als die bisher dargestellten Handlungsprinzipen und Zielperspektiven, die insbesondere innerhalb der außerschulischen Behinderten- und Benachteiligtenhilfe Wirkung entfalteten, sind der Prozess und das Ziel der *Integration* gleichermaßen bedeutsam für den schulischen und den außerschulischen Bereich (vgl. Heimlich 2003; Eberwein/Knauer 2009).

In der Bundesrepublik Deutschland war die Thematik der schulischen Integration behinderter Kinder seit den 1970er Jahren eingebettet in eine schulkritische Debatte, in der auch die Themen einer grundsätzlichen Bildungsreform und der Einführung von Gesamtschulen diskutiert wurden und die von der Idee der Chancengleichheit gespeist wurde (vgl. Kap. 3). Es ist an dieser Stelle nicht intendiert, der historischen Entwicklung der (schulbezogenen) Integrationspädagogik gerecht zu werden (vgl. hierzu Schnell 2003).

Auch der Vielfalt integrationspädagogischer Theoriebildung kann dieses Lehrbuch nicht gerecht werden. Die Darstellung der Theorie integrativer Prozesse wurde exemplarisch gewählt, weil sie historisch sehr früh einen stimmigen theoretischen Zugang erarbeitete und u. E. zu Unrecht etwas in Vergessenheit geraten ist. Weitere Theorieansätze der Integrationspädagogik werden von Heimlich (2003, 147 ff.) vorgestellt.

Dimensionen von Integration

Bereits im Rahmen der Entwicklung des Normalisierungskonzepts fand eine Auseinandersetzung mit Integration statt, die allerdings durch die schulische Integrationsbewegung kaum aufgenommen wurde. Nirje (1993) sieht als Grundlage von Integration die gegenseitige Anerkennung der Integrität innerhalb zwischenmenschlicher Beziehungen und die Anerkennung gemeinsamer Grundwerte und Rechte. Er unterscheidet folgenden Dimensionen von Integration:

- Räumliche Integration beschreibt, dass räumliche Trennung abgeschafft wird, Kinder mit Behinderung also beispielsweise in Regelschulen beschult werden.
- Funktionale Integration erweitert die räumliche Integration insofern, als nicht allein Anwesenheit im selben Raum, sondern auch die dort vorgesehene Nutzung diese Raumes erfolgreich geschieht, wie das Baden in einem Schwimmbad: im Beispiel der Beschulung ist sie erfüllt, wenn Kinder nicht nur in der Schule

sind, sondern die in der Schule gemeinhin befriedigten Bedürfnisse nach Bildung, sozialem Kontakt und Anerkennung erfüllt werden. Diese Unterscheidung ist sehr bedeutsam, da schulische Integration häufig allein an der räumlichen Integration festgemacht wird, aus der die funktionale Integration nicht ohne weiteres folgt.

- Soziale Integration bezieht sich auf soziale Beziehungen im Rahmen von Nachbarschaft, Schule und Arbeitsleben sowie die dort gelebten Einstellungen gegenüber behinderten Menschen und die ihnen entgegengebrachte Achtung.
- Personale Integration meint die Möglichkeit, sich in persönlichen Nahbeziehungen zu entwickeln und in diesen Beziehungen Selbstachtung und Sinn zu erfahren.
- Gesellschaftliche Integration betrifft die Integration in alle Bereiche des gesellschaftlichen Lebens auf der Grundlage allgemeiner Rechte. Auch die Selbstorganisation in Selbsthilfeorganisationen, die Nirje befürwortet, ist hier einzuordnen.
- Organisatorische Integration beschreibt die Gestaltung von Unterstützungsstrukturen in der Form, dass die übrigen Ebenen der Integration konsequent unterstützt werden. Dies gelingt am Besten durch die Nutzung vorhandener, für alle Menschen zugänglicher Strukturen, die bedarfsgerecht durch spezialisierte Dienste ergänzt werden.

Durch Reiser u. a. wurde Mitte der 1980er Jahre eine *Theorie integrativer Prozesse* entworfen, die – obwohl unabhängig entwickelt – an mehreren Stellen Überschneidungen zu Nirjes Dimensionen von Integration aufweist. Während Nirjes Modell deskriptiv aus der beginnenden integrativen Praxis entstand und keine Aussagen zum Zusammenhang der Dimensionen macht, sind in Reisers Modell die Dimensionen in stimmiger Form aufeinander bezogen und haben daher einen hohen Erklärungswert: sie zeigen, wie durch die Wechselwirkung der einzelnen Ebenen eine Entwicklung integrativer Prozesse ebenso wie ihr Stagnieren geschehen kann (vgl. Reiser et al. 1986, Klein et al. 1987).

Ihre Grundannahme besteht darin, dass ein *dialektisches Verhältnis von Gleichheit und Verschiedenheit* als Grundlage von allen Erziehungs- und Bildungsprozessen anzusehen ist, insbesondere aber als ein Kennzeichen integrativer Bildung und Erziehung. Integration ist nicht ein einmal erreichter Zustand, sondern ein dynamischer Prozess, in dem Annäherung und Abgrenzung immer wieder ausbalanciert werden müssen (vgl. Abb. 5). Der Grundgedanke einer Dialektik von Gleichheit und Verschiedenheit ist auch dann nachvollziehbar, wenn man die psychoanalytische Grundorientierung der Autoren nicht teilt, und sie ist sowohl anschlussfähig an die Ausführungen zu Bildungsgerechtigkeit (vgl. Kap. 3), in der es ebenfalls um Gleichheit und Verschiedenheit geht, als auch an die Ausführungen zu pädagogischer Professionalität (vgl. Kap. 6), die von einer dialektischen Struktur pädagogischer Probleme im Allgemeinen ausgehen.

Die Wahrnehmung von Behinderung oder abweichendem Verhalten erzeugt Ängste, Aggressionen und Wünsche. Integrative Prozesse auf der *innerpsychischen*

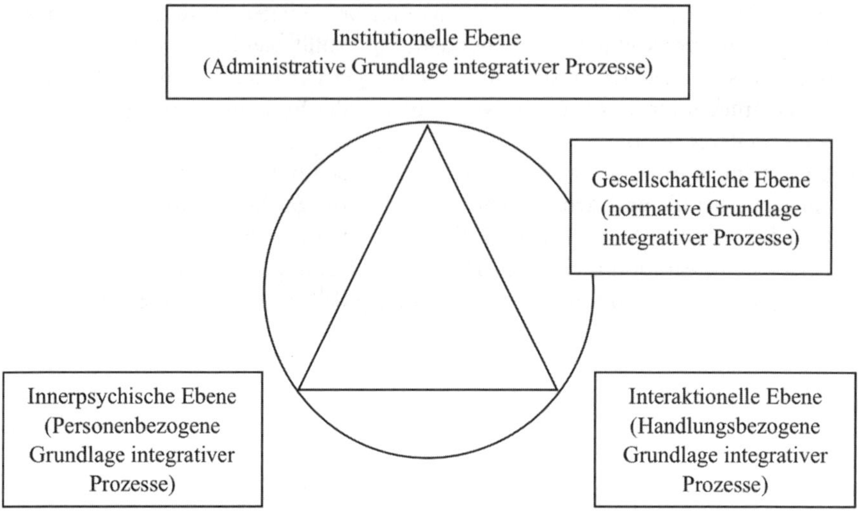

Abb. 5: Ebenen integrativer Prozesse (Klein et al. 1987, 41).

Ebene verlangen daher die Auseinandersetzung mit diesen – meist widersprüchlichen – Impulsen und Empfindungen mit dem Ziel ihrer Akzeptanz. Die innerpsychische Verarbeitung ist abhängig von den übrigen drei Ebenen: die normativen Einwirkungen auf der *gesellschaftlichen Ebene* können beispielsweise bewirken, dass Eltern oder Regelschullehrkräfte sich nicht trauen, Ekel oder Angst zu äußern, wenn sie bei Pflegetätigkeiten wie dem Füttern eines 12jährigen Schülers anwesend sind, die gegen ihre ‚Normalerwartungen' an Tischmanieren und ihr ästhetisches Empfinden verstoßen, weil Speichelfluss und ‚Kleckern' bei einem so alten Schüler als erwartungswidrig und unangenehm erlebt werden. Angstauslösend kann eine solche Situation beispielsweise dadurch sein, dass durch Verschlucken Aspirationsgefahr besteht. Die normativen Erwartungen, die in dieser Situation verletzt werden, können dazu führen, dass für schwer behinderte Schüler die Beschulung an Förderschulen gefordert wird. Sie können aber auch entkräftet werden durch andere, positive Erfahrungen mit diesem Schüler, die dazu führen, dass sein Essverhalten nach und nach in den Erfahrungshorizont integriert und als weniger anstößig erlebt wird. Dies kann aber nur geschehen, wenn differenzierte Kontaktmöglichkeiten bestehen, der Schüler also nicht an einer Förderschule beschult wird. Durch die institutionelle Ebene wird entsprechend die *interaktionelle Ebene* stark vorgeprägt; beide wiederum formen die innerpsychische Auseinandersetzung. Institutionelle Aussonderung erschwert den Kontakt und erhält die gesellschaftliche Norm aufrecht, dass Gleichheit – des Alters, der Lernvoraussetzungen, der Behinderung – wünschenswert und anzustreben sei und verhindert die Anerkennung der Dialektik von Gleichheit und Verschiedenheit. Die institutionelle Einbeziehung – Nirje würde von räumlicher Integration sprechen – garantiert aber noch keinen integrativen Prozess. Insbesondere die Nivellierung von Verschiedenheit, die Leugnung von Ängsten und anderen durch Behinderungen ausgelösten Gefühlen können ein Erstarren des Prozesses bewirken. Interaktionen bleiben dann ebenfalls oberflächlich. Sie vertiefen sich, wenn Erziehungs- und Bildungssituationen für die beteiligten Personen die Dialektik von Gleichheit und Verschiedenheit erlebbar machen, indem Handeln in der Gruppe und an einem ‚gemeinsamen Gegenstand' (vgl. Feuser 1998) ermöglicht wird. Insofern kann die institutionelle Ebene, indem sie einen gemeinsamen Erziehungs- und Bildungsraum herstellt, integrative Prozesse auf der interaktionellen und innerpsychischen Ebene, die sehr eng miteinander verwoben sind, unterstützen.[54] In einer späteren Veröffentlichung ergänzt Reiser (1991, 15) drei weitere Ebenen: eine kooperative, sozio-ökologische und transzendierende Ebene. Wir halten die erste Fassung allerdings für besser verständlich und ausreichend differenziert.

Hinsichtlich der Organisation des Lernens sind unterschiedliche Modelle entwickelt worden, wie die Dialektik von Gleichheit und Verschiedenheit in der Unterrichtsorganisation aufgefangen werden kann. Hierzu wurde in der Integrationspädagogik überwiegend auf Konzepte zurückgegriffen, die im Grundsatz bereits in der Reformpädagogik entwickelt wurden und seit den 1970er Jahren insbesondere in der Grundschulpädagogik weiterentwickelt wurden: offene Unterrichtsformen wie Freiarbeit oder Projektorientierung, begleitet durch ein Team von Lehrkräften und pädagogischen Mitarbeitern, ermöglichen Kindern, teils an unterschiedlichen, teils an gemeinsamen Themen zu arbeiten, und dies kann auf unterschiedlichen Niveaustufen und im jeweils angemessenen Lerntempo geschehen. Wockens Theorie gemeinsamer Lernsituationen (vgl. Wocken 1998, 2010/2011) differenziert diese Ansätze für den gemeinsamen Unterricht weiter aus. Einen anderen Ansatz verfolgt Feuser, indem er ausgehend von Klafkis kritisch-konstruktiver Didaktik das Modell einer entwicklungslogischen allgemeinen Didaktik entwickelt, in der das projektorientierte Lernen am gemeinsamen Gegenstand dominiert (Feuser 1989, 1998). Seitz fasst zusammen, es bestünde dahingehend Konsens, dass „offene Unterrichtsstrukturen und angemessene Formen der inneren Differenzierung und Individualisierung des Unterrichts, ohne dabei Kooperation und Gemeinsamkeit aufzugeben" (2006, o. S.), anzustreben seien. Die in diesen Formen praktizierte Dokumentation der Lernfortschritte in Portfolios oder Projektberichten ist auch hilfreich für die Diagnostik von Lernschwierigkeiten und eine darauf aufbauende Förderplanung. Seitz plädiert für einen ‚Blick-

54 „Lisa legt sehr vorsichtig ihre Hand auf Karins Hand. Karin sieht, hört und spricht nicht. Lisa bewegt sehr vorsichtig ihre kleinen Finger und streichelt seitlich fast flüchtig Karins Handrücken. Sie lässt es geschehen. Als Lisas Hand ganz ruhig ist, bewegt Karin ein wenig ihre Finger. Lisa schaut auf ihrer beider Hände, lächelt mich an und sagt: ‚wir sprechen miteinander'" (Stinkes 1996, 133). Stinkes berichtet diese Szene einleitend in einem Aufsatz über leibliche Kommunikation; sie zeigt aber zugleich eine Interaktion, in der die Unterschiedlichkeit – beschrieben durch den Satz „Karin sieht, hört und spricht nicht", der erwarten lässt, dass keine Interaktion stattfinden kann – zugunsten von Gleichheit des Interaktionsbedürfnisses und der Interaktionsfähigkeit beider Mädchen auf der leiblichen Ebene überwunden wird.

wechsel', der noch stärker die die Verschiedenheit bzw. Heterogenität der Kinder zum Bezugspunkt nimmt, wodurch „Vorab-Kategorisierungen nach ‚Begabungen', ‚Behinderungen' oder sonderpädagogischen Förderbereichen didaktisch überwunden werden zugunsten einer ‚Didaktik der Potentialität', in der alle Kinder die selbstverständliche Chance erhalten, ihre individuellen Begabungsreserven auszuschöpfen und sich selbst in sozialer Eingebundenheit an der ‚Sache' weiterzuentwickeln" (Seitz 2006c, o.S.). Allerdings bleibt aus unserer Sicht bislang ungelöst, wie im Rahmen dieses Ansatzes ein Bezug zu allgemeinen Curricula bzw. Bildungszielen hergestellt werden soll.

Verflachte Formen der Integration

Eine stärkere Beachtung der Theorie integrativer Prozesse hätte vermeiden können, was sich in der Praxis der Integration in den vergangenen Jahrzehnten ereignete (vgl. B. Lindmeier 2003). Exemplarisch greifen wir diesbezüglich die Entwicklungen in der schulischen Integration und bei den gemeindenahen Wohnformen heraus:

- Im außerschulischen Feld entwickelten Einrichtungen und Dienste seit den 1980er Jahren eine Orientierung an dem Grundprinzip ‚so gemeindenah wie möglich', im angelsächsischen Raum nach dem Prinzip des ‚least restrictive environments (LRE)'.
- Im schulischen Bereich wurde eine bestimmte Auffassung von Integration bedeutsam, was sich sehr ausgeprägt am sogenannten ‚Mainstreaming' in den USA zeigen lässt, das seit Beginn der 1990er Jahre umgesetzt wurde.

Eine Beschulung ‚so integrativ wie möglich' oder ein Leben und Wohnen ‚so gemeindenah wie möglich' kann die Beseitigung aller Barrieren für *alle* Menschen und die kontinuierliche Ausweitung dessen, was wir für möglich halten, implizieren. In der Praxis entwickelten sich die Dinge allerdings so, dass eine Bandbreite von Schulformen und Wohnformen entstand, die aber nur für einen Teil der Menschen die Wahlmöglichkeiten erweiterte.

Von Taylor (1998) wird dieses Phänomen in Bezug auf das Wohnen als ‚Gefangensein im Kontinuum' (caught in the continuum) der Wohnformen bezeichnet: um die beschriebene Wohnform zu erreichen, muss ein Mensch mit Behinderung erst durch eine Reihe von anderen Formen ‚geschleust' werden, die ihn vorbereiten, anpassen und überprüfen, ob er für diese Wohnform geeignet ist, und ihn gegebenenfalls als ‚nicht geeignet' auszuschließen. Wer nicht geeignet ist für die von ihm gewünschte Wohnform, bleibt gefangen in der nächst besten Alternative. Taylor führt dies auf verschiedene Implikationen des Prinzips ‚so gemeindenah wie möglich' zurück:

1. *Das Prinzip ‚so gemeindenah wie möglich' schließt gemeindeferne, stark einschränkende Formen der Unterbringung nicht aus.*

Es suggeriert nämlich, dass es Menschen gibt, für die gemeindeferne, einschränkende Wohn- und Betreuungsformen notwendig sind. Damit schafft es Barrieren im Kopf, die uns sortieren lassen in die Menschen, für die gemeindenahes Wohnen und Leben möglich ist, und ‚die anderen'. Solange dies so ist, wird es Menschen geben, die in einschränkender Umgebung leben müssen, und unter ihnen werden schwer behinderte Menschen überrepräsentiert sein.
Endpunkt des Kontinuums ist der völlige Ausschluss von Menschen aus den bestehenden Einrichtungen, sei es in Form eines (befristeten) Schulausschlusses, oder in Form einer Kündigung des Heimvertrags. Die verbleibenden Einrichtungen, die ‚schwierige Menschen' nicht ablehnen, verwandeln sich so allmählich in ‚Resteinrichtungen', in denen die Lebens- und Arbeitsbedingungen sehr schwierig sind.

2. *Es sanktioniert Einschränkungen persönlicher Rechte.*
   Es ist nicht generell fraglich, ob persönliche Rechte eingeschränkt werden dürfen, sondern lediglich unter welchen Umständen und in welchem Umfang. Dabei werden andere Maßstäbe angelegt, als sie in unserer Gesellschaft allgemein konsensfähig sind, beispielsweise bei der Verordnung von Medikation (Psychopharmaka) oder Regelungen in Hausordnungen.
3. *Es vermischt Separation und Integration mit dem erforderlichen Umfang an Betreuung.*
   Gemeindenahes Leben ist für viele Menschen mit Behinderung zur Zeit nicht möglich, weil in den meisten Bundesländern nur geringe Stundensätze an Unterstützung bewilligt werden. Dies ist aber nicht sozusagen ‚naturgesetzlich' mit der Wohnform verbunden, sondern in Verhandlungen zwischen Kostenträgern und Anbietern der Wohn- und Unterstützungsform ausgehandelt. Ähnlich ist es in der schulischen Integration. Die implizite Annahme, dass integrative Wohn- und Betreuungsformen oder inklusive Schulen keine angemessenen Angebote für schwer behinderte Menschen bieten können, ist zwar weit verbreitet, aber an das unausgesprochene ‚Mitdenken' der jetzigen, oft unzureichenden Bedingungen gebunden.
4. *Es basiert auf einem ‚Tüchtigkeitsmodell' (readiness model).*
   Menschen mit Behinderung müssen sich qualifizieren bzw. vorbereitet werden für integrative Wohn-, Lebens- und Schulsituationen, die dann eine Belohnung für Wohlverhalten und Anstrengungsbereitschaft darstellen. Allerdings bereiten die separaten Wohn- und Betreuungssituationen oder Sonderschulen die Menschen in der Regel gerade nicht auf das Leben in einer integrativen Umgebung vor, denn dies kann immer nur in der realen Situation geschehen.
5. *Es schreibt die Entscheidungskompetenz der Fachleute fest.*
   Ob jemand so leben darf, wie sie/er möchte, wird in Verwaltungsentscheidungen beurteilt, die Begrifflichkeiten wie ‚geeignet/ungeeignet', ‚notwendig/nicht notwendig' und ‚möglich/nicht unmöglich' nutzen. Das Gleiche gilt auch hier analog für den schulischen Bereich. Dies ist die Sicht der Fachkräfte. In der Regel werden inzwischen Stellungnahmen von dem betroffenen Menschen ein-

geholt, die nach seinen Wünschen und Lebensplänen fragen, diese sind letztlich aber nicht ausschlaggebend.

6. *Es erfordert Umzüge bzw. Schulwechsel der betreuten Menschen in dem Umfang, in dem sie sich verändern und entwickeln.*
Während ein Mensch sich entwickelt, bleibt die Wohnform unverändert, so dass der betreffende Mensch unter Umständen von einer Form in die andere wechseln muss. Selbst wenn diese Übergänge reibungslos verlaufen, stellt sich das Leben eines Menschen als Serie von befristeten Platzierungen dar. Schlimmstenfalls können diese Umzüge das Gefühl von Heimat und die Einbindung in soziale Bezüge völlig zerstören. Ähnliches gilt für das Bildungssystem.
7. *Es richtet die Aufmerksamkeit auf die physische Umgebung und weniger auf die Unterstützung, die Menschen für ein Leben in der Gemeinde benötigen.*
Das Fehlen sichtbarer Strukturen löst bei vielen Menschen Unsicherheit aus, obwohl die Qualität der Betreuung durch eine differenzierte Analyse des Hilfebedarfs und eine im Einverständnis mit dem Nutzer erbrachte Unterstützung wesentlich wichtiger sind. Das Gleiche gilt für die Schule, wo Eltern und Sonderschullehrkräfte verstärkt befürchten, Kinder könnten ‚untergehen' in Integrationsklassen, obwohl dies an der Förder- bzw. Sonderschule ebenso der Fall sein kann.
Das Gestaltungsprinzip ‚so gemeindenah wie möglich' verhalf vielen Menschen zu einem gemeindenahen Leben. Die ihm zu Grunde liegenden Annahmen führten allerdings zu neuen Ausgrenzungen (vgl. B. Lindmeier 2003).

Im schulischen Bereich wurde in den USA zur selben Zeit das Gesetz zum ‚mainstreaming' verabschiedet, (Education of All Handicapped Children Act; Public Law 94–142), das eine möglichst weitgehende Eingliederung behinderter Kinder in den ‚mainstream' der Erziehung und Bildung vorsah (vgl. Jülich 1996). Viele Kinder, die zuvor ausgegrenzt waren, wurden auf diese Weise erfolgreich integriert, und der Erfolg von Schulen wird seither auch daran bemessen, wie weit es ihnen gelingt, schulschwachen Schülern zu einem Schulabschluss zu verhelfen. Auch hier zeigte sich allerdings Ähnliches: der Ausschluss von gemeinsamer Bildung kam weiterhin vor, verlief aber entlang anderer Grenzen. Das schulische mainstreaming führte dazu, dass eine primär individuumbezogene Förderung etabliert wurde, mit der eine neue Unterscheidung zwischen integrierbaren und nicht integrierbaren Schulkindern eingeführt wurde, während der Entwicklungsbedarf des Schulsystems als Ganzem zu einer Schule für alle Kinder aus dem Blick geriet.

Die Entwicklung eines gestuften Systems, des so genannten ‚Kaskadenmodells' (vgl. Kauffman/Hallahan 2004, 137), führte dazu, dass der Schweregrad der Behinderung eine bestimmte schulische ‚Platzierung' zur Folge hatte. Weitere Folgen dieses Systems werden im Zusammenhang mit der Einführung von Bildungsstandards diskutiert (vgl. Kap. 5). Hinz bezeichnet dieses Verständnis von Integration als sonderpädagogisches Verständnis: „Die sonderpädagogische Sicht versteht Integration als eine von mehreren Optionen und Organisationsformen sonderpädagogischer Förderung. In den USA wird diese Sicht mit dem in den 1940er Jahren entwickelten Kaskaden-Modell (cascade-model) bezeichnet, dem zufolge Menschen mit Behinderung in der für sie am wenigsten einschränkenden Umgebung aufwachen und leben können sollen. Die Kaskaden meinen dabei ein gestuftes Modell mit unterschiedlichen Organisationsformen von voller Integration bis zu voller Segregation in der totalen Institution. (...) Bei diesem Verständnis ist Integration ein Teilbereich von Sonderpädagogik, Sonderpädagogik ist ohne Integration gar nicht denkbar.

Die integrationspädagogische Sicht sieht Integration dagegen als Bürgerrechtsfrage, als verbrieftes Recht auf volle Teilhabe für alle Menschen – unabhängig von konkreten Gegebenheiten und Bedürfnissen. (...) Diese Sicht kann mit ihrem auf alle Menschen gerichteten Fokus nicht mehr innerhalb der Sonderpädagogik verortet werden, sondern ist letztlich nichts anderes als ein allgemeinpädagogischer Ansatz" (Hinz 2007b, 86f.).

Wenngleich sich in der Bundesrepublik Deutschland kein so stark ausgeprägtes Stufenmodell entwickelt hat, sind auch hier einige wesentliche Merkmale dieser verflachten Form der Integration gut zu erkennen:

- Es wird unterschieden zwischen ‚integrierbaren' und ‚nicht integrierbaren Kindern'.
- Die integrierbaren Kinder, oft als ‚I-Kinder' bezeichnet, sind eine besondere Gruppe in der Klasse. Unterschiedlichkeit wird so überbetont, es wird an einer ‚Zwei-Gruppen-Theorie' behinderter und nicht behinderter Kinder festgehalten. Dies gilt besonders dann, wenn die Integration über Einzelfallhelfer geschieht, die ausschließlich für ‚ihr Kind' zuständig sind.
- Die Definitionsmacht der Fachkräfte und der Schulverwaltung ist ungebrochen, die Wünsche der Eltern sind Beiwerk.
- Die Rolle des Schulsystems, der Unterrichtsmethoden, der Kompetenzen und Haltungen der Lehrkräfte wird nicht thematisiert.
- Die Bildung und besondere Förderung der I-Kinder erfolgt durch individualisierte Curricula und Förderpläne unter der Regie der Sonderpädagogen, die Bildung der übrigen Kinder durch ein verbindliches Curriculum für die ganze Lerngruppe.

Pädagogik der Vielfalt

Anfang der 1990er Jahre entwickelt Prengel den Ansatz der integrativen Pädagogik zur ‚Pädagogik der Vielfalt' (1990)[55] weiter. Die Pädagogik der Vielfalt basiert auf dem Begriff der *egalitären Differenz*, der nach Prengel eine Perspektive eröffnet, in der nach Gleichheit und Verschiedenheit von Menschen gefragt wird. Gleichheit

55 Von einer ‚Pädagogik der Vielfalt in Gemeinsamkeit' spricht etwa zur gleichen Zeit auch Preuss-Lausitz (1993). Sein Blick richtet sich aber noch stärker auf die gesellschaftlichen Veränderungen, die sich im Hintergrund einer solchen Pädagogik vollziehen (z.B. Pluralisierung der Kindheit, Spannung zwischen innerer und äußerer Schulreform, ökologische Bildung, Friedenserziehung).

und Verschiedenheit werden dabei nicht als gegensätzlich, sondern als einander wechselseitig bedingend verstanden. Außerdem sind Gleichheit und Verschiedenheit grundlegende Kategorien, um zu demokratischen Entwürfen von menschlichen Verhältnissen zu gelangen.

Aus der Perspektive der egalitären Differenz gilt Prengels Interesse der interkulturellen Pädagogik und der feministischen Pädagogik und der integrativen Pädagogik, weil diese ‚pädagogischen Bewegungen' *die Verschiedenheit von Kindern und Jugendlichen* jeweils auf neue Weise thematisiert haben. Prengel spricht von Bewegungen, weil alle drei pädagogischen Richtungen im Kontext sozialer Bewegungen stehen und jeweils einen komplexen Arbeitszusammenhang bildungspolitischer, wissenschaftlicher und pädagogisch-praktischer Aktivitäten herstellen: Interkulturelle Pädagogik ist für sie ein pädagogischer Beitrag zur *multikulturellen Gesellschaft*, feministische Pädagogik ein pädagogischer Beitrag zur *Neugestaltung der Geschlechterrolle*, und integrative Pädagogik ein pädagogischer Beitrag zur *Nichtaussonderung von Menschen mit Behinderungen*.

Die zentrale These der ‚Pädagogik der Vielfalt' besagt, dass interkulturelle Pädagogik, feministische Pädagogik und integrative Pädagogik *wesentliche strukturelle Gemeinsamkeiten* aufweisen: „Gemeinsam ist den Frauen, den Behinderten und den Angehörigen marginalisierter Kulturen in der bürgerlichen Gesellschaft die historische Erfahrung von Etikettierung und Diskriminierung, mit der sie dem bürgerlichen Subjekt als das ganz ‚Andere' gegenübergestellt wurden. Mit den Fragen nach dem Verhältnis zwischen Behinderten und Nichtbehinderten, dem Verhältnis zwischen den Geschlechtern und dem Verhältnis zwischen verschiedenen Kulturen werden aus drei unterschiedlichen Interessenslagen und Perspektiven der Erkenntnis aber auch drei existentielle Dimensionen jeder Lebensgeschichte thematisiert. Allen drei Erkenntnisperspektiven ist gemeinsam, dass sie sich darum bemühen, bestehende hierarchische Verhältnisse nicht zu reproduzieren, sondern in der Erziehung am Abbau von Hierarchien zu arbeiten. Indem sie sich gegen Behindertendiskriminierung, Frauenfeindlichkeit und Ausländerfeindlichkeit, auch Rassismus, wenden, sind sie einer emanzipatorischen Pädagogik verpflichtet. Sie stellen neue Antworten auf die alte Frage nach der Herstellung des ‚Anderen' und nach der Emanzipation von in herrschenden Aussagensystemen der bürgerlichen Gesellschaft ‚Anderen' zur Diskussion" (1993, 13f.).

Die wesentliche Fragestellung der Arbeiten Prengels zielt deshalb darauf, ob pädagogisches Handeln der geschlechtlichen, kulturellen und individuellen Verschiedenheit (Heterogenität) der Menschen gerecht werden kann, und wie Pädagogik dabei das demokratische Prinzip der Gleichberechtigung verwirklichen kann. Eine große Bedeutung innerhalb der Pädagogik der Vielfalt kommt also dem Begriff der *Heterogenität* zu, der auch in der Schulpädagogik diskutiert wird. Heinzel und Prengel diskutieren fünf Deutungsvarianten des Begriffs:

- *Verschiedenheit*: Heterogenität bedeutet Verschiedenheit in Bezug auf ein Vergleichskriterium. Dieser Bedeutung zugeordnet wird die normative Überhöhung von Heterogenität als etwas Wünschenswertem: „Heterogene Lerngruppen ... werden als bereichernd wahrgenommen" (2002, 11).

- *Veränderlichkeit*: Diese Bedeutungsebene meint den Prozesscharakter und die Veränderlichkeit dessen, was Heterogenität ausmacht.
- *Unbestimmtheit*: Heterogenität wird mit Adjektiven wie „unbegreiflich, unvorhersehbar, unsagbar" assoziiert (a. a. O., 12).
- *Beliebigkeit*: Heterogenität wird mit Beliebigkeit, Chaos und Irrationalität assoziiert.
- *Aufgeklärte Heterogenität*: die vorhergegangenen Lesarten zusammenfassend, lässt sich Heterogenität „assoziieren mit gleichberechtigt, tolerant, dialog- und konfliktfähig" (a. a. O., 13).

Als wesentlich sehen die Autorinnen das Merkmal der Verschiedenheit an, das einerseits wertgeschätzt werden und nicht in eine normative Bewertung münden soll, andererseits aber mit dem Hinweis versehen wird, nicht in Beliebigkeit abrutschen zu dürfen, womit letztlich doch ein Rückgriff auf Normen erfolgt. Während die Anerkennung der Heterogenität der Persönlichkeit der Kinder Voraussetzung für einen erfolgreichen Erziehungs- und Bildungsprozess ist, kann die Heterogenität der Schulleistungen, insbesondere das Ausbleiben von Lernerfolgen, u. E. nicht als Ausdruck von Heterogenität wertgeschätzt werden. Aufgabe der Schule ist die systematische Anregung und Gestaltung von Lernprozessen und die erfolgreiche Bewältigung dieser Lernprozesse, weshalb mangelnde Lernerfolge nicht hingenommen werden können, sondern Ausgangspunkt für Überlegungen zur Verbesserung der Situation eines Kindes sein müssen (vgl. B. Lindmeier 2005).

Auch Reiser bezieht sich in seiner Einschätzung, dass der Begriff der Integration auf der theoretischen Ebene umfassender sei als der Begriff der Inklusion, auf die Frage des Umgangs mit Heterogenität und Gleichheit. Seine Kritik richtet sich gegen die euphemisierende Betrachtung von Behinderung im Rahmen des Heterogenitätsbegriffs, den vorschnellen Verzicht auf Kategorisierung und damit verbundene Nachteilsausgleiche. Er ist der Auffassung, dass durch ein Motto wie ‚Wertschätzung von Heterogenität' bzw. ‚celebrating diversity', das versucht, „Behinderungen und Störungen positiv umzudeuten ... nicht nur gesellschaftlich bedingte Differenzen verharmlost werden, sondern es wird auch der potentielle Gehalt an Leiden der Betroffenen und ihrer Umwelt negiert" (2007a, 104).

4.7 Inklusion

Noch mehr als bei anderen in diesem Band behandelten Themen handelt es sich beim Thema Inklusion um eines, das zur Zeit noch sehr kontrovers diskutiert wird, das aber durch die Ratifizierung der UN-Behindertenrechtskonvention so wichtig geworden ist, dass kaum ein Fachbeitrag ohne einen Verweis auf dieses

Thema auskommt. Die Einschätzungen reichen von der Auffassung, Inklusion sei etwas völlig Neues, bis zu der Auffassung, sie brächte gegenüber Integration keinen Fortschritt, möglicherweise sogar einen Rückschritt. Sie reichen ebenso von Zustimmung bis zu Ablehnung und Umdeutung; letzteres beispielsweise in der Form, das das in der Bundesrepublik Deutschland bestehende Schulsystem als ‚inklusiv' bezeichnet wird. Es wäre im Rahmen eines Lehrbuchs zu verwirrend, diese Diskussion in allen ihren Verästelungen nachzuzeichnen. Wir konzentrieren unsere Ausführungen daher auf wesentliche Diskussionslinien.

Zu Beginn des neuen Jahrtausends wurde der Inklusionsbegriff in die deutschsprachige integrationspädagogische Diskussion eingeführt (vgl. u.a. Hinz 2002, 2004; Sander 2003; GEW 2003; Schnell/Sander 2004), der erstmals in der Salamanca-Erklärung der UNESCO-Weltkonferenz „Pädagogik für besondere Bedürfnisse: Zugang und Qualität" (vgl. UNESCO 1994) benutzt wurde. Seit der Verabschiedung der UN-Konvention über die Rechte von Menschen mit Behinderung (2006), in der der Begriff der *Inklusion* eine herausragende Rolle spielt, beginnt sich dieser auch zunehmend bildungspolitisch durchzusetzen. Auf der theoretischen Ebene wurde der Begriff u.a. von Hinz und Sander in die integrationspädagogische Diskussion eingeführt, während beispielsweise Reiser, Preuss-Lausitz und Feuser ihm kritisch gegenüberstehen.

Da in der deutschsprachigen Fachdiskussion derzeit keine von der Mehrheit der Fachleute geteilte Inklusionsdefinition auszumachen ist, geben wir hier die international anerkannte Definition des von 2004 bis 2010 amtierenden UN-Sonderberichterstatters zum Recht auf Bildung, Vernor Muñoz, wieder. Der Hauptbericht des Berichtszeitraums 2004–2007, der in der Bundesrepublik allerdings wenig rezipiert wurde, trägt den Titel ‚The right to education of persons with disabilities' und beschäftigt sich mit der Frage, wie die weltweit zu verzeichnende Exklusion von Menschen mit Behinderungen aus dem allgemeinen Bildungssystem durch das Konzept der inklusiven Pädagogik abgebaut werden kann:

„Als Antwort auf diese Exklusion hat eine erstarkende Partnerschaft der ‚Menschenrechts- und Behindertenbewegung' ein pädagogisches Paradigma gefördert, das heute ... als Inklusive Pädagogik allgemein bekannt ist. Inklusive Pädagogik geht davon aus, dass jedes Kind einzigartige Eigenschaften, Interessen, Fähigkeiten und Lernbedürfnisse aufweist, und dass Lernende mit besonderem Lernunterstützungsbedarf Zugang zum allgemeinen Bildungssystem haben und dort mit Hilfe einer auf das einzelne Kind bezogenen Pädagogik erfasst werden müssen. Unter Berücksichtigung der Verschiedenheit der Lernenden strebt Inklusive Pädagogik die Bekämpfung diskriminierender Haltungen, die Schaffung wertschätzender Gemeinschaften, die Verwirklichung einer Pädagogik für alle ebenso wie die Verbesserung der Qualität und Effektivität der Pädagogik für den Mainstream der Lernenden an. Demnach sollten Bildungssysteme Personen mit Behinderungen nicht länger als bestehende Probleme ansehen, sondern stattdessen positiv auf die Verschiedenheit der Schüler antworten und individuelle Unterschiede als Chancen begreifen, das Lernen für alle zu bereichern" (Muñoz 2007a, 6, Übers. d. Verf.).

Wesentliche Elemente der Definition dieser Handlungsprinzips sind somit die Wertschätzung von Heterogenität als Grundlage allen Lernens und Zusammenlebens, der Bezug auf alle von Ausschluss betroffenen Gruppen und die menschenrechtliche Basis. Inklusion als umfassende *Partizipation* an allen gesellschaftlichen Bereichen und Prozessen wird als *Menschenrecht* angesehen, weshalb die Inklusionsdebatte durch die UN-Behindertenrechtskonvention einen enormen Schub bekommen hat (vgl. Kap. 3).

Nach Hinz' Auffassung besteht die Relevanz des Inklusionsbegriffs vor allem darin, die sonderpädagogische Sicht von Integration deutlicher von der integrationspädagogischen Sicht unterscheiden zu können. Inklusion bedeutet auf der Theorieebene für die integrationspädagogische Sicht keine neuen Zugänge, was am klarsten aus Prengels ‚Pädagogik der Vielfalt' ersichtlich sei: Ihr Theorem der ‚egalitären Differenz' ist nicht zu vereinbaren mit einer ‚Zwei-Gruppen-Theorie', „denn bei einer gedanklichen Konstruktion von zwei getrennten und trennbaren Gruppen würde zwischen ihnen die Differenz dominieren, während der Aspekt von Egalität verloren ginge; damit wäre die dialektische Grundlage dieses Theorems insgesamt hinfällig" (Hinz 2007b, 87). Dies ist geteilter Kernbestand integrationspädagogischen Denkens und Forschens (vgl. exemplarisch auch Preuss-Lausitz 1993, 122ff.), die Praxis der Integration hat sich aber vielerorts in der oben beschriebenen Weise verändert. Für sonderpädagogische Zugänge zur Integration bedeutet Inklusion hingegen eine „massive Veränderung, geht es nun nicht mehr darum, für ihre Klientel eine angemessene Förderung in der am wenigsten einschränkenden Umgebung zu sichern, sondern um die bürgerrechtlich verankerte Forderung nach voller Partizipation für alle Menschen – ohne eine Mindestqualifizierung für Integration und ohne eine Korrelation zwischen individuellen Fähigkeiten und damit dem Grad an Gleichheit und dem Grad an Integration" (Hinz 2007b, 87).

Da der Inklusionsbegriff trotz der hohen theoretischen Übereinstimmung zwischen Integration und Inklusion die Möglichkeit bietet, die in der Umsetzung praktizierten Fehlentwicklungen zu benennen, die im übrigen in verschiedenen Ländern in ähnlicher Form vorkommen, entwickelte die UNESCO (2005) ein Stufenmodell zur Beschreibung der Entwicklung von der Separation zur Inklusion, in der Integration einen Teilschritt vor der Inklusion darstellt (vgl. Abb. 6). Demnach lässt sich der Prozess von der Exklusion zur Inklusion – fokussiert auf Kinder und Jugendliche mit Behinderung – als ein vierstufiger Prozess des Wandels *gesellschaftlicher Einstellungen* und ihrer *praktischen Konsequenzen* beschreiben:[56]

56 Wir sind der Auffassung, dass das Stufenmodell der UNESCO für den ‚mainstream' der Entwicklung des Umgangs mit Kindern mit Behinderungen und Benachteiligungen weitgehend zutrifft. Die Idee der Bildsamkeit zeigt allerdings aus ideengeschichtlicher Sicht, dass Bildung – und sogar Inklusion als Einschluss der Kinder in die menschliche Gemeinschaft – der Ausgangspunkt der Einrichtungsgründungen in der Phase waren, die die UNESCO als 2. Phase benennt und deren Motive sie als karitativ beschreibt. Karitative Motive wurden u. E. allerdings erst nach einer Verflachung der Idee der Bildsamkeit bedeutsam (vgl. hierzu auch Tenorth 2010).

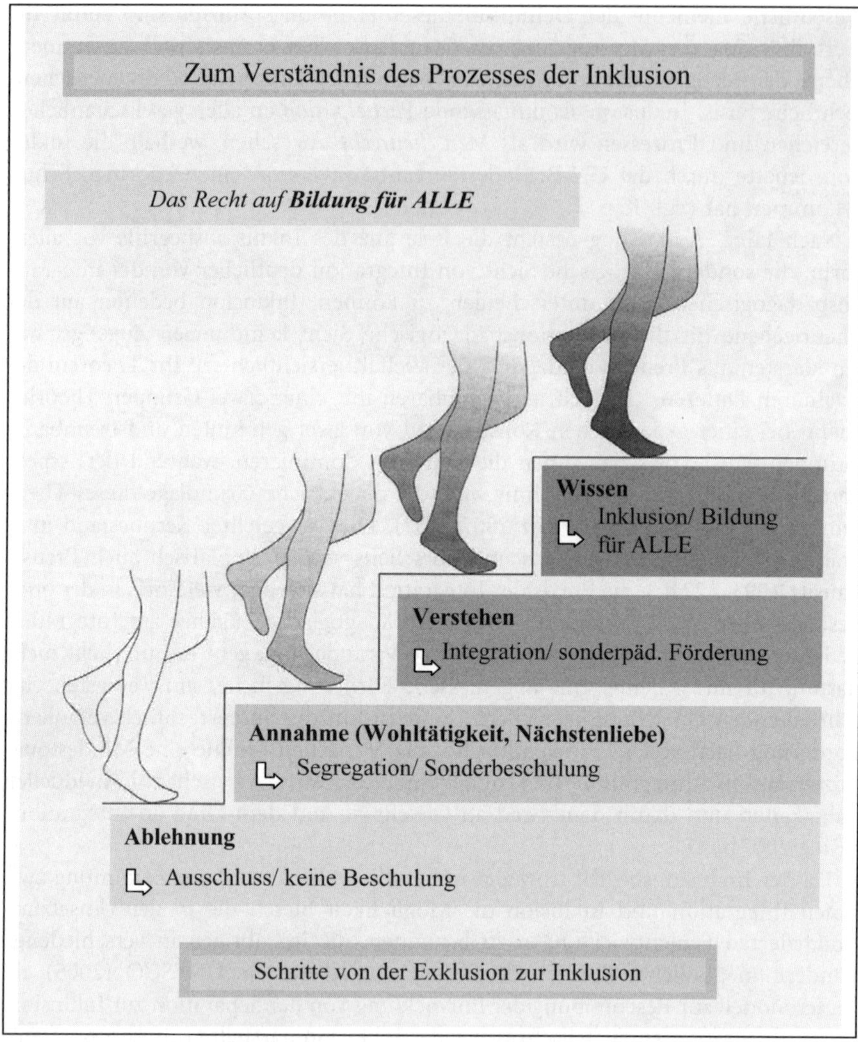

Abb. 6: Schritte von der Exklusion zur Inklusion (UNESCO 2005, 24; Übers. d. Verf.)

1. Der erste Schritt ist die *Ablehnung (denial)* behinderter Kinder und Jugendlicher. Er geht mit dem *Ausschluss (exclusion)* aus dem Bildungssystem einher, der – global betrachtet – noch längst nicht in allen Ländern dieser Erde überwunden ist, denn sonst wären nicht Millionen behinderter Kinder und Jugendlicher weltweit von der Möglichkeit des Schulbesuchs ausgeschlossen.
2. Der zweite Schritt ist die *humane Annahme (acceptance)* behinderter Kinder und Jugendlicher. Diese wurden in Europa und den USA seit dem 18. Jahrhundert *segregiert (segregation)* und in Heil-, Pflege- und Erziehungsanstalten, in denen neben Bildung Fürsorge und Nächstenliebe eine wichtige Rolle spielen, rund

um die Uhr versorgt. Zu dieser ‚Rund-um-Versorgung' gehörte auch der Schulunterricht, der später organisatorisch in Sonderschulen als Tagesschulen fortgeführt wurde und den Beruf des ‚Sonder(schul-)pädagogen' und die wissenschaftliche Sonderpädagogik (special education) entstehen ließ.

3. Der dritte Schritt bringt das *Verständnis (understanding)* für die besonderen Lern- und Entwicklungsbedürfnisse behinderter Kinder und Jugendlicher mit sich. Er beinhaltet die Zielsetzung der *sozialen Integration (integration)* in die allgemeinen Schulen und führt zu einer *Pädagogik bei besonderen Bedürfnissen (special needs education)*. Der Fokus dieser Pädagogik ist aber noch ganz auf die Bedürfnisse *behinderter* Kinder und Jugendlicher ausgerichtet und der Unterricht findet auch in den allgemeinen Schulen häufig in homogenen Gruppen behinderter Kinder und Jugendlicher, getrennt von den übrigen Kindern und Jugendlichen, in segregierten Settings (z. B. in sog. ‚ressource rooms' wie im amerikanischen Schulsystem) statt.
4. Einen vierten Schritt sieht die UNESCO-Gruppe in der gesellschaftlichen Haltung des *Wissens (knowledge)* erreicht. Das Wissen um die Verschiedenheit der Bedürfnisse *aller* Kinder und Jugendlicher führt zur *inklusiven Bildung (education for All)* und zur *inklusiven Schule*, in der die *Heterogenität* der Kinder und Jugendlichen als Bereicherung für den Unterricht angesehen wird. Eine inklusive Schule ist eine ‚*Schule für alle*', weil sie auf die unterschiedlichen Lern- und Entwicklungsbedürfnisse *aller* Kinder und Jugendlichen eingeht und dabei immer auch den sozialen und kulturellen Kontext der Schülerinnen und Schüler berücksichtigt. Eine inklusive Schule berücksichtigt aber auch ganz ausdrücklich die Bedürfnisse derjenigen Schülerinnen und Schüler, die eine *besondere Vulnerabilität*[57] hinsichtlich gesellschaftlicher Marginalisierung und sozialer Exklusion aufweisen. Deshalb gibt es in der inklusiven Schule nicht nur pädagogische Spezialisten für die besondere Vulnerabilität behinderter Kinder und Jugendlicher, sondern auch für die besondere Verletzlichkeit von misshandelten Kindern, Flüchtlingskindern, Migrantenkindern, armen Kindern oder kriegstraumatisierten Kindern – um nur einige der gefährdeten Gruppen aufzuzählen.

Inklusion wird in den ‚Guidelines für Inclusion' der UNESCO dementsprechend als ein *Prozess* aufgefasst, der auf die Verschiedenheit der Bedürfnisse aller Lernenden durch Erhöhung der Teilhabe an Bildung, Kultur und Gesellschaft eingeht und den Ausschluss von der Bildung und innerhalb der Bildung reduziert. Dies beinhaltet Veränderungen und Modifikationen in inhaltlicher, konzeptioneller, struktureller und strategischer Hinsicht, entsprechend der allgemeinen Vision

57 Die UNESCO verwendet hier den in der sozialwissenschaftlichen Entwicklungsforschung und -zusammenarbeit gebräuchlichen Begriff von Vulnerabilität, der soviel wie ‚soziale Verwundbarkeit' bedeutet. Diese Begriffsverwendung geht auf eine Definition von Chambers (1989) zurück. Auf der Grundlage umfassender empirischer Sozialforschung über die Armut in Entwicklungsländern definierte Chambers Vulnerabilität als ein Spannungsfeld zwischen äußerer Bedrohung durch ökonomische, politische oder sozial Stressfaktoren bzw. Risikofaktoren und internen bzw. personalen Bewältigungsmechanismen.

der Einbeziehung aller Kinder im entsprechenden Alter und gemäß der Überzeugung, dass es im Verantwortungsbereich des regulären Bildungssystems liegt, alle Kinder zu erziehen und zu bilden. Die UNESCO bringt diese Veränderungen und Modifikationen in folgendem Schaubild zum Ausdruck (vgl. Abb. 7).

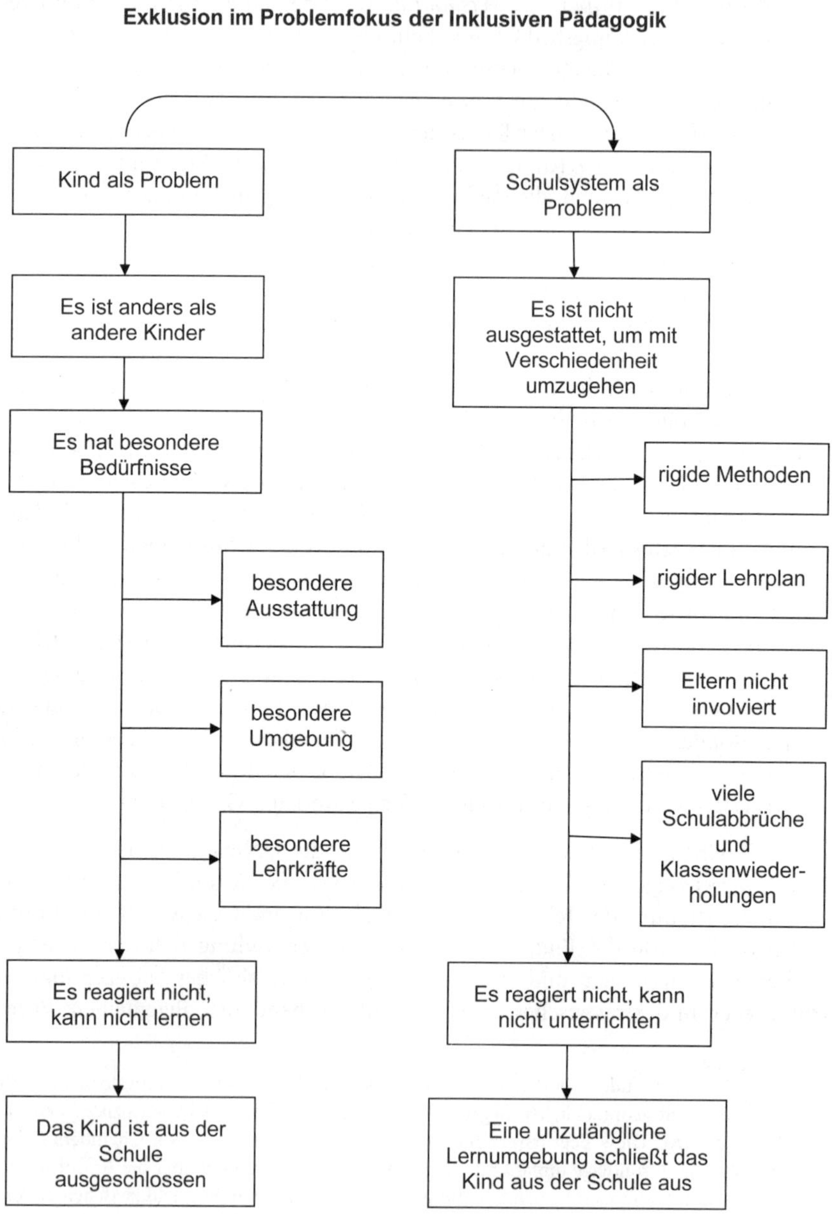

Abb. 7: Exklusion im Problemfokus der inklusiven Pädagogik (UNESCO 2005, 27; Übers. d. Verf.)

Dieses Schaubild zeigt, dass es insbesondere um eine Umorientierung hinsichtlich der Problemwahrnehmung geht. Wird das (Regel-)Schulsystem und nicht das Kind als Problem wahrgenommen, dann fällt zunächst auf, dass dieses nicht in der Lage ist, mit *Heterogenität* umzugehen. Dies lässt sich an rigiden Unterrichtsmethoden, rigiden Lehrplänen, der Nicht-Einbeziehung von Eltern und an den vielen Schulwechseln und Klassenwiederholungen ablesen. Dementsprechend erscheinen flexible Unterrichtsmethoden, gestufte und dem Lern- und Leistungsstand angepasste Lehrpläne, die Einbeziehung der Eltern und die Vermeidung von Klassenwiederholungen als wichtige Schritte zu einer inklusiven Schule zu sein.

Dabei wollen wir exemplarisch auf die Zugänglichkeit und Flexibilität der Curricula etwas näher eingehen, denn sie werden in den ‚Guidelines für Inclusion' als Schlüssel für die Bildung von inklusiven Schulen angesehen. Nach Auffassung der UNESCO ist es wichtig, den Lehrplan flexibel genug zu gestalten, um Anpassungsmöglichkeit für die jeweiligen Bedürfnisse gewährleisten zu können. Damit ist nicht gemeint, jede Verbindlichkeit der Inhalte und Ziele aufzugeben, sondern die Inhalte so aufzubereiten, dass ihre Bearbeitung auch auf höheren und niedrigeren Niveaustufen möglich wird. Eine derartige Gestaltung von Lehrplänen soll die Lehrkräfte außerdem dazu anregen, nach Lösungen zu suchen, die den Bedürfnissen und Fähigkeiten jedes einzelnen Schülers entsprechen. Adaptierbarkeit des Curriculums nach den Vorstellungen einer inklusiven Pädagogik bedeutet also zu akzeptieren, dass jeder Lernende verschiedene Bedürfnisse hat und jeder von einer gemeinhin akzeptierten Grundbasis qualitativ hochwertiger Bildung profitieren sollte.

Florian Haerle (2003) gelangt in seiner qualitativen (Regional-)Studie über die inklusive Schulpraxis australischer Primarschulen zu der Erkenntnis, dass für Entwicklung der schulischen Inklusion entscheidend ist, dass allen Schülern die Teilhabe am regulären Curriculum (*curriculare Inklusion*) ermöglicht wird. Die Curriculumanpassung kann dabei in Abhängigkeit von den speziellen Bildungserfordernissen (special educational needs) zwei unterschiedlichen Konzeptionen folgen, die für einzelne Schüler auch kombiniert werden müssen. Sie lassen sich nur realisieren, wenn zugleich eine Flexibilisierung von Organisationsstrukturen und Unterstützungsformen geschieht:

- Die Konzeption eines Curriculums auf mehreren Niveaustufen (Multi-Level-Curriculum) umfasst neben den Unterrichtsinhalten präzise formulierte Lernziele auf vier verschiedenen Niveaustufen. Innerhalb der sechsjährigen Schulzeit der Primarstufe werden die Inhalte mehrmals aufgegriffen. Dabei sollen möglichst alle Schüler die vier Niveaustufen durchlaufen, in die das Curriculum aufgeteilt ist, aber die Verweildauer auf jeder Stufe kann unterschiedlich lang sein. Das Konzept ähnelt ein wenig dem Ansatz offener Schuleingangsstufen, auf das unterschiedliche Entwicklungsniveau und Lerntempo Rücksicht zu nehmen. Durch die klare Beschreibung der Lernziele ist es den Lehrkräften möglich, mit den Kindern einer Klasse oder Lerngruppe am selben Thema auf unterschiedlichen Stufen zu arbeiten.

- Die Konzeption eines überlappenden Curriculums (Curriculum Overlapping) sieht neben der Teilnahme am ‚Regelcurriculum' noch ein weiteres Teilcurriculum vor, beispielsweise zu Themen ‚Selbständiges Leben im Alltag', ‚Kommunikation' oder ‚Sozialkompetenz' für Schüler mit spezifischen Bedarfen. Wenn die Schulzeit nicht ausgeweitet werden soll, ist allerdings zu entscheiden, welche Inhalte des Regelcurriculums zugunsten der Aufnahme weiterer Inhalte reduziert werden.

Jede der beiden Konzeptionen curricularer Inklusion stellt besondere Anforderungen an das Rollenverständnis und die Professionalisierung der Klassenlehrer, die Auswahl der (zusätzlichen) Unterstützungsformen, die Entwicklung von Unterrichtssequenzen und die Anwendung von Unterrichtsmethoden. Im Endergebnis wird von Haerle die *Flexibilität* des Schulsystems als signifikanter Schlüsselfaktor im Sinne der Ermöglichung einer inklusiven Schulpraxis interpretiert. Dieses Forschungsergebnis verweist auf die zentrale Rolle der Weiterentwicklung der pädagogischen Professionalität in inklusiven Schulsystemen.

Es ist also ein wesentliches Merkmal des Leitprinzips der Inklusion, dass sich die Blickrichtung von einer *individuumorientierten Perspektive auf das Kind* hin zu einer *systemorientierten Perspektive auf die allgemeinen Institutionen des Bildungssystems* wandelt. Die durch das Inklusionsprinzip intendierte Entwicklung des Schul- und Bildungssystems zielt somit vor allem auf die *Adaptierbarkeit* (adaptability) der vorhandenen institutionellen und professionellen (Handlungs-)Strukturen ab (vgl. Abb. 8). Die Zuweisung von Ressourcen, die Auswahl von Lernzielen und die individuelle Förderung müssen dementsprechend in einer inklusiven Schule angesichts der Heterogenität der Lernvoraussetzungen für jeden Schüler und jede Schülerin inklusiv und nach Bedarf vorgenommen werden. Dies ist die Kernaufgabe eines prozessorientierten Assessments in inklusiven Schulen (Europäische Agentur 2007; v. Knebel 2010).

Der Begriff der Inklusion ist also aus verschiedenen Gründen zu einem Begriff von hoher internationaler Bedeutung avanciert:

- Er ist geeignet, umfassende Formen der Partizipation gegen bereits existierende, verengte Formen der praktizierten Integration abzugrenzen.
- Er ist geeignet, die Verengung auf Kinder mit Behinderung zugunsten eines Blickes auf alle marginalisierten Gruppen zu überwinden.
- Er ist durch die UN-Behindertenrechtskonvention ein ethisch, politisch und rechtlich relevanter Begriff. Als solcher leistet er auch eine spezifische Beschreibung von Exklusionsrisiken, benennt Menschen mit Behinderungen als eine besonders vulnerable Gruppe und umreißt Ziele politischen und pädagogischen Handelns.

Da der Inklusionsbegriff, wie bereits ausgeführt, theoretisch gegenüber dem Begriff Integration, wie er in der deutschsprachigen Integrationsbewegung entfaltet wurde, nichts völlig Neues bringt, sondern bereits bekannte Themen wieder aufgreift, Akzentverschiebungen und an einigen Stellen Vertiefungen bietet (vgl. Sander

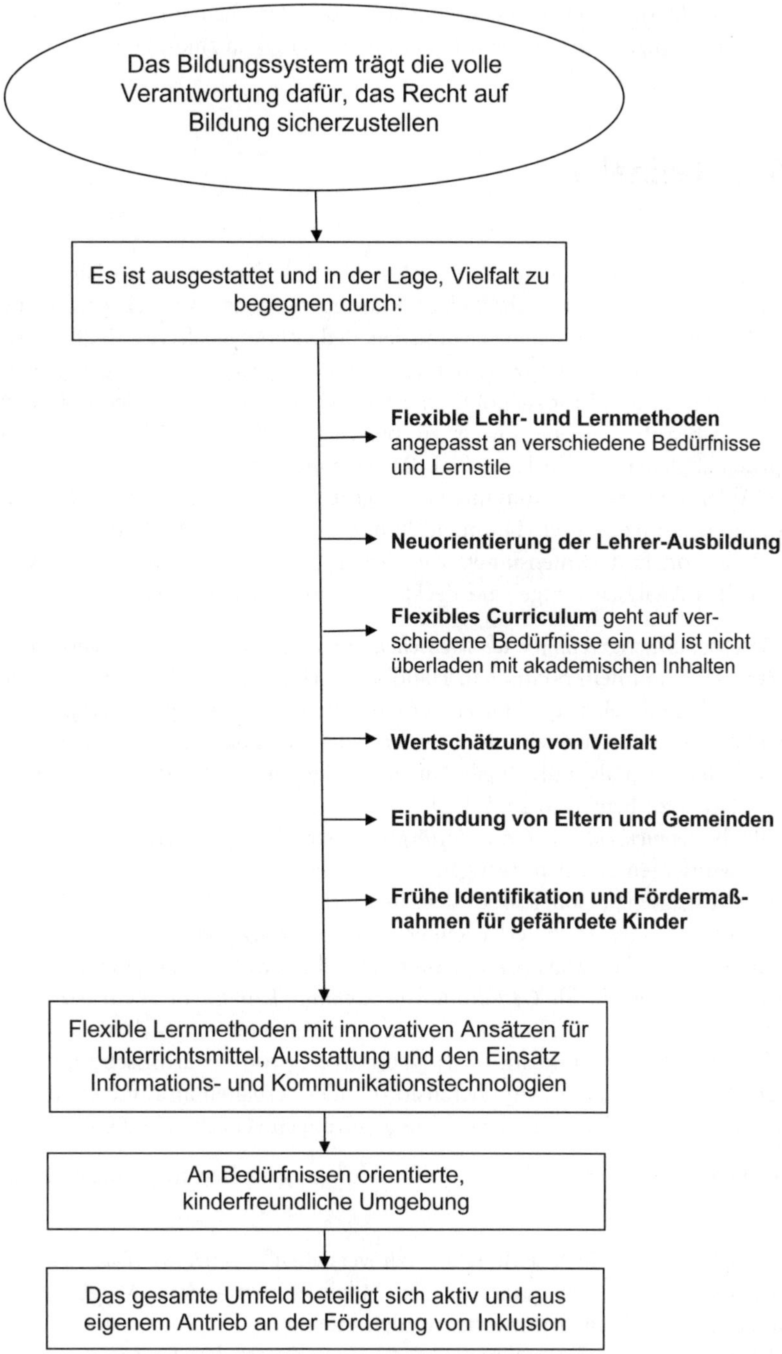

Abb. 8: Bildung aus der Perspektive der Inklusion (UNESCO 2009, 15)

2003; Hinz 2004), ist bei der weiteren Bearbeitung der Thematik selbstverständlich an die Forschungstradition der Integrationspädagogik anzuknüpfen.

4.8 Teilhabe

Der Begriff der Teilhabe wurde erst nach seiner Aufnahme in das Sozialgesetzbuch IX Gegenstand fachwissenschaftlicher Klärungsversuche. Aus wissenschaftlicher Sicht geht es dabei vor allem darum, den Bedeutungsgehalt von Teilhabe so zu präziseren, dass dieses Konzept der empirischen Überprüfung zugänglich wird (Teilhabeforschung). In sozialpolitischer Hinsicht geht es darum, den unbestimmten Rechtsbegriff Teilhabe soweit zu präzisieren, dass ein wirksamer Rechtsanspruch abgleitet werden kann (vgl. Bartelheimer 2007).

In Anlehnung an die von uns herausgearbeiteten Dimensionen des Selbstbestimmungsprinzips (vgl. Lindmeier/Lindmeier 2003) trifft Bradl eine Unterscheidung von fünf Dimensionen von Teilhabe, die sich mit ersten fachwissenschaftlichen Analysen weitgehend deckt (vgl. z. B. Wansing 2005):

1. „Gesellschaftliche *Teilhabe als Menschen- und Bürgerrecht*, die bürgerrechtliche Perspektive mit dem politischen Handlungsziel, gesellschaftlich übliche Lebensstandards und Lebensqualität zu verwirklichen (Normalisierungsprinzip).
2. Teilhabe als Grundprinzip eines Systems der Behindertenhilfe, in dem behinderte Menschen als individuelle Nutzer an der *Ausgestaltung von Dienstleistungen* stärker zu beteiligen sind. (...)
3. Teilhabe als *menschliches Grundbedürfnis,* in sozialen Systemen leben zu können, in gewünschten sozialen Bezügen „dabei sein" und „mitmachen" zu können, nicht ausgegrenzt, isoliert oder diskriminiert zu werden. (...)
4. Teilhabe als Bündel zu erlernender *sozialer Fähigkeiten (Kompetenzen)*, mit anderen Menschen konstruktiv zusammen leben, wohnen, arbeiten zu können.
5. Schließlich Teilhabe als *Gestaltung von Kommunikation*, vor allem bezogen auf den hier gemeinten Personenkreis, wenn wir Verhalten (auch als Verhaltensauffälligkeit) als Kommunikation, als Übermittlung von Bedürfnissen und Befindlichkeiten, und entsprechend herausforderndes Verhalten im Kontext von Kommunikationsproblemen und Beziehungsstörungen verstehen" (2005, 185).

Bartelheimer nennt ebenfalls fünf Anforderungen an einen tragfähigen Teilhabebegriff:

1. „Teilhabe ist nur historisch relativ zu verstehen" (2007, 8). Das heißt, dass Teilhabemöglichkeiten immer an den Möglichkeiten anderer Mitglieder einer konkreten Gesellschaft gemessen werden müssen.
2. „Teilhabe ist mehrdimensional" (ebd.). Erst durch das Zusammenspiel von Teilhabemöglichkeiten in verschiedenen Lebensbereichen wie Familie, Erwerbs-

arbeit und Freizeit ergibt sich ein stimmiges Bild der Teilhabe Einzelner sowie ganzer Gruppen der Gesellschaft.

3. Teilhabe beschreibt kein ‚entweder oder', sondern Abstufungen hinsichtlich Ausgrenzung und Teilhabemöglichkeiten. Bartelheimer fordert, „klar zu unterscheiden zwischen erwünschter Vielfalt von Lebensweisen und inakzeptablen Gefährdungen von Teilhabe, die gesellschaftlichen Eingriff erfordern" (ebd.).
4. „Teilhabe ist ein dynamisches Konzept" (ebd.). Der Grad der Teilhabe eines Menschen kann nicht in Form einer Momentaufnahme bestimmt werden, sondern muss vor dem Hintergrund von Lebenslauf und Biographie betrachtet werden. Auf diesen Umstand weist auch die Armutsforschung hin, wenn es darum geht, Armut von Kindern hinsichtlich ihrer Relevanz einzuschätzen.
5. „Teilhabe ist aktiv" (ebd.). Da Teilhabe handelnd verwirklicht wird, müssen bei der Beurteilung des Grades der Teilhabe die Handlungsmöglichkeiten eines Menschen und seine Möglichkeiten der Bewältigung schwieriger Lebenssituationen betrachtet werden" (2007, 8).

Eine stimmige Konzeption der Realisierung von Teilhabe- und Zugehörigkeitschancen bietet der Capability Approach (vgl. Kap. 3.3.2), der von Bartelheimer in dem nachfolgenden Modell (vgl. Abb. 9) aufgenommen wurde. Es stellt den Versuch dar, die verschiedenen Bedingungen gelingender Teilhabe zu einem theoretischen Modell zusammenzuführen, indem es zunächst nach *materiellen Ressourcen* oder *Rechtsansprüchen* fragt, die Zugang zu Ressourcen verschaffen. Ressourcen oder Rechtsansprüche eröffnen jedoch lediglich die Möglichkeiten von Teilhabe. Diese Möglichkeiten zu realisieren, verlangt zum einen individuelle Fähigkeiten, zum anderen gesellschaftliche Bedingungen wie Normen oder Infrastrukturen, welche diese Umwandlung ermöglichen. Insbesondere die gesellschaftlichen Umwandlungsfaktoren sind daran zu messen, welche Handlungs- und Entscheidungsspielräume sozioökonomische Bedingungen und Institutionen den Individuen lassen, um entweder ganz persönliche oder von ihnen geteilte, gesellschaftlich übliche Teilhabeziele zu verwirklichen. Das Ergebnis all dieser Faktoren ist eine bestimmte Lebenslage oder ein bestimmtes Teilhabeergebnis.

Der Vergleich von Teilhabemöglichkeiten bleibt nach diesem Konzept nicht einfach an den beobachteten Unterschieden der Lebenslage stehen, sondern fragt danach, wie weit sie mit ungleichen Handlungsbefähigungen und Verwirklichungschancen verbunden sind. Bonvin (2006) illustriert dieses Modell am Beispiel des Fahrradfahrens: „Wer die Chance haben soll, Rad zu fahren, benötigt zunächst ein Rad oder Zugang zu einem Rad (Ressource). Ferner muss er Rad fahren können (individueller Umwandlungsfaktor), und es muss hierfür eine gesellschaftliche Infrastruktur geben, also Straßen und Wege, und schließlich muss das Radfahren auch erlaubt sein (all dies zählt zu den gesellschaftlichen Umwandlungsfaktoren). So kann Wahlfreiheit entstehen: Wählt jemand das Radfahren als ihm angemessene Form der Mobilität oder hat er keine Wahl, weil ihm andere Verkehrsmittel nicht zur Verfügung stehen? Erst im Wissen um all diese Faktoren lässt sich auch bewerten, warum eine Person mehr Rad fährt als eine andere. Fährt jemand nicht

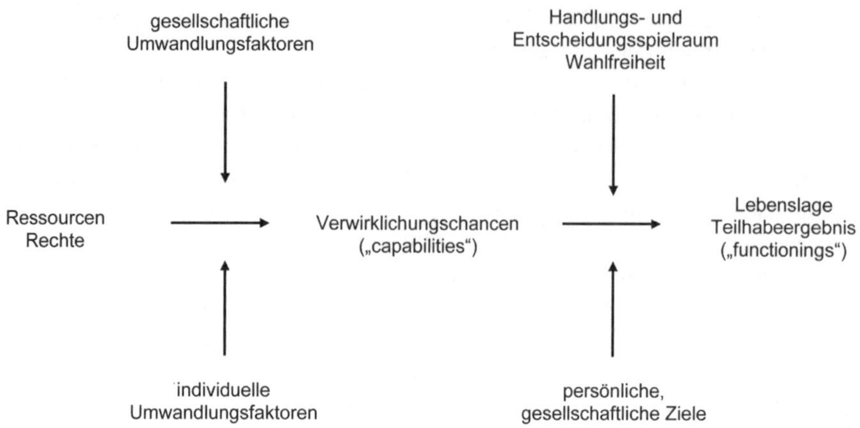

Abb. 9: Wie Teilhabe ‚funktioniert' – ein Modell frei nach Amartya Sen (Bartelheimer 2007, 9)

Rad, kommt es in diesem Modell also darauf an, ob er das nicht will oder ob er es nicht kann. Das Ziel wäre dann nicht, dass alle gleich viel Rad fahren, sondern dass alle so viel Rad fahren können, wie sie wollen" (Bartelheimer 2007, 10f.). Für Menschen mit körperlichen oder Sinnesbeeinträchtigungen ist zu überlegen, wie ihr individuelles ‚Umwandlungshandicap' durch Spezialfahrräder ausgeglichen werden kann.

Teilhabechancen können dementsprechend weder eindimensional an Ressourcen und Rechten, noch einseitig an den Dimensionen der individuellen oder gesellschaftlichen Umwandlungsfaktoren festgemacht werden. Eine sozial gerechte Gesellschaft zeichnet sich dadurch aus, dass *Handlungs- und Entscheidungsspielräume* zur Verwirklichung persönlicher und gesellschaftlicher Ziele eröffnet werden.

4.9 Prävention und Rehabilitation

Obwohl der Begriff der *Teilhabe* bereits 2001 im Sozialgesetzbuch IX (Rehabilitation und Teilhabe behinderter Menschen) als neuer Leitbegriff der Sozialgesetzgebung verankert wurde, und obgleich die Umsetzung der UN-Behindertenrechtskonvention den Fokus auf Teilhabe und Inklusion weiter fördern wird, sind die ursprünglich aus dem Gesundheitssystem stammenden Begriffe der *Prävention* und der *Rehabilitation* auch in pädagogischen Zusammenhängen noch immer von großer Bedeutung.

Prävention

Prävention bedeutet Vorbeugung; durch sie sollen Behinderungen und Benachteiligungen vermieden werden. Grundlage ist die Definition von Behinderung im § 2 Abs. 1 SGB IX: „Menschen sind behindert, wenn ihre körperliche Funktion, geistige Fähigkeit oder seelische Gesundheit mit hoher Wahrscheinlichkeit länger als sechs Monate von dem für das Lebensalter typischen Zustand abweichen und daher ihre Teilhabe am Leben in der Gesellschaft beeinträchtigt ist. Sie sind von Behinderung bedroht, wenn die Beeinträchtigung zu erwarten ist." Mit Hilfe dieser gesetzlichen Rahmenbestimmungen ist es möglich, auch jungen Kindern Frühförderung zukommen zu lassen, wenn sich bereits eine Entwicklungsverzögerung oder Entwicklungsgefährdung andeutet, aber noch keine manifeste Behinderung im Sinne der Definition in § 2 SGB festzustellen ist. Bei kleinen Kindern ist der ‚typische Zustand' mitunter schwer einschätzbar, da große Entwicklungsunterschiede als ‚normal' gelten. Die gesetzliche Festlegung, dass die Abweichung über ein halbes Jahr anhalten muss, kann zudem zu langen Wartezeiten führen. Außerdem scheuen sich viele Ärzte angesichts der Unsicherheit einer Prognose, in diesem Alter eine Behinderung festzustellen.

Prävention ist ein interdisziplinäres Arbeitsfeld (Medizin, Psychologie, Pädagogik, Soziale Arbeit usw.) (vgl. Sander 2007; Opp 2009) und wird in der Regel in drei Formen eingeteilt:

- *Primäre Prävention* richtet sich nicht an eine besondere Risikogruppe: im medizinischen Bereich zählen beispielsweise die Vorsorgeuntersuchungen für Kinder zur Primärprävention, im pädagogischen Bereich wird mitunter bereits eine Erziehung, die Kinder in ihren Kompetenzen und ihrer Selbstwahrnehmung stärkt, als ‚primärpräventiv' beispielsweise bezüglich Suchtprävention bezeichnet. Bezüglich der Sprachförderung wäre eine Einrichtung, in der alle Kinder unabhängig von ihrem Sprachstand in ihrer alltagsbezogenen Sprachkompetenz besonders unterstützt werden, primärpräventiv tätig.
- *Sekundäre Prävention* bezeichnet alle Maßnahmen, die sich an spezielle Risikogruppen richten: spezielle Nachsorge für Frühgeborene, Aufklärung über die Risiken von Alkoholkonsum für Jugendliche mit Risikoverhalten und besondere Sprachfördermaßnahmen für Kinder mit Migrationshintergrund sind Maßnahmen sekundärer Prävention. Sie sollen verhindern, dass Schädigungen, Entwicklungsverzögerungen, Benachteiligungen und sonstige Risiken zu manifesten Behinderungen oder Devianz führen.
- *Tertiäre Prävention* umfasst Maßnahmen, die die Folgen einer Entwicklungsverzögerung, Behinderung oder Devianz und ihre Ausweitung auf weitere Lebensbereiche verhindern sollen: spätestens in dieser Phase ist interdisziplinäres Zusammenwirken verschiedener Disziplinen in der Regel notwendig: die Frühförderung eines frühgeborenen, entwicklungsverzögerten Kindes soll eine Ausweitung der Entwicklungsverzögerung verhindern und die elterliche Erziehungskompetenz unterstützen. Die Entgiftung und Therapie bei Alkoholmissbrauch wirkt u. a. durch die Verhinderung körperlicher und psychischer Folge-

schäden tertiär präventiv; wenn eine berufliche (Neu-)Orientierung auf Grund einer Alkoholerkrankung notwendig wird, zählt sie allerdings bereits zur beruflichen Rehabilitation.

Hier zeigt sich ein Grundkonflikt mit unserer Sicht auf Behinderung: Behinderung, verstanden entsprechend der ICF und der UN-BRK als Behinderung der Partizipation bzw. Teilhabe, soll im Rahmen präventiver Maßnahmen personenbezogenen an einzelnen Menschen ‚bearbeitet' und in ihren Folgen gemildert werden. Dadurch entsteht ‚durch die Hintertür' wieder ein personenbezogenes Bild von Behinderung, die als zu vermeidende oder zu mildernde Eigenschaft negativ bewertet wird. Die Sorge, dass die negative Bewertung von Behinderung zur negativen Bewertung behinderter Menschen führen kann, wird am deutlichsten bestätigt in der Praxis der pränatalen ‚Prävention' von Behinderung, die angesichts mangelnder Therapiemöglichkeiten in der Regel zur Abtreibung, also zur Verhinderung des Lebens mit Behinderung, führt (vgl. Kap. 3).

Zudem ist zu berücksichtigen, dass sekundär und tertiär präventive Maßnahmen immer auch eine Benennung (des Risikos) einer Auffälligkeit und eine damit verbundene Etikettierung und Diskriminierung bewirken. Dies ist insbesondere bei der Sekundärprävention problematisch, da nicht jeder Angehörige einer Risikogruppe tatsächlich auffällig wird. Während medizinische Risiken als ‚unverschuldet' gelten und daher weniger diskriminierend erlebt werden, ziehen soziale Risiken häufig ein Assoziationsfeld nach sich, das betroffene Familien mit Recht zurückweisen: Kinder aus armen Familien gelten beispielsweise als stärker betroffen von Vernachlässigung, Gewalt, Sprachauffälligkeiten – Fachleute dürfen daraus keinen ‚Generalverdacht' gegenüber armen Familien ableiten.

Auch hier kann die einzig theoretisch und praktisch überzeugende Lösung in inklusiven Angeboten bestehen, die an individuelle, wechselnde Bedarfslagen für Kinder angepasst werden können, so dass besondere Bedarfe sich nicht (so leicht) dauerhaft zu personenbezogenen Merkmalen verfestigen.

Rehabilitation

Hinsichtlich der Rehabilitation gilt Ähnliches: Die Ausführungen zur ICF haben deutlich gemacht, dass Rehabilitation ein aus dem Gesundheitssystem stammender Begriff ist; dieses Aufgabenfeld bezieht sich daher nur auf Behinderungen, nicht auf Benachteiligungen (vgl. C. Lindmeier 2003). Eine Ausnahme stellt die berufliche Rehabilitation dar, die ausdrücklich benachteiligte Jugendliche einschließt (vgl. Biermann 2008). Rehabilitation zielt auf eine möglichst umfassende Teilhabe, wie das Sozialgesetzbuch IX in Art. 5 ausführt: „Zur Teilhabe werden erbracht 1. Leistungen zur medizinischen Rehabilitation, 2. Leistungen zur Teilhabe am Arbeitsleben, 3. unterhaltssichernde und andere ergänzende Leistungen, 4. Leistungen zur Teilhabe am Leben in der Gemeinschaft."

Rehabilitation meinte in der Sozialgesetzgebung der 1950er und 1960er Jahre die Wiederherstellung zentraler Fähigkeiten und die daraus resultierende Wiedereingliederung in das berufliche und gesellschaftliche Leben (vgl. Fahlbusch 1997). Im heutigen Begriffsverständnis umfasst sie die Gesamtheit der medizinischen, pädagogischen, beruflichen und sozialen Maßnahmen, mittels derer eine dauerhafte Eingliederung oder Wiedereingliederung behinderter Menschen in Arbeit, Beruf und Gesellschaft und damit das Globalziel der Teilhabe erreicht werden soll: „Die Kombination beider Begriffe [Teilhabe und Rehabilitation, Anm. der Verf.] im SGB IX spiegelt das Bestreben wider, Rehabilitation als Prozess und Zielsetzung aus der Sicht behinderter Menschen zu gestalten: einheitlich, umfassend und unabhängig von den Ursachen der Behinderungen wie von Zuständigkeiten der Leistungsträger im gegliederten System" (Blumenthal/Jochheim 2009, 12). Dennoch entstehen auch hier Schwierigkeiten, wenn wir Behinderung als etwas Situatives denken, das auch bei bester Rehabilitation regelhaft zum Leben eines Menschen in einer bestimmten Gesellschaft gehören wird. Von Vertretern der Selbstbestimmt-Leben-Bewegung wird der Begriff daher als unangemessen kritisiert (vgl. z.B. Österwitz 1996).

Die Begriffe Prävention und Rehabilitation zielen also lediglich auf den Abbau von individuellen Defiziten. Innerhalb des für weitergehende Ziele offenen Begriffs der „angemessenen Vorkehrungen" hat auch der Abbau von Defiziten einen sinnvollen Platz, um Barrieren für Bildung, soziale Beziehungen und Beruf weniger wirksam werden zu lassen, dies geschieht aber eingebettet in den Abbau von Barrieren und diskriminierenden Praktiken (vgl. 3.2).

Die Vielfalt der Rehabilitationsträger und -institutionen und die rechtliche Bedeutung des Rehabilitationsbegriffs verleihen ihm in der BRD eine hohe politische und wissenschaftliche Bedeutung. Der Begriff Rehabilitationspädagogik wird im universitären Kontext seit einigen Jahren propagiert, weil er als interdisziplinär und international anpassungsfähig gilt. Unserer Auffassung nach bleibt die begriffsimmanente Defizitorientierung problematisch, wenn die vorgeschlagene Einordnung innerhalb der Handlungsprinzipien und Zielperspektiven der Teilhabe und Inklusion nicht konsequent umgesetzt wird.

Bei einer *teilhabeorientierten* Rehabilitation ginge es nach Wansing (2005) darum, „auch Menschen mit Behinderung eine Lebensführung zu ermöglichen, in der moderne Wahlmöglichkeiten genutzt und Chancen zur Partizipation realisiert werden können" (27). Neben der rechtlichen Verankerung von Teilhabeansprüchen und ökonomischen Interventionen käme es hierbei insbesondere darauf an, „eine verlässliche und zugängliche Dienstleistungsstruktur bereitzustellen, die Menschen mit Behinderungen dabei unterstützt, jene Kompetenzen und Ressourcen zu entwickeln bzw. wiederherzustellen, welche die Wahrscheinlichkeit erhöhen, dass die verschiedenen Gesellschaftssysteme sie einbeziehen" (ebd.). Teilhabe an der Gesellschaft bedeutet daher für Wansing *„personale Inklusion durch die verschiedenen Gesellschaftssysteme sowie Herstellung und Aufrechterhaltung einer individuellen Lebensführung"* (a.a.O., 191).

5 Sicherung und Entwicklung pädagogischer Qualität

Im dritten Kapitel wurde angedeutet, dass (Bildungs-)Gerechtigkeit und (pädagogische) Qualität in engem Zusammenhang stehen, weil nur eine qualitativ hochwertige Bildung Inklusion und Teilhabegerechtigkeit gewährleisten kann. Der erste Abschnitt dieses Kapitels intendiert folgerichtig eine Klärung des Begriffs der pädagogischen Qualität. Anschließend gehen wir der Frage nach, was Qualität in unterschiedlichen Handlungsfeldern der Pädagogik bei Behinderung und Benachteiligung bedeutet. Dabei gehen wir zum einen auf die Qualität der Leistungen zur Teilhabe für erwachsene Menschen im Wohnen ein, da in diesem Feld die Entwicklungen der letzen Jahrzehnte besonders deutlich sichtbar werden. Zum anderen wird die Qualitätsdiskussion im Bildungsbereich exemplarisch am Handlungsfeld Schule dargestellt. In diesem Zusammenhang erörtern wir auch die aktuelle, keineswegs abgeschlossene Diskussion über die Standardisierung sonderpädagogischer Förderung. Abschließend werden als weitere Ansätze der Schulentwicklung und Schulentwicklungsforschung die Qualitätsentwicklung inklusiver schulischer Bildung und die Sicherung und Entwicklung von Schulqualität durch standardbasierte Evaluation vorgestellt.

5.1 Pädagogische Qualität

Qualität ist ein Begriff mit einer langen, bis in die Antike zurückreichenden philosophischen Tradition, dessen ursprüngliche Wortbedeutung ‚qualitas' (lat.) die wesentlichen Beschaffenheiten oder Eigenschaften einer Sache meint (vgl. Blaschke 1989; Kuper 2002). Während im philosophischen Verständnis Aussagen zur Qualität als Auskünfte über Beschaffenheiten von Gegenständen betrachtet werden, geht es in den betriebswirtschaftlich orientierten Diskussionen über Qualität bzw. Qualitätssicherung im Bildungs- und Sozialwesen der Gegenwart primär um den Vergleich von Erwartungen oder Ansprüchen mit messbaren Ergebnissen oder Effekten (z. B. Kompetenzen von Schülern) (vgl. Galiläer 2005). „Unter Qualität ist also die Entsprechung/Nicht-Entsprechung von Anspruch und den Eigenschaften der beurteilten Sache zu verstehen. Dies schließt graduelle Abstufungen (besser, schlechter) ein, die sich aus dem Grad der Übereinstimmung der beiden Seiten des Verhältnisses Qualität ergeben" (Galiläer 2008, 121). Dabei werden häufig verschiedene Bedeutungen miteinander vermischt:

- Als Ausdruck für *Effizienz* bezeichnet der Qualitätsbegriff eine Leistung im Verhältnis zu den Kosten. Als hohe Qualität von Unterricht im Sinne von Effizienz könnte beispielsweise definiert werden, dass möglichst viele Kinder

ohne Klassenwiederholung einen Schulabschluss erreichen, da Klassenwiederholungen zusätzliche Kosten verursachen. Die Frage, ob der Schulabschluss zu einem Ausbildungsberuf führt oder eine Sackgasse darstellt, ist in diesem Fall ebenso wenig Gegenstand der Betrachtung wie die Frage, was inhaltlich gelernt wurde, um den Schulabschluss zu erreichen. Diese Verwendung des Qualitätsbegriffs ist innerhalb der Sonderpädagogik als ‚Ökonomisierung des Sozialen' (Speck 1999, 204) bezeichnet und scharf kritisiert worden. Tatsächlich ist es besorgniserregend, dass die Qualitätsdebatte in weiten Teilen von wirtschaftlichen Argumenten so dominiert wird, dass die Frage nach dem Maßstab, nach dem etwas als ‚gut' oder von ‚guter Qualität' gelten soll, vernachlässigt wird. Anderseits ist auch festzustellen, dass in vielen Handlungsfeldern erst das Interesse der Bildungs- und Sozialverwaltungen an Einsparpotentialen eine inhaltliche Auseinandersetzung mit Qualität anstieß. Da Ressourcen immer begrenzt sind, ist es u. E. eine legitime Frage, wie sie am Besten eingesetzt werden können, um ein Ziel oder Ergebnis zu erreichen. Eine Zurückdrängung ausschließlich ökonomisch orientierter Argumentationsmuster muss daher über eine inhaltliche Bestimmung von Qualität geschehen.
- Eng verbunden mit Effizienz findet sich die Vorstellung von Qualität als *Effektivität*: damit ist gemeint, dass das Ergebnis so weit wie möglich mit dem angestrebten Ziel übereinstimmt, das Ziel also erreicht wird. Während Effizienz alltagssprachlich so definiert werden kann, ‚etwas richtig zu tun' im Sinne von ‚planvoll und kostengünstig', meint Effektivität, ‚das Richtige zu tun' (das, was zum Erreichen des Ziels unabhängig von den Kosten notwendig ist).
- Schließlich wird der Qualitätsbegriff häufig synonym mit ‚hoher bzw. guter Qualität' oder ‚Qualitätssteigerung' gebraucht.

Bereits aus diesen ersten Annäherungen wird deutlich, dass der Begriff der pädagogischen Qualität *normativ* gebraucht wird: „Das Grundmuster dieser Verwendungsweise ist dabei immer das Messen von Beschaffenheiten einer Sache (Gegenstand, Handlung etc.) an einem *Sollen*, i.e. an einer Vorstellung darüber, wofür die beurteilte Sache da ist. (…) ‚*Gute*' Eigenschaften setzen einen Maßstab voraus, an dem eine Sache gemessen wird. Strittig ist dabei allerdings, ob der Maßstab der Sache inhärent ist oder von außen an sie herangetragen wird" (Galiläer 2005, 15 f.).

Galiläer (2005, 16 ff.) bezieht sich in seiner Analyse auf den Begriffsgebrauch innerhalb der Geschichte der Philosophie, die drei maßgebliche Bezugssysteme für die Begründung von Bewertungskriterien kennt:

1. Das Wesen der Sache: Danach könnte beispielsweise als das Wesen von Unterricht die Wissensvermittlung angesehen werden, so dass Unterricht von guter Qualität ein solcher Unterricht sein müsste, der zu Wissenserwerb bei Kindern führt.
2. Moralische und/oder religiöse Gesetze mit universeller Geltung: Sie könnten begründen, dass Kinder im Unterricht nicht verspottet werden sollen; die Grundnorm in diesem Beispiel ist die Menschenwürde. Auch der Ausschluss

von Kindern vom Unterricht auf Grund von Geschlecht oder Behinderung kann so als unvereinbar mit Schulqualität angesehen werden, da er dem Recht auf Bildung und dem Recht auf Gleichheit widerspricht. Im Zusammenhang mit der Umsetzung der UN-Behindertenrechtskonvention ist strittig, ob aus diesen Rechtsansprüchen zu folgern ist, dass ein qualitativ hochwertiges Bildungssystem ein inklusives Bildungssystem sein muss. Fraglich ist hier, ob der ‚Zugang zu Bildungsangeboten (auch in Förderschulen)' bereits als gute Qualität gilt, oder erst der ‚Zugang zu den gleichen Bildungsangeboten und Einrichtungen für alle' Kinder die Rechte auf Bildung und Gleichheit erfüllt und dementsprechend als Qualitätskriterium gelten kann.

3. Eine dritte (relativistische) Tradition sieht es als unmöglich an, Qualität bzw. das ‚Gute' intersubjektiv zu definieren. Dies ist eine Position, die für die Praxis unbrauchbar ist und der wir uns nicht anschließen können.

Der Begriff der Qualität dominiert seit Beginn der 1990er Jahre die Diskussion über die Reform des Bildungswesens und der sozialen Einrichtungen und Dienste, was man daran ablesen kann, dass Verfahren der Qualitätssicherung und -entwicklung sowie Strategien des Qualitätsmanagements im Bildungs- und Sozialwesen ubiquitäre Verbreitung gefunden haben. Auch im Qualitätsbegriff des Bildungs- und Sozialwesens bündeln sich „verschiedene, vornehmlich politische und wirtschaftliche Interessen, Ansprüche und Tendenzen" (Galiläer 2005, 9 f.). Dementsprechend erfolgte die Einführung von Verfahren der Qualitätssicherung und von Methoden des Qualitätsmanagements in nahezu allen pädagogischen Handlungsfeldern zunächst ohne systematischen Anschluss an die innerfachlichen Überlegungen zur Wirksamkeit und zur angemessenen Erfolgsbewertung pädagogischer Praxis. Aufgrund dieser einseitigen Orientierung an betriebswirtschaftlichen Denkmustern und Konzepten wurde in den Professionen der Sozialen Arbeit und der Behindertenhilfe zum einen die Reduzierung sozialer Prozesse und institutioneller Praktiken auf quantifizierbare Parameter und zum anderen die Einhaltung von Minimalstandards kritisch reflektiert (vgl. z. B. Speck 1999).

5.2 Qualität von Leistungen zur Teilhabe

Leistungen der Eingliederungshilfe nach dem Bundessozialhilfegesetz, seit Inkrafttreten des Sozialgesetzbuches IX (2001) Leistungen zur Teilhabe genannt, machen einen Großteil der Ausgaben für Sozialleistungen aus, die durch Länder und Kommunen (Kosten- oder Leistungsträger) aufgebracht werden müssen. Da es auf Grund der steigenden absoluten Fallzahlen und des steigenden gesamtgesellschaftlichen Wohlstandes, an dem sich auch die Angemessenheit von Leistungen für behinderte Menschen orientiert, in den 1980er und 1990er Jahren hohe Kostensteigerungen gab, ist es nachvollziehbar, dass sich die Leistungsträger aus wirtschaftlichen Gründen für das Thema Qualität zu interessieren begannen (vgl. Metzler/Wacker 1997; Frühauf 1997; Leyendecker 2000).

Bis 1994 wurden Einrichtungen der Behindertenhilfe wie Wohnheimen und Werkstätten nach Abschluss des Wirtschaftjahres die tatsächlich entstandenen Kosten erstattet. Zwar bestand eine formale Verpflichtung, einen Hilfeplan für jeden unterstützten Menschen zu erstellen, der aber in der Regel wenig handlungsleitend war. Mit einer Gesetzesänderung des Bundessozialhilfegesetzes wurde 1993 eine prospektive Kostenregelung eingeführt, die 1994 in Kraft trat: Einrichtungen wurden verpflichtet, vorab ihre Kosten zu kalkulieren, ihre Leistungen zu beschreiben und Angaben zur Sicherung der Qualität ihrer Leistungen machen. Nur dann sollte eine Leistungsvereinbarung durch den Sozialleistungsträger unterzeichnet werden. Die tatsächliche Umsetzung der gesetzlichen Veränderung erfolgte allerdings erst im Verlauf der nachfolgenden Jahre.[58]

In den folgenden Jahren wurde insbesondere im Bereich der Leistungen zum Wohnen, aber auch in Werkstätten, Frühfördereinrichtungen, familienunterstützenden Diensten und anderen eine intensive Diskussion darüber geführt, wie gute Qualität in dem jeweiligen Feld inhaltlich sinnvoll bestimmt werden könne. Bevor diese Diskussion zu einem auch nur vorläufigen Konsens gekommen war, entstanden bereits vielfältige Instrumente zur Qualitätsmessung und -beurteilung mit ganz unterschiedlichen Schwerpunkten, Zielen und Verfahrensweisen. Diese Instrumente sollen in der nachfolgenden, unvollständigen Aufzählung systematisiert werden:

- Die Instrumente der DIN ISO-Familie sind in Werkstätten für behinderte Menschen (WfbM) weit verbreitet, da sie an die im Produktionsbereich der Werkstätten gebräuchlichen DIN-Normierungen anschlussfähig sind. Sie normieren die Prozessabläufe in den Einrichtungen, beispielsweise den Weg von der Anlieferung von Teilen über die Weiterverarbeitung zur Endkontrolle. Da ihnen vorgeworfen wurde, dass sie die Grundfrage nach guter Qualität zugunsten einer Normierung von Abläufen vernachlässigen, wurden neuere Verfahren (DIN ISO 9000 ff) in ein umfassenderes Qualitätsmanagementsystem (Total Quality Management [TQM]) eingebettet, das aber ebenfalls stark an wirtschaftlicher Effizienz orientiert bleibt.
- Eine weitere Gruppe von Verfahren beruht auf dem aus dem Krankenhaussektor stammenden Qualitätsbegriff von Donebedian (1979): sie unterscheiden zwi-

58 Seit das Bundessozialhilfegesetz im Jahr 2005 durch die Sozialgesetzbücher II (Grundsicherung für Arbeitssuchende) und XII (Sozialhilfe) abgelöst wurde, befindet sich der entsprechende Passus in Artikel 75 Absatz 3 des SGB XII (Einrichtungen und Dienste): „Wird die Leistung von einer Einrichtung erbracht, ist der Träger der Sozialhilfe zur Übernahme der Vergütung für die Leistung nur verpflichtet, wenn mit dem Träger der Einrichtung oder seinem Verband eine Vereinbarung über 1. Inhalt, Umfang und Qualität der Leistungen (Leistungsvereinbarung), 2. die Vergütung, die sich aus Pauschalen und Beträgen für einzelne Leistungsbereiche zusammensetzt (Vergütungsvereinbarung), und 3. die Prüfung der Wirtschaftlichkeit und Qualität der Leistungen (Prüfungsvereinbarung) besteht."

schen Strukturqualität (bspw. Größe, Ausstattung und Lage einer Wohneinrichtung; Zahl und Qualifikation der Mitarbeiter), der Prozessqualität (bspw. dem Beschwerdemanagement) und der Ergebnisqualität (bspw. der Nutzerzufriedenheit). Zu ihnen gehört beispielsweise das Verfahren LEWO (Lebensqualität in Wohnstätten; vgl. Schwarte/Oberste-Ufer 2001). Diese Verfahren werden allerdings überwiegend zur internen Evaluation und Qualitätsentwicklung genutzt, da sie es einer Einrichtung ermöglichen, Stärken- und Schwächenprofile zu erarbeiten und die Auffassung verschiedener Gruppen von Beteiligten (Nutzer, Mitarbeiter, Angehörige) einzubeziehen.

- Im Zusammenhang mit der Verpflichtung zur prospektiven Leistungsbeschreibung wurden Verfahren eingeführt, um den Hilfebedarf der Nutzer näher zu beschreiben. Das bekannteste Verfahren, das von Metzler (1998) im Auftrag der Fachverbände der Behindertenhilfe zur Bildung von Gruppen vergleichbaren Hilfebedarfs entwickelt wurde, dient zunächst nur der Bildung von Gruppen vergleichbaren Hilfebedarfs in stationären Wohnformen und darauf aufbauend der Kostenkalkulation von Leistungen (vgl. Metzler 1998). Inzwischen existieren zwei Fassungen für die Bereiche ‚stationäres Wohnen' und ‚Werkstätten und Tagesförderstätten'. Diese Verfahren zur Bemessung des Hilfebedarfs behinderter Menschen (HMB-W[ohnen] und HMB-T[agesstruktur]) dienen zwar bis heute nur der Einstufung in Hilfebedarfsgruppen. Ihre Beschreibungen des Hilfebedarfs, die sich in acht Kategorien (Kommunikation, Basisversorgung etc.) unterteilen, werden aber vielerorts genutzt, auch die individuellen Hilfeplangespräche zu strukturieren, die die Grundlage für die Bewilligung von Leistungen bilden. Indem auf ihrer Grundlage Ziele für die Leistungserbringung für einen Leistungsempfänger formuliert werden, wirkt das Verfahren (bzw. die auf ihm aufbauenden Leitfäden zur Hilfeplanung, die durch Leistungsträger entwickelt wurden) als Verfahren zur Zielbestimmung und Kontrolle der Zielerreichung und entfaltet damit eine ähnliche Wirkung wie Verfahren der Qualitätskontrolle und -sicherung. Inwieweit Menschen mit Behinderung in die Hilfeplangespräche wirksam einbezogen werden, stellt eine neuere Untersuchung des Zentrums für Planung und Evaluation sozialer Dienste (vgl. ZPE 2006) dar.[59]

Zugleich veränderte sich die Beziehung zwischen den beteiligten Akteuren: lange Zeit war es so, dass der Kostenträger[60] mit dem Anbieter einer Leistung, z. B. einer

59 Da ‚geistige Behinderung' nach einer der gängigsten Definitionen (vgl. Lindmeier/Lindmeier 2006) durch einen dauerhaften Hilfebedarf in wenigstens zwei Bereichen des täglichen Lebens gekennzeichnet ist, ist es problematisch, die ständige Verbesserung, Optimierung und Weiterentwicklung eines Leistungsempfängers zum Maßstab hoher Qualität in der Leistungserbringung zu machen. Dies gilt insbesondere hinsichtlich der Unterstützung der privaten Lebensführung, bei der die Sicherstellung von Wohlbefinden und subjektiv wichtigen Zielen ebenso bedeutsam sind.

60 Je nach bundes- oder landesrechtlichen Regelungen kann der Landkreis oder die Kommune (örtliche Ebene) oder ein Landessozialamt, ein Landeswohlfahrts- oder Landschaftsverband oder Bezirk (überörtliche Ebene) der Kostenträger sein. Die Frage, welche Leistungen von

Werkstatt für Behinderte oder einem Wohnheim bzw. der jeweiligen Trägerorganisation pauschale, durchschnittliche Kostensätze vereinbarte und abrechnete. Der Mensch mit Behinderung als Hilfeempfänger kam in den Vertragsverhandlungen als Partner kaum vor. In der neueren Literatur wird die Beziehung als ‚Leistungsdreieck' beschrieben (vgl. Abb. 10), und in der neuen Terminologie (Leistungsträger) spiegelt sich auch ein neues Verständnis der Vertragsbeziehungen zwischen Kosten- bzw. Leistungsträger, Leistungsanbieter und dem behinderten Menschen als Leistungsberechtigtem, dem passgenaue Hilfen angeboten werden sollen, der andererseits aber auch zur Mitwirkung an der Hilfeplanung und Erbringung verpflichtet ist (vgl. ausführlich Niediek 2010).

Im Idealfall handelt es sich um ein autonomes Individuum, das in der Lage ist, sich auf dem Markt der Anbieter zu orientieren, seinen Bedarf und die gewünschte Leistung zu formulieren und im Gespräch mit dem Kostenträger zu verhandeln, den gewünschten Anbieter auszusuchen oder im Rahmen des persönlichen Budgets die Leistung selbst zu organisieren.[61] Leistungen für behinderte Menschen würden dann in einem Markt, der durch die Nachfrage der Kunden gesteuert wird, erbracht; hohe Qualität wäre das, was der Kunde selbst als solche definiert. Diese Leistung wäre effizient, denn der Kunde würde den Anbieter wählen, der für das vom Leistungsträger zur Verfügung gestellte Budget am meisten leistet, und er würde den effektivsten Anbieter wählen, der die Leistung erbringt, die seinen Vorstellungen am ehesten entspricht. Dieser Gedanke ist durchaus nachvollziehbar, in der Umsetzung gibt es aber verschiedene Probleme:

- Soziale Dienstleistungen sind keine Produkte wie Lebensmittel oder Turnschuhe, die lagerungs- und transportfähig sind und unabhängig vom Kunden exis-

überörtlichen Kostenträgern erbracht werden, ist nicht eindeutig zu beantworten, da es in den Bundesländern eine Vielzahl unterschiedlicher Regelungen gibt. Der Tendenz nach sind Leistungen für Kinder, von stationären Heimunterbringungen abgesehen, überwiegend in örtlicher Trägerschaft, ambulante Leistungen für Erwachsene ebenfalls, während teilstationäre Leistungen für erwachsene Menschen meist überörtlich organisiert werden. Versuche, die daraus erwachsenen Probleme zu lösen, insbesondere ein starkes Übergewicht stationärer Leistungen, haben zu einer Vielfalt neuer Regelungen in den Bundesländern geführt, beispielsweise zu einheitlicheren Regelungen oder zu einer ‚quotalen Beteiligung' örtlicher und überörtlicher Kostenträger. Der Anspruch einer inhaltlich-fachlichen Mitgestaltung führte zudem zur Ablehnung des Begriffs der Kostenträger durch die Sozialverwaltungen zugunsten des Begriffs Leistungsträger.

61 Ein Persönliches Budget nach § 17 Abs. 2 bis 4 SGB IX ermöglicht es einem leistungsberechtigten Menschen mit Behinderung, an Stelle von Sachleistungen, beispielsweise einem Wohnheimplatz oder einer Stunde Frühförderung pro Woche, Geldleistungen (ggf. auch Gutscheine) zu erhalten. Auf der Grundlage einer Zielvereinbarung mit dem Sozialleistungsträger kann er selbst darüber entscheiden, wie und durch wen die Leistung erbracht werden soll. Das Persönliche Budget ist also keine neue Leistung, sondern eine neue Form der Leistungserbringung, durch die behinderten Menschen mehr Entscheidungsmöglichkeiten, Verantwortung und Selbstbestimmung ermöglicht werden sollen. Dies setzt aber zugleich ihre Fähigkeit voraus, diese Verantwortung zu übernehmen, Leistungen zu vergleichen und mit Anbietern zu verhandeln.

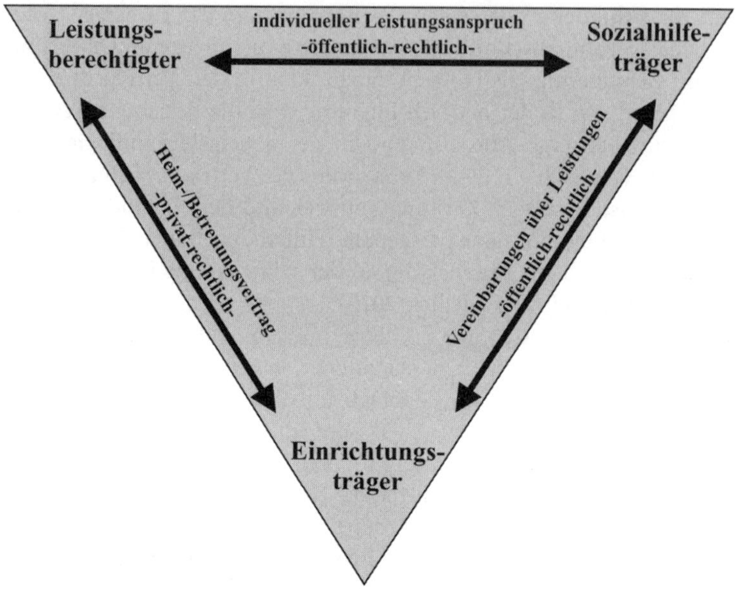

Abb. 10: Das neue Leistungsdreieck der Behindertenhilfe (nach Conty 2005, 6)

tieren. Soziale Dienstleistungen werden in Koproduktion mit dem Kunden, Nutzer oder Klienten erbracht und entstehen erst in der Zusammenwirkung (vgl. Badura 1981). Entsprechend schwierig ist es, im Vorhinein die Qualität einer Leistung zu beurteilen; und selbst im Nachhinein sind Teile der Leistung schwer messbar. Dies führt zu einer höheren Wertigkeit gut messbarer Leistungsbestandteile.

- Menschen mit geistiger und psychischer Behinderung sind in ihren Möglichkeiten der Informationssammlung und -bewertung zumindest zeitweilig oder partiell eingeschränkt. Die Inanspruchnahme von Hilfe bei der Auswahl eröffnet wiederum die Möglichkeiten der Einflussnahme durch die unterstützende Person, insbesondere durch Angehörige, denen es oft schwer fällt, eigene Wünsche von denen des behinderten Angehörigen zu unterscheiden. Dies gilt insbesondere in den Fällen, in denen sich die Vorstellungen eines gelungenen Lebens, wie es zwischen Eltern und heranwachsenden Kindern häufig der Fall ist, unterscheiden (vgl. B. Lindmeier 2011). Bezahlte Assistenz zur Entscheidungsfindung oder trägerunabhängige Beratung sind keine vorgesehene Leistung; stattdessen beanspruchen die Leistungsträger, auch Beratung zu leisten, ohne zu berücksichtigen, dass sie ohnehin die mächtigste Partei im Verhandlungsprozess sind. Es gibt allerdings in einzelnen Bundesländern Ansätze zu unabhängiger Beratung, beispielsweise durch die Kontakt-, Koordinations- und Beratungsstellen (KoKoBe) in Nordrhein-Westfalen, die durch den Leistungsträger (Landschaftsverband Rheinland) finanziert werden.

- Stärker als die Zufriedenheit der Kunden oder Nutzer strukturiert das Interesse der Leistungsträger an Effizienz im Sinne kostengünstig erbrachter Leistungen – im Sozialgesetzbuch XII als den „Grundsätzen der Wirtschaftlichkeit, Sparsamkeit und Leistungsfähigkeit" (§ 75) entsprechend bezeichnet – die Rahmenbedingungen, in denen sich marktförmige Beziehungen zwischen Leistungsempfänger und Leistungsanbieter überhaupt entwickeln können. Entsprechend der gesetzlichen Verpflichtungen schließen die „überörtlichen Träger der Sozialhilfe und die kommunalen Spitzenverbände auf Landesebene ... mit den Vereinigungen der Träger der Einrichtungen auf Landesebene gemeinsam und einheitlich Rahmenverträge" (§ 79) ab, in denen Leistungen, Vergütungsfragen und die Festlegung und Prüfung von Qualität geregelt werden. Immer wieder kommt es auf Grund fehlender Einigung in einzelnen Handlungsfeldern – beispielsweise der Frühförderung oder Tagesstrukturierung für ältere Menschen mit Behinderung nach Ausscheiden aus der WfbM – zu einer unklaren Rechtslage und daraus folgend zu einem eingeschränktem Leistungsangebot für Menschen mit Behinderung, und auch bei bestehenden Vereinbarungen kann eine restriktive Kostenpolitik der Leistungsträger als Beschränkung des Zugangs behinderter Menschen zu Leistungen wirken: viele Einrichtungen und Dienste führen Wartelisten, und insbesondere integrative und gemeindenahe Angebote wie Integrationsfachdienste oder ambulant betreute Wohnformen existieren noch immer nicht in allen Regionen Deutschlands.

Wengleich die Vorstellung eines Dienstleistungsmarktes nur mit großen Einschränkungen Gültigkeit hat, ist für die Qualitätsdebatte festzuhalten, dass die Zufriedenheit von Menschen mit Behinderung inzwischen ein zentrales Qualitätskriterium ist. Regelmäßige Nutzerbefragungen in Werkstätten sind verpflichtend, und Nutzerbefragungen in Wohnheimen, die Einführung eines Beschwerdemanagements und die grundsätzliche Orientierung an den Nutzerwünschen sind vielerorts etabliert (vgl. Schäfers 2008). Ein in Graz entwickeltes Konzept zur Nutzerbefragung in Wohneinrichtungen, das seit 2011 in Form eines Modellprojekts in Berlin erprobt wird, geht nochmals einen Schritt weiter, indem es die Nutzerbefragung durch Menschen mit Behinderung, die im Rahmen einer zweijährigen Berufsausbildung zu Evaluatoren ausgebildet wurden, durchführen lässt (vgl. Schützhoff/Konrad 2010). Die bisherigen Ergebnisse deuten darauf hin, dass die Evaluatoren mit Behinderung sich dem Verständnishorizont und Arbeitstempo der Befragten besser anpassen als nicht behinderte Evaluatoren, dass den Befragten Rückfragen leichter fallen und die Ergebnisse differenzierter sind als in traditionellen Nutzerbefragungen.

Ein grundsätzliches Problem kann für Menschen mit dauerhaften und umfangreichen Behinderungen aus der Logik der aktivierenden Sozialpolitik entstehen, die dem Gedanken des ‚Forderns und Förderns' bzw. der Hilfe zur Selbsthilfe verpflichtet ist: Sozialleistungen sollen in der Regel befristet sein, sie sollen geeignet sein, den Leistungsempfänger dauerhaft unabhängig zu machen. In der Hilfeplanung müssen deshalb ‚Förderziele' benannt werden. Nach Erreichen dieser Ziele sind neue Ziele zu formulieren, andernfalls besteht kein Bedarf an Leistungen. Viele Menschen mit Behinderungen haben durch diese Veränderung des Blickwinkels die Chance erhalten, gemeinsam mit ihrem Bezugsbetreuer oder Assistenten ernsthaft an selbst gewählten Themen zu arbeiten, Ziele zu identifizieren und neue Lebensperspektiven zu realisieren, teilweise solche, die ihnen ihre soziale Umwelt zuvor nicht zugetraut hatte. Die Kehrseite der Entwicklung besteht aber darin, dass Menschen mit Behinderungen unter einen ständigen ‚Förderungsdruck' und Selbstoffenbarungszwang geraten können.

Das Prinzip des Forderns und Förderns wird dadurch abgemildert, dass das SGB IX formuliert (Art. 1): „Behinderte oder von Behinderung bedrohte Menschen erhalten Leistungen nach diesem Buch und den für die Rehabilitationsträger geltenden Leistungsgesetzen, um ihre Selbstbestimmung und gleichberechtigte Teilhabe am Leben in der Gesellschaft zu fördern, Benachteiligungen zu vermeiden oder ihnen entgegenzuwirken." Selbstbestimmung und Teilhabe als offene, der Interpretation bedürftige Begriffe sind geeignet, dauerhafte Leistungsansprüche zu begründen.

5.3 Qualität im Schulsystem

Auch im Bildungsbereich hat die eingangs beschriebene Übertragung wirtschaftlicher Denkmodelle längst Einzug gehalten. Wie im außerschulischen Feld waren es Politik und Verwaltung, „die verstärkt die Anwendung ökonomischer Denkmodelle aus der privatwirtschaftlichen Sphäre der Güterproduktion und des Dienstleistungssektors auf Schule übertragen haben bzw. übertragen sehen wollten. Dies führt solange und insofern zu großen Schwierigkeiten, als das Schulwesen als dominierend öffentlich-staatlich-steuerfinanziert, also nicht privatwirtschaftlich organisierter Sektor keine wirkliche Marktkonkurrenz der einzelnen Anbieter kennt, eine marktgesteuerte Preisbildung nicht stattfinden kann und insofern ein aus Marktkonkurrenz erwachsender Rationalisierungsdruck nicht besteht" (Terhart 2000 b, 813).

Außerdem haben die Ergebnisse der internationalen Schulleistungsstudien (insb. TIMSS, IGLU, PISA) ein breites Echo gefunden und die kritische Sicht auf die Leistungen der Schulen und Lehrkräfte verstärkt. Alle diese Studien maßen zwar zunächst die Schulleistungen von Schülern bestimmter Klassen- oder Altersstufen in bestimmten Fächern; aus der vergleichenden Interpretation der Ergebnisse folgen aber zugleich Einschätzungen der Leistungen des jeweiligen Schulsystems, die zu Qualitätsinitiativen führten (z. B. Sprachförderung für Kinder und Jugendliche mit Migrationshintergrund).

Terhart (2000) konstatiert für das Schulsystem eine ‚komplexe Gemengelage', die seit den 1990er Jahren dazu geführt hat, dass der Qualitätsbegriff sowie daran anknüpfende Wortverbindungen (insb. Qualitätssicherung, -entwicklung, -management) einen zentralen Stellenwert im Bildungsdiskurs erhalten haben. Ähnlich wie im außerschulischen Feld ist bei diesen Bemühungen um schulische Qualitätsentwicklung insgesamt eine stärkere Orientierung an den Ergebnissen von Bildungsprozessen festzustellen. Oelkers und Reusser sprechen sogar von einem „‚Paradigmenwechsel' von der Input- zur Outputsteuerung" (2008 a, 2; vgl. auch 2008 b, 17), in dessen Verlauf neue Konzepte und Begriffe wie Bildungsstandards, Kompetenzen und Accountability (Rechenschaftslegung) entstanden seien.

Input, Prozess, Output

Input, Prozeß und Output sind ähnliche Kategorien wie Struktur-, Prozess- und Ergebnisqualität. Input meint die Gesamtheit der Ausgangsbedingungen wie Stundentafeln, Lehrpläne und -inhalte, Qualifikation des Lehrpersonals, Schulstruktur, Klassenstärken und Ausstattung der Einzelschule. Der Prozess wird wesentlich durch im Unterricht stattfindende Lehr-Lernprozesse, die Erwartungen von Schülern und Lehrern und die angewandten Methoden bestimmt; ähnliches gilt für andere relevante Prozesse wie Beratung oder Diagnostik. In der schulbezogenen Debatte wird noch kaum zwischen Output und Outcome unterschieden, obwohl diese Unterscheidung von hoher Relevanz ist; dies gilt erst recht für die Sonder- oder Förderschulen.

Nullmeier (2001, 359) unterscheidet Output im Sinne von Ertrag oder erbrachter Leistung, beispielsweise der Prozentzahl an Schülern, die im Rahmen des Unterrichts an berufsvorbereitenden Maßnahmen teilgenommen haben, von den Wirkungen dieser Leistungen, beispielsweise der dadurch erreichten Reduzierung der Zahl der Jugendlichen ohne Ausbildungsplatz. Das Beispiel macht deutlich, dass der Outcome schwerer zu messen ist, denn der Erhalt eines Ausbildungsplatzes ist von weiteren Faktoren abhängig, wie der Zahl freier Stellen. Wegen der Schwierigkeiten bei der Messung des Outcome wird häufig allein der Output betrachtet, obwohl der Outcome gesellschaftlich bedeutsamer ist. Üblicherweise meint in der schulbezogenen Debatte der Begriff des Output Lernleistungen, die durch standardisierte Leistungstests erhoben werden, was den Vergleich zwischen Schülern, zwischen Einzelschulen und zwischen den Schulsystemen verschiedener Länder ermöglicht. Diese Form der Leistungsmessung ist in neuerer Zeit meist gemeint, wenn von Output die Rede ist. (Lern)Ergebnisse können aber auch durch Selbst- und Fremdevaluation, durch Portfolios oder durch Entwicklungsberichte dokumentiert werden, die den Lernerfolg eines einzelnen Schülers im Sinne individuellen Lernzuwachses sichtbar machen.

Im deutschen Bildungssystem dominiert im Vergleich mit angelsächsischen Ländern die Inputsteuerung noch immer, es hat allerdings zu keiner Zeit vollständig auf Outputorientierung verzichtet, denn Abschlüsse wie das Abitur oder der Hauptschulabschluss stellen selbstverständlich Outputkriterien dar. Die Standardisierung dieser Abschlussprüfungen in Form eines Zentralabiturs oder Vergleichsarbeiten als Grundlage für die mittlere Reife sind allerdings eine neue Entwicklung.

Bildungsstandards

Um den Output bzw. die Ergebnisse von Bildungsprozessen messen zu können, ist eine Verständigung darüber notwendig, welche Ergebnisse erzielt werden sollen. Dies geschieht über die Festlegung von Bildungsstandards. Eine enge Begriffsverwendung versteht unter Bildungsstandards Ergebnisstandards (Output) im Sinne von Leistungserwartungen an das Bildungssystem und die Schüler; sie werden auch als Leistungsstandards bezeichnet. Eine weite Auslegung schließt auch Strukturen und Prozesse ein. Im weiteren Verlauf der Darstellung sind überwiegend Ergebnisstandards gemeint, wenn nicht durch eine nähere Erläuterung eine Spezifizierung vorgenommen wird. Ein Problem der Diskussion besteht aber in der sehr unterschiedlichen und häufig missverständlichen Begriffsverwendung. Reusser und Oelkers definieren: „Bildungsstandards im engeren Sinne sind in der Regel curriculare Gehalte, die für bestimmte Schulfächer und Lerndomänen festgelegt werden. Sie stellen einen Kern dar und sollen von allen Schülerinnen und Schülern bis zu einem bestimmten Zeitpunkt angeeignet werden" (2008 a, 5).[62] Testfähige Bildungsstandards, auch Kompetenzstandards genannt, decken nie den gesamten Inhalt des getesteten Faches ab und werden in den meisten Ländern, die mit Standards arbeiten, nicht für alle Fächer eingeführt. Standards – zum Beispiel für Leseleistungen – können auf unterschiedlichem Niveau festgelegt werden; sie sind daher immer Ergebnis eines Einigungs- und Festlegungsprozesses. Auch das bestehende Notensystem ist ein Klassifikationssystem auf verschiedenen Niveaustufen; da die Bezugsnorm aber meist ungeklärt bleibt, ist bei formal gleichen Noten die inhaltliche Anforderung mitunter unterschiedlich. Ein Ergebnis der internationalen Schulleistungsuntersuchungen im Vergleich der Bundesrepublik mit Ländern, die mit output-orientierten Qualitätssystemen arbeiten, bestand in der mangelnden Transparenz von Anforderungen und Bewertungen innerhalb des deutschen Bildungssystems.

Nach Klieme lässt sich die Leitidee der Bildungspolitik nach PISA daher so beschreiben: „*Leistungsstandards im empirischen Sinne* (= gemessene Lernergebnisse) sollen länderübergreifend auf ein ähnliches Niveau gebracht und zugleich – soweit möglich – angehoben werden, und *Leistungsstandards im diagnostischen Sinne* (= Erwartungen (a) an die Lernergebnisse von Schülerinnen und Schülern – ‚performance standards' –, (b) an die Unterrichtsinhalte – ‚content standards' – oder (c) an den Unterricht selbst – ‚opportunity to learn standards' –) verbindlich

62 Eine differenzierte Abgrenzung von Lehrplan (= Aussagen über Wissen und Können, deren Zustande kommen aber weitgehend ungeklärt ist), Curriculum (= wissenschaftlich fundierte Aussagen über Ziele, Inhalte und Methoden) und Bildungsstandards (= Ziele und Lernergebnisse auf der Grundlage eines Kompetenzmodells) liefern von Saldern/Paulsen (2004, 70 f.). Auch sie weisen darauf hin, dass die Begriffe vielfach unscharf gegeneinander abgegrenzt und in Beziehung gesetzt werden.

vereinbart und überprüft werden" (2004 a, 627 f). Klieme bezieht sich hier, ebenso wie viele andere Autoren, auf eine Definition von Ravitch (1995). Ravitch fasst mit dieser Definition aus der Sicht einer amerikanischen Historikerin zusammen, wie sich der Standardbegriff in den USA seit den 1970er Jahren entwickelt hat:

„*Content standards* oder curriculum standards: inhaltliche Standards bzw. Zielsetzungen, die beschreiben, was Lehrpersonen unterrichten und was Schülerinnen und Schüler lernen müssen.

Opportunity-to-learn standards: Standards für Lehr- und Lernbedingungen bezeichnen Schulprogramme, Personal und andere Ressourcen, die an Schulen und in Schulbezirke, aber auch landesweit verfügbar sind.

Performance standards: Diese Standards beschreiben Stufen des Könnens, des Wissens und der Leistung bezogen auf das Lernziel des Schulfaches und legen verbindliche Leistungsniveaus fest" (Moser Opitz 2009, 204; in Anlehnung an Ravitch 1995). Die ‚performance standards' beschreiben demnach Erwartungen an Schüler und werden auch als Leistungs- oder Ergebnisstandards bezeichnet. Es wird unterschieden, ob sie als Mindeststandards, Regelstandards, oder Maximalstandards formuliert sind. Die Konferenz der Kultusminister beschloss beispielsweise im Jahr 2004 Regelstandards für die seit 2003 vorgenommene Einführung nationaler Bildungsstandards (vgl. KMK 2005, 5).

In der bundesdeutschen Diskussion wird zwar in einflussreichen Expertisen wie derjenigen von Oelkers und Reusser (vgl. 2008 b, 36 ff.) auf Ravitch Bezug genommen. Die Autoren setzen die Abgrenzung Ravitchs aber nicht in Beziehung zu der ebenfalls von ihnen aufgenommenen Modellvorstellung der Funktionsweise des Bildungswesens, das Input, Prozess und Output unterscheidet. Unschwer lassen sich hier Parallelen zur Unterteilung von Struktur-, Prozess- und Ergebnisqualität im außerschulischen Feld erkennen. Es scheint weitgehend Konsens dahingehend zu bestehen, dass die drei Arten von Standards relevant sind. Größere Bedeutung hat die Frage, wie die Standards im Verhältnis zu einander gewichtet werden, wie sie miteinander zusammenhängen, und wie sie in den Schulen eingeführt und überprüft werden können. Antworten auf diese Frage sind erst in Ansätzen vorhanden.

Kompetenzen

Die inhaltliche Festlegung von Standards erfolgt in der Regel unter Rückgriff auf den Begriff der Kompetenz, der zu den schillerndsten Begriffen in der Bildungstheorie und -forschung zählt. Er sollte nicht mit dem Begriff der Bildung synonym gesetzt werden (vgl. Gruschka 2006; Stinkes 2008).

Ein Gutachten von Weinert zur Definition und Auswahl von Kompetenzen für internationale Schulleistungsstudien, das die weitere Diskussion maßgeblich beeinflusst hat, definiert „Kompetenzen als allgemeine intellektuelle Fähigkeiten im Sinne von Dispositionen, die eine Person befähigen, in sehr unterschiedlichen Situationen anspruchsvolle Aufgaben zu meistern" (Weinert 1999, zit. n. Klieme 2004 b, 10). Obwohl Weinerts weitere Differenzierung einzelner Kompetenzbereiche wenig trennscharf ist und er an verschiedenen Stellen unterschiedliche Aussagen dazu macht, ob der Kompetenzbegriff neben kognitiven Dimensionen auch motivationale, soziale und absichtsbezogene (volitionale) Fähigkeiten umfassen sollte (vgl. zusammenfassend Klieme 2004b), geben wir sie wegen der häufigen Bezugnahme auf Weinert in der weiteren Diskussion wieder. Weinert unterscheidet:

- Kompetenzen im Sinne kognitiver Leistungsdispositionen, die auf bestimmte Situationen oder Anforderungen bezogen als Kenntnisse, Fertigkeiten, Strategien oder bereichsbezogene Fähigkeiten beschrieben werden können;
- Kompetenzen im Sinne motivationaler Orientierungen, die Voraussetzungen für die Bewältigung komplexer Aufgaben sind und daher in enger Wechselwirkung mit den oben benannten Strategien stehen;
- Handlungskompetenz, in der die beiden oben benannten Teilkompetenzen zusammenwirken;
- Metakompetenzen, die Erwerb und Anwendung von bereichsspezifischen Kompetenzen erleichtern und
- Schlüsselkompetenzen, die für verschiedene Situationen und Aufgabenstellungen einsetzbar sind, wie muttersprachliche Kenntnisse oder mathematische Kompetenz.

Wesentlich erscheint, dass eine Beschreibung von Kompetenzen als ausschließlich kognitive Leistungsdispositionen zu kurz greift, die Ergänzung um soziale, motivationale und volitionale Kompetenz aber ihre Operationalisierung mit dem Ziel der Leistungsmessung erschwert, weshalb zumindest Schlüsselkompetenzen und Metakompetenzen meist vernachlässigt werden. Weinert plädiert dafür, Kompetenzen bereichsspezifisch so zu definieren, dass Handlungskompetenzen wie die Fähigkeit zu komplexer Problemlösung hier mit berücksichtigt werden. Am weitesten bearbeitet ist diese Frage in Bezug auf ein Modell mathematischer Kompetenz, wobei sich mathematische Kompetenz möglicherweise auch besonders gut für ein hierarchisches und vernetztes Kompetenzmodell eignet. Für das Fach Deutsch merkt Helmke an, dass der Kompetenzbegriff „unspezifisch im Sinne von Fertigkeiten und Fähigkeiten benutzt [wird], Stufenaufbau und Dimensionen bleiben ungeklärt“ (Helmke 2004, 184).

Entscheidend ist, dass der Kompetenzbegriff so gefasst werden muss, dass mit seiner Hilfe ein Kompetenzmodell entwickelt werden kann, das miteinander in Verbindung stehende und aufeinander aufbauende Kompetenzen formuliert und überprüfbare Aufgabenstellungen für Schüler ermöglicht.

Kritik an Bildungsstandards

Die vielfältigen kritischen Äußerungen zu Bildungsstandards sind sehr unterschiedlicher Art; an dieser Stelle können nur Tendenzen abgebildet werden (vgl. hierzu ausführlicher Benner 2008). Es gibt außerdem eine kurzschlüssige Annahme dahingehend, dass die Formulierung von Bildungsstandards allein dazu führt, dass Schülerinnen und Schüler die entsprechenden Kompetenzen erwerben; dies ist selbstverständlich nicht der Fall. Derartige Annahmen werden zu Recht scharf kritisiert.

Länder, deren Bildungssystem eine starke Orientierung an Standards aufweist (beispielsweise die angelsächsischen Länder), erleben verschiedene Schwierigkeiten, insbesondere dann, wenn zusätzliche Ressourcen an gute Ergebnisse gekoppelt werden:

- Es gibt eine Tendenz dahin, dass nur Lerninhalte ernst genommen werden, die in die nationalen Tests Eingang finden. Im Sinne eines ‚heimlichen Lehrplans' erfolgt so eine Aufwertung bzw. Entwertung von Fächern oder Unterrichtsinhalten.
- Damit verbunden ist ein ‚teaching to the test', das das interessengeleitete Lernen von Schülern ebenso entwertet wie ein Verständnis von Allgemeinbildung, das nicht unmittelbar beruflich relevant ist, eine Entwicklung, die in den USA bereits sehr deutlich geworden ist.
- Wenn die Schulen ihre Ergebnisse veröffentlichen müssen und/oder die Ressourcenzuweisung durch schlechte Ergebnisse gefährdet ist, steigt die Gefahr des Schulausschlusses bzw. ‚drop-outs' schwacher Schüler, denn sie binden viele Ressourcen, schaden aber zugleich der Gesamtbewertung der Schule. Schulen, die auf Grund ihrer Lage in sozialen Brennpunkten von einer hohen Zahl benachteiligter Schüler besucht werden, werden systematisch benachteiligt; die Lernbedingungen an diesen Schulen verschlechtern sich zunehmend, da sie bei der Zuweisung von Ressourcen jedes Jahr verlieren und entsprechend geringe Chancen haben, aus eigener Kraft diesen Kreislauf von leistungsschwachen Schülern, schlechten Ergebnissen und schlechten finanziellen Rahmenbedingungen zu durchbrechen. Diese Entwicklung zeigt sich derzeit im englischen Bildungssystem.

In der Bundesrepublik Deutschland besteht eine Tendenz, Bildungsstandards so in das bestehende System einzufügen, dass sich wenig an den bestehenden Strukturen und Prozessen ändert. Teile der Kritik betreffen diese spezifische Praxis der Umsetzung:

- Es besteht eine Neigung, Bildungsstandards als Tests für die Schüler wahrzunehmen, obwohl „es bei richtig verstandenen Bildungsstandards nicht um die Normierung von Schülerleistungen geht, sondern darum zu bewerten, was Bildungssysteme leisten müssen und können. In der Verantwortung stehen also primär die Bildungssysteme und die Bildungsanbieter, nicht die Lernenden" (Schleicher 2004, 262). Kritisiert wird, dass Schüler durch solche Tests noch keine Rückmeldung hinsichtlich ihrer Möglichkeiten, sich zu verbessern, erhalten. Dieser Kritik würden die meisten Befürworter von Bildungsstandards ohne weiteres zustimmen und darauf verweisen, dass neben Performance Standards auch Content Standards und Opportunity-to-learn Standards definiert werden müssen, und dass Schulen in der Weiterentwicklung gezielte Unterstützung benötigen.

- Dazu passt, Bildungsleistungen erst zu dem Zeitpunkt zu messen, in dem eine Rückmeldung über das bis dahin Geleistete Lehrern und Schülern nichts mehr nützen kann, nämlich durch das Zentralabitur (ebd.). Befürworter von Standards argumentieren, dass Rückmeldungen zu einem Zeitpunkt gegeben werden müssen, zu dem das Schulsystem ebenso wie der Einzelschüler aus der Rückmeldung Konsequenzen ableiten kann.
- Eine Schulstrukturreform wird überwiegend von vornherein ausgeschlossen, weil sie zu viel bildungspolitischen ‚Sprengstoff' birgt (vgl. Demmer 2004). Von den Befürwortern des mehrgliedrigen Schulsystems wird an den bestehenden Schulstrukturen festgehalten, obwohl sie hinsichtlich ihres Outputs nicht mehr überzeugen. Aber auch die Befürworter einer Schulstrukturreform argumentieren ähnlich pauschal. In beiden Fällen werden die empirischen Befunde meist ignoriert, die große Unterschiede zwischen Einzelschulen jeder Schulart zeigen und Hinweise geben könnten auf eine sinnvolle Weiterentwicklung (vgl. u.a. Terhart 2000b, 821).

Die empirische Schul- und Unterrichtsforschung stellte die Qualitätsfrage seit Mitte der 1980er Jahre dagegen nicht mehr auf der Systemebene, sondern auf der Ebene der einzelnen Schule. Die Schulforschung konzentrierte sich in der Folge auf die Herausarbeitung der Kennzeichen ‚guter' Schulen und die Schulreformdebatte fokussierte die Einzelschule als Handlungseinheit, um die Frage nach der Schulstrukturreform ausblenden zu können (vgl. Fend 1986). Unseres Erachtens ist es an der Zeit, systembezogene und auf die Einzelschule bezogene Fragen miteinander in Verbindung zu setzen, denn eine sinnvolle Orientierung an Ergebnisstandards müsste auch Strukturen (z.B. in Form von Curricula) und Schulentwicklungs- sowie Unterrichtsprozesse in den Blick nehmen, und dies kann unter Ausblendung der Systemperspektive nur bedingt gelingen.

5.4 Standardisierung schulbezogener sonderpädagogischer Förderung

Der Verband Sonderpädagogik e.V. (vds) als wichtigste berufständische Vertretung hat sich vor kurzem für Standards ausgesprochen und Standards sonderpädagogischer Förderung formuliert (vgl. Wember/Prändl 2009).[63] Generell ist die son-

63 In der Schweiz legten Abgottspon et. al. bereits 2004 „Standards im sonderpädagogischen Angebot (obligatorische Bildungsstufe)" vor, die aus der gleichen Motivation heraus entstanden wie die vds-Standards. In beiden Fällen handelt es sich um Bestrebungen, in Reaktion auf eine fundamentale sonder- und integrationspädagogische Kritik an Bildungsstandards „eigene – sprich: bessere – Standards für die Sonderpädagogik zu entwickeln" (Moser Opitz 2011, 94).

derpädagogische Literatur zum Thema allerdings überwiegend ablehnend. Neben allgemeinen Kritikpunkten, wie sie oben bereits dargestellt wurden, gibt es zwei spezifische Kritikpunkte, die ausführlicher diskutiert werden sollen:

- Zum einen ist das professionelle Selbstverständnis von Sonderpädagogen – trotz einer Arbeitswirklichkeit von Sonderschullehrern als Klassenlehrern – stark einzelfallbezogen. Von Standards wird angenommen, sie würden diese Einzelfallorientierung zugunsten stärkerer Normierung zurückdrängen. Dabei ist auffällig, dass zwar eine intensive Auseinandersetzung mit Standards erfolgt, in der überwiegenden Zahl der Beiträge aber nicht auf die Bedeutung von Kompetenzen für die Etablierung von Standards eingegangen wird.
- Der andere Kritikpunkt richtet sich gegen die Formulierung von Mindeststandards, von denen angenommen wird, dass sie schwer behinderte Kinder, die erwartungsgemäß diese Mindeststandards nicht erreichen werden, von Bildung ausschließen könnten. Diese Kritik wird insbesondere in der Pädagogik bei geistigen Behinderungen geäußert.

Standards sonderpädagogischer Förderung

Die von der Hauptversammlung des Verbands Sonderpädagogik 2007 in Potsdam verabschiedeten Standards (im folgenden zitiert nach dem Wiederabdruck 2009) sind als ‚Minimalstandards' zu verstehen, die zum einen Standards sonderpädagogischer Förderung formulieren, zum anderen (den ‚performance standards' entsprechend) Erwartungen hinsichtlich der von Schülern zu erreichenden Ergebnisse beschreiben. Der vds entwickelt allgemeine Standards ebenso wie Standards für jeden Förderschwerpunkt. Hinweise zum Umgang mit Überschneidungen zwischen Förderschwerpunkten fehlen weitgehend.

Dabei gehen die Autoren von einem sog. „dualen Curriculum" (vds 2009, 46) aus, das zum einen durch die „Kerncurricula in den Lernbereichen" der allgemeinen Schule, zum anderen durch ein „sonderpädagogisches Curriculum zur individuellen Förderung" gebildet wird. Dieser Bezug zu den Lernbereichen ist aus unserer Sicht unverzichtbar, wird aber nicht durchgehalten (vgl. hierzu auch Moser Opitz 2009): Bereits die Begrifflichkeit und die Inhalte verwandter Begriffe, wie die Zuordnung der Curricula zu den Ressourcen anstelle ihrer Zuordnung zu den ‚content bzw. curriculum standards', verwirren. Ebenso wenig werden zentrale Forderungen an die Formulierung von Standards erfüllt, wie in der nachfolgenden Gegenüberstellung an Hand der von Moser Opitz (2009, 206f. unter Verweis auf Klieme et al. 2003, 26) beschriebenen Merkmale ‚guter' Standards dargestellt wird. Grundlage von Standards ist ein Kompetenzmodell, das es ermöglicht, miteinander in Verbindung stehende und aufeinander aufbauende Kompetenzen zu formulieren und überprüfbare Aufgabenstellungen zu entwickeln:

- *Fachlichkeit als Bezug auf einen bestimmten Lernbereich*: Standards sollen Kernideen der Fächer herausarbeiten. Standards in Bezug auf Schlüsselqualifikationen werden überwiegend als nicht sinnvoll erachtet; da sie schwer zu opera-

tionalisieren sind. Am ehesten scheint ihre Erfassung als Teil der jeweiligen Fachkompetenzen bzw. bereichsbezogenen Kompetenzen sinnvoll.
Die vds-Standards der sonderpädagogischen Förderung beschreiben in den Förderschwerpunkten aber genau solche Schlüsselqualifikationen wie „realistische Selbsteinschätzung" oder „positive Einstellung zum Lernen" (vds 2009, 64/68).

- *Fokussierung*: im Vergleich zu Lehrplänen, die den Stoff ordnen und entsprechend umfassend und unverbindlich sind, sollen Standards fokussiert sein.
  Die vds-Standards der sonderpädagogischen Förderung sind hingegen sehr unbestimmt formuliert.
- *Kumulativität*: Bildungsstandards sollen ein Lernen ermöglichen, dessen Inhalte aufeinander aufbauen und den Erwerb vernetzten und flexibel anwendbaren Wissens und Könnens ermöglichen.
  Die vds-Standards der sonderpädagogischen Förderung bauen demgegenüber nicht in erkennbarer Weise aufeinander auf.
- *Verbindlichkeit*: Standards sollen verbindlich sein.
  Die vds-Standards der sonderpädagogischer Förderung verzichten hingegen auf jede Festlegung. Für verschiedene Förderschwerpunkte werden beispielsweise „angemessene Klassengrößen" (vds 2009, 58;) bzw. „niedrige Klassenfrequenz (vds 2009, 69) oder „angemessene Reduzierung der Klassenstärke" in integrativen Klassen gefordert (vds 2009, 62; 68; 69). Weder erfährt man, warum nicht für alle Förderschwerpunkte Aussagen zur integrativen Beschulung gemacht werden – für den Förderschwerpunkt geistige Entwicklung fehlen sie – noch welche Klassenstärken als angemessen gelten sollen. Auch die performance standards sind sehr unverbindlich formuliert: was bedeutet es beispielsweise für Schulabgänger, „gemäß ihrer individuellen Entwicklung am Leben in der Gesellschaft teil(zu)haben" (vds 2009, 68)?
- *Differenzierung*: Bildungsstandards sollen zwischen verschiedenen Kompetenzstufen differenzieren, da nur so die Entwicklung von Kompetenzen darstellbar wird. Bei der Überprüfung von Performance Standards am Ende von Lerneinheiten ist strittig, ob sie lediglich Mindeststandards festlegen und überprüfen oder auch zu weiteren Kompetenzstufen Aussagen treffen sollen. Maximalstandards werden als nicht praktikabel abgelehnt.
  Die vds-Standards der sonderpädagogischen Förderung formulieren demgegenüber individuelle Standards, wodurch sie nicht nur jegliche Verbindlichkeit aufgeben, sondern als alleinige Bezugsnorm eine nicht weiter ermittelbare individuelle Leistungsnorm in Form der „individuellen Entwicklungsmöglichkeiten" (vds 2009, 60), des „individuellen Vermögens " (vds 2009, 64; 68), des „persönlichen Lern- und Leistungspotentiales" (vds 2009, 63; 68; 76) zu Grunde legen.
- *Verständlichkeit*: Bildungsstandards sollten so klar, verständlich und knapp formuliert sein, dass sie von Eltern und älteren Schülern verstanden werden können.
  Die vds-Standards der sonderpädagogischen Förderung entsprechen dieser Forderung u. E. am ehesten im Schwerpunkt ‚Unterricht kranker Schüler'; möglicherweise deshalb, weil hier ausdrücklich der Bezug zu den Curricula der

allgemeinen Schulen hergestellt wird und Standards wie „Aufarbeitung von Lücken im bisherigen Schulstoff" oder „Entwickeln von Lernstrategien" (vds 2009, 81) dadurch einen klaren Bezugspunkt haben.

- *Realisierbarkeit*: die Zielsetzungen durch Bildungsstandards sollen erreichbar sein.
  Die Realisierbarkeit der vds-Standards sonderpädagogischer Förderung wird durch die vage Formulierung und das Fehlen jeder Aussage zu bereichsspezifischen Kompetenzen erschwert.

Unserer Auffassung nach ist diese Formulierung der Standards sonderpädagogischer Förderung dem Bemühen geschuldet, einerseits den Standardbegriff aufzugreifen und für die Sonderpädagogik fruchtbar zu machen, und andererseits der großen Spannweite der Lernausgangslagen und Lernwege und dem darauf basierenden beruflichen Selbstverständnis von Sonderpädagogen gerecht zu werden, indem der Individualisierung von Förderzielen Rechnung getragen wird. Wir sind ebenfalls der Auffassung, dass eine Auseinandersetzung mit Bildungsstandards in der Sonder- und Integrationspädagogik – und umso mehr bei der Entwicklung einer inklusiven Schule – notwendig ist, und dass Behinderungen und Benachteiligungen zu veränderten Lernsituationen führen können, die selbstverständlich auch eine individuelle Betrachtung erfordern.

Die Standards sonderpädagogischer Förderung halten wir allerdings für zu wenig bezogen auf curriculare Gehalte und ein zu Grunde liegendes Kompetenzmodell, das nicht unterrichtsfachbezogen, aber lernbereichsbezogen sein müsste, indem es beispielsweise mathematisch-naturwissenschaftliche oder sprachliche Kompetenzen so formuliert, dass miteinander in Verbindung stehende und aufeinander aufbauende Kompetenzen benannt werden und in allgemeine Unterrichtsziele und einzelfallbezogene Förderungsziele umgewandelt werden können. Ein erster Schritt zur Formulierung sonderpädagogischer Bildungsstandards müsste daher lernbereichsbezogene Kompetenzen formulieren, die den für den Eingangsbereich der Grundschule formulierten Kompetenzen vorausgehen, beispielsweise mathematische Kompetenzen im pränumerischen Bereich.

Weiterhin ist zu klären, welche Kompetenzen Schülerinnen und Schüler mit sonderpädagogischem Förderbedarf auf Grund ihrer jeweiligen Behinderung oder Benachteiligung benötigen: dies sind Kompetenzen, die in Bezug auf Förderschwerpunkte zu definieren sind, in der Umsetzung allerdings der Individualisierung bedürfen: Hierzu gehört für einige Förderschwerpunkte (Sehen, Hören, körperliche und motorische Entwicklung, geistige Entwicklung) der Umgang mit Hilfsmitteln, für alle Förderschwerpunkte die Auseinandersetzung mit der eigenen Beeinträchtigung und die Fähigkeit, Diskriminierung zu erkennen und sich angemessen dagegen zu wehren. Im Förderschwerpunkt geistige Entwicklung sind beispielsweise Kompetenzen des täglichen Lebens und der Kommunikation zu formulieren.

Kritik an Mindeststandards aus der Perspektive der Pädagogik bei geistigen Behinderungen

In der Geistigbehindertenpädagogik werden Mindeststandards mehrheitlich abgelehnt, da befürchtet wird, dass sie das erst in den 1970er Jahren etablierte Bildungsrecht schwer behinderter Kinder gefährden könnten, indem sie zu einer Selektion innerhalb dieses Förderschwerpunktes führen (KLGH 2008). Die Argumentation lautet u. a.:

- „Mindeststandards im Förderschwerpunkt geistige Entwicklung führen hier zu einer weiteren Selektion.
- Um eine solche Selektion auszuschließen, müssten Standards so basal formuliert werden, dass sie keine orientierende und qualitätssichernde Wirkung mehr entfalten oder so individuell, dass sie ihre Funktion als Standard verlieren" (a. a. O., 317 f.).

Hier liegt das grundlegende Missverständnis vor, dass es um Mindeststandards für die Leistungen von Kindern ginge, nicht aber um die Leistungen des Bildungssystems. Laut Wember sollen die Mindeststandards sonderpädagogischer Förderung dafür sorgen, dass in Förderschulen und im Gemeinsamen Unterricht Bedingungen gewährleistet werden, die „eine gezielte und ausreichend intensive sonderpädagogische Förderung von Schülerinnen und Schülern mit entsprechendem Förderbedarf möglich machen" (Wember 2008, 247).

Dennoch hängen Standards des Lehrens und Lernens mit den gezeigten Leistungen bzw. dem Leistungszuwachs von Kindern zusammen, und es ist zutreffend, dass die Schule mit dem Förderschwerpunkt geistige Entwicklung eine hinsichtlich ihres Leistungsvermögens extrem heterogene Schülerschaft aufweist. Eine Engführung auf Mindeststandards, die Schulqualität an den erreichten Ergebnissen zu Schulende oder Schuljahresende in Form von Schülermindestleistungen messen, ist im Bildungssystem generell nicht sinnvoll, wie oben in der allgemeinen Kritik an Standards dargestellt wurde. Die Beschreibung von bereichsbezogenen Kompetenzen von Kindern, die durch Unterricht und spezifische Förderung erreicht werden sollen, ist im Bildungsgang geistige Entwicklung allerdings ebenso möglich wie in jedem anderen Bildungsgang.

Didaktische Überlegungen, beispielsweise zum erweiterten Lese- und Schreibbegriff oder zu Voraussetzungen für kommunikatives Handeln bei der Anbahnung unterstützter Kommunikation, formulieren solche bereichspezifischen Kompetenzen – und dies nicht erst seit Beginn der Standarddiskussion. Auch neuere Lehrpläne und Curricula, beispielsweise das Kerncurriculum für den Förderschwerpunkt geistige Entwicklung in Niedersachsen, sind so aufgebaut, dass zu den einzelnen Lernbereichen Niveaustufen formuliert werden, auf denen jeweils Kompetenzen, dazugehörige Kenntnisse und Fertigkeiten und Vorschläge für die Unterrichtsgestaltung formuliert sind (Niedersächsisches Kultusministerium 2006). Auf Grund der Heterogenität der Schülerschaft ist allerdings offener als in anderen Bildungsgängen, wie viel Zeit zum Erreichen bestimmter Kompetenzen benötigt wird, und welches Kompetenzniveau ein Schüler erreichen wird. Schulischer Erfolg muss daher stärker am Lernzuwachs und Kompetenzgewinn jedes Schülers (individuelle Bezugsnorm) als an einer sozialen Vergleichnorm oder einem verbindlichen Ergebnisstandard gemessen werden (vgl. Abs 2009).

Die Entwicklung eines Kompetenzmodells wird auch von Stöppler, Wachsmuth und Weber gefordert, die in ihrem Kommentar zu den vds-Standards „operationalisierbare Kompetenzen in den Bereichen Kognition, Interaktion, Wahrnehmung, Motorik, Kommunikation, Emotion etc." (2009, 168) für den Förderschwerpunkt geistige Entwicklung anmahnen. Wir sind allerdings der Auffassung, dass dies innerhalb der lernbereichsbezogenen Kompetenzziele geschehen sollte, indem beispielsweise Kompetenzen in der Wahrnehmung in den Fächern Kommunikation/Deutsch, Musik etc. formuliert werden, nicht nur in Entwicklungsbereichen.

Ein weiterer Kritikpunkt betrifft die Bedeutung des angelsächsischen ‚Literacy'-Konzepts. Literacy wird als kulturelle Basiskompetenz im Sinne von Grundbildung aufgefasst und in anderen Förderschwerpunkten bereits intensiv und positiv rezipiert. Birgit Werner bezeichnet das Literacy-Konzept als grundlegende didaktisch-methodische Orientierung nicht nur für den Förderschwerpunkt Lernen, sondern die Sonderpädagogik generell (vgl. Werner 2007). Auch für die Unterstützte Kommunikation (UK) bei Kindern ohne Lautsprache, die großenteils an Förderschulen mit dem Schwerpunkt geistige Entwicklung unterrichtet werden, wurde die hohe Bedeutung des Literacy-Konzepts inzwischen herausgearbeitet (vgl. Sachse 2008).

Das Literacy-Konzept ist im amerikanischen Pragmatismus verankert, „Nützlichkeit, Wert für die Praxis und realer Erfolg sind insofern auch die leitenden Maßstäbe für schulische Bildung" (Messner 2003, 403 f., vgl. auch Tenorth 2004). Dadurch wird schulisches Lernen für Schüler und Eltern aufgewertet, weil es Bedeutung für das Leben der Schüler gewinnt und auch ihr vorhandenes Können ernst genommen wird. Andererseits wohnt dem Pragmatismus die Gefahr inne, „einen platten Begriff von Praxis zu vertreten und in die Fallstricke einer kritiklosen Anpassung an den ökonomischen Bereich zu geraten, während sich das klassische Bildungsverständnis von diesem oft allzu deutlich, teilweise elitär, abgrenzt" (Messner 2003, 404). Das Literacy-Konzept reagiert auf den veränderten schulischen Qualifikationsbedarf und versucht eine moderne, für den Übergang von der Industrie- zur Wissensgesellschaft adäquate Bildungskonzeption zu entwickeln, die gerade für Schüler im Förderschwerpunkt geistige Entwicklung angesichts veränderter Lebensbedingungen und einer von ihnen geforderten höheren Selbständigkeit sinnvoll und notwendig ist. Obwohl die Übersetzbarkeit und der Begriffsumfang des ‚Literacy'-Begriffs kontrovers diskutiert werden (vgl. z. B. Sting 2003; von Felden 2005), lässt sich mit Gogolin und Wulf festhalten, dass die international anerkannte Zielsetzung einer ‚Literacy for all' (LFA) weit mehr meint als die weltweite Senkung der Analphabetenrate: „'Literacy' bedeutet mehr als Lesen und Schreiben lernen. Angestrebt wird eine grundlegende Bildung in einer durch die verschiedenen Formen der Schriftlichkeit stark bestimmten

Welt. Dazu gehört heute auch die Vermittlung von Fähigkeiten des Umgangs mit den neuen Medien, besonders mit dem Fernsehen und dem Computer" (2003, 313).

Musenberg u. a. heben in ihrer Kritik eine Tendenz zur Anpassung hervor, die „primär die Anschlussfähigkeit, also die gesellschaftliche und konkrete berufliche Teilhabe der Individuen fokussiert" (2008, 310). Danach nehmen sie allerdings eine Kehrtwendung vor und formulieren einen gegenteiligen Vorwurf: Grundbildung im Sinne von Literacy ist ihrer Auffassung nach primär kognitiv und am Erwerb von Kulturtechniken orientiert. Daraus ergäbe sich die Gefahr einer Gleichsetzung von Grundbildung und Kulturtechniken und einer Neuauflage der Konstruktion des (schul-)bildungsunfähigen Kindes. Dieser Kritikpunkt basiert auf einem grundlegenden Missverständnis bzw. Übersetzungsfehler von ‚Literacy', das den Anwendungsfokus des Grundbildungskonzepts und seine Orientierung an Alltagskompetenzen ausblendet. Dasselbe gilt für ein weiteres Argument: „Das Literacy-Konzept betont in erster Linie die formale Bildung. Der Unterricht mit Schülerinnen und Schülern mit geistiger Behinderung ist aber gerade durch die Unterrepräsentation des materialen Bildungsaspektes geprägt" (a. a. O., 311).[64]

Wir halten das Literacy-Konzept auch für den Förderschwerpunkt geistige Entwicklung für weiterführend, da es den Anwendungs- und Alltagsweltbezug schulischen Lernens hervorhebt (vgl. hierzu ausführlich C. Lindmeier 2012).

5.5 Ansätze der Schulentwicklung und Schulentwicklungsforschung

Die Debatte um Bildungsstandards ist überwiegend an den (lern-)psychologisch orientierten Studien zur Bildungsforschung ausgerichtet und verfolgt das Ziel, lernbereichsbezogene Kompetenzen zu identifizieren und zu operationalisieren, sowie erfolgreiche Lehr- und Lernstrategien in einzelnen Fächern und bei ausgewiesenen Schülergruppen zu identifizieren (vgl. z. B. Kunter 2005; Ennemoser/Krajewski 2007). Die Frage „Was ist eine gute Schule?" und im Zusammenhang

64 Klafki (1985) trifft zwei grundlegende Unterscheidungen innerhalb von Bildungstheorien: Formal gebildet ist, wer Methoden des Lernens erlernt und instrumentelle Fähigkeiten erworben hat; materiale Bildung hat erworben, wer einen Bildungskanon, also Bildungsinhalte, erarbeitet hat. In der Kategorialen Bildung versucht Klafki beide Strömungen zusammenzuführen, indem an epochaltypischen Schlüsselproblemen (beispielsweise Globalisierung) materiale und formale Bildung erworben wird. Bildung erschließt so dem Menschen die Wirklichkeit, durch die erworbenen Einsichten wird zugleich der Mensch für diese Wirklichkeit erschlossen in dem Sinne, dass er in ihr selbstbestimmt und begründet handlungsfähig wird.

damit die Frage: „Wie kann man eine Schule verbessern?“, ist selbstverständlich älter und hat alle Pädagogen und Bildungsreformer seit Comenius beschäftigt.

Seit mehreren Jahrzehnten werden Bestrebungen, Qualität in der Schule zu definieren, Ziele auf der Basis der Einzelschule festzulegen und gemeinsam im Kollegium umzusetzen, teilweise unter Einbezug von Eltern und Schülern, auch unter dem Terminus ‚*Schulentwicklung*‘ bearbeitet. Eine frühe Definition lautet: „Schulentwicklung ist ein unstrukturierter, reichhaltiger Prozess, voll von Zwängen und gemeinsamen Auseinandersetzungen, von Gleichgültigkeit und vollem Engagement, unsicheren Resultaten und wahrhaftigen Fortschritten. Dieser Prozess, stark beeinflusst von den situationsspezifischen Umständen, nimmt viel Zeit in Anspruch“ (Hubermann/Miles 1984, zit. nach Kunz-Heim 2002, 45). In der Regel wird heute unterschieden zwischen drei aufeinander bezogenen Teilprozessen der Schulentwicklung, die aus einer systemischen Perspektive betrachtet werden. Schulentwicklung ist nach Kempfert und Rolff ein „Systemzusammenhang von Organisations-, Unterrichts- und Personalentwicklung“ (2005, 37).[65]

Die Standarddiskussion konzentriert sich aus dieser Perspektive auf die Unterrichtsentwicklung und setzt dabei bislang einen Schwerpunkt auf Schülerleistungen. Die Zahl komplexer Studien, die Unterrichtsmethoden und -programme und Schülerleistungen in Beziehung setzen, wächst allerdings. Personalentwicklung wird in der sich herausbildenden Theorie der Schulentwicklung auch unter dem Stichwort ‚Pädagogische Professionalität‘ (vgl. Rahm 2005, 82 ff) betrachtet und von uns daher im Kapitel ‚Professionalität‘ behandelt. In der Organisationsentwicklung wird die zeitlich in den 1990er Jahren liegende Phase der Förderung der Autonomie der Einzelschule seit einigen Jahren durch die Etablierung neuer Steuerungsmodelle abgelöst (vgl. Heinrich 2007). In der Phase der Förderung der Autonomie der Einzelschule eröffneten sich neue Spielräume für Lehrkräfte und Schulleitungen. In dieser Zeit erschien eine ganze Reihe an Veröffentlichungen, die diesen Prozess unterstützten, unter Titeln wie ‚Gute Schule verwirklichen‘ (vgl. Philipp 1996). Auch der weiter unten beschriebene Index für Inklusion ist ein solches Instrument zur Weiterentwicklung der einzelnen Schule. In vielen Schulen wurde ein Austausch darüber in Gang gesetzt, welche individuellen Ziele und Leitbilder jede einzelne Lehrkraft verfolgt, und auf dieser Grundlage gemeinsame Ziele entwickelt und bearbeitet. Durch das Interesse an Fragen der Organisationsentwicklung, beispielsweise zum Umgang mit Eltern oder der Einführung der flexiblen Schuleingangsstufe, wurde die Haltung vieler Lehrkräfte, sich ausschließlich auf den eigenen Unterricht zu konzentrieren, um potentielle Konflikte mit

65 Der Begriff ‚Organisationsentwicklung‘ wurde von Lewin geprägt und bezeichnete das von ihm entwickelte dreiphasige Modell der Organisationsentwicklung, wird aber heute meistens in allgemeiner Bedeutung genutzt. Lewin geht davon aus, dass in einer ersten Phase ein ‚Auftauen‘ (unfreezing) alter Strukturen zur Weckung von Veränderungsbereitschaft nötig ist. Dann kann in der Phase der ‚Bewegung und Veränderung‘ (moving) Neues eingeführt und erprobt werden. Damit es Bestand hat, ist in der dritten Phase ein erneutes ‚Einfrieren‘ (refreezing) des erreichten Standes nötig, das hilft, erfolgreiche Methoden zu etablieren.

Kollegen zu minimieren, zugunsten einer stärkeren Beachtung der Organisationsebene in Frage gestellt (Carle 2010).

Seit einigen Jahren wird das Thema Schulqualität von Seiten der Schulverwaltung aufgegriffen und weitergeführt, indem sie Steuerungsinstrumente wie die Verpflichtung zu einem Schulprogramm einführte. So sind in mehreren Bundesländern ‚Orientierungsrahmen Schulqualität' entwickelt worden, die einen einheitlichen Referenzrahmen für die Beantwortung der Frage bieten sollen, was eine ‚gute Schule' ist. Zugleich sollen derartige Orientierungsrahmen den Schulen die Möglichkeit bieten, aufbauend auf ihrer bisherigen Entwicklung und den Bedarfen ihrer Schüler- und Elternschaft eigene Entwicklungsschwerpunkte zu setzen. Niedersachsen war das erste Bundesland, das seit 2001 einen solchen Orientierungsrahmen entwickelte (vgl. zuletzt Niedersächsisches Kultusministerium 2006): er umfasst sechs Qualitätsbereiche[66] mit insgesamt 32 Dimensionen und liegt auch der 2005 eingeführten niedersächsischen Schulinspektion zu Grunde. Es lässt sich mit anderen Verfahren zur Messung von Qualität, beispielsweise dem Verfahren SEIS (Selbstevaluation in Schulen) und dem allgemeinen Modell EFQM (European Foundation for Quality Management) verbinden. Insbesondere SEIS wird an vielen niedersächsischen Schulen angewandt. Andere Bundesländer nutzen andere Instrumente; es handelt sich allerdings um einen einheitlichen Trend, Steuerungsinstrumente auf Landesebene einzuführen.

Innerhalb der Forschung gibt es zudem eine langjährige Tradition bildungs*soziologischer* Studien; in der Regel wurden diese Studien allerdings unter Ausschluss des Förderschulbereichs durchgeführt. Sie zeigen, dass auch Merkmale von Qualität wie Schulklima und Wohlbefinden von Schülern und Lehrkräften empirischen Untersuchungen zugänglich sind. Fend (1998) unterscheidet Ergebnisse auf unterschiedlichen Ebenen:

- *Evaluation der Qualität der Einzelschule*: hier fasst er Arbeiten insbesondere zum Schulklima und seiner Wahrnehmung durch Eltern, Lehrkräfte und Schüler zusammen. Die Studien fragen danach, wann die einzelnen Gruppen das Schulklima als gut oder schlecht wahrnehmen, welche Verbindungen zwischen Schulqualität und Leistungserwartungen bestehen und worin sich als gut oder schlecht wahrgenommene Schulen unterscheiden.
- *Systemvergleich*: Ähnlich wie in der aktuellen Qualitätsdiskussion werden hier Merkmale unterschiedlicher Bildungssysteme untersucht und verglichen.
- *Lehr(er)qualität*: hier steht der ‚Mikrobereich', die von der Lehrkraft gestaltete Interaktion, im Mittelpunkt. Es werden Einstellungen von Lehrkräften, z. B. ihre Erziehungshaltungen und Erwartungen an das Lernverhalten von Schülern und ihre Auswirkungen auf Wohlbefinden und Lernhaltungen von Schülern analysiert. Weniger im Blick sind didaktische und lernpsychologische Fragen.

66 Die Bereiche lauten: 1. Ergebnisse und Erfolge; 2. Lernen und Lehren; 3. Schulkultur; 4. Schulmanagement; 5. Lehrerprofessionalität; 6. Ziele und Strategien der Schulentwicklung. Sie sind in Teilmerkmale untergliedert, zu denen Fragen zur Realisierung formuliert sind, die die Möglichkeit der Selbstreflexion und Selbstbewertung bieten.

- *Bildungspolitische Positionen*: die Ergebnisse der drei vorangegangenen Ebenen werden hier bewertet.

Qualität inklusiver schulischer Bildung

Trotz der anhaltenden Auseinandersetzungen um schulische Integration bzw. Inklusion hat es in der Bundesrepublik Deutschland keine Untersuchungen gegeben, die die Lernfortschritte und das emotionale Wohlbefinden von Schülern verschiedener Sonder- bzw. Förderschulen und von Integrationsklassen systematisch vergleichen. Auch Untersuchungen zur Unterrichtsqualität an Förderschulen fehlen weitgehend; lediglich integrativer Unterricht wurde häufig untersucht. Preuss-Lausitz (2006) konstatiert, dass seit den 1970er Jahren keine Schulreformmaßnahme gründlicher durchleuchtet wurde als die gemeinsame Unterrichtung von behinderten und nichtbehinderten Kindern und Jugendlichen. Allerdings erschienen erst in den vergangenen zehn Jahren vermehrt integrations- bzw. inklusionspädagogische Publikationen, die an die allgemeine schulpädagogische Qualitätsdiskussion anzuknüpfen versuchen (vgl. z. B. Sander 1999; Preuss-Lausitz 2001; Feuser 2002; Hinz 2007 a).[67] Preuss-Lausitz (2001) nennt in Anlehnung an Fend (1998) neun allgemeine Qualitätskriterien ‚guter' und zukunftsfähiger Schulen, die zugleich zentrale Kriterien für die Qualität einer inklusiven Schule sind:

1. „Gute Schulen stellen guten Unterricht in den Mittelpunkt.
2. Gute Schulen lassen Vielfalt in den Lernvoraussetzungen und Lerninteressen zu (auch im Sinne zieldifferenter Integration).
3. Gute Schulen öffnen sich zur Gemeinde, zur lokalen Kultur, zum betrieblichen Umfeld, zu den Vereinen usw.
4. Gute Schulen erörtern schulöffentlich regelmäßig, was gelernt wird, wie gelernt wird und welche Leistungen gemessen werden.
5. Gute Schulen formulieren klare Erwartungen an die Schüler und schaffen ein Wir-Gefühl der Schulgemeinde.
6. Gute Schulen sind selbstreflexiv, sie überprüfen ihr Profil, ihre Ziele und ihre Methoden ständig selbst.
7. Gute Schulen haben ein eigenes Konzept für das gesamte Schulpersonal.
8. Gute Schulen beziehen Eltern aktiv ein.
9. Gute Schulen vermitteln ein Gefühl der Sicherheit und Klarheit der gemeinsam verabredeten Regeln" (Preuss-Lausitz 2001, 47).

Das bekannteste Verfahren, das Schulentwicklung unter dem Fokus der Inklusion ermöglicht, ist der ‚Index for Inclusion', der von Booth und Ainscow (2000) in Großbritannien entwickelt und von Boban und Hinz (2003) ins Deutsche über-

67 Im Jahr 2005 widmete die Jahrestagung der IntegrationsforscherInnen erstmals dem Thema ‚Integrative/inklusive Bildung, Bildungsstandards und Bildungsbarrieren' einen Workshop, zu dem zahlreiche Fachbeiträge mit z. T. sehr heterogenen Positionierungen beigesteuert wurden (vgl. Geiling/Hinz 2005).

tragen wurde. In den nachfolgenden Jahren veröffentlichte Adaptionen für den frühkindlichen Bereich und für die Anwendung in kommunalen Einrichtungen, wurden inzwischen ebenfalls ins Deutsche übersetzt (vgl. Booth/Ainscow/Kingston 2006; Montag Stiftung Jugend und Gesellschaft 2010). Außer einigen Wirksamkeitsstudien aus Großbritannien (vgl. Rustemier/Booth 2005; Ainscow/Booth/Dyson 2006) liegen allerdings – vor allem aus dem deutschsprachigen Raum – noch keine empirischen Forschungsergebnisse darüber vor, inwieweit sich die Qualität inklusiver Kulturen, inklusiver Strukturen und inklusiver Praktiken durch die Anwendung des Index für Inklusion tatsächlich verbessert.

Der Index für Inklusion umfasst einen Prozess der Selbstevaluation, in dessen Rahmen eine Reihe von Schulentwicklungsphasen durchlaufen werden (vgl. Abb. 11).

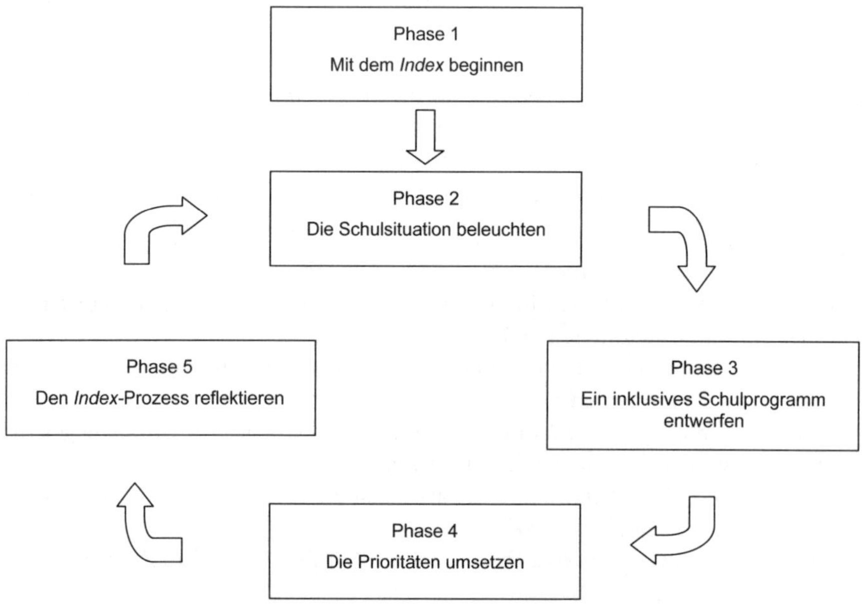

Abb. 11: Phasen des Index für Inklusion (Boban/Hinz 2003, 19)

Die folgende Kurzbeschreibung von Boban und Hinz bezieht sich auf die Erstfassung des Index für Inklusion als Verfahren zur Schulentwicklung in der Primar- und Sekundarstufe:

„Zunächst empfiehlt sich die Einrichtung einer Koordinationsgruppe, die mit dem Kollegium, den schulischen Gremien, Schülern und Eltern zusammenarbeitet. Alle Aspekte der Schule werden von ihnen gemeinsam untersucht, Hindernisse für das Lernen und die Partizipation benannt, Prioritäten für die Entwicklung gesetzt und der Prozess reflektiert. Unterstützt wird die Selbstevaluation durch eine detaillierte Sammlung von Indikatoren und Fragen, die es den Schulen ermöglicht, in eine tiefe und herausfordernde Auseinandersetzung um ihre derzeitige Position in Sachen Integration und um Möglichkeiten einer weiter reichenden inklusiven

Entwicklung einzusteigen. Diese zweite ist sicherlich die entscheidende Phase im Prozess, denn von der Güte der Analyse der Schulsituation hängt es ab, in welchem Maße es sich tatsächlich um einen demokratischen Diskussionsprozess in großer Breite handelt und inwieweit mögliche nächste Schritte tatsächlich dem Bedarf aller Beteiligten entsprechen. Dieser Phase folgen die weiteren, aus der Schulentwicklungsforschung bekannten Phasen: eben die Planung nächster Schritte, deren Umsetzung sowie ihre Überprüfung.
Inhaltlich bezieht sich der Prozess inklusiver Schulentwicklung auf drei Dimensionen: auf inklusive Kulturen, Strukturen und Praktiken; sie werden analytisch getrennt, obwohl sie sich teilweise überschneiden.

- ‚Dimension A: Inklusive Kulturen zu schaffen' beinhaltet den Aufbau einer sicheren, akzeptierenden, zusammenarbeitenden und anregenden Gemeinschaft, in der jede(r) geschätzt wird, sodass alle Schüler und Mitarbeiter ihre individuell bestmöglichen Leistungen erzielen können. Sie befasst sich mit der Entwicklung inklusiver Werte, die im ganzen Kollegium, von den Schülern, Mitgliedern der schulischen Gremien und Eltern geteilt und allen neuen Mitgliedern der Schule vermittelt werden. Die Prinzipien, die innerhalb inklusiver Schulkulturen entwickelt werden, sind leitend für Entscheidungen über Strukturen und Alltagspraktiken, sodass das Lernen für alle durch einen kontinuierlichen Schulentwicklungsprozess unterstützt wird. Eine inklusive Schulkultur wird getragen von dem Vertrauen in die Entwicklungskräfte aller Beteiligten und dem Wunsch, niemanden je zu beschämen.
- Bei ‚Dimension B: Inklusive Strukturen etablieren' geht es darum, Inklusion als zentralen Aspekt der Schulentwicklung abzusichern und alle Strukturen durchdringen zu lassen, sodass sie das Lernen und die Partizipationsmöglichkeiten aller Schüler erhöhen. Unterstützung besteht in Aktivitäten, die zur Fähigkeit einer Schule beitragen, auf die Vielfalt der Schüler einzugehen. Alle Arten der Unterstützung werden in einen einzigen Bezugsrahmen gebracht und von der Perspektive der Schüler und ihrer Entwicklung aus betrachtet – und nicht von den Verwaltungsstrukturen einer Schule oder eines Schulamtes aus.
- ‚Dimension C: Inklusive Praktiken entwickeln' zufolge sollen die Schulen ihre jeweiligen Praktiken so gestalten, dass sie die inklusiven Kulturen und Strukturen der Schule widerspiegeln. Sie stellt sicher, dass Aktivitäten innerhalb und außerhalb des Klassenraumes die Partizipation aller Schüler anregen und ihre Stärken, ihre Talente, ihr Wissen und ihre außerschulischen Erfahrungen einbeziehen. Statt die meisten Schüler zu unterrichten und wenige individuell zu unterstützen, werden Lernprozesse so arrangiert, dass sie Lern- und Partizipationsbarrieren zu überwinden helfen und so für alle gemeinsames Lernen an gemeinsamen Lerngegenständen ermöglicht wird. Die Schulgemeinschaft mobilisiert Ressourcen innerhalb der Schule und in der örtlichen Gemeinde, um ein solches aktives Lernen für alle zu fördern.

Für jede der drei Dimensionen gibt es bis zu zwölf Indikatoren, die wiederum über eine ganze Reihe von Fragen ausdifferenziert werden. Mit Dimensionen, Indikatoren und Fragen ergibt sich ein systematisches Raster von Aspekten, die eine zunehmend detaillierte Karte der Schule ergeben und Ansatzpunkte für die Entwicklung nächster Schritte anbieten kann. Eine große Stärke des Materials besteht darin, in einer konsistenten Systematik viele Aspekte in die Diskussion zu bringen, die den Beteiligten vielleicht zuvor noch nicht als Fragestellung vor Augen waren – etwa: ‚Heißt die Schule alle Schüler willkommen, z.B. Migranten- oder nicht ansässige Kinder, Schüler mit Behinderungen, Kinder aus verschiedenen sozialen Milieus?' Oder: ‚Fühlen sich die Schüler als Eigentümer ihrer Schule?'" (2004, 13f.)

Boban und Hinz sehen das Potenzial des Index zum einen in seinem weiten Verständnis von Inklusion, in dem alle Dimensionen von Heterogenität (gemeinsamer Unterricht behinderter und nichtbehinderter Kinder, interkulturelle Erziehung, Koedukation, Jahrgangsmischung, Chancengleichheit) Berücksichtigung finden. Werden alle Heterogenitätsdimensionen gewürdigt, ist auch das jeweilige

Schulkollegium als Ganzes in den Prozess der Schulentwicklung involviert. Zum anderen zeigt sich das Potenzial des Index in der Einbindung aller beteiligten Personen bzw. Personengruppen der Schule. Dies gilt insbesondere für die selbstverständliche Einbeziehung der Schüler und ihrer Eltern, die der Index bereits für die Primarstufe einfordert. Der Index für Inklusion ist also auch ein gelungenes Beispiel für die Betroffenenpartizipation im Prozess der Schulentwicklung. In einer Veröffentlichung aus jüngerer Zeit weist Hinz (2007) darauf hin, dass der Index für Inklusion drittens eine Chance bietet, „der weit verbreiteten Gefahr der Pervertierung zu entgehen, Qualität letztlich doch fast ausschließlich an den Leistungen der Schüler festzumachen und so die Frage der Qualität von Schule zu den Schülern hin ‚umzuwenden'" (19). Der Index für Inklusion belässt die Qualitätsfrage also dort, wo sie auch nach unserer Auffassung ‚inklusiv' hingehört: „in der Schule für alle, ihrem Selbstverständnis, ihrer inneren Organisation und ihrer alltäglichen Praxis" (ebd.).

In der Praxis zeigt es sich zwar, dass es Dimensionen von Heterogenität gibt, die für Schulen, Lehrkräfte und Mitschüler leichter zu bewältigen sind, und andere, durch die sich die Beteiligten nahezu regelhaft überfordert fühlen, beispielsweise massive Verhaltensauffälligkeiten, und dass die betroffenen Kinder sich häufig weniger akzeptiert fühlen als ihre Mitschüler (vgl. Terzi 2010). Ebenso gibt es Hinweise, dass auch Schulen und Kollegien, die das Ziel der Inklusion prinzipiell befürworten, sich im Rahmen der bestehenden Arbeitsbedingungen von der vorgefundenen Heterogenität überfordert fühlen (vgl. B. Lindmeier/Beyer 2011 a; 2011 b). Dies spricht allerdings nicht gegen die grundsätzliche Berechtigung des dargestellten Ansatzes, sondern fordert zunächst weitere Forschung zu Schulentwicklungsprozessen.

In der Frage nach der Bedeutung von *Bildungsstandards* stimmt ein Großteil der Befürworter von Inklusion in Deutschland mit den Bedenken aus der Pädagogik bei geistiger Behinderung überein (vgl. hierzu die Beiträge in Geiling/Hinz 2005; Platte/Seitz/Terfloth 2006). Am pointiertesten wird diese Kritik bislang von Seitz (2006 a, 2006 b) vorgetragen. Neben der Orientierung an Mindeststandards sind für Seitz vor allem die strikte Ziel- oder Ergebnisorientierung und die Orientierung an Kompetenzstufenmodellen relevante Aspekte der Kritik. Inklusionspädagogisch gewendet müssten diese drei Aspekte im Sinne einer Orientierung „… an *allen* Kindern (Wertschätzung von Vielfalt und Gemeinsamkeit statt Ausschluss)", „am (systematisch gedachten) Lernprozess statt primär am Lernergebnis" und „an den Gemeinsamkeiten und der Vielfalt der Lernwege (Wertschätzung der Einzelpersönlichkeiten) statt einseitig an fachlichen Operationalisierungen" (2006 a, 118) weiter ausgearbeitet werden.

Seitz weist darauf hin, dass solche alternativen Verständnisweisen von Bildungsstandards vom Grundschulverband (2004 a, 2004 b) entwickelt wurden. Ihre eigenen Überlegungen zielen auf die Entwicklung einer inklusiven Leistungskultur ab (vgl. Seitz 2006 b). Auf der Grundlage der Anerkennung jeder erbrachten Leistung sollen der Prozess ihrer Erarbeitung und die subjektive Relevanz für das jeweilige Kind stärker berücksichtigt werden. Die fortlaufende Dokumentation der Leistungsentwicklung soll eine höhere Bedeutung erlangen, auch angesichts der Erbringung von Leistungen in handlungsorientierter Form und in Gruppen. Die Bewertung soll im Rahmen einer individuellen Bezugsnorm erfolgen, d. h. im Vergleich mit dem Lernzuwachs des einzelnen Kindes. Seitz räumt selbst ein, dass diese Ausgangspunkte für die weitere Diskussion bildungspolitischer Instrumentarien zur Absicherung schulischer Leistungen aus der Sicht inklusiver Pädagogik und Didaktik weiter auszudifferenzieren und in konzeptionelle Kategorien zu überführen sind. Hier werden in der Entwicklung inklusiver Schulen verstärkte Anstrengungen notwendig sein, um Qualität angemessen abzubilden, denn der Rückgriff auf leicht messbare Indikatoren wie den Lernerfolg allein würde das verkürzte Qualitätsverständnis traditioneller Schulpolitik weiterführen (vgl. Feyerer 2007). Eine Gegenüberstellung von traditioneller ‚Leistungsschule' und inklusiver Schule könnte dagegen dazu führen, den Schulleistungen und dem Leistungsvermögen insbesondere von behinderten Kindern weiterhin zu geringe Aufmerksamkeit zu widmen. Zugang zu qualitativ hochwertigen Lerngelegenheiten für alle Kinder (opportunity to learn standards) muss aber ein wesentliches Kriterium für die Qualität inklusiven Unterrichts sein.

Sicherung und Entwicklung von Schulqualität durch standardbasierte Evaluation

Das Kapitel hat deutlich gemacht, wie vielschichtig die Thematik ‚pädagogische Qualität' ist und wie vielfältig die Interessen der Akteure sind. Als wesentliche Punkte lassen sich festhalten:

- Es ist klärungsbedürftig, was unter guter Qualität in (inklusiven) Bildungseinrichtungen und in Einrichtungen und Diensten der Behinderten- und Benachteiligtenhilfe zu verstehen ist.
- Es ist ebenso klärungsbedürftig, welche Akteure an der Definition von Qualität im Bildungs- und Sozialwesen beteiligt werden.
- Es sind Interessen und Interessenkollisionen bei der Definition leitend, zum Beispiel wirtschaftliche Interessen, Steuerungs- und Kontrollinteressen, Interessen an der Verbesserung der formalen Ergebnisse wie der Zahl der Bildungsabschlüsse. Sie sind offenzulegen.
- Schließlich ist die Frage, wie Qualität gemessen und dargestellt werden kann, zu beantworten. Dabei ist darauf zu achten, dass leicht messbare Kriterien nicht überbewertet werden.

Ein Instrument, das geeignet ist, zu einer solchen Klärung beizutragen, ist die Evaluation entsprechend der Standards der Deutschen Gesellschaft für Evaluation (DEGEval 2008) bzw. des Joint Committee on Standards for Educational Evaluation (Sanders et al. 2000), die seit Mitte der 1970er Jahre entwickelt wurden. Durch die Anwendung der Standards erfolgt keine Vorentscheidung hinsichtlich der zu verwendenden Methoden der Erhebung und Auswertung. Es handelt sich lediglich um ein Verfahren, mit dessen Hilfe die Verfahrensschritte analysiert und klarer gefasst werden können.

Evaluation wird verstanden als „systematische Untersuchung der Verwendbarkeit oder Güte eines Gegenstandes“ (Sanders 2000, 25); Sanders spricht allerdings in der Regel nicht von ‚Evaluationsgegenständen‘, sondern von Programmen und definieren ‚Programm‘ als kontinuierlich durchgeführte pädagogische Tätigkeit. Als Programme können beispielsweise ein Leselehrgang, die Regelungen zur Elternarbeit oder die Einführung von Integrationsklassen bezeichnet werden. Eine Evaluation kann grundsätzlich als summative oder formative Evaluation erfolgen. Eine summative Evaluation misst den Erfolg eines Programmes, das bereits implementiert wurde, die formative Evaluation wird während der Einführung eines Programms durchgeführt und erlaubt die Rückmeldung der Ergebnisse und die entsprechende Modifikation während des Implementierungsprozesses.

Evaluationen werden mit Hilfe von Evaluationsstandards durchgeführt, die Fairness und Qualität der Evaluation gewährleisten sollen. Die Standards sind inhaltlich in vier große Gruppen unterteilt:

- Nützlichkeitsstandards (N) umfassen die Ermittlung der Beteiligten und Betroffenen, die Glaubwürdigkeit der Evaluatoren, den Umfang und die Auswahl von Informationen und weitere.
- Die drei Durchführbarkeitsstandards (D) sind praktische Verfahren, politische Tragfähigkeit sowie Kostenwirksamkeit.
- Zu den Korrektheitsstandards (K) gehören zum Beispiel formale Vereinbarungen, vollständige und faire Einschätzung, Offenlegung der Ergebnisse und eine Deklaration von Interessenkonflikten.
- Genauigkeitsstandards (G) schließlich umfassen u. a. eine Kontextanalyse, die Beschreibung von Zielen und Vorgehen, verlässliche Informationsquellen, die Analyse der Informationen und begründete Schlussfolgerungen.

Alle Standards sind mit Richtlinien versehen, die Indikatoren für die Erfüllung der Standards darstellen; zudem werden häufige Fehler benannt und mehrere Anwendungsbeispiele für jeden Standard gegeben. Auch die Schritte der Evaluation sind durch diesen Rahmen vorgegeben. Jedem Schritt sind wiederum besonders bedeutsame Standards zugeordnet, was wir exemplarisch nur für den ersten Schritt ausführen wollen:

Entscheidung über die Durchführung

Bei der Entscheidung über die Durchführung einer Evaluation ist es bedeutsam, die Betroffenen und Beteiligten zu ermitteln und einzubeziehen, und gegebenenfalls ihre Widerstände zu erkennen und zu berücksichtigen (N1). Die politische Tragfähigkeit der Entscheidung für eine Evaluation (D2) ist ebenfalls von Bedeutung, denn die Veröffentlichung politisch nicht erwünschter Ergebnisse wird häufig zu beeinflussen versucht. Mitunter werden bereits zu Beginn bestimmte Untersuchungsschwerpunkte von den Auftraggebern ausgeschlossen. Aber nicht nur auf politischer Ebene gibt es Interessenkonflikte, sondern auch zwischen weiteren Beteiligten, beispielsweise Sozialverwaltungen und Einrichtungen der Behindertenhilfe: die Deklaration von Interessenkonflikten (K7) und die Analyse des Kontextes (G2) sind daher ebenfalls zu leisten.

Erst auf dieser Grundlage erfolgt eine Definition des Evaluationsproblems. Als weitere Schritte folgen die Planung der Evaluation, die Festlegung der Methoden der Informationsgewinnung und Informationsauswertung, die alle gängigen Methoden der Sozialforschung umfassen können. Auch die Berichterstattung zur Evaluation wird bereits in Grundzügen festgelegt. Erst dann erfolgen die Schritte der Budgetierung der Evaluation und des Abschlusses des Evaluationsvertrages und Überlegungen zu Leistung und Personaleinsatz. Alle Schritte sind durch einzelne Standards abgesichert, um bestimmte Versäumnisse zu vermeiden.

Der Begriff ‚Evaluation' wird heute inflationär gebraucht; Evaluationen sind *das* Mittel der freiwilligen Überprüfung von Programmen geworden. Sehr häufig werden die benannten Standards allerdings nicht eingehalten: zu den notorischen Fehlern gehört, die Betroffenen und Beteiligten nicht oder zu spät zu identifizieren, keine Kontextanalyse zu machen und Interessenkonflikte auszublenden. Die standardgeleitete Evaluation entsprechend der Vorschläge der Deutschen Gesellschaft für Evaluation ist geeignet, in denjenigen (Handlungs-)Feldern Evaluationen durchzuführen, in denen keine gesetzliche Verpflichtung besteht. Die Standards können aber auch als Analyseinstrument in den Feldern genutzt werden, in denen bestimmte Verfahren bindend sind. Dort können sie dazu beitragen, dass Fehler angesprochen und möglicherweise vermieden, zumindest aber als solche offen gelegt werden können.

Auch sie ersetzen nicht das Nachdenken darüber, was als gute Qualität zu gelten hat, unterstützen aber den Prozess der (rechtzeitigen) Klärung dieser Frage zwischen Auftraggeber(n) und Evaluatoren.

6 Professionalität pädagogischen Handelns

In diesem Kapitel geht es um die Frage, was das professionelle Handeln in der Pädagogik bei Behinderung und Benachteiligung ausmacht. Da es nicht möglich ist, auf jedes einzelne pädagogische Handlungsfeld genauer einzugehen, setzen wir einen Schwerpunkt im schulischen Bereich. Die immer mitschwingende normative Frage, welches fachliche Handeln als ethisch vertretbar oder von hoher Qualität angesehen werden kann, wird ebenfalls ausgespart, da sie in den Kapiteln 3, 4 und 5 behandelt wurde.

Die meisten Fachkräfte haben recht klare Vorstellungen darüber, was pädagogisch *un*angemessenes Handeln ist, welches die Grenzen ihrer Kompetenzen und ihrer ‚Zuständigkeit' sind. Dies wird im pädagogischen Alltag beispielsweise daran deutlich, dass bestimmte Handlungen als ‚unprofessionell' bezeichnet werden, oder dass von den Grenzen eigener Kompetenz und der Zuständigkeit anderer Berufsgruppen die Rede ist. Die positive Bestimmung des eigenen Professionalitätsverständnisses fällt jedoch schwerer, und bei genauer Betrachtung fällt auf, dass selbst bei gleicher Ausbildung oder bei Tätigkeit an einem ähnlichen Arbeitsplatz die Vorstellungen der Fachkräfte hinsichtlich dessen, was professionelles (sonder-)pädagogisches Handeln oder (sonder-)pädagogische Professionalität im Einzelnen ausmacht, sehr unterschiedlich sein können. In Praktika taucht die Frage ebenfalls auf, beispielsweise in dieser Form: Kann bzw. darf man in einer bestimmten Situation so handeln, wie es im Rahmen des Praktikums beobachtet wurde oder wie der Praktikant selbst gehandelt hat? Muss es für bestimmte Abläufe Regeln geben? Wie entscheidet man in schwierigen Situationen, wenn die Regel nicht passt oder mehrere widersprüchliche Regeln zutreffen? Die Frage, was (sonder-)pädagogische Professionalität ausmacht, ist also trotz ihres abstrakten Charakters eine ungemein ‚praktische' Frage.

Zugleich ist diese Frage von zentraler Bedeutung für die Weiterentwicklung inklusiver Erziehung und Bildung, denn der Ausschluss behinderter und zum Teil auch benachteiligter Kinder aus dem Regelsystem und der Aufbau des vielgliedrigen Sondersystems wird bis heute so begründet, dass dort besser geeignete Lernbedingungen vorhanden seien. Implizit ist damit auch gesagt, dass die Einrichtungen des Regelbereichs die Erziehung und Bildung dieser Kinder nicht leisten können, dass im Regelbereich also neben geeigneten Strukturen und Rahmenbedingungen möglicherweise das erforderliche Wissen und Können fehlt, das benötigt wird.

Im Folgenden werden wir zuerst die Entwicklung der Heilpädagogik vor dem Hintergrund der in den 1960er Jahren im angelsächsischen Raum entstandenen ‚merkmalsbezogenen Professionstheorie' skizzieren, da sie auch in aktueller sonderpädagogischer Einführungsliteratur noch zu finden ist und auch neuere professionstheoretische Arbeiten vielfach Bezug auf sie nehmen (6.1). Im Anschluss wird die Entwicklung professionstheoretischer Forschung zur Struktur pädagogischen Handelns dargestellt, da wir sie für weiterführend für die Bestimmung (sonder-)pädagogischer Professionalität halten (6.2). Ein weiterer Forschungsstrang, insbesondere im schulischen Bereich, stellt den Begriff der Lehrerkompetenz in den Mittelpunkt und beschäftigt sich mit der Frage, aus welchen Komponenten Lehrerprofessionalität besteht (6.3). Wir folgen in der Systematik nicht der Auffassung Terharts, dass sich als eine dritte Richtung der Professionsforschung eine berufsbiographische Forschungslinie unterscheiden lässt. Die berufsbiographische Forschung rekurriert auf Grundannahmen der zuvor dargestellten Theorien; insofern ist es ebenso möglich, diese Arbeiten als Ausdifferenzierungen der beiden erstgenannten Richtungen anzusehen. Terhart selbst weist darauf hin, dass häufig nur die zwei erstgenannten Richtungen unterschieden werden, er aber den berufsbiographischen Ansatz als eigenständig ansehen möchte, da er „die in den beiden Ansätzen zwar angelegte, aber nicht im Mittelpunkt stehende dynamische Entwicklungsperspektive zum Kernanliegen macht, Berufs- und Privatleben miteinander verschränkt sieht und anhand dieser Orientierung bis zu einem gewissen Grad eine verbindende Klammer zwischen struktur- und kompetenztheoretischem Ansatz sein kann" (2011, 209). Da Terhart (2000 a) selbst aber in einem zentralen Kommissionsbericht zu ‚Perspektiven der Lehrerbildung' ein Kompetenzmodell auf der Grundlage berufsbiographischer Überlegungen entwickelt (6.3), wäre diese Ausdifferenzierung im Rahmen eines Lehrbuchs eher verwirrend. Es bleibt abzuwarten, wie sich die weitere Ausdifferenzierung des berufsbiographischen Ansatzes in den nächsten Jahren entwickeln wird. Zur Zeit ordnen wir den berufsbiographischen Ansatz weniger der Professionsforschung zu, sondern sehen ihn als eigenständigen Ansatz im Rahmen der Biographieforschung.

Ein großer Teil der sonderpädagogischen Auseinandersetzung mit der Thematik hat diese Arbeiten allerdings (noch) nicht rezipiert. Im Kontext der bereits skizzierten Diskussion um Dekategorisierung wird eine ‚Deprofessionalisierung' befürchtet, womit ein Verlust sonderpädagogischer Kompetenzen gemeint ist. Diese Debatte wird kurz nachgezeichnet und bewertet (6.4). Abschließend werden weiterführende Arbeiten aus der Sonderpädagogik dargestellt, die zum einen in den integrationspädagogischen Erfahrungen, zum anderen in der Rezeption und Weiterführung der neueren professionstheoretischen Ansätze (6.2) gründen.

Vorab soll die Begriffsverwendung innerhalb dieses Kapitels geklärt werden: Die Professionssoziologie versteht unter Professionen ausgewählte Berufe, die sich an Hand bestimmter Merkmale abgrenzen lassen. Professionalisierung bedeutet in diesem Kontext die Entwicklung eines Berufes zu einer Profession (vgl. 6.1). Im alltäglichen Sprachgebrauch wird unter Professionalität oder professionellem Handeln dagegen „gekonnte Beruflichkeit" und „qualitativ hochwertige Arbeit" (Nittel 2000, 15) verstanden. Dieses Verständnis wird auch durch professionstheoretische Ansätze aufgegriffen, die die Handlungsstruktur pädagogischen Handelns in den Mittelpunkt ihrer Analyse stellen. Zu ihrer Terminologie gehört ebenfalls der Begriff der Professionalisierung, allerdings im Sinne der reflexiven Weiterentwicklung professionellen pädagogischen Handelns. Ebenso liegt der Begriff denjenigen

Ansätzen zu Grunde, die sich auf den Kompetenzbegriff beziehen, und denjenigen, die Professionalität als berufsbiographisches Entwicklungsproblem verstehen. Wir folgen daher dem Plädoyer Helspers und Tippelts, zumal es eine mittlerweile weitgehend geteilte Auffassung zusammenfasst, „die professionstheoretische Perspektive von ‚Profession' zu ‚Professionalität' zu verschieben, [dies] geht zugleich mit dem Votum einher, Professionalität im Kern über die Rekonstruktion der Handlungs- und Anforderungsstruktur zu bestimmen. Nicht Profession als Zustand und Status, sondern als die Spezifik der Handlungsstruktur und ihres Prozessierens wird zum zentralen Bezugspunkt" (2011 b, 272).

6.1 Historischer Verlauf der Professionalisierung schulischer Sonderpädagogik

Die merkmalsbezogene oder indikatorische Berufssoziologie beschreibt Professionen an Hand ihrer besonderen Merkmale: nur diejenigen Berufe wurden als Professionen anerkannt, auf die diese festgelegten Merkmale zutreffen. Erweitert und verändert wurde diese Auffassung durch die berufssoziologische Rollentheorie von Talcott Parsons, der die Trennung zwischen Professionen und nicht professionalisierten Berufen beibehält, aber weniger auf institutionalisierte Merkmale verweist als auf Persönlichkeitsmerkmale und Rollen. Die berufssoziologische Rollentheorie beschreibt damit Anforderungen an die Berufsrolle, die von verschiedenen neueren Professionstheorien aufgegriffen und weiterentwickelt wurden, und weist so deutlich über die merkmalsorientierte Professionstheorie hinaus.

Bis in die 1990er Jahre findet sich in der Pädagogik ein Professionsverständnis, das in Anlehnung an die indikatorische Professionssoziologie äußere Merkmale und Attribute (Indikatoren) klassischer Professionen wie Jura und Medizin beschreibt und neu entstandene Berufe daran misst, ob sie diesen Kriterien entsprechen. Zu den am häufigsten genannten Merkmalen gehören die folgenden:

- eine eigenständige wissenschaftliche Ausbildung;
- ein gesellschaftlicher Auftrag für die Berufsausübung;
- weitgehende Autonomie des beruflichen Handelns;
- eine Berufsvertretung in Form von Verbänden, Interessenvertretungen, Kammern;
- ein berufseigenes Ethos, das entwickelt und gepflegt wird;
- Ansehen, Selbstbewusstsein und ‚Vertrauensvorschuss' (vgl. u. a. Combe/Helsper 1996 b, 9 f., Lundgreen 2011, 9).

Die Analyse der Professionalisierungsbemühungen der heil- und sonderpädagogischen Berufsverbände ebenso wie der universitären Sonderpädagogik zeigt, dass diese Merkmale bei der Etablierung der Heil- und Sonderpädagogik tatsächlich eine wichtige Rolle spielten, auch wenn, wie in anderen pädagogischen Feldern auch, nicht alle Merkmale erreicht wurden und die pädagogischen Handlungsfelder dementsprechend lange als defizitär bzw. ‚semiprofessionell' angesehen wurden.

Der Prozess der Professionalisierung wird innerhalb dieser Forschungstradition auf der Ebene der Profession bzw. des Berufsbildes analysiert. Er ist dadurch gekennzeichnet, dass Berufsvertretungen und Verbände sowie Einzelne sich für eine Aufwertung ihres Berufes einsetzen. Dies lässt sich in der Entwicklung der Sonderschulen und des damit verbundenen Berufsbildes des schulischen Sonderpädagogen ebenso wie an der Etablierung der außerschulischen Heilpädagogik gut erkennen; aus Platzgründen wird an dieser Stelle nur auf die schulische Entwicklung Bezug genommen.

Es ist gut erkennbar, wie die Etablierung *eigenständiger Studiengänge* und einer inhaltlich *eigenständigen*, vom Regelschullehramt unabhängigen *wissenschaftlichen Ausbildung* betrieben wurden: Als erste Lehrergruppe etablierten sich die Blinden- und Gehörlosenlehrer bereits gegen Ende des 19. Jahrhunderts, ungefähr 100 Jahre nach der Entstehung von ‚Anstalten' für Blinde und Gehörlose und 200 Jahre bzw. in Bezug auf Gehörlose sogar nahezu 300 Jahre nach der Veröffentlichung erster systematischer Bildungsversuche (zur Geschichte der Sonderpädagogik vgl. Möckel 2007, Ellger-Rüttgardt 2008). Sie erreichten als einzige sonderpädagogische Lehrergruppe eine Gleichstellung mit den Gymnasiallehrern, was sich in einer besonderen Ausbildung und höheren Besoldung manifestierte. Im Zuge der weiteren Ausdifferenzierung der sonderpädagogischen Einrichtungen entstanden weitere Lehrergruppen. Ebenfalls Ende des 19. Jahrhunderts wurde der Verband der Hilfsschullehrer gegründet (vgl. Möckel 1998), der in seinen Professionalisierungsbestrebungen eine Angleichung an den Status der Blinden- und Gehörlosenlehrer anstrebte.

Die einsetzende Akademisierung der Lehrerbildung in der Weimarer Republik brachte den Sonderpädagogen allerdings noch nicht die erhofften Erfolge. Vorherrschende Ausbildungsformen blieben sogenannte Heilpädagogische Kurse, die in unterschiedlicher Länge – in der Regel zwei Semester – staatlicherseits in Universitätsstädten organisiert wurden und mit einer Prüfung abschlossen. Die Forderung nach einer gemeinsamen wissenschaftlich-pädagogischen Ausbildung für alle Heilpädagogen wurde in den 1920er Jahren nicht eingelöst. Während der NS-Zeit kam in Deutschland die Ausbildung von Sonderpädagogen nahezu vollständig zum Erliegen, und damit wurde zugleich der noch nicht vollendete Akademisierungsprozess der Sonderpädagogik abgebrochen.

In Anknüpfung an die Überlegungen aus der Zeit der Weimarer Republik wurde in beiden deutschen Staaten noch am Ende der 1940er Jahre mit einer viersemestrigen universitären Ausbildung von Sonderpädagogen begonnen (Berlin-Ost, Halle, Hamburg, Heidelberg), deren Aufbau sich bis in die 1970er Jahre auf alle Bundesländer der ehemaligen Bundesrepublik erstreckte. Dabei handelte es sich um ein postgraduales Aufbaustudium, das qualifizierten und praxiserfahrenen Volksschullehrern offen stand, die in der Regel bei Fortzahlung der Bezüge für das Studium freigestellt wurden. Es war vor allem der massive Ausbau des Sonderschulwesens seit den 1960er Jahren und damit verbunden der nachhaltige Mangel an Sonderpädagogen, der zur Einführung des so genannten grundständigen Studiums während der 1970er Jahre führte. Ein grundständiger integrationspädagogischer Studiengang etablierte sich nicht. Stattdessen wurden integrationspädagogische Inhalte allmählich in die sonderpädagogischen Studiengänge integriert. An einigen Studienstätten wurden integrationspädagogische Studieninhalte in geringem Umfang in die Lehrerbildung für Studierende der allgemeinen Schulen aufgenommen. Neuerdings sind einige integrations- bzw. inklusionspädagogische Masterstudiengänge entstanden, die sich an Absolventen allgemeiner Lehramtsstudiengänge richten. Die deutliche Abgrenzung von den Volksschullehrern, die der Etablierung einer eigenen Identität, eines höheren Status und gesellschaftlicher Anerkennung diente, war insofern erfolgreich, dass Sonderpädagogen sich als Berufsgruppe neben den Volksschullehrern etablieren konnten und im Vergleich höher besoldet werden. Weitere Folgen sind die damit einhergehende völlige Trennung der Ausbildungsgänge und Berufsbilder, die für die Entwicklung einer inklusiven Schule hoch problematisch sind.

Auch ein *gesellschaftlicher Auftrag für die Berufsausübung* wurde nach und nach errungen: er wurde für die Blinden- und Gehörlosenpädagogik bereits im 19. Jahrhundert erreicht, im Förderschwerpunkt geistige Entwicklung dagegen erst im Verlauf der 1960er Jahre. In der heutigen Form festgeschrieben wurde er erst durch das Konstrukt der Sonderschulbedürftigkeit (vgl. KMK 1972), mit dem der weitere Ausbau des gegliederten Sonderschulsystems legitimiert wurde. Dieser Auftrag blieb im ‚sonderpädagogischen Förderbedarf' (vgl. KMK 1994 a) erhalten, wurde aber hinsichtlich der Klarheit der Aufgabenformulierung diffuser; dies gilt ebenso für die sich allmählich durchsetzende Formulierung ‚sonderpädagogische Unterstützung'.

Eine *Autonomie des beruflichen Handelns* in der Form, dass die Kontrolle der Berufsausübung durch den eigenen Berufsstand in Form von Kammern (analog zur Ärztekammer und Anwaltskammer) erfolgt, wurde nicht erreicht, da das gesamte Schulsystem ebenso wie die Lehrerbildung staatlich kontrolliert wurde. Auch das Gesundheitssystem spielt noch immer eine relativ bedeutende Rolle bei den Schuleingangsuntersuchungen. Innerhalb des Klassenzimmers besteht jedoch für Lehrkräfte eine hohe Handlungsautonomie.

Berufsvertretungen konnten sich, wie beschrieben, bereits im 19. Jahrhundert etablieren und erlangten eine hohe Bedeutung für die Definition des eigenen Zuständigkeitsbereichs.

Auch die *Pflege eines berufseigenen Ethos* lässt sich deutlich erkennen: Der Einsatz für die Anerkennung des Lebens- und Bildungsrechts behinderter Kinder ebenso wie das Selbstverständnis, eine Lobby für diese Kinder zu bilden, ist bis heute im Professionsverständnis von Heil- und Sonderpädagogen und ihren Berufsverbänden dominant. Die dahinter liegende Ethik der Stellvertretung wird allerdings bereits seit Beginn der 1980er Jahre als problematisch angesehen: Menschen mit Behinderung wollen und können sich selbst vertreten; auch die Beteiligung von Kindern wird durch die UN-Kinderrechtskonvention stärker in den Mittelpunkt gerückt. Die Lobbyarbeit von heil- und sonderpädagogischen Fachverbänden ist dadurch gekennzeichnet, dass Interessenskonflikte zwischen eigenen Interessen und Interessen der behinderten Menschen wenig oder gar nicht reflektiert werden.

Auch die Notwendigkeit der *Anerkennung der Fachkräfte und eines Vertrauensvorschusses* ist deutlich erkennbar: zum einen befinden sich Eltern – am deutlichsten sichtbar nach der Mitteilung der Diagnose einer Behinderung – häufig in einer Situation, in der sie Unterstützungsbedarf haben und die Situation schwer einschätzen können. Dasselbe gilt in vielen Situationen für Betroffene, sowohl Kinder als auch Erwachsene, da sie die die Angemessenheit von Unterstützungsangeboten und mögliche Alternativen nicht einschätzen können. Zum anderen lässt sich die Wirksamkeit – bzw. aus Sicht von Eltern und Betroffenen der Erfolg – pädagogischer Angebote grundsätzlich erst im Nachhinein beurteilen.

Die Geschichte der Heilpädagogik lässt sich demnach auch lesen als Geschichte des Strebens nach Anerkennung als Profession. In engem Zusammenhang damit steht die Frage der Abgrenzung des Personenkreises behinderter und/oder benachteiligter Kinder, denn der gesellschaftliche Auftrag ließ sich im Rahmen der historisch entwickelten Aufgabenteilung zwischen allgemeiner Pädagogik und Heilpädagogik, der Formulierung einer klaren Zielgruppe und der Herausbildung besonderer Institutionen sinnvoll begründen.[68] Die Erfüllung aller Kriterien einer anerkannten Profession war auf diese Weise allerdings nicht erreichbar, insbesondere die Autonomie des professionellen Handelns wurde nicht erreicht.

Zudem hat sich die Herausbildung und Verfestigung eines Professionsverständnisses, dessen Grundlage die Zuständigkeit für eine abgrenzbare Gruppe von Kindern ist, zunehmend als problematisch erwiesen: es förderte die Entwicklung einer ‚Sonderanthropologie', einer Vorstellung des ‚Andersseins' behinderter Kinder und Erwachsener, die mit dem in Kapitel 2 dargestellten Begriff von Behinderung und Benachteiligung nicht zu vereinbaren ist und von behinderten Menschen zu Recht als diskriminierend zurückgewiesen wird. Es verband darüber hinaus das professionelle Selbstverständnis mit der Tätigkeit in Förderschulen, so dass eine inhaltliche Bestimmung von Gemeinsamkeiten und Unterschieden zwischen allgemein schulpädagogischer und sonder(schul-)pädagogischer Professionalität nicht erforderlich war und nicht geleistet wurde. Dies ist ein Grund dafür, dass die Vorstellung einer Tätigkeit in einer inklusiven Schule für viele Lehrkräfte bedrohlich ist:

68 Die Aufgabe der Heilpädagogik wurde definiert als Erziehung und Bildung von Kindern, die ‚anders' sind als andere Kinder: blind, gehörlos, geistig behindert. In Bezug auf die Schülerschaft der Hilfsschulen lässt sich dieser Zuschreibungsprozess am deutlichsten sehen. Obwohl das Zusammentreffen von Armut und schwieriger sozialer Lage einerseits und Schulversagen andererseits von vielen Autoren benannt und analysiert wurde, wurden Armut und fehlende Erziehung und Bildung im Elternhaus nicht als Ursache des Schulversagens angesehen. Stattdessen wurde mit Hilfe des Konzepts des ‚Schwachsinns' das Hilfsschulkind als anthropologisch anders definiert. In analoger Weise wurden Konstrukte wie ‚Krüppelseele' und ‚Behinderungspsyche' eingeführt (vgl. C. Lindmeier 1993).

ihr Aufgabenzuschnitt ist unklar bzw. wird die Tätigkeit als Assistenz der Klassenleitung in Bezug auf die Kinder mit Behinderungen (vgl. zu den verschiedenen Tätigkeitsschwerpunkten 6.4) als beruflicher Abstieg im Vergleich zur selbständigen Klassenführung an der Förderschule empfunden. Die Neubestimmung sonderpädagogischer Professionalität wird – wie die Bestimmung pädagogischer Professionalität insgesamt – daher hauptsächlich über zwei Zugänge gesucht: die Bestimmung der Handlungsstruktur pädagogischen Handelns (6.2) und die Bestimmung benötigter (Lehrer-)Kompetenzen (6.3).

6.2 Neuere erziehungswissenschaftliche Professionstheorien

Seit Anfang der 1990er Jahre zeichnet sich in der Erziehungswissenschaft eine neue Professionalitätsdebatte ab, „die nicht mehr die sozialen Probleme der Verberuflichung und die akademische Aufwertung der Tätigkeit, sondern die *Strukturprobleme professionellen Handelns* ins Zentrum der Aufmerksamkeit rückt" (Dewe 2005, 257). Durch diese Debatte werden die von der strukturfunktionalistischen Professionsforschung (Parsons) herausgearbeiteten „professionsspezifischen Merkmalskataloge – ohne dass die Bedeutsamkeit dieser Kennzeichen prinzipiell negiert würde – zunehmend von Bestimmungsversuchen abgelöst, die auf die Rekonstruktion der Logik der professionellen Tätigkeit als einer spezifischen und herausgehobenen Strukturvariante beruflichen Handelns zielen" (Helsper/Krüger/Rabe-Kleberg 2000, 6). Auch die strukturfunktionalistische Professionstheorie stellt bereits modernisierungstheoretische Bezüge her und beschreibt strukturelle Probleme, indem sie herausstellt, dass Professionen im Rahmen einer differenzierten Gesellschaft integrative und Normen vermittelnde Funktion haben, da sie den universellen Werten und ihrer Geltung verpflichtet sind und zugleich individuelle Problemlagen bearbeiten. In der Beschreibung von Handlungsorientierungen als ‚diffus', partikular und die ganze Person umfassend versus ‚spezifisch', universal und rollenförmig wird Professionalität allerdings noch weitgehend mit dem spezifischen, universalen, rollenförmigen Handeln gleichgesetzt (vgl. Schmidt 2008, 844 f.). Dieses Professionsverständnis findet sich in der pädagogischen Praxis häufig: es wird beispielsweise durch das Gegensatzpaar ‚professionell versus menschlich' charakterisiert, und es ist in der verbreiteten Forderung nach klarer Rollendefinition, Distanzierungsfähigkeit und rollenförmigem Handeln enthalten.

Die Weiterentwicklung der Professionsforschung wurde dadurch befördert, dass die in der merkmalsbezogenen Professionsforschung etablierten Merkmalskataloge als nicht mehr tauglich wahrgenommen wurden. Auch auf die klassischen Professionen treffen einige Merkmale nicht mehr zu, während andere Berufe zumindest einige der Kriterien erfüllen, wie am Beispiel der sonderpädagogischen Professionalisierungsbemühungen dargestellt wurde: Beispielsweise wurden sowohl die Ausbildung als auch der Beruf des Arztes oder des Juristen wesentlich stärkerer staatlicher Kontrolle unterworfen, während sich der Beruf des Lehrers durch die Etablierung eines wissenschaftlichen Ausbildungsganges den klassischen Professionen angenähert hat. Die indikatorische Position wurde zudem aus inhaltlichen Gründen kritisiert, denn es ist wenig fruchtbar, klassische Professionen nachzuahmen, von denen aus betrachtet pädagogische Berufe und Handlungsformen defizitär sein müssen und daher nur den Status einer ‚Semi-Profession' erreichen können. Aus verschiedenen theoretischen Richtungen und mit unterschiedlichen Akzentsetzungen wurde herausgearbeitet, dass professionelles Handeln in den verschiedenen pädagogischen Handlungsfeldern nicht defizitär, sondern different gegenüber den klassischen Professionen ist.

In Überblicksdarstellungen (vgl. Helsper/Krüger/Rabe-Kleberg 2000; Kraul/Marotzki/Schweppe 2002) werden drei wesentliche Zugänge zur Thematik voneinander unterschieden, nämlich der systemtheoretische Ansatz (Luhmann, Schorr, Stichweh), der interaktionistische Ansatz (Schütze) und der strukturtheoretische Ansatz (Oevermann, Helsper und weitere).[69] Wir stellen den strukturtheoretischen Ansatz exemplarisch in ausführlicherer Form dar, weil er die größte Aufmerksamkeit gefunden hat.

Allen Ansätzen gemeinsam ist, dass sie professionelles Handeln im Zusammenhang mit *Prozessen der Modernisierung* sehen. In Bezug auf die Unterstützung behinderter Erwachsener bedeutet Modernisierung hier die während der letzten Jahrzehnte entstandene Vielfalt möglicher Lebensentwürfe, an der behinderte Menschen selbstverständlich teilhaben wollen und deren Realisierung andere berufliche Kompetenzen bei Fachkräften erfordert als die Arbeit in einer traditionellen Wohngruppe. Beispielsweise sind eine Verankerung von Leitprinzipien wie Selbstbestimmung und Empowerment in der Haltung der Fachkräfte, Kompetenzen der Beratung, der Unterstützung auf Aufforderung und der Zurückhaltung und Nichteinmischung, wo keine Unterstützung gefragt ist, notwendig. Bei Menschen mit kognitiven Beeinträchtigungen ist auch das gemeinsame Herausfinden dessen, was ein Mensch an Wünschen und Lebensperspektiven realisieren möchte, oft Teil der zu entwickelnden Kompetenzen (vgl. Rock 2001).

Alle Ansätze beschreiben zudem, dass pädagogisches Handeln eine eigene Struktur hat, die sich von der Handlungsstruktur in anderen Feldern unterscheidet; einen *Strukturkern professionellen Handelns*, und dass pädagogisches Handeln daher einen eigenständigen Handlungstypus darstellt. Typisch ist, dass das Ziel des Handelns nie mit Sicherheit zu erreichen ist, was mit Begriffen wie *Riskanz, Ungewissheit oder Paradoxien* beschrieben wird. Es ist grundsätzlich nicht sicher,

69 Terhart fasst in einem wichtigen Überblicksartikel alle drei Ansätze unter dem Begriff ‚strukturtheoretischer Bestimmungsansatz' zusammen und bezieht sich dabei weitestgehend auf Oevermann und Helsper, aber auch auf Schütze (vgl. 2011, 206f). U.E. werden damit zwar wichtige Unterschiede verwischt, die Begriffswahl ist allerdings stimmig, da im Unterschied zu kompetenzorientierten Ansätzen die Analyse der Handlungs*struktur* pädagogischer Ansätze im Mittelpunkt steht.

ob ein Kind ein gewünschtes komplexes Lernziel (beispielsweise das Erlernen des Lesens) erreicht, noch weniger, ob für dieses Kind die angewandten Methoden die besten sind – dies lässt sich nicht einmal im Nachhinein eindeutig beantworten. Hinzu kommen unerwünschte Nebeneffekte: Beispielsweise kann ein Lehrer, der ein Kind durch besondere Maßnahmen im Leselernprozess unterstützt, durch diese Unterstützung dazu beitragen, dass das Kind lesen lernt – das ist das gewünschte Ziel –, zugleich aber auch, dass das Kind von anderen als ‚besonderes Kind' angesehen wird und Ausgrenzungsprozesse wirksam werden, selbst wenn in dieser Schule bereits die Etikettierung als ‚Integrationskind' vermieden wird. In der Unterstützung beim Wohnen kann es geschehen, dass die Unterstützung jemandem nicht hilft, in größerer Autonomie sein eigenes Leben zu gestalten, sondern dass eine größere Abhängigkeit und Unsicherheit eintritt.

Wesentlich für professionelles pädagogisches Handeln ist es daher, diese Widersprüche als zum pädagogischen Handlungsfeld zugehörig anzuerkennen und zum Thema pädagogischer Arbeit zu machen, d. h. sie zu reflektieren, sie auszubalancieren und auszuhalten. Die verschiedenen theoretischen Richtungen schlagen dazu unterschiedliche Wege vor und benutzen unterschiedliche Begriffe: Stichweh spricht von *Vermittlungsleistungen* zwischen Fachkraft, Klienten und Sachbezug; Schütze von *umsichtiger Bearbeitung der Paradoxien und Kernprobleme* pädagogischen Handelns, und Oevermann fordert ein *freiwilliges Arbeitsbündnis* zwischen Lehrer und Schüler, pädagogischem Mitarbeiter und Nutzer einer Dienstleistung als Rahmen der Zusammenarbeit. Die in diesem Prozess enthaltene Vermittlung von (Fach-)Wissen, entwickelten Handlungsroutinen und Prozessabläufen und ihre reflektierte, einzelfallbezogene Anwendung sind aber in allen Ansätzen von zentraler Bedeutung. Auf die benannten Beispiele bezogen bedeutet es zunächst, sich bewusst zu sein, dass das eigene Fachwissen nicht regelhaft angewandt werden kann, sondern auf den Einzelfall und seine Besonderheiten bezogen werden muss. Es bedeutet weiterhin, dass das ‚Arbeitsbündnis' bzw. eine Einigung mit dem Schüler oder dem Klienten hinsichtlich des gemeinsamen Themas von Bedeutung ist, weshalb auch dessen Problemsicht zunächst einmal eingeholt werden muss und geklärt werden muss, inwiefern eine gemeinsame Problembearbeitung möglich ist. Darauf aufbauend werden Paradoxien und Handlungsprobleme leichter erkennbar und können bearbeitet werden.

Wissens- und machttheoretische Ansätze, die im Folgenden nicht genauer ausgeführt werden, gehen davon aus, dass dieser Vermittlungsprozess einseitig zugunsten der professionellen Interessen geschieht. Kern professioneller Kompetenz ist danach die Fähigkeit, das Problem so zu definieren, dass die eigene Profession zuständig ist und mit den ihr eigenen Wissensbeständen gelöst werden kann: „Professionelle lassen sich demnach als Akteure verstehen, die Probleme, mit denen sie sich auseinandersetzen, so definieren, dass diese möglichst weitgehend den Lösungen entsprechen, über die sie je (professionell) verfügen. (...) (Es erscheint) plausibel, davon auszugehen, dass Professionelle den konkreten Einzelfall nicht nur subsumieren unter eine professionelle Regellösung, sondern dass der Einzelfall derart zugeschnitten, zugespitzt, umgedeutet, definiert wird, dass er lösungsadäquat wird" (Pfadenhauer 2005, 14). Pfadenhauer führt weiter aus, dass auf diese Weise ein Problemtypus entsteht, dem der Einzelfall zugeordnet wird, so dass relativ unflexible Lösungsschemata entstehen.[70] Die im Einzelfall und seiner Darstellung durch den Klienten immer enthaltene zusätzliche Information ist für den Professionellen nicht relevant, da er aber auf dessen Kooperation angewiesen ist, geht er in der Weise damit um, dass er dem Klienten suggeriert, sich seines Problems ‚ganzheitlich' anzunehmen. Diese Vorgehensweise ist in unterschiedlichen pädagogischen Handlungsfeldern mit großer Wahrscheinlichkeit empirisch nachzuweisen, und die im Folgenden dargestellten Ansätze messen den Machtbeziehungen möglicherweise zu wenig Bedeutung zu, blenden sie allerdings auch nicht ganz aus. Sie gehen allerdings davon aus, dass professionelles Handeln erst dann stattfindet, wenn es gelingt, für das individuelle Problem des Klienten eine Lösung zu finden, statt für die Lösungen des Professionellen ein passendes Problem zu definieren.

1. Der *systemtheoretische Ansatz* wurde von Luhmann und Schorr entwickelt (1979, 1982) und von Stichweh (1992, 1994, 1996) weiter ausgearbeitet. Er geht davon aus, dass unsere Gesellschaft und ihre Teilsysteme so komplex und funktional differenziert sind, dass die stattfindende Kommunikation nur schwer zu steuern ist. Eine Professionalisierung wird für diejenigen Teilsysteme eingefordert, „denen es nicht gelingt, ihr Operieren in binären Codierungen weitgehend zu formalisieren und zu technisieren" (Helsper/Krüger/Rabe-Kleberg 2000, 6); Teilsysteme also, die ein *Technologiedefizit* aufweisen, wie von Luhmann und Schorr (1979) in Bezug auf das Bildungssystem herausgearbeitet wurde. Da im Bildungssystem die Ausbildung hochgradig formalisierter, abstrakter und generalisierter Kommunikationsmodi schwer fällt und dieses soziale Teilsystem wesentlich auf face-to-face-Interaktionen angewiesen bleibt, wurden hier besonders anspruchsvolle Kommunikationsmodi entwickelt. Damit ist aber zugleich eine Unsicherheit der Zielerreichung gegeben, denn komplexe Kommunikationsvorgänge sind nur schwer steuerbar. Die Absichten eines Kommunikationspartners können vom Anderen zurückgewiesen werden und das Erreichen des jeweiligen Zieles ist nur in Kooperation möglich. Stichweh (1992) führt deshalb den Begriff der ‚*Vermittlung*' ein, mit dem er die situative Verständigung innerhalb des dreistelligen Verhältnisses zwischen dem Professionellen und seiner Absicht, dem Klienten und seiner Haltung zur professionellen Absicht und dem sachlichen Inhalt bezeichnet. Weil es sehr unsicher ist, ob in der pädagogischen Kommunikation die intendierten Ziele erreicht werden können, werden die Anerkennung der Unsicherheit der Zielerreichung und die Vermittlung zum Kern pädagogischen Handelns.
   Vor dem Hintergrund der systemtheoretischen Professionstheorie ist u. a. die Frage sonderpädagogisch relevant, wie diese Vermittlung beispielsweise unter den Bedingungen sprachlicher und kommunikativer Beeinträchtigungen, auf-

70 Hänsel und Schwager (2003) interpretieren die Entstehung der Hilfsschule und der Sonderpädagogik insgesamt vor diesem Hintergrund.

fälligen Verhaltens oder negativer Lernerfahrungen verläuft: die Tätigkeit der Lehrkraft besteht in manchen Fällen auch darin, nonverbale Interaktionen zu entschlüsseln und zu deuten, die noch wesentlich weniger eindeutig sind als verbale Sprechakte. Das ‚Zurückweisen' der Absicht des Kommunikationspartners kann daher auch in einer besonderen Ausprägung des Nicht-Verstehens, ‚Falsch-Verstehens' oder sogar des ‚Übersehens' kommunikativer Äußerungen liegen.

2. Die *interaktionistische Professionstheorie* von Schütze (1992, 1996) betrachtet das professionelle Handeln in seiner organisatorischen Einbettung und rekonstruiert professionelle Handlungsprobleme und Paradoxien. Schütze geht stark von der empirischen Erschließung der professionellen Praxis aus, insbesondere im Handlungsfeld der Sozialarbeit und der Schule, und weist nach, dass zentrale Handlungsprobleme in diesen Feldern nicht aufhebbar sind.
   Ähnlich wie Oevermann bestimmt er professionelles Handeln zunächst „als berufsrollenförmige Bearbeitung lebenspraktischer Konfliktsituationen von Klienten, denen ihre biographische Lebensplanung und Lebensführung außer Kontrolle geraten ist" (Combe/Helsper 2002, 32). Konstitutiv für das professionelle Handeln sind „unaufhebbare paradoxe Problembündelungen" (Schütze 2000, 49), die in der Auseinandersetzung mit Klientenproblemen entstehen müssen, weil sie „aus Unvereinbarkeiten an zentralen Schnittstellen des gesellschaftlichen Konstitutionsprozesses und aus den Strukturierungserfordernissen komplexen Handelns" (ebd.) entstehen. Ein Beispiel für die auftretenden Paradoxien ist das pädagogische Grunddilemma, das durch die Notwendigkeit von exemplarischem Vormachen als Hilfe zur Selbsthilfe und die ungewollte Nebenwirkung einer gesteigerten Abhängigkeit des Klienten gekennzeichnet ist (a. a. O., 71 ff).
   Da die Paradoxien nicht aufgelöst werden können, lassen sich die aus ihnen erwachsenden Fehlertendenzen lediglich reflexiv bearbeiten, u. a. durch Selbstreflexion, Fallbesprechungen im Team und Supervision, wobei auch gesellschaftliche und organisatorische Rahmenbedingungen analysiert werden müssen, in denen das Handeln stattfindet. Geschieht dies nicht, dann erfolgt in der Regel eine Verschleierung der Problematik des eigenen professionellen Handelns und in der Folge eine immer stärkere Verstrickung der Handelnden.
3. Nach Oevermann kann das Wesentliche pädagogischen Handelns nicht erfasst werden, indem man das Handeln lediglich beschreibt, wie er im folgenden Zitat am Beispiel des Lehrerberufs ausführt. Derartige Versuche „gehen noch zu deskriptiv von der beobachtbaren Erscheinung aus und analysieren nicht aufschließend genug die Struktur des Handlungsproblems, vor das der Lehrerberuf gestellt ist. Sie bleiben zu sehr an der Oberfläche des Selbstbildes des Lehrerberufes und der normativ-pädagogischen Vorgaben" (2002, 20) und dringen nicht zur Klärung der Strukturlogik und Strukturdynamik der pädagogischen Beziehung vor, die im Zentrum seines *strukturtheoretischen Zugangs* steht. Grundlage dieser Auffassung ist Oevermanns Unterscheidung zweier Modi der Verwendung von Wissen: der ‚ingenieurale Wissens- und Handlungsmodus' beruht

auf der regelhaften Wissensanwendung und erfordert daher keine Professionalisierung des Handelns. Pädagogisches Handeln dagegen beruht zwar ebenfalls auf Wissensanwendung, diese ist aber nicht standardisierbar, sondern muss in der Erschließung des Einzelfalls geschehen und ist aus diesem Grunde professionalisierbar und professionalisierungsbedürftig.

Professionelles pädagogisches Handeln wird dort nötig, wo eine zuvor ‚autonome Lebenspraxis' in eine Krise geraten ist. Ursprünglich existiert eine primäre Lebenspraxis, die keiner Expertenhilfe bedarf. Eine Krise dieser Lebenspraxis kann in unterschiedlicher Form auftreten und ist in unseren modernen Gesellschaften auf Grund ihrer Komplexität unumgänglich. Sie kann auftreten in Form eines Gesundheitsproblems, das Expertenhilfe durch einen Arzt erfordert. Sie entsteht im Fall der schulischen Bildung auch dadurch, dass Eltern ihren Kindern nicht mehr alles Wichtige selbst beibringen können – auch hier ist Expertenhilfe durch Lehrkräfte notwendig. In der Sonder- oder Integrationspädagogik stellt die überraschende Konfrontation mit den unbekannten Anforderungen, die eine Beeinträchtigung mit sich bringt, eine Krise der autonomen Lebenspraxis dar. Die Annahme von Expertenhilfe ist in dieser Situation unumgänglich, die Notwendigkeit ihrer Inanspruchnahme schwächt aber die Autonomie der Lebenspraxis nachhaltig. Mit Hilfe eines freiwillig eingegangenen Arbeitsbündnisses kann die Autonomie der autonomen Lebenspraxis in wesentlichen Teilen erhalten werden. Eine Krise der autonomen Lebenspraxis ist also nicht nur die Grundlage der Psychotherapie, Oevermanns eigener Profession, wo sie recht offensichtlich vorhanden ist, sondern überall dort, wo Menschen aus eigenen Kräften nicht für die Problemlösung sorgen können und wo ein hohes gesellschaftliches Interesse an der Lösung dieser Krise besteht: das Rechtssystem, das Gesundheits- und Bildungssystem sowie die Wissenschaft sind Institutionen, die die Bewältigung von Krisen der autonomen Lebenspraxis leisten. Professionelle Praxis ist für Oevermann demnach eine *gesteigerte Praxisform*, da sie stellvertretend Krisen bewältigend wirkt und auf die Stärkung der Autonomiepotenziale der Lebenspraxis anderer zielt. Die Struktur des Arbeitsbündnisses entwirft Oevermann anhand einer idealtypischen Rekonstruktion des therapeutischen Settings, das Vorkehrungen enthält, um die Anfälligkeit dieser Beziehung für Abhängigkeit erzeugende Dynamiken kontrollieren und reflektiert handhaben zu können. Das Arbeitsbündnis stellt aber eine komplexe und störungsanfällige Konstruktion dar; eine seiner wesentlichen Gelingensbedingungen stellt seine Freiwilligkeit dar. Das Arbeitsbündnis bleibt durch konstitutive Spannungen gekennzeichnet, die Oevermann als widersprüchliche Einheit einer diffusen, nicht rollenförmigen und einer spezifischen, rollenförmigen Beziehungsstruktur fasst. Obwohl er in seinen Überlegungen von der Therapie ausgeht, zeigt er dennoch schlüssig auf, dass auch das Lehrerhandeln in analoger Weise professionalisierbar und professionalisierungsbedürftig ist.

Neben der Funktion der Wissens- und Normenvermittlung gibt es nach Oevermann eine dritte Funktion im pädagogischen Handeln in der Schule, die er – etwas missverständlich – als implizit therapeutische Funktion beschreibt.

Gemeint ist, dass sich im Rahmen der Wissens- und Normenvermittlung eine Interaktionspraxis eröffnet, die von Seiten der Schüler ähnlich wie eine therapeutische Beziehung eine diffuse und unspezifische Sozialbeziehung ist, eine Beziehung, in der alles thematisiert werden kann und dementsprechend auch Krisen und Störungen bearbeitet werden. Eine schulische Praxis, die sich auf die Wissens- und Normenvermittlung zu beschränken sucht, entspricht „dem *verkürzten Selbstbild des Normalpädagogen*" (1996, 150). Sie blendet aus, dass durch pädagogisches Handeln immer auch eine negative Entwicklung eines Schülers verursacht werden kann, und schreibt sie einseitig dem Schüler oder seinen Eltern zu. Diese Praxis stellt trotz ihrer Verbreitung eine ideologische Verkürung dar: „Die ideologische Verkürzung zeigt sich vor allem darin, dass durch sie die immer offene Möglichkeit einer genuin durch die pädagogische Praxis selbst in Gang gesetzten pathogenen Entwicklung des Schülers dogmatisierend und rechtfertigend abgeschnitten wird und überall dort, wo eine psychosoziale Störung manifest wird, diese automatisch dem häuslichen Milieu kausal attribuiert wird" (ebd.).

Durch Helsper wurde der strukturtheoretische Ansatz auf die Schule angewandt, die von ihm beschriebenen Antinomien stellt er in unterschiedlichen Veröffentlichungen mit leichten Abwandlungen dar (vgl. Helsper 2002, 2006).

- *Begründungsantinomie (erhöhter Entscheidungsdruck versus gesteigerte Begründungspflichtigkeit)*: Auch die Schulpraxis kann als stellvertretende Bewältigung einer Lebenspraxis angesehen werden, in der Lehrkräfte für die Gestaltung von Bildungsprozessen Verantwortung übernehmen. Daraus resultiert „die Antinomie, ständig entscheiden zu müssen, dies aber legitimerweise nur zu dürfen, wenn abgesicherte Begründungen vorliegen" (2002, 77). Auch routinisiertem Handeln liegen letztlich Entscheidungen zu Grunde, die allerdings erst dann explizit werden, wenn ihre Angemessenheit oder Rechtmäßigkeit in Frage gestellt wird, weil sie keine unhinterfragte Gültigkeit mehr besitzen. In Phasen sozialer Transformationen – den bereits erwähnten Modernisierungsprozessen –, in denen Wissen fragwürdig wird, wird diese Antinomie besonders deutlich erkennbar, weil Lehrkräfte nicht auf eine wissenschaftlich gesicherte und gesellschaftlich akzeptierte Wissensbasis zurückgreifen können. Dies wird zur Zeit in den Auseinandersetzungen um Bildungsstandards ebenso wie um die Entwicklung einer inklusiven Schule besonders deutlich.
- *Praxisantinomie (Theorie versus Praxis)*: Eng mit der Begründungsantinomie verbunden ist die Praxisantinomie. Sie beschreibt, dass unter dem in der Praxis herrschenden starken Entscheidungs- und Handlungsdruck die notwendige Vermittlung von Theorie und Praxis nicht möglich ist. Alle Ansätze, die durch Fortbildung, Supervision oder gemeinsame Reflexion im Team die Vermittlung von theoretischem Wissen und praktischen Handlungsanforderungen bezwecken, reagieren letztlich auf diese Antinomie – ihr Ziel ist es, in der Situation der Handlungsentlastung im Nachhinein die notwendige Vermittlung zu schaffen und damit eine Basis für weitere, zwar spezifische, aber strukturell ähnliche

Situationen zu schaffen. Hier sind, da dieser Prozess in enger Wechselwirkung steht mit der berufsbiographischen Entwicklung, Anschlussmöglichkeiten für den berufsbiographischen Ansatz zu erkennen.

- *Subsumptionsantinomie (Subsumption versus Rekonstruktion)*: Diese Antinomie ist dadurch charakterisiert, dass die Anwendung von Regelwissen (Subsumtion) nötig ist, zugleich aber die Logik des Einzelfalles entschlüsselt werden muss (Rekonstruktion). Die schematische, routinisierte Anwendung von Regelwissen, also das Vorgehen, das Oevermann als ‚ingenieuralen Wissens- und Handlungsmodus' beschreibt, wird den Gegebenheiten des Einzelfalles nicht gerecht, und die Einmaligkeit der Handlungssituation in ihrem spezifischen, einmaligen Anforderungscharakter muss nicht nur mit dem Fachwissen der Lehrkräfte, sondern auch mit den Regelungen und Absprachen, die innerhalb der Schule Gültigkeit haben, in Übereinstimmung gebracht werden.
- *Ungewissheitsantinomie (Vermittlungsversprechen versus Ungewissheit hinsichtlich der Zielerreichung)*: „Die bisher skizzierten konstitutiven Antinomien führen konsequent zur Antinomie von einerseits Vermittlungsversprechen und andererseits struktureller Ungewissheit (Ungewissheitsantinomie) und Riskanz der professionellen Interventionen" (a. a. O., 79). Einerseits sichern Lehrkräfte zu, die Vermittlung des angestrebten Wissens leisten zu können, andererseits können sie dies angesichts der Notwendigkeit zur Mitwirkung des Schülers und des krisenhaften Charakters des Lern- und Bildungsprozesses nicht garantieren, zumal sie selbst zur Initiierung von Lernprozessen immer wieder „als Krisenauslöser fungieren" (a. a. O., 80).
- *Symmetrie- oder Machtantinomie (symmetrische versus asymmetrische Beziehung)*: einerseits ist die Lehrkraft in einer überlegenen, mächtigen Position, die sich nicht aus der Organisationsform Schule, sondern aus dem Wissensvorsprung und den Ressourcen der Lehrkraft ergeben. Sie führen zu einer asymmetrischen Beziehung, die es aber nicht ermöglicht, über die in dieser Beziehung verfügbare Macht Problemlösungen zu erzwingen, da diese nur unter freiwilliger Beteiligung des Schülers in einer symmetrischen Beziehung zu Stande kommen können.[71]
- *Vertrauensantinomie*: Diese Antinomie besteht darin, dass Vertrauen vorausgesetzt werden muss, damit eine Beziehung entstehen kann, die erst zu Vertrauen führen kann: Wenn ein Schüler der Lehrkraft nicht ausreichend vertraut, um ihr zu offenbaren, dass er etwas nicht verstanden hat, kann die Lehrkraft nicht so agieren, dass dieses Vertrauen entstehen kann oder bestätigt wird. Der Vertrauensvorschuss ist umso weniger möglich, je stärker ein Schüler befürchten muss, für Fehler oder Nicht-Können verurteilt zu werden, und sowohl eine schlechte Note, die Überprüfung auf sonderpädagogischen Förderbedarf oder

71 Die starke Betonung dieses Aspekts ist ein Grund für die Forderung Oevermanns, die Schulpflicht aufzuheben, da er annimmt, dass nur durch die Eliminierung der in der Schulpflicht verkörperten organisationalen Zwänge eine Freiwilligkeit des Arbeitsbündnisses zustande kommen kann.

> eine verbale Abwertung des Schülers können als eine solche Verurteilung wirken. „Für die Eröffnung und den Verlauf der Professionellen-Adressaten-Beziehung bedarf es somit in besonderem Maße des Vertrauens bei Konstellationen, die dessen Herstellung zugleich erschweren. Dies lässt sich in der Lehrer-Schüler-Beziehung anhand des Umgangs mit Fehlern, Ungewissheit oder dem Scheitern bei Lösungen verdeutlichen: das Eingestehen von Nicht-Wissen, von Grenzen des Auffassungsvermögens bzw. kognitiver Lösungspotentiale oder auch immer wiederkehrender Fehler beinhaltet, seine eigenen Schwächen und Grenzen öffentlich zu machen, einem anderen mitzuteilen. Auch wenn es hier große Unterschiede zwischen Schülern gibt, wie sie diese Veröffentlichung von Wissens- und Kompetenzgrenzen als Schwäche, Beschämung, Entwertung oder Makel erfahren, beinhaltet das Eingeständnis von Fehlern, dass sie sich dem Lehrer gegenüber als unterstützungs- und hilfsbedürftig ausweisen. Dies setzt das Vertrauen in den Lehrer voraus, dass er, der zugleich ihre kognitiven Leistungen bewertet und wertschätzt, dieses Zugeständnis mangelnden Wissens und Könnens nicht gegen die Schüler wendet, sie in seinen Augen entwertet oder die ‚Inkompetenz' gar veröffentlicht und zur Bloßstellung, Degradierung oder Demütigung der Schüler verwendet, ihnen also die individuelle Anerkennung verweigert" (a. a. O., 82).

Neben dieser Gruppe von Antinomien, die aus der Stellvertretung resultieren, gibt es einige weitere, die im Kontext rollenförmigen, universalistischen einerseits und diffusen, partikularen Haltungen andererseits entstehen.

- *Näheantinomie (Nähe versus Distanz)*: Obwohl die Schule rollenspezifisches Handeln einfordert, begegnen Schüler der Lehrkraft immer auch als ‚ganze Person', beispielsweise im Rahmen eines Konflikts oder in einem Gespräch über Lernprobleme. Daraus entsteht die Anforderung, sich einerseits zumindest situativ auf Nähe einzulassen, andererseits die der Lehrerrolle eigene Distanz wieder herzustellen. In sonderpädagogischen Settings entsteht durch organisationale Rahmenbedingungen wie kleine Gruppen, Eins-zu-eins-Situationen, Individualisierung und das in vielen Fachrichtungen vorhandene höhere Ausmaß an leiblicher Interaktion eine große Nähe. In der Beschreibung von Professionalität wird daher häufig die Fähigkeit zur Distanzierung mit Professionalität gleichgesetzt, der Pol der Nähe ist in diesen Fällen lediglich implizit berücksichtigt.
- *Sachantinomie (Sachbezug versus lebensweltliche Bedeutung)*: Ein ähnliches Spannungsverhältnis besteht zwischen den durch Lehrpläne formulierten universalistischen Fassungen der Sachthemen und ihrer lebensweltlichen Bedeutung für die Schüler, deren Relevanzsysteme und Gegenstandsbezüge für die Initiierung von Bildungsprozessen ebenfalls aufgenommen werden müssen.
- *Organisationsantinomie (Organisation versus Interaktion)*: die Schule ist nicht denkbar ohne organisationale Rahmungen, und diese wirken sowohl für Schüler als auch Lehrkräfte handlungsstrukturierend und dadurch entlastend. Dennoch

bilden sie eine Gefährdung für die Offenheit professionellen Handelns, insbesondere dann, wenn sie verantwortliche Entscheidungen behindern.

- *Differenzierungsantinomie (Differenzierung versus Einheit)*: Sowohl Schüler als auch Lehrkräfte haben den berechtigten Anspruch, dass Schüler einerseits gleich behandelt werden müssen, anderseits Differenzierung und individuelle Behandlung ebenso notwendig ist. Diese Antinomie verweist auf die unter 3.3.2 behandelte Frage von Gleichheit und Gerechtigkeit im Kontext von Bildung.
- *Autonomieantinomie*: Diese Antinomie bezeichnet Helsper als ‚*Autonomie und Heteronomie*', an anderer Stelle als Antinomie von *Freiheit versus Zwang* (vgl. 2006, 31). Die Aufforderung zu Autonomie, die an Schüler ergeht, ist dadurch gekennzeichnet, dass dies innerhalb enger, durch vielfältige Zwänge bestimmte Rahmenbedingungen geschehen soll. Aber auch unabhängig von schulstrukturellen Zwängen ist diese Antinomie dadurch gekennzeichnet, dass Schüler eine angemessenes, nicht überforderndes Ausmaß an Autonomie zugebilligt werden muss, aber zugleich auch eine unangemessene, überfordernde Aufforderung zu Autonomie vermieden werden muss, wo sie noch nicht tragfähig ist. Hier wird eine enge Wechselwirkung mit der Symmetrieantinomie deutlich.

Sonderpädagogische Arbeitszusammenhänge unterscheiden sich von anderen pädagogischen Arbeitsfeldern dadurch, dass ‚Krisen der autonomen Lebenspraxis' einer Familie oder einer Regeleinrichtung häufig der Ausgangspunkt sonderpädagogischen Handelns sind – beispielsweise die Diagnose einer Behinderung, einer Entwicklungsverzögerung oder die Feststellung sonderpädagogischen Förderbedarfs. Hinzu kommt, dass eine stärkere Individualisierung in der pädagogischen Arbeit und eine exklusive Beziehungsgestaltung zum Kern des beruflichen Selbstverständnisses gehören. Man könnte daher annehmen, dass das Bewusstsein dafür, dass eine ‚Krise der autonomen Lebenspraxis' den Ausgangspunkt sonderpädagogischen Handelns darstellt, zum gesicherten Professionswissen innerhalb der Sonderpädagogik gehört. Eine derartige Traditionslinie ist innerhalb der Geschichte der Sonderpädagogik bis heute durchaus nachweisbar: In der Entwicklung sonderpädagogischer Professionalität war die einzelfallbezogene, situative Lösung schwieriger Erziehung-, Bildung- und Betreuungssituationen maßgeblich für die Entwicklung von Methoden und Konzepten und für die Etablierung von pädagogischen Institutionen. Auch Oevermann äußert die Auffassung, dass innerhalb der Sonderpädagogik das Wissen um die Notwendigkeit der Etablierung eines Arbeitsbündnisses und die Bewältigung von Krisen der autonomen Lebenspraxis so stark in den Vordergrund tritt, dass die Sonderpädagogik eine stärker professionalisierte Praxis aufweist als andere pädagogische Felder: „Es verwundert daher nicht, wenn *tatsächlich Tendenzen zur Professionalisierung pädagogischer Praxis am ehesten im Bereich der Sonder- und Heilpädagogik zu beobachten sind.* Das liegt natürlich hauptsächlich daran, dass hier eine manifeste Pathologie zum zentralen Ausgangspunkt pädagogischer Praxis wird und auch ein je fallspezifisches Arbeitsbündnis angesichts der Vielfalt und Heterogenität in der fallspezifischen Ausprägung der Störungen gar nicht vermieden werden kann. (...) Aber in dem Maße, in dem die faktische Professionalisiertheit pädagogischer Praxis sich auf die Bereiche der Sonder- und Heilpädagogik beschränkt, wird die Sicht bestärkt, eine Professionalisiertheit pädagogischen Handelns in der pädagogischen Normalsituation, d.h. mit Schülern, die nicht manifest Störungen aufweisen, sei überflüssig" (1996, 151). Für eine solche Deutung weiter reichender Professionalisierung sprechen zwar zahlreiche Belege innerhalb der sonderpädagogischen Literatur, die in beeindruckender Weise die Überwindung von Krisen dokumentieren, mitunter gefolgt von weit reichenden Veränderungen des Verständnisses von Behinderung und Bildbarkeit (vgl. C. Lindmeier 2000). In der Regel werden Krisen auch in der Heil- und Sonderpädagogik allerdings nicht als konstitutiv für (sonder-)pädagogisches Handeln, sondern als zu vermeidender ‚Unfall' angesehen und dementsprechend wenig in das berufliche Selbstverständnis integriert. Stattdessen dominiert eine Entwicklung von Handlungsroutinen auf der Basis von regelhaft angewandtem Wissen das Professionsverständnis von Lehrkräften und ihre Bewertung pädagogischen Erfolgs.

Die durch diese Entwicklung geförderte sehr starke Strukturierung und kleinschrittige Unterrichtsgestaltung im Förderschulbereich entspricht somit gerade nicht dem, was Oevermann als Kern pädagogischen Handelns beschreibt. Sie wurde gefördert durch die komplementäre Funktion von Sondersystem und allgemeinem Schulsystem, in dem das Sonderschulsystem diejenigen Kinder aufnahm, die im Regelsystem als zu ‚schwierig' erschienen. Intern folgte es derselben Logik der Aussonderung der ‚Schwierigen', die sich routinisierten Handlungskonzepten verweigern: Kinder mit schweren Behinderungen wurden bis in die 1970er Jahre selbst aus der Förderschule für den Schwerpunkt geistige Entwicklung als nicht schulfähig ausgegrenzt oder in den 1980er Jahren, zum Teil bis heute, in besonderen Schwerstbehindertenklassen zusammengefasst. Eine beliebte Maßnahme im Umgang mit schwierigen Schülern an Förderschulen, insbesondere im Förderschwerpunkt Verhalten, ist der befristete Schulausschluss.

Auf Grund der anspruchsvollen theoretischen Darstellung werden die unter 6.2 dargestellten Ansätze mitunter als vor allem theoretisch ausgerichtet wahrgenommen, was nicht zutreffend ist. Auf den systemtheoretischen und strukturtheoretischen Ansatz nehmen Radtkes (2004) Arbeiten zur Wissensverwendungsforschung bei Lehrkräften durch Fallanalysen Bezug. Schütze und verschiedene Kollegen und Mitarbeiter haben den interaktionistischen Ansatz in starker Auseinandersetzung mit qualitativ empirischen Forschungsprojekten entwickelt, und über die ausdifferenzierte Forschung auf der Grundlage des strukturtheoretischen Ansatzes gibt Helsper (vgl. 2011, 155 ff.) einen Überblick: hier stehen rekonstruktive Arbeiten zum Unterricht und Lehrerhandeln im Mittelpunkt.

6.3 Professionelle pädagogische Kompetenz bzw. Lehrerkompetenz

Eine von den unter 6.2 dargestellten soziologischen und pädagogischen Professionstheorien weitgehend getrennte Debatte wird innerhalb der pädagogischen Psychologie und Schulpädagogik geführt. Sie wurde maßgeblich durch die PISA-Ergebnisse beeinflusst, ist eng verbunden mit der Auseinandersetzung über Bildungsstandards und beschäftigt sich mit den Kompetenzen von Lehrkräften sowie der Frage, wie „professionelle Standards im Lehrerberuf" (Baumert/Kunter 2006, 470) entwickelt werden können. Problematisch für eine knappe Darstellung in einem Lehrbuch ist der sehr unterschiedliche Gebrauch der Begriffe ‚Standards' und ‚Kompetenz', was in Kapitel 4.3 bereits kurz erläutert wurde.

Beispielhaft stellen wir den Kompetenzbegriff dar, der dem Modell der Lehrerbildungsstandards von Terhart zu Grunde liegt, das er als Leiter einer durch die Konferenz der Kultusminister eingesetzten Kommission entwickelte. Obwohl die Debatte seither weitergeführt wurde, sehen wir diese Expertise noch immer als geeignet an, um einen raschen Überblick zu gewinnen; wir verweisen zudem auf den bereits unter 5.3 dargestellten Kompetenzbegriff von Weinert, der auch in einer anderen Expertise, die von Klieme et al. zu Bildungsstandards verfasst wurde, aufgegriffen wird: sie definieren Kompetenzen als die „bei Individuen verfügbaren oder von ihnen erlernbaren kognitiven Fähigkeiten und Fertigkeiten, bestimmte Probleme zu lösen, sowie die damit verbundenen motivationalen, volitionalen und sozialen Bereitschaften und Fähigkeiten, die Problemlösungen in variablen Situationen erfolgreich und verantwortungsvoll nutzen zu können (Klieme et al. 2003, 72).

Die Kommission sieht „Professionalität im Lehrerberuf zuallererst [als] ein berufsbiographisches Entwicklungsproblem" (Terhart 2000 a, 14) an, weshalb die erste universitäre Ausbildungsphase, die zweite Ausbildungsphase (Referendariat) und das Lernen im Beruf in der dritten Phase der Lehrerbildung als gleichermaßen relevant angesehen werden. Als besonders wichtig sieht die Kommission die Berufseinstiegsphase nach dem Referendariat an, für die durch Unterstützung und Kommunikation sicherzustellen ist, sich ein „berufsbiographischer Erfahrungs- und Kompetenzaufbau" (a. a. O., 18) vollzieht. Als zentrale Kompetenz von Lehrkräften wurde die „gezielte Planung, Organisation, Gestaltung und Reflexion von Lehr-Lern-Prozessen" (a. a. O., 15; 48) angesehen, wozu als Teilkompetenzen „*Unterrichten, Erziehen, Diagnostizieren – Beurteilen – Beraten* sowie *berufliche Kompetenz und Schule weiterentwickeln*" (a. a. O., 15) zählen.

„Mit dem Begriff ‚Kompetenz' bezeichnet die Kommission das Verfügen über Wissensbestände, Handlungsroutinen und Reflexionsformen, die aus der Sicht einschlägiger Professionen und wissenschaftlicher Disziplinen zweck- und situationsangemessenes Handeln gestatten" (a. a. O., 54). Dieser Kompetenzbegriff ist ebenso wie die empirisch begründete Erkenntnis, dass das Lehr-Lerngeschehen

„vielschichtig, komplex und störanfällig" (a. a. O., 47) und seine Steuerung entsprechend schwierig ist, grundsätzlich anschlussfähig an die unter 6.2 dargestellten Theorien. Eine weitere Differenzierung kann unter verschiedenen Perspektiven erfolgen:

- Es können Modalitäten des Erwerbs der Kompetenz unterschieden werden: wissenschaftlich fundiertes Wissen, situativ flexibel anwendbare Routinen (im Sinne des Könnens bzw. der Handlungsebene) und handlungsleitende Wertmaßstäbe (Berufsethos) als Grundlagen der Kompetenz benötigen ganz verschiedene Lern- und Erprobungsgelegenheiten.

Bezogen auf das Wissen werden weitere Unterscheidungen getroffen:

- Es werden zum einen deklarative Komponenten (Fakten, Regeln); prozessbezogene Komponenten (Fertigkeiten, Strategien im Sinne eines Wissens über Handlungsstrukturen) und metakognitive Komponenten von Kompetenz (Regulation im Sinne des Wissens über Anwendungsbedingungen der beiden ersteren Komponenten) unterschieden;
- Es werden zum anderen Wissensbereiche unterschieden, wie Fachwissen, fachdidaktisches Wissen, erziehungswissenschaftliches und psychologisches Wissen. Qualitätskriterien stellen hier „die begriffliche Differenziertheit, die Vernetzungen bzw. die Integration über die Fachgrenzen, die Organisation des Wissens unter der Perspektive beruflichen Handelns, möglichst schon auf konkrete Anwendungssituationen bezogen" (a. a. O., 55), dar.

Diese Wissensbestände bilden – ihre Integration vorausgesetzt – eine erste Basis für das Handeln im beruflichen Alltag, indem sie das nötige Verständnis für die Anforderungssituationen schaffen und es ermöglichen, Situationen im Nachhinein zu analysieren, was unter dem Zeit- und Handlungsdruck des beruflichen Alltags jedoch nicht möglich ist. Um hier handlungsfähig zu sein, muss „ein umfangreiches und differenziertes Repertoire von problem- und situationsbezogenen Handlungsmustern" (a. a. O., 56) aufgebaut werden, das sowohl an wissenschaftliches Wissen als auch an ethisch begründete Verhaltenskodices im Sinne von Mindeststandards eines verantwortlichen Umgangs mit Kindern und Jugendlichen rückgebunden ist. Es muss in der zweiten und dritten Phase der Lehrerbildung entwickelt, erprobt, reflektiert und in Routinen überführt werden.

Baumert und Kunter kritisieren zwar die fehlende Verankerung von Terharts Vorschlag „in einem metatheoretischen Modell der Handlungskompetenz" (2006, 479). Sie selbst entwickeln unter Rückgriff auf angelsächsische Arbeiten allerdings einen ganz ähnlichen, ebenfalls nicht metatheoretisch verankerten Vorschlag, den sie als „heuristisches Modell" (ebd.) bezeichnen. Dabei unterscheiden sie ebenfalls inhaltliche Wissensbereiche, ohne allerdings Wissen und Können klar zu trennen und die Entstehung des Könnens zu erläutern: „Weite Bereiche des Lehrerhandelns, insbesondere wenn es sich um kommunikatives Handeln im Kontext der Schulklasse handelt, basieren aber auf praktischem Wissen und Können (*knowledge in action*). Dieses Wissen ist erfahrungsbasiert, in spezifische Kontexte eingebettet und auf konkrete Problemstellungen bezogen. (...) auch wenn dieses Wissen i. d. R. implizit bleibt, ist es prinzipiell nach Fenstermacher (vgl. 1994) im praktischen Diskurs durch die Urteilskraft des professionell Lehrenden rechtfertigungsfähig" (a. a. O., 483). Ihr Modell, das dem Projekt COACTIV zu Grunde liegt, wird unten etwas näher ausgeführt.

Frey und Jung formulieren zwei Ziele von Kompetenzmodellen: sie beschreiben zum einen ein Gefüge von Anforderungen, also Komponenten von Kompetenz in ihrem Zusammenwirken, und zum anderen legen sie Kompetenzstufen bzw. Kompetenzniveaus fest (vgl. 2011, 541). Diese können durch operationalisierbare Standards beschrieben werden und ermöglichen in Forschung und Schulpraxis die Überprüfbarkeit. Schwierig – und entsprechend weniger genau untersucht – ist allerdings bisher eine präzise Fassung von erfahrungsbezogenem und in konkrete Kontexte eingebettetem Wissen. Wir stellen an dieser Stelle zwei Modelle dar, eines, weil es innerhalb der empirischen Bildungsforschung relativ etabliert ist, das andere, weil es in der Sonderpädagogik besonders rezipiert wurde. Um das Verständnis zu erleichtern, möchten wir zuvor in einem kurzen Exkurs Hintergrundwissen bereitstellen, das es ermöglicht, Kompetenzmodelle grundsätzlich hinsichtlich ihrer Herkunft und ihrer Grundannahmen einzuschätzen.

Alle Kompetenzmodelle rekurrieren auf einen bestimmten Lernbegriff, der allerdings meistens nicht explizit geklärt wird. Herzog und Makarowa (2011) verweisen ebenso wie Terhart (2009) auf eine Unterscheidung Schefflers (1965), der drei Modelle des Lernens benennt, andere Autoren grenzen nur zwei Modelle ab: das kognitivistische Einprägungsmodell (impression model) geht davon aus, dass sich Eindrücke einprägen lassen und entsprechend abrufbar sind, während das konstruktivistische Einsichtsmodell (insight model) die aktive Rolle des Lernenden stark in den Vordergrund rückt. Scheffler favorisiert ein von ihm entwickeltes ‚rule model', das eine Nähe zum Bildungsbegriff aufweist und neben kognitiven auch moralische Komponenten aufweist. Terhart schätzt diese Unterscheidung so ein, dass die drei Modelle letztlich die Komponenten „Wissen, Verstehen, Beurteilen" (2009, 45) enthalten und in ähnlicher Form in verschiedenen älteren didaktischen Stufenmodellen enthalten sind. Für die eigene Urteilsbildung ist es sinnvoll, Kompetenzmodelle auch auf die darin enthaltenen Vorstellungen über Lehren und Lernen zu befragen, was wir im Rahmen dieses Lehrbuches allerdings nicht leisten können.

In der Unterrichtsforschung, für die die Modelle letztlich entworfen wurden, werden zur Zeit zwei Ansätze unterschieden:

- Das in der psychologischen Unterrichtsforschung lange vorherrschende *Prozess-Produkt-Paradigma* sah die Tätigkeit der Lehrkraft als Prozess an, dessen Ergebnis die Lernleistung des Schülers darstellte. Es löste eine Forschungstradition ab, die die Persönlichkeit des Lehrers in den Mittelpunkt stelle, und konzentrierte sich stattdessen auf das Verhalten der Lehrkraft. Die so gewonnenen Erkenntnisse wurden zu Empfehlungen bezüglich effektiven Lehrens verdichtet, beispielsweise den Folgenden: „1. Unterstützendes Klassenklima, 2. stoffbezogene

Lerngelegenheiten, 3. Ausrichtung des Unterrichts am Lehrplan, 4. Aufgaben- und Lernorientierung der Schüler, 5. kohärente Darstellung und Entwicklung des Stoffes, 6. ideenreiche Unterrichtsgespräche, 7. Gelegenheiten zum Üben und Anwenden des Gelernten, 8. Unterstützung der Lernaktivitäten der Schüler, 9. Vermittlung von Strategien des Lernens und der Selbstregulation, 10. kooperatives Lernen in Schülergruppen, 11. kriterienorientierte Beurteilung, 12. angemessene Leistungserwartungen" (Brophy 2000, zit. n. Herzog/Makarowa 2011, 69). Von anderen Autoren liegen weitere Kriterienlisten vor (vgl. die Dimensionen von Frey unten). Problematisch ist nach Herzog und Makarowa, deren Auffassung wir uns anschließen, dass die Merkmale weitgehend unverbunden nebeneinander stehen, so dass schwierig einzuschätzen ist, welche Bedeutung jedes einzelne von ihnen für hohe Lernleistungen bei Schülern hat: „Keine dieser Listen sagt dem Lehrer, wie er im Konkreten handelt soll. Eher erfährt er von Seiten der Unterrichtsforschung, dass es ‚viele (!) Möglichkeiten (gibt), erfolgreich zu unterrichten' (Helmke 2006, 44), wirksamer Unterricht demnach ‚auf sehr (!) unterschiedliche Art und Weise realisiert werden kann' (Weinert/Helmke 1996, 231)" (a.a.O., 71). Neuere Modifikationen beziehen die individuellen Informationsverarbeitungsprozesse auf Seiten des Schülers stärker ein und sprechen daher von einem *Prozess-(Mediations-)Produkt-Paradigma.*

- Das *Novizen-Experten-Paradigma* hat seinen Ursprung in Forschungsarbeiten zur Entstehung von Expertise in unterschiedlichen Domänen. Krauss fasst zusammen, dass Experten über ein „gut organisiertes bereichsspezifisches Wissen und speziell in ihrem Expertisegebiet (‚Domäne') verankerte Informationsverarbeitungsmethoden" (2011, 174f.) und Problembearbeitungsmethoden verfügen. Im Unterschied zu Novizen sind Experten in ihrer Domäne – und nur dort – wesentlich effektiver, wobei Frey und Jung (2011, 545f.) unter Verweis auf Sternberg und Horwarth (1985) herausstellen, dass nicht allein die Zahl der Berufsjahre jemanden zum Novizen bzw. zum Experten macht, sondern die höhere Effektivität kennzeichnend für den Expertenstatus ist. Experten sind schneller und genauer im Problemlösen, wenden andere Strategien an, sortieren Aufgaben nach anderen Merkmalen und strukturieren Gedächtnisinhalte anders; sie haben beispielsweise ein besseres episodisches Gedächtnis für Probleme und Lösungen. Auch in Metakognition, Lernen und Wahrnehmung finden sich Unterschiede der Art, dass Experten die Schwierigkeiten von Aufgaben besser einschätzen, Ressourcen besser einteilen und eine bessere Selbstüberwachung praktizieren sowie umfangreichere bedeutungshaltige Muster wahrnehmen können (vgl. Krauss 2011, 176).

In Publikationen zu Unterrichtsforschung finden die Begriffe der Expertise und des Expertens zunehmend Verwendung, verbunden mit der Erkenntnis, „dass Lehrerhandeln *nicht standardisierbar* und *prinzipieller Erfolgsunsicherheit* ausgesetzt ist" (Baumert/Kunter 2006, 478). Allerdings wird von Krauss nochmals unterschieden zwischen einem wissensorientierten und einem leistungsorientierten Forschungsansatz, letzterer beruht auf der dargestellten Identifikation des

Experten durch sein erfolgreicheres Handeln (vgl. 2011, 177 f.). Der wissensorientierte Ansatz dagegen geht aus von einer Anforderungsanalyse durch die Rekonstruktion von Merkmalen der Arbeitssituation. U. E. verlässt er damit wieder das Novizen-Experten-Paradigma und nähert sich dem Prozess-Produkt-Paradigma. Diese Fassung eines wissensbasierten Expertenbegriffs macht es aber möglich, dass auch vor allem auf Wissensbestände (Professionswissen nach Shulman 1986) ausgerichtete Forschungsvorhaben sich neuerdings dem Expertenparadigma zuordnen (vgl. unten).

Das Novizen-Experten-Paradigma weist eine Nähe zum berufsbiographischen Professionsverständnis Terharts auf, da es von einer erst allmählichen Entwicklung der Expertenschaft ausgeht, die zudem nicht ‚von allein' geschieht, was sich daran erkennen lässt, dass nicht jeder den Expertenstatus erreicht. Daraus muss die Frage abgeleitet werden, welche Prozesse zu Expertenschaft führen und wodurch sie unterstützt werden können.

Modell professioneller Handlungskompetenz im Projekt COAKTIV

Das Modell Shulmans (1986) unterteilt professionelle Handlungskompetenz zunächst in *Professionswissen, Überzeugungen, motivationale Orientierungen* und *selbstregulative Fähigkeiten* (vgl. Abb. 12). Es ist breit rezipiert und verwendet worden. Das Professionswissen wird in weitere Bereiche differenziert, nämlich *Fachwissen, fachdidaktisches Wissen* und *pädagogisches Wissen.* Im Projekt COACTIV wurden noch die Bereiche *Beratungswissen* und *Organisations- bzw. Interaktionswissen* ergänzt. Das Projekt COACTIV (**co**gnitive **activ**ation in the classroom: Professionswissen von Lehrkräften, kognitiv aktivierender Mathematikunterricht und die Entwicklung mathematischer Kompetenzen) untersucht das Professionswissen von Mathematiklehrkräften. Dabei werden auch Motivation und Selbstwirksamkeitserfahrungen in ihrer Beziehung zu Fachwissen und erfahrungsbasiertem Wissen und ihre Bedeutung für die Entstehung von Expertenschaft untersucht (vgl. Baumert/Kunter 2006, 506).

Krauss ordnet das Projekt, an dem er selbst beteiligt ist, in das Novizen-Experten-Paradigma ein; wir sind allerdings der Auffassung, dass ein stark wissensbasierter und entsprechend verkürzter Expertenbegriff genutzt wird und der Forschungsansatz zumindest in Teilen im Prozess-Produkt-Paradigma wurzelt. Es sind aber erste Erweiterungen zu erkennen, beispielsweise werden im Bereich der Diagnostik auch metakognitive Strategien berücksichtigt (vgl. Krauss 2011, 185).

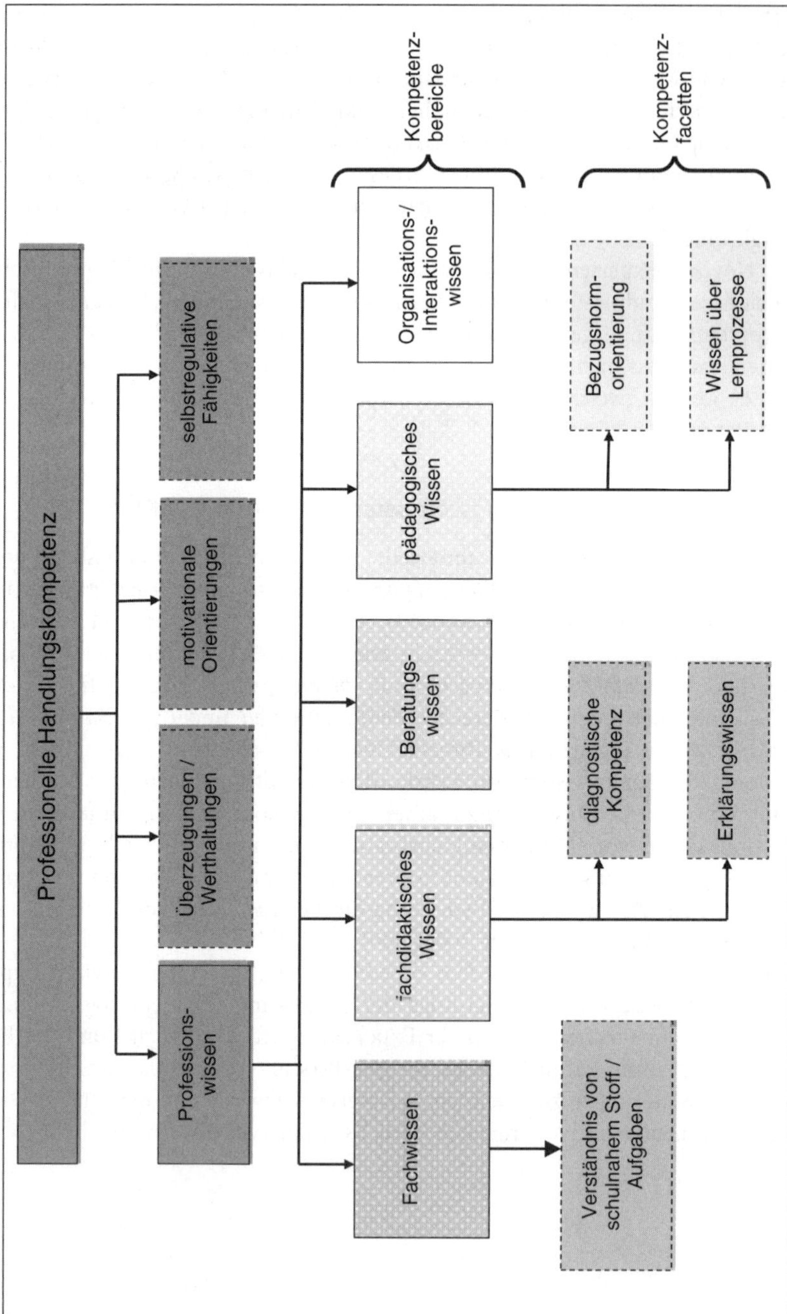

Abb. 12: Modell professioneller Handlungskompetenz im Lehrerberuf nach COACTIV (Kraus et al. 2004) (nach Frey/Jung 2011, 544)

Hierarchisches Strukturmodell von Handlungskompetenz nach Frey

Das von Frey entwickelte Strukturmodell unterscheidet *Fachkompetenz, Methodenkompetenz, Sozialkompetenz* und *Personalkompetenz*. Die Aufschlüsselung von Handlungskompetenz in diese vier Teilkompetenzbereiche ist innerhalb der sonderpädagogischen Schulpraxis relativ verbreitet.

- Die Dimensionen der *Fachkompetenz* übernimmt Frey von Oser (1997). Es handelt sich um 1. Lehrer-Schüler-Beziehung, 2. Schülerunterstützendes Handeln,, Beobachten und Diagnose, 3. Bewältigung von Disziplinproblemen und Schülerrisiken, 4. Aufbau und Förderung von sozialem Verhalten, 5. Vermitteln von Lernstrategien und Begleitung von Lernprozessen, 6. Gestaltung und Methoden des Unterrichts, 7. Leistungsmessung, 8. Medien im Unterricht, 9. Zusammenarbeit in der Schule, 10. Schule und Öffentlichkeit, 11. Selbstorganisationskompetenz, 12. allgemeine Didaktik, 13. Fachdidaktik.
- Die *Methodenkompetenz* umfasst fünf Dimensionen, die Frey in Anlehnung an Bader (2002) entwickelt: 1. Analysefähigkeit, 2. Flexibilität, 3. zielorientiertes Handeln, 4. Arbeitstechniken, 5. Reflexivität.
- Zur *Sozialkompetenz* gehören: 1. Selbständigkeit, 2. soziale Verantwortung, 3. Kooperationsfähigkeit, 4. Konfliktfähigkeit, 5. Kommunikationsfähigkeit, 6. Führungsfähigkeit, 7. situationsgerechtes Auftreten.
- Die *Personalkompetenz* umfasst „Fähigkeitskonzepte, Einstellungen und Eigenschaften, die benötigt werden, um für sich selbst verantwortlich und motiviert zu handeln" (Frey 2008, 55): 1. Hilfsbereitschaft und Einfühlsamkeit, 2. Gelassenheit und Geduld, 3. Pflichtbewusstsein und Freiheitsstreben; 4. Genussfähigkeit, 5. Stolz, 6. Tapferkeit und Kühnheit, 7. Angepasstheit, 8. Erfolgsorientierung, 9. Neugierde (vgl. Frey/Jung 2011, 551 f.).

In dieser Aufstellung bestätigt sich die im Zusammenhang mit dem Prozess-(Mediations-)Produkt-Paradigma vorgetragene Kritik: Die Aufzählung wirkt recht beliebig und zudem wenig trennscharf, zudem wäre die Zuordnung mehrerer Dimensionen zu anderen Kategorien ebenso sinnvoll, beispielsweise die ‚Bewältigung von Disziplinproblemen und Schülerrisiken' unter ‚Sozialkompetenz' oder ‚Gestaltung und Methoden des Unterrichts' unter ‚Methodenkompetenz'. Unter Personalkompetenz findet sich eine bunte Mischung aus Facetten, die in das Fünf-Faktoren-Modell (Big Five)[72] der Persönlichkeit eingegangen sind (vgl. Ostendorf/Angleitner 2004) – allerdings werden nicht alle fünf Faktoren berücksichtigt.

72 Das Eigenschaftsparadigma als ein Ansatz innerhalb der Persönlichkeitspsychologie sucht menschliches Handeln und Erleben durch eine begrenzte Zahl an Eigenschaften zu erklären. Dabei kristallisierten sich im Verlauf einer Vielzahl von Untersuchungen fünf Eigenschaftsbegriffe bzw. Faktoren der Persönlichkeit heraus, die als Fünf-Faktoren-Modell oder ‚Big Five' bezeichnet werden. Es sind Neurotizismus (bzw. positiv formuliert Belastbarkeit/Stabilität), Extraversion, Offenheit für Erfahrungen, Verträglichkeit und Gewissenhaftigkeit (vgl. zusammenfassend Mayr 2011, 127 ff).

Zusätzlich scheinen in die Personalkompetenz Dimensionen eingegangen zu sein, die Werthaltungen und Überzeugungen abbilden.

6.4 Entwicklungen innerhalb der Sonder- und Integrationspädagogik

Die Entwicklungen innerhalb der Sonder- und Integrationspädagogik lassen sich unterschiedlich systematisieren:

- Hinsichtlich ihrer theoretischen Bezüge lassen sich vor allem Beiträge finden, die den strukturtheoretischen Ansatz rezipieren und weiterentwickeln, sowie vereinzelt solche, die sich an Kompetenzmodellen orientieren. Äußerst selten sind machttheoretische Positionen zu verzeichnen. Beiträge, die sich überwiegend auf praktische Erfahrung beziehen und nicht explizit theoretische Bezüge herstellen, sind zwar zahlreich, werden im Folgenden aber nicht einbezogen.
- Hinsichtlich ihrer Zielsetzung lassen sich solche Beiträge unterscheiden, die die Bestimmung sonderpädagogischer Professionalität innerhalb integrativer oder inklusiver Schulformen bezwecken, und solche, die in diesem Ziel eine ‚Deprofessionalisierung' vermuten und den Erhalt einer ‚bereichsbezogenen' (vgl. Hansen 2001) sonderpädagogischen Professionalität an Förderschulen anstreben.

Hinzu kommt, dass mit einer stärkeren Hinwendung zum Thema Professionalisierung zunehmend verschiedene Fragestellungen, die bisher in anderen Kontexten verortet wurden, unter dem Titel Professionalisierung verhandelt werden. Dies gilt insbesondere für Sammelbände (vgl. Horster/Hoyningen-Süess/Liesen 2005; Mutzeck/Popp 2007, Ellger-Rüttgardt/Wachtel 2010).

Unterschieden nach ihren Bezügen zu professionstheoretischen oder kompetenztheoretischen Arbeiten innerhalb der allgemeinen Pädagogik und empirischen Bildungsforschung lassen sich folgende Theoriestränge ausmachen.

In Beziehung zum strukturtheoretischen Ansatz stehen die folgenden Themen und Arbeiten:

- Veränderungen der sonderpädagogischen Berufsrolle, insbesondere im Fokus beratender Tätigkeit in der (schulischen) Erziehungshilfe (vgl. Reiser 1996, 1998, 2005; Loeken 2000, Willmann 2008) und in der Arbeit mit Kindern und Erwachsenen mit geistiger Behinderung (vgl. C. Lindmeier 2000, Rock 2001) sowie das darauf aufbauende Verständnis von sonderpädagogischer Professionalität und Kooperation;
- Professionelle Konzepte als Bindeglied zwischen Theorie und Praxis (vgl. Reiser 2005; Dlugosch/Reiser 2009);
- Fallverstehen als Schlüssel zu professionellem Handeln und der Entwicklung des ‚professionellen Selbst' und biographische Lern- und Bildungsprozesse (in der

Ausbildung) (vgl. Dlugosch 2003, 2004); in diesen Arbeiten findet sich eine deutliche berufsbiographischen Schwerpunktsetzung.

In Beziehung zu Arbeiten zur Lehrerkompetenz stehen die Arbeiten von Moser, in denen es um den Zusammenhang von Profession und Disziplin und eine aufgabenbezogene Bestimmung von Professionalität geht (vgl. Moser 2005; Moser et al. 2008). Sie wird im Zusammenspiel mit Einstellungen von Lehrkräften untersucht (vgl. Moser/Schäfer/Jacob 2010; Moser/Schäfer/Redlich 2011).

Dem *wissenssoziologischen Ansatz* sind die Arbeiten Weissers zuzuordnen, in denen er Professionalität im Kontext sonderpädagogischen Wissens zu bestimmen sucht. Er plädiert dafür, mit Hilfe diskursanalytischer Verfahren die Wissensbildung innerhalb der Sonderpädagogik zu untersuchen, um dessen Entstehungsprozesse, Ordnung und Dynamik zu erkennen. Seine vorläufige Schlussfolgerung besteht darin, dass es innerhalb der Sonderpädagogik kein einheitliches Wissen und kein einheitliches Feld gebe, weshalb es auch keine einheitliche Professionalität geben könne, und folgert: „Die Herstellung sonderpädagogischer Professionalität sollte – bildungssoziologisch – offen sein für multiple Anschlüsse auf den unterschiedlichen formalen Bildungsniveaus..., und sie sollte sich – curricular – an den beiden großen (historischen) Themenzusammenhängen der Schule und der sozialen Arbeit orientieren“ (2005 c, 112).

Wir stellen im Folgenden zunächst Arbeiten vor, die sich stärker an einem Kompetenzmodell orientieren, gefolgt von strukturtheoretisch verorteten Ansätzen. Dabei verzichten wir zugunsten der Verständlichkeit an vielen Stellen auf Details und die Darstellung von Teilthemen. Ein kurzer Exkurs zu Kooperation schließt das Teilkapitel ab.

6.4.1 Aufgaben, Rollen und Kompetenzprofile – Spezialisierung oder ‚Deprofessionalisierung'?

Die im Folgenden dargestellten Beiträge erwähnen zwar zum Teil professionstheoretische Überlegungen im Anschluss an Oevermann, sind aber u. E. eher einem Kompetenzmodell zuzurechnen, das dem Prozess-Produkt-Paradigma zuzuordnen ist. Meist – obschon nicht explizit benannt – scheint als Kernkompetenz die diagnosegeleitete individuelle Förderung behinderter, bildungsbenachteiligter oder auffälliger Kinder zu gelten (vgl. Wember 2009).

Dies ist auch dann der Fall, wenn Autoren nach der Veränderung von „Tätigkeitsmerkmalen und Qualifikationsanforderungen“ (Wittrock 1998, 82) fragen. Unter Rückgriff auf die niedersächsische Prüfungsverordnung für die erste Staatsprüfung im Lehramt an Sonderschulen benennt Wittrock „*Unterrichten, Erziehen, Beurteilen, Beraten, Innovieren* und *Mitwirken*“ (a. a. O., 86), und ergänzt diese Tätigkeiten um „*Diagnostizieren, Kooperieren, Kommunikativität* und *theoriengeleitete Reflexion*“ (a. a. O., 91) sowie Hinweise zum Erwerb einer „spezifischen (auf die Zielgruppe orientierten) Haltung“ (ebd.) und die Notwendigkeit eines

‚Selbstanwendungsprinzips', womit er die Bereitschaft zur Reflexion umschreibt. Damit geht er allerdings nicht wesentlich über die Forderungen Terharts für den Lehrerberuf im Allgemeinen hinaus. Ähnliches gilt für eine neuere Aufzählung von Stein, die „*Diagnostik, Förderung, Beratung, kooperative Einbindung, Fähigkeit und Bereitschaft zu einer besonderen Reflexion* und *Parteinahme*" (2006b, 336) umfasst. Auffällig ist hier, dass Unterrichten nicht benannt wird; dies wird allerdings nicht durch eine Aufgabenteilung innerhalb einer integrativen Unterrichtsgestaltung begründet, sondern erscheint eher einem individualistischen Förderkonzept geschuldet, das wesentlich auf der Einzelförderungssituation beruht.

Diese Beiträge zeigen exemplarisch ein grundsätzliches Problem: es ist nicht hinreichend geklärt, welche Kompetenzen Sonder- oder Integrationspädagogen haben, und wie sie sich von denen der Regelschulkollegen unterscheiden. Ellger-Rüttgardt betont, „dass kein prinzipieller, sondern nur ein gradueller Unterschied zwischen ihm (dem Sonderpädagogen; Anm. der Verf.) und dem Lehrer an Allgemeinen Schulen besteht, der sich lediglich, aber doch entscheidend, in der unterschiedlichen Perspektivität ausdrückt. Der Sonderpädagoge ist derjenige, der sich für gestörte, erschwerte Lern- und Entwicklungsprozesse einzelner Kinder verantwortlich fühlt und der sich bemüht, mit einer angemessenen Handlungskompetenz pädagogisch-erzieherisch und ggf. auch therapeutisch tätig zu werden" (2011, 59). Die inhaltliche Ausgestaltung dieser Handlungskompetenz, die Abgrenzung zu therapeutischen Berufen und die Frage, wie diese Kompetenzen erworben werden können, werden allerdings nicht weiter ausgeführt. Hierzu finden sich auch in neueren inklusionskritischen Publikationen kaum verwertbare Aussagen: so kritisiert Speck zwar die Ansätze, Sonderpädagogen in inklusiven Schulen vorrangig als Beratungslehrer einzusetzen und Regelschullehrkräfte ein Mindestcurriculum ehemals sonderpädagogischer Basiskompetenzen absolvieren zu lassen, und bezeichnet sonderpädagogische Professionalität als unverzichtbar: „Pädagogische Spezialisierung und heilpädagogische Professionalität sind aber weiterhin auch für die Lehrämter der Sonderpädagogik wichtig. Andernfalls müsste wertvolles Fachwissen verloren gehen, und dies wäre im Hinblick auf das Anwachsen des Spektrums verschiedenster Behinderungen, Fehlentwicklungen, Leistungsstörungen und Erziehungsschwierigkeiten heute nicht zu verantworten" (Speck 2010, 131) – womit das spezialisierte Wissen als wesentliche Komponente sonderpädagogischer Professionalität benannt wird. Speck führt weiter aus, dass Sonderpädagogen als Beratungslehrer „mehr oder weniger fahrende Lehrer mit einem reduzierten Schülererleben und damit einer reduzierten pädagogischen Kompetenz" (a.a.O., 132) seien, und folgert einen Identitäts- und Bedeutungsverlust.

Eng verbunden mit der unklaren Aufgabenstellung ist die Sorge um einen Verlust an Professionalität und die Selbstauflösung der Disziplin. Stein diskutiert „die Frage der Selbstauflösung" (2006b, 339), die Infragestellung der fachlichen Binnenorientierung durch die Entstehung eines allseits kompetenten „‚Allround'-Sonderpädagoge" (ebd.; vgl. ähnlich auch Hansen 2001, 32) und die daraus möglicherweise folgende „Deprofessionalisierung“ (Stein 2006b, 334) als Gefahr[73], aber auch als Chance zur Positionierung und Weiterentwicklung sonderpädagogischer Professionalität. Neben der disziplinären Verortung und Theorieentwicklung fordert Stein die Erarbeitung von ethischen Standards und von Reflexivität im beruflichen Handeln, geht allerdings kaum auf spezifische Wissensbestände und das Verhältnis von Sonderpädagogen zu Lehrkräften andere Lehrämter ein, ebenso wenig auf die zuvor erwähnte Frage, wie allgemein sonderpädagogische Wissensbestände und spezialisiertes (fachrichtungsbezogenes) Wissen und Können zu gewichten sind. Diese Frage steht im Zentrums der Überlegungen Hansens, wie eine „sukzessive Nivellierung sonder- und heilpädagogischen Spezialwissens“ (2001, 25) verhindert werden kann, die im Widerspruch zu einem zunehmend differenzierten sonderpädagogischen Wissensbestand steht. Die Frage, wie ein zunehmendes Unbehagen gegenüber einer zu großen Expertendominanz beantwortet werden kann, ohne eine „entprofessionalisierte, ganzheitliche Begegnung von Mensch zu Mensch, bei der ein sachverständiger Wissensvorsprung schon fast in den Geruch eines pädagogischen Kunstfehlers kommt“ (ebd.), zu installieren, wird unter Rückgriff auf verschiedene Theoriebezüge mit der Forderung nach einer „neuen Form des Expertentums“ (ebd.) beantwortet: sie ist gekennzeichnet durch spezialisiertes Fachwissen einschließlich Beratungskompetenz, reflexive und wertschätzende Beziehungsgestaltung sowie Kooperation mit andere Experten und Betroffenen.

Mit unterschiedlicher Gewichtung tauchen somit die in Terharts Modell der Lehrerbildung genannten Komponenten Wissen, situativ flexibel anwendbare Routinen (meist als Handlungskompetenz bezeichnet) und handlungsleitende Wertmaßstäbe (Berufsethos) als Grundlagen der Kompetenz auch in den sonderpädagogischen Publikationen auf. Besonders hervorgehoben wird die *ethische Haltung* als unvoreingenommene Akzeptanz von behinderten und benachteiligten Kindern und Parteilichkeit für sie (vgl. z.B. Gröschke 1997; Haeberlin 2005). Unserer Auffassung nach muss sich diese Parteilichkeit allerdings vor allem darauf richten, die Inhalte des Artikels 8 der UN-Behindertenrechtskonvention (Bewusstseinsbildung) umzusetzen und anderen Lehrkräften zu vermitteln. Kinder mit Behinderungen haben die gleichen Rechte, akzeptiert zu werden und in einer

73 Motsch (2008) befürchtet eine Deprofessionalisierung der Sprachbehindertenpädagogik durch einen Verzicht auf eigenständige Schulen und eine zu wenig störungsspezifische Ausrichtung. Bezugnehmend auf die Gründungszeit der Sprachheilklassen, die als Klassen für stotternde Kinder eingerichtet wurden, begreift er die Sprachheilschule als vorrangig sprachtherapeutisch ausgerichtet, ohne aber eine klare inhaltliche Abgrenzung zu den Aufgaben außerschulischer Sprachtherapie vorzunehmen. Damit stellt er die Sprachstörung und -therapie in den Mittelpunkt, während die eigentlichen schulischen Aufgaben der Bildung und Erziehung zurücktreten. Zwar wird „sprachtherapeutischer Unterricht“ (2008, 7) gefordert, was ihn von der ebenfalls im Rahmen der Schule zu leistenden Therapie einerseits und vom ‚normalen Unterricht‘ andererseits unterscheidet, bleibt unklar. In seiner Replik auf Motsch bezeichnet Hinz es zutreffend als Kernproblem, „dass es keinen Konsens über notwendige Spezifik und gemeinsames Allgemeines gibt“ (2008, 139).

allgemeinen Schule unterrichtet zu werden, und eine zentrale Aufgabe der Lehrkräfte besteht darin, das „Bewusstsein für die Fähigkeiten und den Beitrag von Menschen mit Behinderungen zu fördern" (UN-BRK, Artikel 8). Die Formulierung einer ethischen ‚Zuständigkeit', mit der die ‚Nichtzuständigkeit' anderer Lehrkräfte einhergeht, hat sich als kontraproduktiv erwiesen. Reiser (1998, 47) stellt diesbezüglich fest, dass Sonderpädagogen unter der gesellschaftlichen Diskriminierung ihrer Klientel leiden, andererseits aus dieser Diskriminierung einen moralischen Anspruch begründen und die Ethik ihres Berufsstandes ableiten. Die moralische Gewissheit, als einzige Berufsgruppe für ausgegrenzte Menschen einzutreten, führt leicht zu einer expertokratischen Sichtweise, die verspricht, „mit einer Entwicklung und Anwendung ‚heil-technologischer' Handlungskompetenz individuumzentriert da helfend einzugreifen, wo ‚normale' Pädagogik und medizinische Sichtweisen ‚nicht mehr weiterhelfen'" (Hellmann 1997, 35).

In Abgrenzung von Lehrkräften an Regelschulen werden von Hansen und Speck besondere, auf den Förderschwerpunkt bezogene *Wissensbestände* benannt. Zu ergänzen sind u. E. spezielle *Handlungskompetenzen*, deutlich erkennbar an den Beispielen Gebärdensprache, Brailleschrift und unterstützte Kommunikation. Weitere besondere Kompetenzen – beispielsweise in der Lernstandsanalyse und Förderplanung – zu beschreiben und empirisch zu überprüfen, stellt eine Möglichkeit dar, die vorhandenen Kompetenzprofile zu erkennen und hinsichtlich ihrer Zweckmäßigkeit an unterschiedlichen Lernorten und unterschiedlichen pädagogischen Settings einzuschätzen.

Dieses Ziel verfolgt ein Forschungsvorhaben von Moser, Schäfer und Jacob, das „ein sonderpädagogisches Kompetenzmodell unter Berücksichtigung definierter (domänenspezifischer) Anforderungssituationen zu entwickeln" (2010, 240) sucht. Moser plädiert in verschiedenen Veröffentlichungen für eine aufgabenbezogene Verortung der Sonderpädagogik mit dem Ziel der Vermeidung von Exklusion, sucht aber zugleich Anschluss an die empirische Bildungsforschung: „Aufgabe sonderpädagogischen Handelns wäre die Herstellung und Sicherung von Inklusion aller im Erziehungssystem – durch Absicherung von Heterogenität. (...) Exklusion [wäre] nicht mehr Folge einer personalen Eigenschaft oder Haltung zu deuten ..., sondern als prinzipiell zu bearbeitender Systemeffekt. Klienten sonderpädagogischer Interventionen wären damit sowohl die Institution selbst, die Exklusion hervorbringt, aber auch Professionelle und schließlich nach wie vor Schüler und Schülerinnen" (2005, 94, vgl. auch 2003, 161).

Anforderungssituationen, Überzeugungen und Kompetenzen wurden in diesem Forschungsvorhaben zunächst aus einer Inhaltsanalyse der Fachliteratur gewonnen; die Überzeugungen der Lehrkräfte wurden durch einen Fragebogen überprüft, während die Kompetenzen durch Videoanalysen von integrativen Unterrichtssituationen beurteilt wurden; zugleich wurde „zur Bestimmung der Unterrichtsqualität" (Moser, Schäfer, Redlich 2011, 146) ein Ratingbogen von Helmke (2009) eingesetzt. Die Anforderungssituationen sollen in ihrem Zusammenspiel mit Wertorientierungen und Überzeugungen (‚beliefs') und Kompetenzen der Lehrkräfte untersucht werden, die bisher vorgelegten Zwischenergebnisse stellen allerdings noch keine Verknüpfungen her, sondern geben nur erste Hinweise:

- Bei Doppelbesetzung wird Kleingruppenarbeit intensiver angeleitet;
- Grundschullehrkräfte sind eher für die Belange der gesamten Klasse zuständig, Sonderpädagogen eher für Einzelne; dies betrifft Einzelarbeit und Frontalunterricht;
- In Einzelinteraktionen gehen Grundschullehrkräfte stärker direktiv vor, während Sonderpädagogen dialogische Erarbeitungsformen wählen; die Beteiligten selbst nehmen dies jedoch nicht wahr, sondern geben an, sich gleich zu verhalten (vgl. a. a. O., 146 f.).

Diese vorläufigen Ergebnisse sind möglicherweise ein Beleg für die These Oevermanns, dass Bestimmungsversuche, die von der beobachtbaren Erscheinung ausgehen, zu sehr an der Oberfläche bleiben und die Struktur des Handlungsproblems nicht rekonstruieren können. Ob sich die Ergebnisse zu beobachtbarem Verhalten mit den Einstellungen der Lehrkräfte sinnvoll in Beziehung setzen lassen, bleibt abzuwarten, denn auch diese sind durch die Arbeitsbedingungen und berufsbiographischen Erfahrungen vorgeformt. Weiterführend zur Bewertung der Ergebnisse sind Arbeiten von Reiser, in denen er Veränderungen der sonderpädagogischen Berufsrolle analysiert.

6.4.2 Veränderungen der sonderpädagogischen Berufsrolle: Sonderpädagogik als Serviceleistung

Die Arbeiten Reisers zur Weiterentwicklung sonderpädagogischer Professionalität und zur Klärung des „Beitrags der Sonderpädagogik zu einer Schule für alle Kinder“ (2002) basieren auf einer Zusammenführung empirischer Erkenntnisse aus mehreren Forschungsprojekten zur (vor-)schulischen Integration in Hessen mit professionstheoretischen Überlegungen. Auf Grund ihrer Eigenständigkeit, ihrer stimmigen theoretischen Basis und ihrer praktischen Tragfähigkeit sind sie als weiterführend anzusehen und lösen bereits die neuere Forderung Mosers, Schäfers und Redlichs (2011, 144) nach empirischer Forschung in diesem Feld ein. Da es sich zudem um einen über zwei Jahrzehnte entwickelten, von verschiedenen Mitarbeitern weitergeführten und durch neue Fragestellungen bereicherten Forschungskorpus handelt, können hier nur Grundlinien dargestellt werden. Da neuere Arbeiten die dargestellten professionstheoretischen Erkenntnisse mit Fragen der schulischen Integration bzw. Inklusion verknüpfen, wird teilweise auf ältere, gleichwohl noch immer aktuelle Veröffentlichungen zurückgegriffen, in denen der Ansatz systematisch entfaltet wurde.

Die ersten Publikationen zum Thema gründen auf den Ergebnissen mehrerer Forschungsprojekte zur schulischen Integration in Hessen. In einem Forschungsbericht zur ‚Problemwahrnehmung von Leistungsversagen in der Grundschule‘

(vgl. Reiser/Loeken/Dlugosch 1995) werden der unterschiedliche Umgang von Grundschullehrkräften mit Leistungsversagen, die unterschiedliche Rollenzuweisung an Sonderschullehrkräfte und die damit verbundenen Formen der Interaktion herausgearbeitet und interpretiert. Darauf aufbauend stellen zwei Veröffentlichungen von 1996 und 1998 dar, welche ‚Veränderungen der sonderpädagogischen Berufsrolle' in integrativen Schulen und Sonderschulen zu erkennen sind. Weitere empirische Forschung zu ambulanten Unterstützungsstrukturen im Schwerpunkt Erziehungshilfe, die insbesondere unter Bezug auf den strukturtheoretischen Ansatz Oevermanns interpretiert werden, und Arbeiten zum ‚Steckenbleiben' der Integration und der Rolle der Sonderpädagogik in einer Schule für alle beschäftigen sich aus etwas veränderter Perspektive mit dem Thema.

Reisers Grundthese besteht darin, dass Sonderpädagogen Spezialisten für die entwicklungsförderliche Gestaltung von Interaktionen werden müssen. Diese Interaktionsgestaltung soll zum Ziel haben, dass nicht ausschließlich die Sonderpädagogen selbst, sondern in erster Linie die Grundschullehrkräfte bzw. Regelschullehrkräfte mit dem Kind in angemessener Weise arbeiten können.

- Es gibt in den Förderschwerpunkten Lernen und Verhalten Kinder, die auf ‚Instruktionen' als übliches Mittel des Unterrichts nicht ansprechen, so dass neue Arbeitsformen zu entwickeln sind, die das gemeinsame Nachdenken und Erproben im Team erfordern: „Das Arbeiten mit Interventionen erfordert die Entwicklung brauchbarer Hypothesen über den subjektiven Sinn der Entwicklungsblockade und experimentelle Phantasie" (Reiser 1996, 181). Dies gilt bereits für ‚normale Unterrichtssituationen' an Förderschulen, Integrationsschulen und Regelschulen, und mehr noch für die Arbeit mit Kindern und Jugendlichen, die sich dem Unterricht weitgehend durch Abwesenheit entziehen, wie die Untersuchung Loekens (2000; vgl. auch Reiser/Loeken 1993) zum Frankfurter Zentrum für Erziehungshilfe zeigt. Das Zentrum entwickelte neue Formen der Zusammenarbeit zwischen Sozialpädagogen und Sonderschullehrern für die Arbeit im Interesse von Kindern und Jugendlichen, die durch schulische Angebote nicht mehr erreicht werden (‚Schulabsentismus'). Hier deutet sich bereits an, dass neue Formen der Interaktion entwickelt werden müssen und die Arbeit mit einem Kind oder Jugendlichen selbst gegenüber Tätigkeiten der Koordination, Vermittlung, Kooperation und Beratung an Gewicht verliert.
- Sonderpädagogische Lehrer-Schüler-Beziehungen werden als exklusive und individuelle Beziehungen gestaltet, in denen Nähe sehr stark betont wird. Autonomie, Abgrenzung, Distanz als Gegenpole, durch deren Wechselspiel mit Nähe eine intensive Beziehung entsteht, die Entwicklungsimpulse setzt, werden so verhindert: „Die pädagogische Fachkraft gewährt sich dabei die Befriedigung, die sie aus der exklusiven Bedeutung ihrer Person für die Kinder zieht, und rationalisiert dieses Vorgehen mit der Notwendigkeit der Bindung, die zwischen Kind und Erzieher entstehen müsse. Bindung wird hier mit Abhängigkeit verwechselt und situationsunspezifisch als universelles Instrument eingesetzt" (Rei-

ser 1996, 182). Dieser Gedanke wird psychoanalytisch begründet und in späteren Publikationen mit der Professionstheorie Oevermanns in Verbindung gebracht. Nähe und empathisches Eingehen auf ein Kind haben hier selbstverständlich weiterhin hohe Bedeutung, werden aber nur in Verbindung mit distanzierender Reflexion sinnvoll für die Entwicklung des Kindes – andernfalls droht eine Entwicklung, wie sie oben unter Verweis auf Schütze als Verstrickung beschrieben wurde.

- Mit der beschriebenen Form einer Beziehungsgestaltung unter dem Primat der Nähe ist die Selbstzuschreibung verbunden, Anwalt des Kindes zu sein. Sie muss nach Reisers Auffassung zu einer Mehrparteilichkeit weiterentwickelt werden. Dies ist die Voraussetzung dafür, in einen Dialog mit allen Beteiligten einzutreten und die Bedeutsamkeit von Interaktionen und Strukturen in ihrem Zusammenwirken wahrzunehmen.
- Die Tätigkeit der sonderpädagogischen Lehrkraft wandelt sich zur beratenden Tätigkeit. Dies wird am deutlichsten bei Ambulanzlehrern, und es ist erstaunlich, dass es bereits seit den 1980er Jahren in verschiedenen Förderschwerpunkten ambulante und mobile Dienste gibt, die wenig untersucht sind, aber dennoch fest etabliert sind. In den Förderschwerpunkten Sehen, Hören und körperliche und motorische Entwicklung sind sie in allen Bundesländern verbreitet, in Bezug auf Verhalten und Sprache gibt es unterschiedliche Konzepte. Bayern, sonst eher zurückhaltend bei der schulischen Integration, war eines der ersten Bundesländer, das in den 1980er Jahren mobile Dienste für Sprache und Verhalten einführte, ohne dass der von Speck befürchtet Identitätsverlust eingetreten ist.

In anderen Konzepten, beispielsweise bei der Einzelintegration von Schülern mit Förderbedarf, für deren Unterstützung nur eine bestimmte Zahl von Sonderschullehrerstunden genehmigt wird, und für pauschalierte Stundenzuweisungen wie die sonderpädagogische Grundversorgung in Niedersachsen ist ebenfalls keine Doppelbesetzung möglich und möglicherweise auch nicht nötig. Sie bleibt aber in der Regel die Idealvorstellung der unterrichtenden Lehrkräfte – der Sonderpädagogen ebenso wie der Regelschullehrkräfte. In der Arbeit in Doppelbesetzung hält Reiser eine Gleichrangigkeit und Gleichzuständigkeit der Lehrkräfte für unverzichtbar, um die unten beschriebene additive Aufgabenteilung zu vermeiden, aber „als allgemeine Regel für alle sonderpädagogischen Aufgaben [hält er sie, Anm. der Verf.] für eine Mythenbildung der Integration, die dem Nähetrend der Lehrkräfte geschuldet ist“ (1996, 184). In vielen Situationen ist eine komplementäre Aufgabenteilung angesichts des Zeitbudgets und de Spezifik der Aufgaben wesentlich eher angebracht: „Alles, was der Sonderpädagoge mit dem Kind zu tun hat, dient nicht dazu, das Kind zu instruieren, dient nicht dazu, am Kind zu arbeiten, sondern es dient dazu, die Problemlagen, die Kapazitäten, die Motivationsstrukturen des Kindes zu erkunden, um gemeinsam mit dem Klassenlehrer geeignete Lernumstände zu arrangieren, Interventionen zu erfinden, im Klassenraum förderliche Strukturen auszubauen. Wenn dieser Konzeptionswechsel hin zu begleitender Beratung nicht vollzogen wurde, dann sind vier Stunden zu wenig, ..., dann bleibt nur der Ruf nach Doppelbesetzung“ (a. a. O. 185).

In der Praxis haben sich drei Formen ‚sonderpädagogischer Serviceleistungen‘ entwickelt:

- Die Service-Leistung, die Sonderpädagogen traditionell in Sonder- oder Förderschulen erbringen, bezeichnet Reiser als *organisatorische separierende Service-Leistung*, die „der allgemeinen Schulpädagogik die Sorge um die Entwicklung der leistungsschwachen, auffälligen und behinderten Kinder abnimmt“ (2005, 147).

In den allgemeinen Schulen können Sonderpädagogen zwei unterschiedliche Aufgaben wahrnehmen:

- Eine *personalisierte additive Service-Leistung* führt die organisatorische separierende Service-Leistung der Sonder- oder Förderschulen in der allgemeinen Schule weiter. Reiser nennt sie *additiv*, weil „sonderpädagogische Förderung als etwas Zusätzliches gedacht wird, was unabhängig von der normalen Gestaltung des Schulalltags hinzutreten kann, wie etwa Frühenglisch, Sonderturnen, Verkehrserziehung oder islamischer Religionsunterricht“ (1998, 50). *Personalisiert* bedeutet, dass sie lediglich für die Arbeit mit einem bestimmten auffälligen oder behinderten Kind gedacht ist und das System Schule oder Klasse unverändert lässt. Integrative Prozesse (vgl. 4.6) können in dieser Konstellation nicht stattfinden, weshalb Reiser – u. E. zu Recht – diese Form der Integration als „integrierte Selektion“ (2003, 307) oder „verdeckte Exklusion“ (2007 a, 90) bezeichnet. Eine in dieser Weise gestaltete sonderpädagogische Leistung produziert „additive Reparatur-Versuche“ nach dem Muster einer „Sonderschule in der Westentasche“ (Reiser 1997, 273; Reiser 1998, 50), denn sowohl das traditionelle Rollenbild des Sonder- oder Förderschullehrers als des Experten für die individuelle Förderung schwieriger Fälle als auch die Entlastungsfunktion der Sonderschule werden in die Regelschule übertragen. Dies aber führt „zu teilweisen grotesken Deformationen des Integrationsgedankens, indem beispielsweise die Arbeitskapazität der Sonderpädagogen in homogenen Kleingruppen für Kinder mit Lern- und/oder Verhaltensschwierigkeiten verzehrt wird, oder der Sonderpädagoge im Klassenzimmer als Stützlehrer für bestimmte Kinder assistiert“ (Reiser 2007, 90). Diese Form der Integration hat sich allerdings zur ‚üblichen Form‘ entwickelt, was nicht nur am im extremen Anstieg der Integrationshelfer bzw. Schulassistenten zu erkennen ist, deren Aufgabe die Assistenz für ein einzelnes Kind darstellt. Die Auffassungen von Lehrkräften zu Integration sind noch immer dominiert von der Vorstellung, für die besondere Förderung einzelner Kinder ‚zuständig‘ zu sein (Lütje-Klose et al. 1995, Lindmeier/Beyer 2011), was in der Regel mit der Forderung nach einer Doppelbesetzung während der gesamten Unterrichtszeit verbunden wird.
- Eine wesentliche Veränderung der Aufgaben tritt erst durch die auf Schulebene zu treffende und von allen Lehrkräften mit zu tragende Entscheidung ein, die

> Verantwortung für alle Kinder bei den Regelschullehrkräften zu lassen und durch Sonderpädagogen eine Form der Unterstützung zu gewährleisten, die die Analyse der pädagogischen Prozesse und Interaktionen, die gemeinsame Entwicklung von förderlichen Lernarrangements und Lösungsstrategien für Verhaltensprobleme umfasst. Diese *institutionalisierte systembezogene Service-Leistung* wird in allen Fachrichtungen durch einen Sonderpädagogen mit eindeutig beratender Funktionsbestimmung zu erbringen sein. Dies schließt für die einzelnen Fachrichtungen unterschiedliche Wissensbestände nicht aus, sondern erfordert im Gegenteil ihre fallbezogene, reflexive Einbeziehung – beispielsweise spezialisiertes sonderpädagogisches, entwicklungspsychologisches, medizinisches Fachwissen, Kenntnisse über Hilfsmittel und ihren Einsatz, Kenntnisse und Erfahrungen in der Anpassung von Aufgabenstellungen und Erfahrungen hinsichtlich Konfliktbarbeitung und -lösung. Als *subsidiäre Sonderpädagogik* sollte sie die Tendenz haben, sich überflüssig zu machen, und dies als ein Erfolgskriterium de eigenen Arbeit ansehen.

Reisers Einschätzung von 1998, die „institutionalisierte systembezogene Service-Leistung der Sonderpädagogik liegt als Entwicklungsaufgabe noch vor uns" (51), ist auch 14 Jahre später für den Schulbereich noch gültig, wobei die konkrete Ausformung der Aufgaben und Kooperationsbeziehungen vom Handlungsrahmen bzw. der Fachrichtung abhängig ist. Lediglich für die Beratung im Rahmen der schulischen Erziehungshilfe liegen hierzu mehrere weiterführende Arbeiten vor (vgl. exemplarisch Reiser/Willmann/Urban 2007; Willmann 2008), die aus Gründen des Raums und auf Grund ihres Fachrichtungsbezugs an dieser Stelle allerdings nicht weiter ausgeführt werden.

Reisers Auffassung von sonderpädagogischer Professionalität ist allerdings auch auf außerschulische Handlungsfelder grundsätzlich anwendbar, am deutlichsten erkennbar wird dies im Bereich der frühkindlichen Erziehung und Bildung in integrativen Kindertageseinrichtung bzw. heilpädagogischen oder Sonderkindergärten. Hier finden ganz ähnliche Auseinandersetzungen um die Form der ‚Serviceleistung' und die damit zusammenhängenden Modelle der Kooperation statt. Aber auch die berufliche Rehabilitation in Werkstätten bzw. durch Integrationsfachdienste oder die Erbringung von Leistungen im Wohnen in ambulanten oder stationären Formen lassen vergleichbare Aufgabenzuschreibungen und Professionalitätskonzepte erkennen. Insbesondere wurde dort, wo Sonderpädagogik als *institutionalisierte systembezogene Leistung* erbracht wird, wie durch Integrationsfachdienste und ambulante Assistenzleistungen im Wohnen und der privaten Lebensführung, Folgendes deutlich: (1) Die Arbeit *mit* einem Menschen im direkten Kontakt tritt zu Gunsten der Arbeit *im Interesse* eines Menschen zurück: die Analyse des Arbeitsplatzes, Gespräche mit dem Arbeitgeber und mit Kollegen durch den Mitarbeiter eines Integrationsfachdienstes stehen gleichberechtigt neben der direkten Zusammenarbeit mit einem behinderten Menschen bei seiner Einarbeitung am Arbeitsplatz oder der persönlichen Assistenz. (2) Adressat der Leistungen ist das System, obwohl die leistungsrechtlichen Voraussetzungen noch immer personenbezogen definiert und gewährt werden: die Umwelt ist so zu gestalten, dass berufliche Tätigkeit oder selbstbestimmtes Leben möglich werden, und dies geschieht in der Zusammenarbeit mit allen Beteiligten. (3) Die Tätigkeit wird dadurch anspruchsvoller und komplexer, sie erfordert eine Fallanalyse vor dem Hintergrund des verfügbaren Wissens, das in bestimmter Form systematisiert sein muss, um entsprechend verwendbar zu sein. Die Frage, wie dies zu leisten ist, wird im folgenden Abschnitt unter Bezug auf berufsbiographische Forschung und Forschung zum Fallverstehen erläutert.

6.4.3 Berufsbiographische Fragen im Kontext der Professionalisierung von Sonder- und Integrationspädagogen

Forschung zu Berufsbiographien von Lehrkräften

Berufsbiographien können in verschiedenen Kontexten relevant sein: sie sind im Kontext von Schulentwicklung bedeutsam, da Personalentwicklung als Teilbereich der Schulentwicklung an den berufsbiographischen Erfahrungen anknüpfen und von der Notwendigkeit lebenslangen Lernens ausgehen muss. Sie sind ebenso im Kontext der Professionsforschung relevant, da sowohl die Ausbildung von Expertenschaft im Novizen-Experten-Paradigma als auch die Entwicklung kognitiver Grundstrukturen, die das Aushalten und reflexive Ausbalancieren von Antinomien ermöglichen, erlernt werden müssen.

In Bezug auf Berufsbiographien von Lehrkräften gibt Herzog (2011) einen Überblick, der die vorliegende, relativ umfangreiche Forschung nach zeitlichen und räumlichen Dimensionen ordnet. Arbeiten, die sich am zeitlichen Verlauf orientieren, gehen in der Regel von entwicklungspsychologisch beeinflussten Phasenmodellen aus und entwickeln ein an äußeren Vorgaben – Berufseinstieg, mittleres Lebensalter, Phase vor dem Ruhestand – orientiertes Ablaufschema, das die individuellen und nicht-linearen Verläufe gegenüber typischen phasenspezifischen Gemeinsamkeiten zurücktreten lässt. Stufenmodelle stellen den Verlauf über die gesamte Berufsbiographie dar, phasenspezifische Modelle gehen zwar auch von Phasen aus, analysieren aber einzelnen Phasen genauer, wobei der Berufseinstieg am Besten untersucht ist. Dies ist u. a. dadurch begründet, dass es schwer ist, spätere Phasen zeitlich und methodisch sinnvoll abzugrenzen.

Eine weitere Richtung beschäftigt sich mit Übergängen, da sie für die Biographie besonders bedeutsam sind. Hier steht nach Herzog nicht die zeitliche, sondern die räumliche Dimension im Vordergrund, da der Biographieträger in seinen sozialräumlichen Einbindungen betrachtet wird. Auch hier kann der Berufseinstieg oder der Eintritt in den Ruhestand besonders untersucht werden, im Unterschied zu phasenspezifischen Modellen steht aber die vorhergehende Phase – beispielsweise des Studiums – ebenso im Mittelpunkt wie der Berufseintritt selbst. Diese Forschungsrichtung ist auch für den Übergang von Lehrkräften von Regel- oder

Sonderschulsettings in integrative Formen des Unterrichts von Bedeutung, dieser Übergang wurde aber bislang nicht systematisch untersucht. Er stellt im Unterschied zu den zuvor genannten, lebenslaufnormierten Übergängen einen wenig normierten Übergang dar, wie er in der Berufsbiographie von Lehrkräften eher selten ist.

Innerhalb der Sonder- und Integrationspädagogik beschäftigen sich vor allem Reiser und Dlugosch mit berufsbiographischen Fragen im Kontext von Professionalisierung. In dem bereits mehrfach zitierten Beitrag Reisers zu Veränderungen der sonderpädagogischen Berufsrolle wird Professionalisierung im Rahmen der universitären Erstausbildung so definiert, dass „die kognitiven Grundstrukturen, die zum Nachvollziehen von strukturell ermöglichten Änderungsprozessen und zum Erfassen neuer Konzepte erforderlich sind" (1996, 185), erarbeitet werden müssen. Diese kognitiven Grundstrukturen bestehen von allem darin, „kognitive Dissonanzen erkennen und aushalten zu können. Es geht darum, widersprüchliche Orientierungen in ihrem jeweiligen Geltungsbereich anerkennen und eine reflexive berufliche Identität entwickeln zu können. Emotional geht es um die Schulung, mit Paradoxien und Ambivalenzen umgehen zu können" (ebd.).

Sonderpädagogisches Fallverstehen

Dlugosch beschäftigt sich mit der Frage, wie „Sonderpädagogisches Fallverstehen als Baustein pädagogischer Professionalität" (2004, 285) in universitären Kontexten entwickelt und eingeübt werden kann. Dabei geht sie davon aus, dass die Frage, was in den Fokus der Aufmerksamkeit rückt, was also zum ‚Fall' gemacht wird, ausschlaggebend für die weitere Problemdefinition und die möglichen Lösungen ist. Im (sonder-)pädagogischen Alltagsverständnis ist das zunächst ein Kind, das als störend empfunden wird oder dessen Leistungen unzureichend sind. Diese Sichtweise würde allerdings zu einem verkürzten Verständnis führen: „Insofern lediglich ein *individualisiertes Fallverstehen*, nicht aber das Fallverstehen im Kontext *institutionalisierten Lernens* und damit die allgemein pädagogische Situation in ihrer interaktiven Gestalt in das Auge des sonderpädagogischen Betrachters rückt, besteht für die Sonderpädagogik eher die Gefahr, deprofessionelle Strukturen zu reproduzieren" (2004, 289 f.). Sonderpädagogisches professionelles Handeln ist daher so anzulegen, dass die tendenziell vorhandene Spaltung von Wissens- und Normenvermittlung als Aufgabe der allgemeinen Pädagogik und von Identitätstabilisierung bzw. Problemlösung als sonderpädagogischer Aufgabe nicht weiter verfestigt, sondern aufgehoben wird. In der universitären Ausbildung ist die biographische Perspektive dazu geeignet, vorschnelle Deutungen in Frage zu stellen, da „das Verstehen i. S. einer Sinnkonstitution für andere nur auf der Folie der eigenen Biographiekonstruktion, der eigenen Erinnerungsleistung und Sinnbildung möglich [ist, die Verf.], weil erst hiernach Differenzen und Analogien hergestellt werden können. Die Konfrontation mit anderen Biographien führt daher zu einer wechselseitigen Beobachtungsbewegung zwischen Eigenem und Fremdem" (2003, 164), was Irritationen auslösen kann und neue Bedeutungsbildungen ermöglicht, auch unter Einbezug bereits erworbenen Wissens. Der universitäre Kontext erlaubt es zugleich, Widersprüche und Spannungen zu ertragen und nicht schnell und einseitig aufzulösen, da eine Entlastung vom Handlungsdruck der Praxis vorhanden ist, wodurch die Einübung einer reflexiven Haltung gelingen kann.

Professionelle Konzepte

Die Dynamik des Einzelfalls einerseits und das Fachwissen andererseits lassen sich im praktischen Handeln oft kaum überbrücken; die Leistung, das nach fachimmanenten Kriterien strukturierte Wissen zu sortieren, neu zu ordnen und das für den jeweiligen Fall möglicherweise relevante Wissen auszuwählen und in einen handlungsorientierten Lösungsvorschlag zu transformieren, ist immens. Reiser (2005) und Dlugosch und Reiser (2009) schlagen als Lösung die Entwicklung professioneller Konzepte vor. „Professionelle Konzepte entstehen in einem Übergangsraum von Theorie und Praxis, in dem ein eigentümlicher Typus von Reflexion vorherrscht“ (Dlugosch/Reiser 2009, 96), „zwischen Bezugswissenschaften und konkreten Handlungsanweisungen“ (Reiser 2005, 137). Ein Sprachgebrauch, der zwischen Fachsprache und Alltagssprache angesiedelt ist, Komplexitätsreduktion und die Orientierung auf den praktischen Kontext sind typisch für professionelle Konzepte. „Auf der Grundlage normativ bestimmter ... Grundannahmen werden Begründungszusammenhänge favorisiert, denen im Vergleich zum wissenschaftlichen Urteil eine höhere Beliebigkeit anhaftet und die an der erfahrenen Praktikabilität, an der Handlungsentlastung, an der intersubjektiven Plausibilität in einem beruflichen Kontext orientiert sind“ (a. a. O., 136 f). Professionelle Konzepte weisen die folgenden Bezüge auf:

- *Wissenschaftsbezug:* Professionelle Konzepte sind theoretisch verankert, entweder in einer zentralen Bezugstheorie oder in mehreren aufeinander bezogenen Theorien, bei der themenzentrierten Interaktion sind beispielsweise Psychoanalyse, humanistische Psychologie und symbolischer Interaktionismus als Bezugstheorien relevant. Sie sind zu unterscheiden von Handlungskonzepten, die keinen Wissenschaftsbezug haben, auch wenn ein solcher mitunter postuliert wird. Dies ist u. E. ein Problem, da die Frage, ob ein nachvollziehbarer Wissenschaftsbezug vorliegt, mitunter kontrovers verhandelt wird.[74]
- *Bezug auf ein Handlungsfeld und Reichweite*: Professionelle Konzepte sind auf Handlungsfelder bezogen und haben den Anspruch, theoretisches Wissen für diese aufzubereiten und anwendbar zur Verfügung zu stellen. Fraglich ist aber, wie präzise ein professionelles Konzept zu einem bestimmten Handlungsfeld passt; je weiter sie sind, desto universeller sind sie anwendbar.

74 Dlugosch und Reiser nennen als Beispiele für Konzepte, die keinen haltbaren Wissenschaftsbezug aufweisen, Sensorische Integration, Neuropädagogik und konfrontative Pädagogik (2009, 97).

- *Persönlichkeitsbildung*: laut Dlugosch und Reiser (a. a. O., 97) erfordern nicht alle professionellen Konzepte Persönlichkeitsbildung. Wir möchten diese Auffassung dahingehend modifizieren, dass Persönlichkeitsbildung für ihre Anwendung in jedem Fall nötig ist, wenngleich in unterschiedlichem Umfang.[75]
- *Handlungsbezug*: Methodische Offenheit, praktische Erprobung und angeleitete Reflexion sind Bedingungen für die Aneignung professioneller Konzepte.
- *Transferfähigkeit*: professionelle Konzepte müssen grundsätzlich in andere Handlungsfelder übertragbar sein.

Die Wirksamkeit professioneller Konzepte ist noch unzureichend untersucht; die Existenz von Denk- und Handlungsstrukturen, die Fachwissen und die Anforderungen einer bestimmten Praxis so aufeinander beziehen, dass schnelles und reflektiertes Handeln möglich wird, ist jedoch plausibel. Möglicherweise beschreiben die Autoren hier das gleiche Phänomen, dem sich auch die Novizen-Experten-Forschung mit Hilfe anderer Begrifflichkeiten und Forschungszugänge zu nähern sucht; die Nutzung professioneller Konzepte wäre zumindest eine mögliche Erklärung für die bei Experten beobachtbaren besseren Leistungen (vgl. 6.3). Insofern ist Terhart zuzustimmen, dass es gelingen kann, professions- und kompetenztheoretische Ansätze in Zukunft stärker zusammenzuführen, und dass die Klammer in den in beiden Ansätzen vorhandenen berufsbiographischen Überlegungen liegen könnte.

6.4.4 Kooperation von Lehrkräften

Es gibt in verschiedenen pädagogischen Arbeitsfeldern unterschiedliche Formen der Kooperation. Eine mögliche Unterscheidung betrifft die Organisationseinheit. Kooperation zwischen Mitgliedern eines Teams, beispielsweise eines Klassenteams oder einer Kindergartengruppe, lässt sich von Kooperation zwischen Mitgliedern unterschiedlicher Teams derselben Einrichtung abgrenzen. Erstere ist zeitlich und inhaltlich wesentlich umfangreicher, und entsprechend enger sind die Teammitglieder im Erreichen ihrer Ziele aufeinander angewiesen. Nochmals anders gestaltet sich Kooperation zwischen Angehörigen verschiedener Einrichtungen und Dienste, beispielsweise zwischen Mitarbeiterinnen einer Kindertageseinrichtung und einer Schule oder eines Jugendamts. Eine andere Form der Einteilung von Kooperationsaufgaben orientiert sich an der beruflichen Qualifikation und fragt, ob Angehörige verschiedener Berufsgruppen interdisziplinär zusammenarbeiten, wie dies in der Frühförderung üblich ist, oder ob Teams von Mitgliedern derselben oder ähnlicher Berufsgruppen zusammenarbeiten.

75 Das gewählte Beispiel des ‚Behavioralen Ansatzes', der keine Persönlichkeitsbildung erfordere, verkennt u. E. die Notwendigkeit, gerade diesen Ansatz sehr reflektiert anzuwenden. Zudem gibt es heute überwiegend verhaltensmodifikatorische Ansätze, die sowohl behavioristische als auch kognitivistische Theorieelemente miteinander verknüpfen.

Entsprechend der Schwerpunktsetzung des Kapitels beschäftigen wir uns vor allem mit der Kooperation im Schulbereich, und zwar im gemeinsamen Unterricht bzw. in unterschiedlichen, als integrativ bezeichneten Formen des Unterrichts. Zwar ist in vielen Förderschwerpunkten – beispielsweise in den Förderschwerpunkten geistige Entwicklung, körperliche Entwicklung und Verhalten – die Arbeit im Team in Förderschulklassen ebenfalls üblich, es gibt aber so gut wie keine Untersuchungen zu den dort entwickelten Formen der Zusammenarbeit. In der Integrationspädagogik ist das Thema Kooperation dagegen seit Entstehung der ersten Integrationsklassen von hoher Bedeutung, da zwei vormals getrennte, in eigenen Klassen unterrichtende Lehrkräfte mit unterschiedlichen Ausbildungsschwerpunkten, unterschiedlichen berufsbiographischen Erfahrungen und professionellen Konzepten aufeinander trafen.

Unter ‚Kooperation' wird im Folgenden grundsätzlich die Kooperation der beteiligten Grundschullehrkräfte und Integrations- bzw. Sonderpädagogen verstanden. Den Begriff ‚Integrations- bzw. Sonderpädagogen' verwenden wir, weil der Terminus ‚Integrationspädagoge' allein die vielerorts anzutreffende Realität nicht angemessen abbildet.

Neben der Kooperation auf der Ebene der einzelnen beteiligten Lehrkräfte gibt es eine Kooperation auf Klassenebene zwischen Kooperationsklassen und Grundschulklassen bzw. Klassen einer weiterführenden Schule. Die Kooperationsklassen, die es in verschiedenen Bundesländern gibt, beispielsweise in Niedersachsen und Baden-Württemberg, gehören schulorganisatorisch zu einer Förderschule und sind dementsprechend einem Förderschwerpunkt zuzuordnen. „Die behinderten Schüler bilden in dieser Variante – in der Regel vier bis sechs Kinder einer Behinderungsart – einen eigenen Klassenverband mit einem eigenen Klassenraum, eigenem Lehr- und therapeutischem Personal und sonderschulspezifischem Lehrplan, nach dem überwiegend zielgleich unterrichtet wird" (Feuser 2005, 200). Dieser Klasse zugeordnet ist meist eine Regelschulklasse, mit der im Rahmen kleinerer Vorhaben in bestimmten Stunden und Fächern kooperiert wird. Aus didaktischer Perspektive kann die Kooperation sowohl zieldifferent an einem gemeinsamen Gegenstand wie auch anhand unterschiedlicher Curricula erfolgen. Das beschriebene Modell der Kooperation ermöglicht integrative Arbeit, soweit die Kompetenzen und Interessen der beteiligten Lehrkräfte dies zulassen. Die Beurteilung der Kooperationsklassen reicht von einer grundsätzlich positiven Einschätzung (vgl. Mühl 2006, 357) bis zur Einschätzung Feusers als schulpolitische Abwehrstrategie: „Kooperation ist nicht nur keine Integration, sondern *die* politische Strategie der Abwehr der Integration schlechthin" (2005, 205).

Nach unserer Kenntnis gibt es deutliche Hinweise, dass Kooperationsklassen in noch größerem Umfang als Integrationsklassen eine Praxis entwickelt haben, die Reiser als additive sonderpädagogische Serviceleistung und als verdeckte Exklusion bezeichnet. Die Kooperation wird in der Regel nicht im Laufe der Zeit ausgeweitet, sondern stagniert auf niedrigem Niveau (vgl. Lindmeier/Beyer 2011 a). allerdings ist eine ähnliche Entwicklung, ein ‚Steckenbleiben' integrativer Prozesse, auch in vielen Integrationsklassen und -schulen festzustellen. Dennoch ist es u. E. weiterführend, nicht die Organisationsform Integrationsklasse oder Kooperationsklasse' in den Blick zu nehmen, sondern die in diesen Organisationsformen praktizierten Kooperationsformen zwischen den beteiligten Lehrkräften.

Formen und Bedingungen der Kooperation im gemeinsamen Unterricht

Der gemeinsame Unterricht im Teamteaching gilt als Kern integrativen Unterrichts: „Seit den Anfängen der integrativen Beschulung wird die Zusammenarbeit zwischen den Lehrkräften als Schlüssel für das Gelingen der schulischen Integration betrachtet, wie eine Vielzahl wissenschaftlicher Studien belegt (z. B. Deppe-Wolfinger/Prengel/Reiser 1990; Haeberlin/Jenny-Fuchs/Moser Opitz 1992; Kreie 1985; Reiser et al. 1984; Wocken/Antor/Hinz 1988)" (Willmann 2009, 349).

Als Grundsätze einer gelingenden multiprofessionellen Teamarbeit nennen Eberwein und Knauer drei sich wechselseitig bedingende Bereiche: Lehrerpersönlichkeiten, Teamstrukturen und -regeln sowie schulische Rahmenbedingungen (vgl. 2002 c, 427 ff.). Auf der Ebene der Lehrerpersönlichkeiten steht die Bereitschaft zur Tätigkeit in einer Integrationsklasse an erster Stelle, zusammen mit der Bereitschaft, ein anderes neues Selbst- und Aufgabenverständnis zu entwickeln und den Verlust an Autonomie zu akzeptieren. Ferner sollten sich Teams nach persönlicher Sympathie und Übereinstimmung zusammenfinden, wobei ein Grundkonsens bezüglich pädagogischer Haltungen vorhanden sein sollte. Auf der Ebene der Teamstrukturen gilt es, die Arbeit in der Integrationsklasse als gemeinsame Aufgabe zu begreifen und einen Konsens bezüglich grundlegender Fragen und Ziele des Unterrichts und der Erziehung zu entwickeln. Dazu sind Absprachen im Team notwendig, und es ist wichtig, dass alle Beteiligten offen ihre Erwartungen und Haltungen darlegen und Kommunikationsstrukturen ausgehandelt werden. Auf der dritten Ebene geht es darum, die eigenen Vorstellungen mit dem organisationsstrukturellen Rahmen der Schule abzugleichen. Allgemein bedarf es der Mitarbeit aller Beteiligten einer Schule, um gelingende Kooperation zu ermöglichen – nicht lediglich innerhalb der Klassenteams.

In der Bundesrepublik ist eine Vielzahl unterschiedlicher Konzepte der Kooperation von Lehrkräften zu finden, was zum einen aus unterschiedlichen theoretischen Grundsätzen und zum anderen aus den Modalitäten der Finanzierung resultiert. So sind im gemeinsamen Unterricht zeitweise oder dauerhaft zwei bis drei Erwachsene in einer Klasse tätig. Oft wird der Regelschullehrkraft ein Partner (z. B. eine Sonder- bzw. Integrationspädagogin, Sozialarbeiterin oder Erzieherin) zugeordnet (vgl. Kreie 2002, 404); hinzu kommt eine wachsende Zahl von Einzelfallhelfern bzw. Integrationsbegleitern.

Die Form des ‚Teamteaching',‚Co-Teaching' oder ‚collaborative teaching' zählt zu den komplexesten Formen der Lehrer-Kooperation, wobei von einer hohen integrativen Wirksamkeit ausgegangen wird. Wocken nimmt an, „dass der Verschiedenartigkeit der Lernvoraussetzungen eine stetige Individualisierung des Unterrichts folgen muss, die nur ein pädagogisches Team in kooperativer Praxis bewältigen kann" (1991, 18). In Deutschland stellt das Teamteaching dennoch selbst in Integrationsklassen inzwischen eine Ausnahme dar (vgl. Willmann 2009, 349). Grund dafür sind die strukturellen Vorgaben, die eine Realisierung solcher Unterrichtsformen nur selten ermöglichen. Wenn entweder für jedes Kind mit umfangreichem sonderpädagogischen Förderbedarf eine niedrige, höchstens 4 bis 5 Stunden umfassende Zuordnung von Lehrerstunden vorgenommen wird, oder eine pauschale Zuordnung von Lehrerstunden für alle Kinder mit sonderpädagogischem Förderbedarf von ebenfalls nur einigen Stunden pro Woche, kann in der Regel keine Doppelbesetzung als Grundlage des Teamteaching realisiert werden (vgl. Werning/Urban 2001, 182).

International arbeiten Lehrkräfte in vielen Ländern nach dem Prinzip der Doppelbesetzung und beantworten mit der Arbeitsteilung der Lehrkräfte die durch Heterogenisierung ansteigende Komplexität im integrativen Unterricht (vgl. Kreie 2002, 349 f.). Villa, Thousand und Nevin unterscheiden vier verschiedene Formen des Co-Teachings: *Unterstützendes Lehren* findet statt, wenn eine Lehrkraft die führende Rolle im Unterricht einnimmt, während die andere Lehrkraft einzelnen Schülern gleichzeitig zusätzliche Unterstützung gibt. *Paralleles Lehren* findet statt, wenn beide im selben Klassenraum mit verschiedenen Gruppen arbeiten, wobei auch die gemeinsame Durchführung eines Experiments, die zeitweilige selbständige Arbeit einer Gruppe und der Wechsel der Lehrkräfte zwischen den Gruppen möglich sind. *Komplementäres Lernen* findet statt, wenn der durch eine Lehrkraft vermittelte Stoff durch die andere Lehrkraft aufbereitet wird – beispielsweise durch Unterstützung beim selbständigen Aufschreiben. Beim *Lehren im Team* sind die Aufgaben der Planung und Durchführung des Unterrichts einschließlich der Anpassung an besondere Bedürfnisse zwischen beiden Partnern gleich verteilt (2007, 422).

Das von Villa, Thousand und Nevin entwickelte Konzept des Co-Teachings umfasst fünf Schlüsselelemente, deren Bedeutung sich auch in unseren Untersuchungen bestätigte; außerdem weist es breite Überschneidungen mit den von Eberwein und Knauer genannten Bedingungen auf:

1. Zielsetzung: es gibt ein zentrales Ziel der gemeinsamen Arbeit, dem die Beteiligten zugestimmt haben;
2. Wertesystem: die Erkenntnis, dass jeder der beteiligten Ko-Lehrer notwendige und einzigartige Kompetenzen und Kenntnisse besitzt, ist Teil des gemeinsamen Wertesystems;
3. die Beteiligten nehmen gleichwertige, verschiedenartige Rollen ein, sie erkennen gegenseitig ihren Expertenstatus an und erleben so Gleichwertigkeit;
4. Kooperative Leitung: Die Leitungsfunktion, die im traditionellen Unterricht die allein anwesende Lehrkraft innehat, wird als geteilte bzw. wechselnd übernommene Leitung und Verantwortung organisiert;
5. Kooperativer Prozess: die Zusammenarbeit geschieht in einem kooperativen Prozess, der direkte Interaktionen umfasst, auf einem positiven Verständnis von Interdependenz und persönlicher Verantwortung beruht (vgl. Villa/Thousand/Nevin 2007, 420).

Empirische Studien zeigen, dass die Unterrichtsrealität häufig anders aussieht. Weiss und Lloyd beobachteten, dass sich die Rollenverteilung zwischen kooperierenden Klassenlehrern und Sonderpädagogen bei der Hälfte der in die Studie einbezogenen Sonderpädagogen situativ einstellte und veränderte, ohne dass eine konzeptionelle Absicherung und Koordinierung zu Beginn oder im weiteren Verlauf der Zusammenarbeit stattfand. Entsprechend stellten sie fest, dass es den beobachteten Sonderpädagogen kaum gelang, ihre Expertise in den Unterricht einzubringen (vgl. 2002, 62). Auch nach Werning und Urban neigten sie dazu, ihre Vorschläge nur sehr kleinschrittig und vorsichtig vorzutragen, um die Grundschullehrkräfte keinesfalls zu überfordern (vgl. 2001, 185). Wessel fasst zusammen: „Das Fehlen eines verbindlichen Rahmenkonzeptes über Strukturen und Ziele der Kooperation führt nach Werning/Urban zu einer Parallelität unterschiedlich strukturierter Praxisformen“ (2005, 21). Damit entsteht bei den Sonderpädagogen die Gefahr „der Selbstüberforderung durch die Klientifizierung und Pädagogisierung der Grundschullehrkräfte bei gleichzeitiger Deformierung des Kooperationsprozesses“ (ebd.). Absprachen und die Koordination der Lehr- und Lernziele zwischen den kooperierenden Lehrkräften werden zwar für nötig gehalten, finden aus zeitlichen Gründen allerdings häufig nicht in ausreichendem Umfang statt.

Auch Boban, Hinz und Wocken stellten in ihrer Untersuchung über die Gründe des Ausscheidens von Lehrkräften aus den Hamburger Integrationsklassen fest, dass der Kern der Kooperationsprobleme in dem unklaren Verhältnis von allgemeiner und spezieller Pädagogik und damit den fehlenden orientierenden Perspektiven lag (vgl. 1988, 328 ff.); zu ähnlichen Ergebnissen kommen auch Obolenski (2006, 273) und Lindmeier/Beyer (2011 b). Die unklaren Erwartungen scheinen auf beiden Seiten zu Ängsten zu führen: Grundschullehrkräfte befürchten eine Bloßstellung und Abwertung ihrer Berufsgruppe durch die Kontrolle des Kooperationspartners. Die Sonderpädagogen fürchten hingegen eine Ablehnung ihrer Person und des gemeinsamen Unterrichts. Geteilte Sorgen betreffen Überforderung, Scheitern, höhere Arbeitsbelastung und Konflikte im Team (vgl. Wessel 2005, 88, Lindmeier/Beyer 2011 a). Hoffnungen setzen beide Seiten in eine Verbesserung der Organisation und höhere Professionalität durch die Zusammenarbeit.

Laut Wessel stehen die Erwartungen der Lehrkräfte in engem Zusammenhang mit ihren impliziten Rollenvorstellungen. Beide Seiten erwarten, im Kooperationsprozess eine dominante Rolle einzunehmen, zumindest in einem Teilbereich der gemeinsamen Arbeit, und fürchten eine daraus folgende Irritation ihres Kooperationspartners (vgl. Wessel 2005, 91). Die Regelschullehrer sehen ihre primäre Aufgabe in der Klassenleitung und Unterrichtsplanung und -durchführung, wobei sie sich als Leitende im Kooperationsprozess beschreiben würden. Die Sonderpädagogen hingegen beschreiben ihre Rolle als die eines Kooperationspartners und Unterstützers im Integrationsprozess, wobei sie sich für die sonderpädagogische Förderung zuständig fühlen und gleichzeitig als Anwalt der Kinder und Jugendlichen mit Förderbedarf beschreiben (vgl. a. a. O., 148 ff). Werning und Urban stellten in ihrer Untersuchung zur Kooperation von Grundschullehrern und Sonderpädagogen im gemeinsamen Unterricht zwei zentrale Gesichtspunkte heraus, die die befragten Sonderpädagogen als Basis für eine gelingende Zusammenarbeit betrachten: Die Bereitschaft und damit Offenheit der Grundschullehrkräfte gegenüber der gemeinsamen Integrationsarbeit sowie die Übereinstimmung bezüglich pädagogischer Haltungen und Grundannahmen (vgl. 2001, 181). Aus den fehlenden Klärungen auf Schul- und Teamebene, den widersprüchlichen Erwartungen und der Diffusität der Rollen resultieren hohe Anforderungen auf der situativen Ebene. Wocken gliedert zusammenfassend das mehrfaktorielle Bedingungsgefüge in Persönlichkeits-, Sach-, Beziehungs- und Organisationsprobleme. Kommt es in diesen Bereichen zu einer Häufung von Schwierigkeiten, sind gravierende Konflikte die Folge (vgl. 1988, 262 ff).

Folgerungen

Auch auf der Ebene der Kooperation zeigen sich Parallelen zu den Ergebnissen der vorhergehenden Abschnitte: „Treffen zwei Professionen aufeinander, die gemeinsam arbeiten wollen, so geht es nach der Metapher von Müller (2001, 328) um das gemeinsame Nutzen von Karte und Kompass, was soviel meint wie das Herstellen einer gemeinsamen interprofessionellen Handlungs- und Strukturlogik, die sich zwar an der jeweiligen Wissenschaftsdisziplin per Peilsender orientiert, sich aber in abgestimmten Schritten auf einer gemeinsamen Basis zu Interprofessionswissen entwickelt" (Szczyrba 2003, 214). Aufgabenverständnis und Rollenerwartungen sind noch so wenig geklärt, dass sich allenfalls Hinweise geben lassen bezüglich der Frage, ob sich eine sonderpädagogische Professionalität abgrenzen und wie sie sich weiterentwickeln lässt. Zur Zeit gehen die Teampartner mit unterschiedlichen Rollendefinitionen und -erwartungen, unterschiedlichen Kompetenzen und gegenseitigen Kompetenzzuschreibungen in die Zusammenarbeit, und es gibt Hinweise darauf, dass die zwischen ihnen divergierenden Rollendefinitionen auch nach mehreren Jahren der Zusammenarbeit nicht geklärt und weiterentwickelt haben (vgl. Lindmeier/Beyer 2011 b), wenn nicht im Rahmen von Schulentwicklungsprozessen Raum dafür geschaffen wird.

Es ist nicht davon auszugehen, dass sich eine völlige Gleichheit der Aufgaben entwickeln wird, und in Übereinstimmung mit Reiser gehen wir auch nicht davon aus, dass dies erstrebenswert ist. Stattdessen sollte ein erster Schritt darin bestehen, Gemeinsamkeiten und Unterschiede klar zu benennen, um die jeweiligen Kompetenzprofile, die Sonder- und Integrationspädagogen und Regelschullehrkräfte entwickelt haben, zu beschreiben und hinsichtlich der Rollenerwartungen und Definitionen Übereinstimmung zu erzielen. Dazu könnte gehören, nach dem Vorbild der interdisziplinären Frühförderung (vgl. Behringer/Höfer 2005) Schlüsselprozesse zu identifizieren und zu klären, wie die Beteiligten im Rahmen dieser Schlüsselprozesse zusammenarbeiten, und wie diese Zusammenarbeit fruchtbarer und effektiver gestaltet werden kann. Im Anschluss daran kann – und dies muss im fachlichen Diskurs unter Einbeziehung von Praktikern und Wissenschaftlern geschehen – geklärt werden, ob und in welcher Weise in Zukunft sinnvolle fachliche Spezialisierungen entwickelt und erprobt werden können.

Es ist zu erwarten, dass sich das Berufsbild des Sonder- bzw. Integrationspädagogen verändern und weiter differenzieren wird, allerdings ist es ebenso möglich, einen Teil der im folgenden geschilderten Spezialisierungen auch aus dem Berufsbild des Regelschullehrers heraus zu entwickeln, denn auch dieses wird sich verändern: es wird zum einen noch stärker spezialisierte Fachkräfte nach dem Vorbild der ambulant tätigen Blinden- und Gehörlosenpädagogen geben müssen, beispielsweise mit besonderem Fach- und Methodenwissen zu Unterstützter Kommunikation oder Autismus. Zum anderen wird sich eine Spezialisierung auf Beratungs- und Interaktionswissen entwickeln müssen. Sonder- und Integrationspädagogen werden in größerem Umfang Beratungs- und Interaktionskompetenzen, Kompetenzen in der Lernstands- und Situationsanalyse und Wissen bezüglich Schul- und Organisationsentwicklungsprozessen erwerben müssen, als dies heute der Fall ist. Schließlich wird es methodische und didaktische Spezialisierungen zu relativ häufigen Lehr-, Lern- bzw. Verhaltensproblemen wie Lese-Rechtschreibschwäche oder ADHS geben, die wir zur Zeit im Schnittbereich sonderpädagogischer und ebenso allgemein schulpädagogischer Expertise sehen – was noch keine Festlegung für die Zukunft bedeuten muss. Für Regelschullehrkräfte, vor allem im Grundschulbereich, ist eine Entwicklung zu erkennen, die den Umgang mit heterogenen Lerngruppen, Methodenvielfalt und Lernprozessdiagnostik als spezifische Weiterentwicklung ihres Kompetenzprofils in den Mittelpunkt stellt, ebenfalls ergänzt durch Kenntnisse der Schulentwicklung.

Kooperation ist außerhalb des Schulbereichs bereits die Regel, nicht die Ausnahme, was allerdings nicht ausschließt, dass sich in allen pädagogischen Handlungsfeldern auch spezifische Kooperationsprobleme zeigen. Der zweite Band dieses Lehrbuchs wird daher innerhalb der Darstellung unterschiedlicher Arbeitsfelder auch die Frage des professionellen Handelns, der interdisziplinären Kooperation und ihrer organisatorische Einbettung behandeln.

Literaturverzeichnis

Aab, J.; Pfeiffer, T.; Reiser, H.; Rockemer, H. G. (1974): Sonderschule zwischen Ideologie und Wirklichkeit. Für eine Revision der Sonderpädagogik. München

Abgottspon, D.; Birbaum, E.; Detreköy, C.; Eisserle, G.; Lauper, H.; Nendaz, P.; Walther-Müller, R. (2004): Standards im sonderpädagogischen Angebot (Obligatorische Bildungsstufe). Luzern

Abs, H. J. (2009): Standards schulischer Bildung. In: Andresen, S. et al. (Hrsg.): Handwörterbuch Erziehungswissenschaft. Weinheim und Basel, 819–833

Ackermann, K.-E. (1990): Zum Verständnis von ‚Bildung' in der Geistigbehindertenpädagogik. In: Dreher, W. (Hrsg.): Geistigbehindertenpädagogik – vom Menschen aus. Gütersloh, 65–84

Ackermann, K.-E. (2010): Zum Verhältnis von geistiger Entwicklung und Bildung. In: Musenberg, O.; Riegert, J. (Hrsg.) (2010): Bildung und geistige Behinderung. Bildungstheoretische Reflexionen und aktuelle Fragestellungen. Oberhausen, 224–244

AEMR (1948/2004): Allgemeine Erklärung der Menschenrechte vom 10. Dezember 1948. In: Menschenrechte. Dokumente und Deklarationen. Hrsg. v.d. Bundeszentrale für politische Bildung. 4. aktual. u. erw. Aufl. Bonn, 54–59

Aichele, V. (2008): Die UN-Behindertenrechtskonvention und ihr Fakultativprotokoll. Ein Beitrag zur Ratifizierungsdebatte. Berlin: Deutsche Institut für Menschenrechte (= Policy Paper No. 9)

Aichele, V. (2010): Behinderung und Menschenrechte: Die UN-Konvention über die Rechte von Menschen mit Behinderungen. Aus Politik und Zeitgeschichte 23, 13–18

Aichele, V. (2012): Barrieren im Einzelfall überwinden: Angemessene Vorkehrungen gesetzlich verankern. In: Gemeinsam leben 20, 68–71

Ainscow, M.; Booth, T.; Dyson, A. (2006): Improving Schools, Developing Inclusion. With P. Farell, J. Frankham, F. Gallannaugh, A. Howes and R. Smith. London and New York

Albrecht, F., Hinz, A.; Moser, V. (Hrsg.) (2000): Perspektiven der Sonderpädagogik. Disziplin- und professionsübergreifende Standortbestimmungen. Neuwied, Berlin

Albrecht, G.; Seelman, K.; Bury, M. (Eds.) (2001): Handbook of Disability Studies. Thousand Oaks, London, New Dehli: Sage

Allardt, E. (1973): About Dimensions of Welfare. Research Group for Comparative Sociology. Research Report No. 1, University of Helsinki 1973

Allemann-Ghionda, C.; Terhart, E. (Hrsg.) (2006): Kompetenzen und Kompetenzentwicklung von Lehrern: Ausbildung und Beruf. Zeitschrift für Pädagogik – 51. Beiheft. Weinheim, Basel

Allmedinger, J. (1999): Bildungsarmut: Zur Verschränkung von Bildungs- und Sozialpolitik. In: Soziale Welt 50, 35–50

Allmendinger, J.; Aisenbrey, S. (2002): Soziologische Bildungsforschung. In: Tippelt, R. (Hrsg.): Handbuch Bildungsforschung. Opladen, 41–60

Allmendinger, J.; Leibfried, W.: Bildungsarmut. In: Aus Politik und Zeitgeschichte B21–22/2003, 12–18

Anderson, E. S. (1999): What's The Point of Equality? In: Ethics 1009, 287–337

Anderson, E. S. (2007): Fair Opportunity in Education: A Democratic Equality Perspective. In: Ethics 117, 595–622

Andresen, S. (2009): Bildung. In: Andresen, S. et al. (Hrsg.): Handwörterbuch Erziehungswissenschaft. Weinheim und Basel, 76–90

Andresen, S.; Casale, R.; Gabriel, T.; Horlacher, R.; Larcher Klee, S.; Oelkers, J. (Hrsg.) (2009): Handwörterbuch Erziehungswissenschaft. Weinheim und Basel

Andresen, S.; Otto, H.-U.; Ziegler, H. (2008): Bildung als Human Development – An educational view an the Capabilities Approach. In: Otto, H.-U.; Ziegler, H. (Hrsg.): Capabilities – Handlungsbefähigung und Verwirklichungschancen in der Erziehungswissenschaft. Wiesbaden, 165–197

Antor, G. (1996): Kommunitarismus. In: Sonderpädagogik 26, 160–167

Antor, G. (1999): Selbstbestimmung und advokatorisches Handeln – am Beispiel der neuen „Grundsätze" der Bundesärztekammer zur Sterbebegleitung. In: Die neue Sonderschule 44, 334–341

Antor, G. (2003): Behinderung und Menschenwürde. In: Dederich, M. (Hrsg.): Bioethik und Behinderung. Bad Heilbrunn, 49–67

Antor, G. (2009): Menschenwürde. In: Dederich, M.; Jantzen, W. (Hrsg): Behinderung und Anerkennung. Stuttgart, 134–143

Antor, G.; Bleidick, U. (1995): Recht auf Leben – Recht auf Bildung. Aktuelle Fragen der Behindertenpädagogik. Heidelberg

Antor, G.; Bleidick, U. (2000): Behindertenpädagogik als angewandte Ethik. Stuttgart, Berlin, Köln

Antor, G.; Bleidick, U. (2006): Ethik. In: Antor, G.; Bleidick, U. (Hrsg.): Handlexikon der Behindertenpädagogik. Schlüsselbegriffe aus Theorie und Praxis. 2., überarb. und erw. Aufl., 186–190

Apel, H. J. et al. (Hrsg.) (1999): Professionalisierung pädagogischer Berufe im historischen Prozess. Bad Heilbrunn

Arndt, C.; Dann, S.; Kleimann, R.; Strotmann, H., Volkert, J. (2006): Das Konzept der Verwirklichungschancen (A. Sen). Empirische Operationalisierung im Rahmen der Armuts- und Reichtumsmessung. Machbarkeitsstudie (Endbericht). Berlin.

Autorengruppe Bildungsberichterstattung (Hrsg.) (2008): Bildung in Deutschland 2008. Ein indikatorengestützter Bericht mit einer Analyse zu Übergängen im Anschluss an den Sekundarbereich I. Bielefeld

Bach, H. (1975): Sonderpädagogik im Grundriss. Berlin

Bach, H. (1985): Grundbegriffe der Behindertenpädagogik. In: Bleidick, U. (Hrsg.): Handbuch der Sonderpädagogik, Bd. 1: Theorie der Behindertenpädagogik. Berlin, 3–24

Bach, H. (1996): Begriffe im Bereich der Sonderpädagogik. Wegweiser und ihre Risiken. In: Opp, G.; Peterander, F. (Hrsg.): Focus Heilpädagogik. Projekt Zukunft. München, Basel 1996, 36–44

Bach, H. (1999): Grundlagen der Sonderpädagogik. Stuttgart

Badura, B. (1981): Soziale Unterstützung und chronische Krankheit. Frankfurt am Main

Baier, A. C. (1994): Wir brauchen mehr als nur Gerechtigkeit. In: Deutsche Zeitschrift für Philosophie 42, 225–236

Baldus, M. (2006): Von der Diagnose zur Entscheidung. Eine Analyse von Entscheidungsprozessen für das Austragen der Schwangerschaft nach der pränatalen Diagnose Down-Syndrom. Bad Heilbrunn

BAR 2009 (Bundesarbeitsgemeinschaft für Rehabilitation) (2009): Handlungsempfehlungen „Trägerübergreifende Aspekte bei der Ausführung von Leistungen durch ein Persönliches Budget" vom 1. April 2009. Frankfurt am Main URL: http://www.bar-frankfurt.de/upload/Gesamt-PDF-Internet_821.pdf (11. 4. 2011)

Barnes, C.; Mercer, G.; Shakespeare, T. (1999): Exploring Disability. A Soziological Introduction. Cambridge: Polity Press

Bartelheimer, P. (2007): Politik der Teilhabe. Ein soziologischer Beipackzettel. URL: http://www.sofi-goettingen.de/fileadmin/Peter_Bartelheimer/Literatur/arbeitspapier_1_07.pdf [(28. 6. 2010)

Bartelheimer, P. (2009): Verwirklichungschancen als Maßstab lokaler Sozialpolitik? In: Sozialer Fortschritt 58, 48–55

Barton, L. (1998): Markets, Managerialism and Inclusive Education. In: Clough, P. (Ed.): Managing Inclusive Education: From Policy to Experience. London

Baumert, J.; Kunter, M. (2006): Stichwort: Professionelle Kompetenz von Lehrkräften. In: Zeitschrift für Erziehungswissenschaft 9, 469–520

Baumert, J.; Stanat, P.; Demmerich, A. (2001): PISA 2000: Untersuchungsgegenstand, theoretische Grundlagen und Durchführung der Studie. In: Deutsches PISA-Konsortium (Hrsg.): PISA 2000. Basiskompetenzen von Schülerinnen und Schülern im internationalen Vergleich. Opladen, 15–68

Baumert, J.; Stanat, P.; Watermann, R. (Hrsg.) (2006): Herkunftsbedingte Disparitäten im Bildungswesen. Vertiefende Analysen im Rahmen von PISA 2000. Wiesbaden

Baumert, J.; Watermann, R.; Schümer, G. (2003): Disparitäten der Bildungsbeteiligung und des Kompetenzerwerbs. Ein institutionelles und individuelles Mediationsmodell. In: Zeitschrift für Erziehungswissenschaft 6, 46–72

Beck, C. (1996): Zur Geschichte von Eugenik und Euthanasie unter besonderer Berücksichtigung der behinderten Menschen. In: Zwierlein, E. (Hrsg): Handbuch Aussonderung und Integration. Neuwied, Berlin 1996, 81–93

Beck, I. (1992): Normalisierung und Lebensqualität: Zielperspektiven und Beurteilungsfragen. In: Bundesvereinigung Lebenshilfe für geistig Behinderte (Hrsg.): Qualitätsbeurteilung und -entwicklung von Wohneinrichtungen für Menschen mit einer geistigen Behinderung. Marburg, 11–35

Beck, I. (1996): Behinderung – spezielle Erziehungsbedürfnisse – sonderpädagogischer Förderbedarf: Theoretische Begründungs- und Vermittlungsprobleme einer ‚lebensweltlich' und final orientierten Bestimmung des individuellen Bedarfs an Hilfen. In: Die neue Sonderschule 41, 443–455

Becker, G. (1993): Human Capital: A Theoretical and Empirical Analysis, with Special References to Education. 3. Aufl. Chicago: University Press

Becker, P. (1991): Theoretische Grundlagen. In: Abele, A.; Becker, P. (Hrsg.): Wohlbefinden: Theorie, Empirie, Diagnostik. Weinheim, München, 13–49

Becker, R. (2011): Entstehung und Reproduktion dauerhafter Bildungsungleichheiten. In: Becker, R. (Hrsg.): Lehrbuch der Bildungssoziologie. 2., überarb. und erw. Aufl. Wiesbaden, 87–138

Becker, R.; Lauterbach, W. (Hrsg.) (2011): Bildung als Privileg. Erklärungen und Befunde zu den Ursachen der Bildungsungleichheit. 4., aktualisierte Auflage. Wiesbaden

Begemann, E. (1970): Die Erziehung der sozio-kulturell benachteiligten Schüler. Hannover

Begemann, E. (2002): Sozio-kulturelle Benachteiligung pädagogisch verstehen. In: Die neue Sonderschule 47, 1991–216

Behringer, L.; Höfer, R. (2005): Wie Kooperation in der Frühförderung gelingt. München, Basel

Benkmann, R. (1994): Dekategorisierung und Heterogenität – Aktuelle Probleme schulsicher Integration von Lernschwierigkeiten in den Vereinigten Staaten und der Bundesrepublik Deutschland. In: Sonderpädagogik 24, 4–13

Benner, D. (2008): Schule im Spannungsfeld von Input- und Outputsteuerung. In: Blömeke, S.; Bohl, T.; Haag, L.; Wojtasik, G. & W. Sacher (Hrsg.): Handbuch Schule. Theorie – Organisation – Entwicklung. Bad Heilbrunn, 51–63

Berger, P. A.; Kahlert, H. (Hrsg.) (2008): Institutionalisierte Ungleichheiten. Wie das Bildungswesen Chancen blockiert. 2. Aufl. Weinheim und München

Bernstein, B. (2000): Pedagogy, Symbolic Control and Identity. Routledge

Bernstorff, J. v. (2007): Menschenrechte und Betroffenenrepräsentation: Entstehung und Inhalt eines UN-Antidiskriminierungsübereinkommens über die Rechte von behinderten Menschen. In: Zeitschrift für ausländisches öffentliches Recht und Völkerrecht 67, 1041–1063

Bernstorff, J. v. (2011): Anmerkungen zur innerstaatlichen Anwendbarkeit ratifizierter Menschenrechtsverträge: Welche Rechtswirkungen erzeugt das Menschenrecht auf inklusive Schulbildung aus der UN-Behindertentrechtskonvention im deutschen Sozial- und Bildungsrecht? In: Recht der Jugend und des Bildungswesens 59, 203–217

Beschel, E. (1960): Der Eigencharakter der Hilfsschule. Weinheim

Bielefeldt, H. (1998): Philosophie der Menschenrechte. Grundlagen eines weltweiten Freiheitsethos. Darmstadt

Bielefeldt, H. (2008 a): Menschenwürde. Der Grund der Menschenrechte. Berlin: Deutsches Institut für Menschenrechte

Bielefeldt, H. (2008 b): „In a spirit of brotherhood". Die kommunitäre Dimension in den Menschenrechten. In: Bielefeldt, H.; Hutter, F. J.; Kurtenbach, S.; Tessmer, C. (Hrsg.): MenschenrechtsFragen. Volkmar Deile zum 65. Geburtstag. Karlsruhe, 154–168

Bielefeldt, H. (2009): Zum Innovationspotenzial der UN-Behindertenkonvention. Essay Nr. 5. 3. aktual. und erw. Aufl. Berlin: Deutsches Institut für Menschenrechte

Bielefeldt, H. (2010): Menschenrecht auf inklusive Bildung. Der Anspruch der UN-Behindertenrechtskonvention. In: Vierteljahresschrift für Heilpädagogik und ihre Nachbargebiete 79, 66–69

Bielefeldt, H. (2011): Auslaufmodell Menschenwürde? Warum sie in Frage steht und warum wir sie verteidigen müssen. Freiburg, Basel, Wien

Bielefeldt, H. (2012): Inklusion als Menschenrechtsprinzip: Perspektiven der UN-Behindertenrechtskonvention. In: Moser, V.; Horster, D. (Hrsg.): Ethik in der Behindertenpädagogik. Stuttgart, 149–166

Bielefeldt, H.; Seidensticker, F. (2006): Vorwort. In: Motakef, M. (2006): Das Menschenrecht auf Bildung und der Schutz vor Diskriminierung. Exklusionsrisiken. Berlin: Deutsches Institut für Menschenrechte, 5

Biermann, H. (2008): Pädagogik der beruflichen Rehabilitation. Eine Einführung. Stuttgart

Biesta, G. (2003): How General Can Bildung Be? Reflections on the Future of a Modern Educational Ideal. In: Lovie, L.; Mortensen, P.; Nordenbom, S. E. (Hrsg.): Educating Humanity. Bildung in Postmodernity. Malden, Oxford, Melbourne, Berlin, 61–74

Bildungskommission der Länder Berlin und Brandenburg (2003): Bildung und Schule in Brandenburg. Herausforderungen und gemeinsame Entwicklungsperspektiven. Berlin

Binding, K.; Hoche, A. (1920): Die Freigabe der Vernichtung lebensunwerten Lebens. Ihr Maß und ihre Form. Leipzig

Blasche, S. (1989): Qualität (Antike, Neuzeit). In: Ritter, J.; Gründer, K. (Hrsg.): Historisches Wörterbuch der Philosophie, Bd. 7. Basel, 1748–1752 und 1766–1780

Bleidick, U. (1972): Pädagogik der Behinderten. Grundzüge einer Theorie der Erziehung behinderter Kinder und Jugendlicher. Berlin

Bleidick, U. (1986): Freiheit und Gleichheit im Bildungswesen für Behinderte. In: Thalhammer, M. (Hg.): Gefährdungen des Menschen im Zugriff von Wissenschaft und Praxis. München, Basel, 13–37

Bleidick, U. (1990): Die Behinderung im Menschenbild und hinderliche Menschenbilder in der Erziehung von Behinderten. In: Zeitschrift für Heilpädagogik 41, 514–534

Bleidick, U. (1992): Zur Legitimation von stellvertretenden Advokaten oder: unerwünschte Meßkriterien für eine Selektion von Nicht-Personen – Stellungnahme zum Artikel von Micha Brumlik in 4/91. In: Sonderpädagogik 22, 90–96

Bleidick, U. (1999): Behinderung als pädagogische Aufgabe. Behinderungsbegriff und behindertenpädagogische Theorie. Stuttgart, Berlin, Köln

Bleidick, U. (2002): Wechselnde Sprachmuster – vorschnell als neue Wirklichkeit gedeutet. Disput zu: Fördern, Förderung, Förderbedarf, Förderbedürfnis, Förderschwerpunkt, Förderdiagnostik, Förderschule, Fördersystem und einiges mehr. In: Die neue Sonderschule 47, 291–298

Bleidick, U.; Hagemeister, U. (1998): Einführung in die Behindertenpädagogik, Bd. I. Allgemeinen Theorie der Behindertenpädagogik. 6., überarb. Aufl. Stuttgart, Berlin, Köln

Bleidick, U.; Rath, W.; Schuck, K. D. (1995): Die Empfehlungen der Kultusministerkonferenz zur sonderpädagogischen Förderung in den Schulen der Bundesrepublik Deutschland. In: Zeitschrift für Pädagogik 41, 247–264

Blumenthal, W.; Jochheim, K.-A. (2009): Entstehen und Entwicklung der Rehabilitation in Deutschland. In: Blumenthal, W.; Schliehe, F. (Hrsg.): Teilhabe als Ziel der Rehabilitation. Heidelberg, 11–30

BMAS 2008 (Bundesministerium für Arbeit und Sozialordnung) (Hrsg.) (2008): Übereinkommen über die Rechte von Menschen mit Behinderungen. Zwischen Deutschland, Liechtenstein, Österreich und der Schweiz abgestimmte Version. Berlin

BMBF 2001 (Bundesministerium für Bildung und Forschung) (Hrsg.) (2001): Kompetenzen fördern – berufliche Qualifizierung für Zielgruppen mit besonderem Förderbedarf. Berlin

BMBF 2002 (Bundesministerium für Bildung und Forschung) (Hrsg.) (2002): Berufliche Qualifizierung Jugendlicher mit besonderem Förderbedarf – Benachteiligtenförderung. Berlin

BMBF 2004 (Bundesministerium für Bildung und Forschung (2004): Investitionsgut Bildung. Workshop „Investition in Humankapital", 7. Juni 2004. Bonn. Berlin

BMFSFJ 1998 (Bundesministerium für Familien, Senioren, Frauen und Jugend) (Hrsg.) (1998): 10. Kinder- und Jugendbericht. Bonn

BMFSFJ 2009 (Bundesministerium für Familien, Senioren, Frauen und Jugend) (Hrsg.) (2008): 13. Kinder- und Jugendbericht. Berlin

Boban, I.; Hinz, A. (2003): Index für Inklusion. Lernen und Teilhabe in der Schule der Vielfalt verwirklichen. Halle a. d. Saale: Martin-Luther-Universität

Boban, I.; Hinz, A. (2004): Qualität des gemeinsamen Unterrichts (weiter-)entwickeln – Inklusion. In: Leben mit Down-Syndrom Nr. 45, 10–14

Boban, I.; Hinz, A.; Wocken, H. (1988): Warum Pädagogen aus der Arbeit in Integrationsklassen aussteigen. In: Wocken, H./Antor, G./Hinz, A. (Hrsg.): Integrationsklassen in Hamburger Grundschulen. Bilanz eines Modellversuchs. Hamburg, 275–333

Böckenförde, E. E. (2002): Die Frucht einer verbotenen Tat. URL: http://www.sueddeutsche.de/kultur/2220/wuerde-des-menschen-die-frucht-einer-verbotenen-tat-1.42061 (7. 10. 2010)

Böckenförde, E. E. (2003): Die Würde des Menschen war unantastbar. Abschied von den Verfassungsvätern: Die Neukommentierung von Artikel 1 des Grundgesetzes markiert einen Epochenumbruch. In: Frankfurter Allgemeine Zeitung, 3. März 2003, Nr. 204, 33–35

Bohlinger, S. (2004): Der Benachteiligtenbegriff in der beruflichen Bildung. In: Zeitschrift für Berufs- und Wirtschaftspädagogik, 230–241

Böing, U. (2010): Professionelles Handeln von Lehrpersonen im Unterricht mit Schülern und Schülerinnen mit schwerer Behinderung. Köln (unveröffentl. Diss., Univ. zu Köln)

Bojanowski, A.; Eckert, M.; Ratschinski, G. (2004): Neue Wege der Benachteiligtenförderung? Zur Einleitung in die Fachtagung ‚Berufliche Bildung Benachteiligter. Innovative Modelle und Netzwerke'. In: Bojanowski, A.; Eckert, M.; Stach, M. (Hg.): Berufliche Bildung Benachteiligter vor neuen Herausforderungen: Umbau der Förderlandschaft – innovative Netzwerke – neue Aktivierungsformen. Bielefeld, 5–15

Bonfranchi, R. (1992): Die Mitschuld der Sonderpädagogik an der „Neuen Euthanasie". In: Zeitschrift für Heilpädagogik 43, 625–628

Bonvin, J.-M. (2006): Employment and Labour Market Regulation – A Capability Approach. In: Bartelheimer, P.; Boes, A.; Fuchs, T. et al. (Hrsg.): Berichterstattung zur sozioökonomischen

Entwicklung Deutschlands. Zweiter Bericht, Zwischenbericht Teil I, Werkstattberichte. Göttingen, 64–68
Booth, T.; Ainscow, M. (2000): Index for Inclusion. Developing Learning and Participation in Schools. London: Centre for Studies on Inclusive Education
Booth, T.; Ainscow, M.; Kingston, D. (2006): Index für Inklusion (Tageseinrichtungen für Kinder). Lernen, Partizipation und Spiel in der inklusiven Kindertageseinrichtung entwickeln (deutschsprachige Ausgabe). Hrsg. und übersetzt von der Gewerkschaft Erziehung und Wissenschaft. URL: http://www.eenet.org.uk/resources/docs/Index%20EY%20German2.pdf (31. 5. 2010)
Bösl, E. (2009): Politiken der Normalisierung. Zur Geschichte der Behindertenpolitik in der Bundesrepublik Deutschland. Bielefeld
Bösl, E. (2010): Die Geschichte der Behindertenpolitik in der Bundesrepublik Deutschland aus Sicht der Disability History. In: Aus Politik und Zeitgeschichte 23/2010, 6–12
Boudon, R. (1974): Education, Opportunity, and Social Inequality. New York
Bourdieu, P. (1982): Die feinen Unterschiede. Kritik der gesellschaftlichen Urteilskraft. Frankfurt am Main
Bourdieu, P. (1983): Ökonomisches, kulturelles Kapital, soziales Kapital. In: Kreckel, R. (Hrsg.): Soziale Ungleichheiten. Göttingen, 183–198
Bourdieu, P. (1985): Sozialer Raum und „Klassen". Zwei Vorlesungen. Frankfurt am Main
Bourdieu, P.; Passeron, J.-C. (1971): Die Illusion der Chancengleichheit. Stuttgart
Bradl, C. (2005): Selbstbestimmung und Teilhabe als Herausforderung für behinderte Menschen mit hohem Hilfebedarf. In: Wacker, E. (Hrsg.): Teilhabe. Wir wollen mehr als nur dabei sein. Marburg, 185–189
Brake, A.; Büchner, P. (2011): Bildung und soziale Ungleichheit. Eine Einführung. Stuttgart
Brenner, P. J. (2010): Bildungsgerechtigkeit. Stuttgart
Brighouse, H. (2000): School Choice and Social Justice. Oxford.
Brighouse, H. (2001): Can Justice as Fairness Accommodate the Disabled? In: Social Theory and Practice 27, 537–560
Brighouse, H. (2003): Educational Equality and Justice. In: Curren, R. (Ed.): A Companion to the Philosophy of Education. Malden, MA 2003, 471–486
Brighouse, H.; Robeyns, I. (Eds.) (2010): Measuring Justice. Primary Goods and Capabilties. New York
Brill, W. (1994): Pädagogik im Spannungsfeld von Eugenik und Euthanasie. Die „Euthanasie"-Diskussion in der Weimarer Republik und zu Beginn der neunziger Jahre. Ein Beitrag zur Faschismusforschung und zur Historiographie der Behindertenpädagogik. St. Ingbert
Brill, W. (2011): Pädagogik der Abgrenzung. Die Implementierung der Rassenhygiene im Nationalsozialismus durch die Sonderpädagogik. Bad Heilbrunn
Bromme, R. (1992): Der Lehrer als Experte: Zur Psychologie des professionellen Wissens. Bern
Bromme, R.; Rheinberg, F. (2006): Lehrende in Schulen. In: Krapp, A.; Weidenmann, B. (Hrsg.): Pädagogische Psychologie. Weinheim, 296–334
Brumlik, M. (1991): Advokatorische Ethik. In: Sonderpädagogik 21, 188–198
Brumlik, M.; Brunkhorst, H. (Hrsg.) (1993): Gemeinschaft und Gerechtigkeit. Frankfurt am Main
Brumlik, Micha (2011): Ethische Gefühle: Liebe, Sorge und Achtung. In: Moser, V.; Pinhard, I. (Hrsg.): Care – Wer sorgt für wen? Opladen, Farmington Hills, MI, 29–46
Brüning, G. (2002): Benachteiligte in der Weiterbildung. In: Brüning, G.; Kuwan, H.: Benachteiligte und Bildungsferne – Empfehlungen für die Weiterbildung. Bielefeld, 7–17
Brüning, G.; Kuwan, H. (2002): Benachteiligte und Bildungsferne – Empfehlungen für die Weiterbildung. Unter Mitarbeit von A. Graf-Cuiper, A. Hacket, C. Lindmeier, K. Pehl, Bielefeld

Büchner, P. (2001): Kindliche Risikobiografien. Über die Kulturalisierung von sozialer Ungleichheit im Kindesalter. In: Rohrmann, E. (Hrsg.): Mehr Ungleichheit für alle. Fakten, Analysen und Berichte zur sozialen Lage. Heidelberg, 97–114

Büchner, P. (2003): Stichwort: Bildung und soziale Ungleichheit. In: Zeitschrift für Erziehungswissenschaft 6, 5–24

Büchner, P.; Krüger, H.-H. (1996): Schule als Lebensort von Kindern und Jugendlichen. Zur Wechselwirkung von Schule und außerschulischer Lebenswelt. In: Büchner, P.; Fuhs, B.; Krüger, H.-H. (Hrsg.): Vom Teddybär zum ersten Kuss. Wege aus der Kindheit in Ost- und Westdeutschland. Opladen, 201–224

Bundesregierung (2005): Lebenslagen in Deutschland. Der zweite Armuts- und Reichtumsbericht der Bundesregierung. Berlin

Burger, S.; Johne, G. (1994): Die Qualität sozialer Dienste im Spannungsfeld zwischen sozialpolitischem Anspruch und ökonomischer Rationalität. In: Knappe, E.; Burger, S. (Hrsg.): Wirtschaftlichkeit und Qualitätssicherung in sozialen Diensten. Frankfurt, New York, 109–139

Burgert, M. (2001): Fit fürs Leben. Grundriss einer Pädagogik für benachteiligte Jugendliche in Schule, Ausbildung und Erwerbsarbeit. Ulm-Langenau

Bürli, A. (1985): Zur Behindertenpädagogik in Italien, England und Dänemark. Luzern

Burzan, N. (2007): Soziale Ungleichheit. Eine Einführung in die zentralen Theorien. 3., überarb. Aufl. Wiesbaden

BVLH 1986 (Bundesvereinigung Lebenshilfe für geistig Behinderte e. V.) (Hrsg.) (1986): Normalisierung – eine Chance für Menschen mit geistiger Behinderung. Bericht des Ersten Europäischen Kongresses der Internationalen Liga von Vereinigungen für Menschen mit geistiger Behinderung. Marburg

BVLH 1996 (Bundesvereinigung Lebenshilfe für geistig Behinderte e. V.) (Hrsg.) (1996): Selbstbestimmung. Kongreßbeiträge. Marburg

BVLH 1997 (Bundesvereinigung Lebenshilfe für geistig Behinderte e. V.) (Hrsg.) (1997): Elterngruppen und Lebenshilfe. Bedeutung, Aufgaben und praktische Tipps. Marburg

BVLH 2011 (Bundesvereinigung Lebenshilfe für Menschen mit geistiger Behinderung e. V.) (2011): Position der Bundesvereinigung Lebenshilfe für Menschen mit geistiger Behinderung e. V. zur Präimplantationsdiagnostik. 1. Dezember 2011. Marburg

Carle, U. (2010): Curriculare und strukturelle Entwicklungen (in der Schuleingangsphase) in Deutschland. In: Leuchter, M. (Hrsg.): Didaktik für die ersten Bildungsjahre: Unterricht mit 4- bis 8-jährigen Kindern. Seelze, 58–70

Chambers, R. (1989): Editorial Introduction: Vulnerability, Coping and Policy. IDS Bulletin 20 (2): 1–7

Cloerkes, G. (2007): Soziologie der Behinderten. Eine Einführung. Unter Mitwirkung von K. Felkendorff und R. Markowetz. 3., neu bearbeitete und erweiterte Auflage. Heidelberg

Cloerkes, G. (Hrsg.) (2003): Wie man behindert wird. Texte zur Konstruktion einer sozialen Rolle und zur Lebenssituation betroffener Menschen. Heidelberg

Coleman, J. S. (1975): What is Meant by ‚an Equal Educational Opportunity'? In: Oxford Review of Education Vol. 1, No. 1, 27–29

Combe, A.; Helsper, W. (Hrsg.) (1996 a): Pädagogische Professionalität. Frankfurt am Main

Combe, A.; Helsper, W. (1996 b): Einleitung. In: Combe, A.; Helsper, W. (Hrsg.) (1996 a): Pädagogische Professionalität. Frankfurt am Main, 9–48

Combe, A; Helsper, W. (2002): Professionalität. In: Otto, H.-U.; Rauschenbach, T.; Vogel, P. (Hrsg.): Erziehungswissenschaft: Professionalität und Kompetenz. Opladen, 29–47

Combe, A.; Kolbe, U. (2004): Lehrerprofessionalität: Wissen, Können, Handeln. In: Helsper, W.; Böhme, J. (Hrsg.): Handbuch Schulforschung. Wiesbaden, 833–851

Conradi, E. (2001): Take Care. Grundlagen einer Ethik der Achtsamkeit. Frankfurt am Main

Conty, M. (2005): Voraussetzungen für eine gelingende Einführung des Persönlichen Budgets und Systemwirkungen des neuen Leistungselements. Beitrag zur 3. Europäischen Konferenz zur Qualitätsentwicklung in der Behindertenhilfe „Personenzentrierte Planung – Personenzentrierte Finanzierung – Neue Wege zu hilfreichen Arrangements für Menschen mit geistiger Behinderung“ am 15./16. 03. 2005, Siegen URL: http://www.uni-siegen.de/zpe/veranstaltungen/fruehere/europkonferenz3/michael_conty.pdf (23. 8. 2011)

Curren, R. R. (1994): Justice and the Threshold of Educational Equality. In: Philosophy of Education (PES Yearbook), 239–248

Dahrendorf, R. (1968): Bildung ist Bürgerrecht. Hamburg

Davis, L. (Ed.) (1997): The Disability Studies Reader. New York, London: Routledge

Dederich, M. (2000): Medizin – Behinderung – Ethik: Behindertenpädagogische Reflexionen zu Grenzsituationen am Anfang und Ende des Lebens. Bad Heilbrunn

Dederich, M. (2001): Menschen mit Behinderung zwischen Ausschluss und Anerkennung. Bad Heilbrunn

Dederich, M. (2003) (Hrsg.): Bioethik und Behinderung. Bad Heilbrunn

Dederich, M. (2004 a): ‚Bioethik‘, Menschenwürde und Behinderung. In: Vierteljahresschrift für Heilpädagogik und ihre Nachbargebiete 73, 260–27

Dederich, M. (2004 b): Die Anerkennung des Abhängigseins. In: Gäch, A. (Hrsg.): Phänomene des Wandels. Wozu Heilpädagogik und Sozialtherapie herausgefordert sind. Luzern, 103–122

Dederich, M. (2007): Körper, Kultur und Behinderung. Eine Einführung in die Disability Studies. Bielefeld

Dederich, M. (2009): Behinderung als sozial- und kulturwissenschaftliche Kategorie. In: Dederich, M.; Jantzen, W. (Hrsg.): Behinderung und Anerkennung. Stuttgart, 15–39

Dederich, M.; Schnell, M. W. (2009): Ethische Grundlagen der Behindertenpädagogik: Konstitution und Systematik. In: Dederich, M.; Jantzen, W. (Hrsg.): Behinderung und Anerkennung. Stuttgart, 59–83

Degener, T. (2009 a): Die UN-Behindertenrechtskonvention als Inklusionsmotor. In: Recht der Jugend und des Bildungswesens 57, 200–219

Degener, T. (2009 b): Die neue UN Behindertenrechtskonvention aus der Perspektive der Disability Studies. In: Behindertenpädagogik 48, 263–283

DeGEval 2008 (Deutsche Gesellschaft für Evaluation) (2008): Standards für Evaluation. 4., unveränd. Aufl. Köln. URL: http://www.degeval.de (31. 5. 2011)

Demmer, I. (2004): Bildungsstandards und Selektion. In: Schlömerkemper, J. (Hrsg.): Bildung und Standards. Zur Kritik der ‚Instandardsetzung‘ des deutschen Bildungswesens. 8. Beiheft der Deutschen Schule. Weinheim, 245–249

Deutsche UNESCO-Kommission e. V. (2009): Inklusion: Leitlinien für die Bildungspolitik. Paris, UNESCO, Bonn, Deutsche UNESCO-Kommission e. V. (DUK)

Deutscher Bildungsrat (Hrsg.) (1973): Empfehlungen der Bildungskommission: Zur pädagogischen Förderung behinderter und von Behinderung bedrohter Kinder und Jugendlicher. Bonn

Deutscher Bundestag (2011): Entwurf eines Gesetzes zur Regelung der Präimplantationsdiagnostik (Präimplantationsdiagnostikgesetz – PräimpG). Bundestagsdrucksache 17/5451. URL: http://dipbt.bundestag.de/dip21/btd/17/054/1705451.pdf (5. 8. 2011)

Deutscher Lehrerverband (Hrsg.) (2009): Bildungsgerechtigkeit. Fachtagung 2008 – Dokumentation –. Bonn.

Deutsches Institut für Menschenrechte (2010): Stellungnahme der Monitoring-Stelle zur UN-Behindertenrechtskonvention zur Stellung der UN-Behindertenrechtskonvention innerhalb der deutschen Rechtsordnung und ihre Bedeutung für behördliche Verfahren und deren gerichtliche Überprüfung, insbesondere ihre Anforderungen im Bereich des Rechts auf inklusive Bildung nach Artikel 24 UN-Behindertenrechtskonvention. Gleichzeitig eine Kritik an dem Beschluss des Hessischen Verwaltungsgerichtshofs vom 12. November 2009 (7 B 2763/09). Berlin, 11. August 2010. Berlin

Deutsches Institut für Menschenrechte (Hrsg.) (2005): Die ‚General Comments' zu den VN-Menschenrechtsverträgen. Baden-Baden

Deutsches PISA-Konsortium (Hrsg.) (2001): PISA 2000. Basiskompetenzen von Schülerinnen und Schülern im internationalen Vergleich. Opladen

Dewe, B. (2005): Perspektiven gelingender Professionalität. In: neue praxis 35, 257–266

Dewe, B. (2006): Professionsverständnisse – eine berufssoziologische Betrachtung. In: Pundt, J. (Hrsg.): Professionalisierung im Gesundheitswesen – Positionen, Potenziale, Perspektiven. Bern, 23–35

Dewe, B.; Ferchoff, W.; Radtke, F.-O. (Hrsg.) (1992): Erziehen als Profession. Zur Logik professionellen Handelns in pädagogischen Feldern. Opladen

Dewe, B.; Otto, H.-U. (2001): Profession. In: Otto, H.-U.; Thiersch, H. (Hrsg.): Handbuch Sozialarbeit/Sozialpädagogik. Münster, 189–204

Dietz, B. (1997): Soziologie der Armut. Eine Einführung. Frankfurt am Main, New York

DIMDI (2005): ICF, Internationale Klassifikation der Funktionsfähigkeit, Behinderung und Gesundheit. Hrsg. vom Deutschen Institut für Medizinische Dokumentation und Information. Köln

Dlugosch, A. (2003): Professionelle Entwicklung und Biografie. Impulse für universitäre Bildungsprozesse im Kontext schulischer Erziehungshilfe. Bad Heilbrunn

Dlugosch, A. (2004): Sonderpädagogisches Fallverstehen als Baustein pädagogischer Professionalität? In: Sonderpädagogische Förderung 49, 285–300

Dlugosch, A. (2005): Professionelle Entwicklung in sonderpädagogischen Kontexten. In: Horster, D.; Hoyningen-Suess, U.; Liesen, C. (Hrsg.): Sonderpädagogische Professionalität. Wiesbaden, 27–52

Dlugosch, A. (2009): Professionalität. In: Dederich, M.; Jantzen, W. (Hrsg.): Behinderung und Anerkennung. Stuttgart, 252–256

Dlugosch, A. (2010): Der „Fall" der Inklusion: Divergenzen und Konvergenzen in Professionalitätsvorstellungen. In: Lütje-Klose, B.; Langer, M.-T.; Serke, B.; Urban, M. (Hrsg.): Inklusion in Bildungsinstitutionen. Eine Herausforderung an die Heil- und Sonderpädagogik. Bad Heilbrunn, 135–142

Dlugosch, A.; Reiser, H. (2009): Sonderpädagogische Profession und Professionstheorie. In: Opp, G.; Theunissen, G. (Hrsg.): Handbuch schulische Sonderpädagogik. Bad Heilbrunn, 92–98

Dolderer, A. B. (Hrsg.) (2012): Menschenwürde und Spätabbruch. Berlin, Heidelberg

Donabedian, A. (1979): Explorations in Quality, Assessment and Monitoring. Volume 1: The Definition of Quality and Approaches to its Assessment. Michigan: Health Administration Press

Drave, W.; Rumpler, F.; Wachtel, P. (Hrsg.) (2000 a): Empfehlungen zur sonderpädagogischen Förderung. Allgemeine Grundlagen und Förderschwerpunkte (KMK) mit Kommentaren. Würzburg

Drave, W.; Rumpler, F.; Wachtel, P. (2000 b): Die Entwicklung der sonderpädagogischen Förderung„ die Kultusministerkonferenz und der Verband Deutscher Sonderschulen. In: Drave, W.; Rumpler, F.; Wachtel, P. (Hrsg.): Empfehlungen zur sonderpädagogischen Förderung. Allgemeine Grundlagen und Förderschwerpunkte (KMK) mit Kommentaren. Würzburg, 9–23

Dreeze, J; Sen, A. (2002): India: Development and Participation. Oxford

Dreier, H. (2004): GG-Kommentar: Art. 1 Abs. 1. Tübingen

Düring, G. (1956): Der Grundrechtssatz der Menschenwürde. In: Archiv für öffentliches Recht 2, 117–157

Eberbach, W. (2005): Spätabbruch der Schwangerschaft – Juristische Aspekte. In: Römelt, J.: Spätabbrüche in der Schwangerschaft. Überlegungen zu einer umstrittenen Praxis. Leipzig, 15–26

Eberwein, H. (1988) (Hrsg.): Behinderte und Nichtbehinderte lernen gemeinsam. Handbuch der Integrationspädagogik. Weinheim

Eberwein, H. (2000): Verzicht auf Kategoriensysteme in der Integrationspädagogik. In: Albrecht, F.; Moser, V.; Hinz, A. (Hrsg.): Perspektiven der Sonderpädagogik. Disziplin- und professionsbezogene Standortbestimmungen. Neuwied, Berlin, 95–106

Eberwein, H.; Knauer, S. (Hrsg.) (2002 a): Integrationspädagogik. 6., völlig überarb. Aufl. Weinheim, Basel

Eberwein, H.; Knauer, S. (2002 b): Integrationspädagogik als Ansatz zur Überwindung pädagogischer Kategorisierungen und schulsicher Systeme. In: Eberwein, H.; Knauer, S. (Hrsg.): Integrationspädagogik. 6., völlig überarb. Aufl. Weinheim, Basel, 17–35

Eberwein, H.; Knauer, S. (2002 c): Rückwirkungen integrativen Unterrichts auf Teamarbeit und Lehrerrolle. In: Eberwein, H. & Knauer, S. (Hrsg.): Integrationspädagogik. 6., völlig überarb. Aufl. Weinheim, Basel, 422–431

Eberwein, H.; Sasse, A. (Hrsg.) (1998): Behindert sein oder behindert werden? Neuwied, Berlin

Eckardt, M.; Haeberlin, U.; Sahli Lozano, C.; Blanc, P. (2011): Langzeitwirkungen der schulischen Integration. Eine empirische Studie zur Bedeutung von Integrationserfahrungen in der Schulzeit für die soziale und berufliche Situation im jungen Erwachsenenalter. Bern, Stuttgart, Wien

Eder, K. (1989): Klassentheorie als Gesellschaftstheorie. Bourdieus dreifache kulturtheoretische Brechung der traditionellen Klassentheorie. In: Eder, K. (Hrsg.): Klassenlage, Lebensstil und kulturelle Praxis. Theoretische und empirische Beiträge zur Auseinandersetzung mit Pierre Bourdieu. Wiesbaden, 225–242

Edgerton, R. B. (1996): A Longitudinal-ethnographic Research Perspective on Quality of Life. In: Schalock, R. L. (Ed.): Quality of Life Volume I: Conceptualization and measurement, Washington, 83–91

Ellger-Rüttgardt, S. L. (2008): Geschichte der Sonderpädagogik. Eine Einführung. München, Basel

Ellger-Rüttgardt, S. L. (2011): Sonderpädagogische Professionalität in einer inklusiven Schule – Historische Ankerpunkte und Stolpersteine und ihre Bedeutung für die Gegenwart. In: Zeitschrift für Heilpädagogik 61, 55–60

Ellger-Rüttgardt, S. L.; Wachtel, G. (Hrsg.) (2010): Pädagogische Professionalität und Behinderung. Herausforderungen aus historischer, nationaler und internationaler Perspektive. Stuttgart

Ellinger, St.; Koch, K. (2001): Milieu- und Lebensstilkonzepte als Grundlage pädagogischer Interventionen bei Lernbehinderung: Plädoyer für empirische Feldforschung. In: Die neue Sonderschule 46, 280–295

Engruber, R.; Euler, D. (2003): Zielgruppen benachteiligter Jugendlicher. In: Engruber, R.; Euler, D.; Gidion, G.; Wilke, J. (Hrsg.): Pfade für Jugendliche in Ausbildung und Betrieb. Gutachten zur Darstellung der Hintergründe der unzureichenden Ausbildungs- und Beschäftigungschancen von benachteiligten Jugendlichen in Baden-Württemberg sowie deren Verbesserungsmöglichkeiten. Stuttgart, 15–60

Ennemoser, M.; Krajewski, K. (2007): Effekte der Förderung des Teil-Ganzes-Verständnisses bei Erstklässlern mit schwachen Mathematikleistungen. In: Vierteljahresschrift für Heilpädagogik und ihre Nachbargebiete 76, 228–240

Enquete-Kommission (2002): Enquete-Kommission „Recht und Ethik in der modernen Medizin“ des Deutschen Bundestages, Schlussbericht vom 14. 5. 2002, Bundestags-Drucksache 14/9020. Berlin

Erikson, E. H. (1973): Identität und Lebenszyklus. Frankfurt am Main

Etzioni, A. (1975): Die aktive Gesellschaft. Eine Theorie gesellschaftlicher und politischer Prozesse. Opladen

Etzioni, A. (1995): Die Entdeckung des Gemeinwesens: Ansprüche, Verantwortlichkeiten und das Programm des Kommunitarismus. Stuttgart

Etzioni, A. (1997 a): Die Verantwortungsgesellschaft. Individualismus und Moral in der heutigen Demokratie. Frankfurt am Main, New York

Etzioni, A. (1997 b): Ein kommunitaristischer Ansatz gegenüber dem Sozialstaat. In: Theorie und Praxis der sozialen Arbeit 2, 25–31

Europäische Agentur für Entwicklung in der sonderpädagogischen Förderung (2009): Assessment in inklusiven Schulen. Bildungspolitische und praxisorientierte Aspekte. Odense, Brüssel

Fahlbusch, J. (1997): Eingliederungshilfe nach §§ 39/40 BSHG – ein geschichtlicher Abriß. In: Conty, M.; Pöld-Krämer, S. (Hrsg.): Recht auf Teilhabe. Eingliederungshilfen für Menschen mit Behinderungen. Bielefeld, 19–44

Felden, H. v. (2005): Literacy und Bildung. Theoretische und empirische Überlegungen. In: Ecarius, J.; Friebertshäuser, B. (Hrsg.): Literalität, Bildung und Biographie. Perspektiven erziehungswissenschaftlicher Biographieforschung. Opladen, 39–52

Felkendorff, K. (2003): Ausweitung der Behinderungszone: Neuere Behinderungsbegriffe und ihre Folgen. In: Cloerkes, G. (Hrsg.): Wie man behindert wird. Heidelberg, 25–52

Fend, H. (1986): „Gute Schulen – schlechte Schulen". Die einzelne Schule als pädagogische Handlungseinheit. In: Die Deutsche Schule 78, 275–293

Fend, H. (1998): Qualität im Bildungswesen. Weinheim

Feuser, G. (1989): Allgemeine integrative Pädagogik und entwicklungslogische Didaktik. In: Behindertenpädagogik 28, 4–48

Feuser, G. (1998): Gemeinsames Lernen am gemeinsamen Gegenstand. Didaktisches Fundamentum einer Allgemeinen (integrativen) Pädagogik. In: Hildeschmidt, A, Schnell, I. (Hrsg.): Integrationspädagogik. Auf dem Weg zu einer Schule für alle. Weinheim und München, 19–36

Feuser, G. (2002): Qualitätsmerkmale integrativen Unterrichts. In: Behinderte in Familie, Schule und Gesellschaft 25, 67–84

Feuser, G. (2005): Behinderte Kinder und Jugendliche. Zwischen Integration und Aussonderung. 2. Auflage. Darmstadt

Feyerer, E. (2007): Bildungsstandards nein – Qualitätsstandards ja! In: Demmer-Dieckmann, I.; Textor, A. (Hrsg.): Integrationsforschung und Bildungspolitik im Dialog. Bad Heilbrunn, 71–80

Flitner, A. (1985): Gerechtigkeit als Problem der Schule und als Thema der Bildungsreform. In: Zeitschrift für Pädagogik 31, 1–26

Forst, R. (2008): Kommunitarismus. In: Gosepath, S.; Hinsch, W.; Rössler, B. (Hrsg.): Handbuch der Politischen Philosophie und Sozialphilosophie. Band 1: A – M. Berlin, 631–635

Franz, D.; Beck, I. (2007): Umfeld- und Sozialraumorientierung in der Behindertenhilfe. In: Geistige Behinderung, 284–294

Frey, A. (2008): Kompetenzstrukturen von Studierenden in der ersten und zweiten Phase der Lehrerbildung. Landau

Frey, A.; Jung, C. (2011): Anforderungen und Leitbilder für den Lehrerberuf. In: Terhart, E.; Bennewitz, H.; Rothland, M. (Hrsg.): Handbuch der Forschung zum Lehrerberuf. Münster; New York, München, Berlin, 540–591

Frey, H.-P. (1983): Stigma und Identität. Eine empirische Untersuchung zur Genese und Änderung krimineller Identität bei Jugendlichen. Weinheim, Basel

Friedeburg, L. v. (1994): Bildung zwischen Aufklärung und Anpassung. Erfahrungen mit der Bildungsreform in der Bundesrepublik Deutschland. Frankfurt am Main

Früchtel, F.; Budde, W. (2010): Bürgerinnen und Bürger statt Menschen mit Behinderungen. Sozialraumorientierung als lokale Strategie der Eingliederungshilfe. In: Teilhabe 49, 54–61

Frühauf, T. (1997): Chancen und Risiken neuerer gesetzlicher Entwicklungen für die Qualität der Dienstleistungen in Einrichtungen der Behindertenhilfe. In: Schubert, K. J.; Zink, K. J. (Hrsg.): Qualitätsmanagement in sozialen Dienstleistungsunternehmen. Neuwied, Kriftel, Berlin, 9–31

Füssel, H.-P.; Kretschmann, R. (1993): Gemeinsamer Unterricht für behinderte und nichtbehinderte Kinder. Pädagogische und juristische Voraussetzungen. Witterschlick, Bonn

Gaedt, C. (1992): Die vermeidbare Entwicklung von Schwerbehindertenzentren. Ein Plädoyer für Großeinrichtungen im System der Wohnangebote für geistige Behinderte. In: Geistige Behinderung 31, 94–106

Galiläer, L. (2005): Pädagogische Qualität. Perspektiven der Qualitätsdiskurse über Schule, Soziale Arbeit und Erwachsenenbildung. Weinheim

Galiläer, L. (2008): Qualität durch Verfahren? Überlegungen zum Thema Qualität aus erziehungswissenschaftlicher Sicht. In: Sonderpädagogische Förderung *heute* 53, 117–131

Geiling, U.; Hinz, A. (2005) (Hrsg.): Integrationspädagogik im Diskurs. Auf dem Weg zu einer inklusiven Pädagogik? Bad Heilbrunn

Geißler, G. (1964): Freiheit und Gleichheit in Bildungsorganisation. In: Zeitschrift für Pädagogik, 5. Beiheft: Einsichten und Impulse. Wilhelm Flitner zum 75. Geburtstag am 20. August 1964, 80–95

Geißler, R. (1994): Soziale Schichtung der Bundesrepublik Deutschland. Stuttgart

Gesetz zur Verhütung erbkranken Nachwuchses vom 14. Juli 1933. In: Reichsgesetzblatt 1933, 529

Geßner, T. (2004): Was benachteiligt wen und warum? Versuch einer Präzisierung des Konstrukts „Benachteiligung". In: Zeitschrift für Sozialpädagogik 2, 32–44

GEW 2003 (Gewerkschaft Erziehung und Wissenschaft) (Hrsg.) (2003): Gemeinsamen Unterricht weiterentwickeln. Beschluss des GEW-Hauptvorstands vom 28. Februar 2003. Frankfurt am Main

Giesinger, J. (2007): Was heißt Bildungsgerechtigkeit? In: Zeitschrift für Pädagogik 53, 362–381

Giesinger, J. (2008 a): Begabtenförderung und Bildungsgerechtigkeit. In: Heiner, U.; Strunk, S. (Hrsg.): Begabtenförderung an Gymnasien. Entwicklungen, Befunde, Perspektiven. Wiesbaden, 271–289

Giesinger, J. (2008 b): Fairer Wettbewerb und demokratische Gleichheit. Zum Problem der Bildungsgerechtigkeit. In: Zeitschrift für Berufs- und Wirtschaftspädagogik 104. Band, 556–572

Giesinger, J. (2009): Freie Schulwahl und Bildungsgerechtigkeit. Eine Problemskizze. In: Zeitschrift für Erziehungswissenschaft 12, 170–187

Gilligan, C. (1982): Die andere Stimme. Lebenskonflikte und Moral der Frau. München, Zürich

Ginnold, A. (2008): Der Übergang Schule – Beruf für Jugendliche mit Lernbehinderung. Einstieg – Ausstieg – Warteschleife. Bad Heilbrunn

Glatzer, W.; Hübinger, W. (1990): Lebenslagen und Armut. In: Döring, D.; Hanesch, W.; Huster, E.-U. (Hrsg.): Armut im Wohlstand. Frankfurt am Main, 31–55

Glatzer, W.; Zapf, W. (Hrsg.) (1984): Lebensqualität in der Bundesrepublik Deutschland. Objektive Lebensbedingungen und subjektives Wohlbefinden. Darmstadt

Goffman. E. (1967): Stigma. Über Techniken der Bewältigung beschädigter Identität. Frankfurt am Main

Gogolin, I.; Wulf, C. (2003): Editorial. In: Zeitschrift für Erziehungswissenschaft 6, 313–315

Gosepath, S. (2004): Gleiche Gerechtigkeit. Grundlagen eines liberalen Egalitarismus. Frankfurt am Main

Graumann, S. (2004) (Hrsg.): Ethik und Behinderung. Ein Perspektivenwechsel. Marburg

Graumann, S. (2006): Sind wir dazu verpflichtet für das Wohlergehen anderer zu sorgen? Eine Kritik traditioneller Ethikkonzeptionen und ein Plädoyer für eine „Care-Ethik", die verbindliche Verpflichtungen ausweist. In: Sonderpädagogische Förderung 51, 5–21

Graumann, S. (2011): Assistierte Freiheit. Von einer Behindertenpolitik der Wohltätigkeit zu einer Politik der Menschenrechte. Frankfurt am Main, New York

Gromann, P. (1998): Die Problematik der Beurteilung von Wohlbefinden aus der Außenperspektive – Schwierigkeiten der ‚Messung' von subjektiver Lebensqualität. In: Fischer, U.; Hahn, M. T.; Lindmeier, Ch.; Reimann, B.; Richardt, M. (Hrsg.): Wohlbefinden und Wohnen von Menschen mit schwerer geistiger Behinderung. Reutlingen, 254–270

Gröschke, D. (1993): Praktische Ethik der Heilpädagogik: individual- und sozialethische Reflexionen zu Grundfragen der Behindertenhilfe. Bad Heilbrunn

Gröschke, D. (1995): Zur Aktualität der Sozialphilosophie für die Heilpädagogik. Ein Beitrag zur sozialethischen Reflexion in der Behindertenhilfe. In: Vierteljahresschrift für Heilpädagogik und ihre Nachbargebiete 64, 406–414

Gröschke, D. (1997): Praxiskonzepte der Heilpädagogik. 2., völlig neu bearb. und erw. Aufl. Stuttgart

Gröschke, D. (2000): Das Normalisierungsprinzip: Zwischen Gerechtigkeit und gutem Leben. Eine Betrachtung aus ethischer Sicht. In: Zeitschrift für Heilpädagogik 51, 134–140

Grubmüller, J.; Hinz, A.; Loeken, H.; Moser, V. (1999): Paradigmenwechsel in der Sonderpädagogik? In: Schmetz, D.; Wachtel, P. (Hrsg.): Entwicklungen – Standorte – Perspektiven. Sonderpädagogischer Kongress 1998. Würzburg, 279–295

Grundschulverband (2004): Bildungsansprüche von Grundschulkindern – Standards zeitgemäßer Grundschularbeit. Einleitung: Der Beitrag des Grundschulverbands zur Standarddiskussion. URL: http://www.grundschulverband.de/bildungspolitik/bildungsstandards/tragfaehige-grundlagen/einleitung/ (11. 4. 2011)

Gruschka, A. (2006): Bildungsstandards oder das Versprechen, Bildungstheorie in empirischer Bildungsforschung aufzuheben. In: Frost, U. (Hrsg.): Unternehmen Bildung. Die Frankfurter Einsprüche und kontroverse Positionen zur aktuellen Bildungsreform. Sonderheft der Vierteljahresschrift für wissenschaftliche Pädagogik. Paderborn, 140–158

Gutmann, A. (1987): Democratic Education. Princeton

Habermas, J. (1973): System und Lebenswelt. In: Habermas, J.: Legitimationsprobleme im Spätkapitalismus. Frankfurt am Main, 9–18

Habermas, J. (2001): Die Zukunft der menschlichen Natur. Auf dem Weg zu einer liberalen Eugenik? Frankfurt am Main

Haeberlin, U. (1996): Heilpädagogik als wertgeleitete Wissenschaft. Bern, Stuttgart

Haeberlin, U. (2002): Gedanken über die Zukunftschancen der Heil- und Sonderpädagogik. In: Bundschuh, K. (Hrsg.): Sonder- und Heilpädagogik in der modernen Leistungsgesellschaft. Krise oder Chance? Frankfurt am Main, 17–38

Haeberlin, U. (2005): Grundlagen der Heilpädagogik. Einführung in eine wertgeleitete erziehungswissenschaftliche Disziplin. Bern

Haeberlin, U.; Bless, G.; Moser, U.; Klaghofer, R. (1990): Die Integration von Lernbehinderten. Versuche, Theorien, Forschungen, Enttäuschungen, Hoffnungen. Bern

Hafeneger, B.; Henkenborg, P.; Scherr. A. (Hrsg.) (2002): Pädagogik der Anerkennung? Grundlagen, Konzepte, Praxisfelder. Schwalbach/Ts.

Haker, H. (2002): Ethik der genetischen Frühdiagnostik. Sozialethische Reflexionen zur Verantwortung am Beginn des menschlichen Lebens. Paderborn

Hänsel, D.; Schwager, H. J. (2003): Einführung in die sonderpädagogische Schultheorie. Weinheim, Basel, Berlin

Hansen, G. (2001): „Behinderte sind doch in erster Linie Menschen, und deshalb ..." – Theoretische Argumente gegen die sukzessive Nivellierung sonder- und heilpädagogischen Spezialwissens. In: Sonderpädagogik 31, 25–33

Hatton (1998), C.: Whose Quality of Life Is It Anyway? Some Problems With the Emerging Quality of Life Consensus. In: Mental Retardation 36, 104–115

Haus, M. (2003): Kommunitarismus. Einführung und Analyse. Wiesbaden

Heimlich, U. (1995): Orte und Konzepte sonderpädagogischer Förderung. Ökologische Entwicklungsperspektiven der Heilpädagogik. In: Zeitschrift für Heilpädagogik 46, 46–54
Heimlich, U. (2003): Integrative Pädagogik. Eine Einführung. Stuttgart
Heinrich, M. (2007): Governance in der Schulentwicklung. Von der Autonomie zur evaluationsbasierten Steuerung. Wiesbaden
Heinrich, M. (2010): Bildungsgerechtigkeit. Zum Problem der Anerkennung fragiler Bildungsprozesse innerhalb neuer Steuerung und demokratischer Governance. In: Aufenanger, S.; Hamburger, F.; Ludwig, L.; Tippelt, R. (Hrsg.): Bildung in der Demokratie. Beiträge zum 22. Kongress der Deutschen Gesellschaft für Erziehungswissenschaft. Opladen & Farmington Hills, MI, 125–143
Heinrich-Böll-Stiftung (2008) (Hrsg.): Bildungsgerechtigkeit im Lebenslauf. Damit Bildungsarmut nicht weiter vererbt wird. Eine Empfehlung der Schulkommission der Heinrich-Böll-Stiftung, Berlin
Heinrichs, J.-H. (2008): Capabilities: Egalitaristische Vorgaben einer Maßeinheit. In: Otto, H.-U./Ziegler, H. (Hg.): Capabilities – Handlungsbefähigung und Verwirklichungschancen in der Erziehungswissenschaft. Wiesbaden, 54–68
Heinzel, F.; Prengel, A. (2002): Einleitung zum Jahrbuch Heterogenität, Integration und Differenzierung in der Primarstufe. In: Heinzel, F.; Prengel, A. (Hrsg.): Heterogenität, Integration und Differenzierung in der Primarstufe. Opladen, 9–19
Hellmann, M. (1996): Professionelle Heilpädagogik im Alltag. In: Hellmann, M.; Rohrmann, E. (Hrsg.): Alltägliche Heilpädagogik und ästhetische Praxis. Heidelberg, 31–49
Helmke, A. (2004): Die Entwürfe für das Fach Deutsch weisen deutliche Mängel auf. In: Schlömerkemper, J. (Hrsg.): Bildung und Standards. Zur Kritik der ‚Instandardsetzung' des deutschen Bildungswesens. 8. Beiheft der Deutschen Schule. Weinheim, 101–120
Helmke, A. (2009): Unterrichtsqualität und Lehrerprofessionalität. Diagnose, Evaluation und Verbesserung des Unterrichts. Stuttgart
Helsper, W. (2002): Lehrerprofessionalität als antinomische Handlungsstruktur. In: Kraul, M.; Marotzki, W.; Schweppe, C. (Hrsg.) (2002): Biographie und Professionalität. Bad Heilbrunn, 64–102
Helsper, W. (2006): Pädagogisches Handeln in den Antinomien der Moderne. In: Krüger, H.-H.; Helsper, W. (Hrsg.): Einführung in die Grundbegriffe und Grundfragen der Erziehungswissenschaft. 7., durchges. und aktual. Aufl. Opladen, Farmington Hills, 15–34
Helsper, W. (2007): Eine Antwort auf Jürgen Baumerts und Mareike Kunters Kritik am strukturtheoretischen Professionsansatz. In: Zeitschrift für Erziehungswissenschaft 10, 567–579
Helsper, W. (2011): Lehrerprofessionalität – der strukturtheoretische Ansatz zum Lehrerberuf. In: Terhart, E.; Bennewitz, H.; Rothland, M. (Hrsg.): Handbuch der Forschung zum Lehrerberuf. Münster, New York, München, Berlin, 149–170
Helsper, W.; Krüger, H.-H.; Rabe-Kleberg, U. (2000): Professionstheorie, Professions- und Biographieforschung – Einführung in den Themenschwerpunkt. In: Zeitschrift für Qualitative Bildungs-, Beratungs- und Sozialforschung 1, 5–19
Helsper, W.; Tippelt, R. (Hrsg.) (2011 a): Pädagogische Professionalität. Zeitschrift für Pädagogik – 57. Beiheft. Weinheim
Helsper, W.; Tippelt, R. (2011 b): Ende der Profession und Professionalisierung ohne Ende? Zwischenbilanz einer unabgeschlossenen Diskussion. In: Helsper, W.; Tippelt, R. (Hrsg.): Pädagogische Professionalität. Zeitschrift für Pädagogik – 57. Beiheft. Weinheim, 268–288
Herdegen, M. (2005): Kommentierung zu Art. 1 Abs. 1 GG. In: GG-Kommentar, hrsg. von T. Maunz, G. Düring u. a. München (fortlaufend)
Herriger, N. (1997): Empowerment in der Sozialen Arbeit. Eine Einführung. Stuttgart, Berlin, Köln

Herrmann, M. (2008): Fürsorge/Fürsorgeethik. In: Gosepath, S.; Hinsch, W.; Rössler, B. (Hrsg.): Handbuch der Politischen Philosophie und Sozialphilosophie. Band 1: A – M. Berlin, 358 – 362

Herrmann, U. (2010): Das dreigliedrige Schulsystem darf keine Zukunft haben! Ein Plädoyer für die inklusive Schule und die differenzierte Sekundarschule. URL: http://www.eine-schule-fuer-alle-rlp.de/attachments/File/Mainz-Fachtagung-EINE-Schule-fuer-ALLE.pdf (26. 09. 2010)

Herzog, S. (2011): Über den Berufseinstieg hinaus: Berufsbiografien von Lehrerinnen und Lehrern im Blickfeld der Forschung. In: Terhart, E.; Bennewitz, H.; Rothland, M. (Hrsg.): Handbuch der Forschung zum Lehrerberuf. Münster, New York, München, Berlin, 314 – 338

Herzog, W./Makarova, E. (2011): Anforderungen und Leitbilder für den Lehrerberuf. In: Terhart, E.; Bennewitz, H.; Rothland, M. (Hrsg.): Handbuch der Forschung zum Lehrerberuf. Münster, New York, München, Berlin, 63 – 78

Hiller, G. G. (1989): Ausbruch aus dem Bildungskeller. Langenau-Ulm

Hiller, G. G. (1992/1994): Durchblick im Alltag. Erste Folge/Zweite Folge. Berlin

Hiller, G. G. (1996): Chancen stiften statt ausgrenzen. Anregungen zur Kultivierung unserer Gesellschaft durch praktische Solidarität mit benachteiligten jungen Menschen. In: Berufliche Rehablilitation 10, 22 – 43

Hiller, G. G. (2003): Durchblick im Alltag. Deutsch-türkische Ausgabe. Langenau-Ulm

Hiller, G. G. (2007): Milieusensible kommunale ‚Bildungslandschaften' als Antwort auf die Pluralisierung der Lebenslagen. In: Katzenbach, D. (Hrsg.): Vielfalt braucht Struktur. Heterogenität als Herausforderung für die Unterrichts- und Schulentwicklung. Frankfurt am Main, 109 – 125

Hinsch, W. (2002): Gerechtfertigte Ungleichheiten. Grundsätze sozialer Gerechtigkeit. Berlin, New York

Hinte, W. (1998): Von der Gemeinwesenarbeit zur Stadtteilbezogenen Sozialen Arbeit. In: Hinte, W.; Karas, F. (Hrsg.): Studienbuch Gruppen- und Gemeinwesenarbeit: eine Einführung für Ausbildung und Praxis. Frankfurt am Main, 29 – 40.

Hinte, W. (2006): Geschichte, Quellen und Prinzipien des Fachkonzepts „Sozialraumorientierung". In: W. Budde, W.; Früchtel, F; Hinte, W. (Hrsg.): Sozialraumorientierung. Wege zu einer veränderten Praxis. Wiesbaden, 7 – 24

Hinte, W. (2009): Eigensinn und Lebensraum – zum Stand der Diskussion um das Fachkonzept „Sozialraumorientierung". In: Vierteljahresschrift für Heilpädagogik und ihre Nachbargebiete 78, 20 – 33

Hintermair, M. (2009). Salutogenetische und Empowerment-Konzepte in der Arbeit mit Kindern und Jugendlichen mit Behinderungen. In: Sachverständigenkommission Dreizehnter Kinder- und Jugendbericht (Hrsg.): Materialien zum Dreizehnten Kinder- und Jugendbericht. Mehr Chancen für gerechtes Aufwachsen. München, 157 – 193

Hinz, A. (1993): Heterogenität in der Schule. Integration – Interkulturelle Erziehung – Koedukation. Hamburg

Hinz. A. (1998): Pädagogik der Vielfalt – ein Ansatz auch für Schulen in Armutsgebieten? In: Hildeschmidt, A.; Sander, A.; Schnell, I. (Hrsg.): Integrationspädagogik. Auf dem Weg zu einer Schule für alle. Weinheim und München, 127 – 144

Hinz, A. (2002): Von der Integration zur Inklusion – terminologisches Spiel oder konzeptionelle Weiterentwicklung? In: Zeitschrift für Heilpädagogik 53, 354 – 361

Hinz, A. (2004): Von sonderpädagogischen Verständnis der Integration zum integrationspädagogischen Verständnis der Inklusion!? In: Schnell, I.; Sander, A. (Hrsg.): Inklusive Pädagogik. Bad Heilbrunn, 41 – 74

Hinz, A. (2007 a): Inklusive Qualität von Schule. In: Vierteljahreszeitschrift für Heilpädagogik und ihre Nachbargebiete 76, 10 – 21

Hinz, A. (2007b): Inklusion – Vision und Realität! In: Katzenbach, D. (Hrsg.): Vielfalt braucht Struktur. Heterogenität als Herausforderung für die Unterrichts- und Schulentwicklung. Frankfurt am Main, 81–98
Hinz, A. (2008): Deprofessionalisierung (in) der Sonder-/Heilpädagogik – gefordert, notwendig, überlebenswichtig. Gedanken zum Provokativen Essay von Hans-Joachim Motsch in Vierteljahresschrift für Heilpädagogik und ihre Nachbargebiete 1 (2008) 4–10. In: Vierteljahresschrift für Heilpädagogik und ihre Nachbargebiete 77, 138–141
Hirschberg, M. (2003): Die Klassifikationen von Behinderung der WHO. Gutachten, erstellt im Auftrag des Institutes Mensch, Ethik und Wissenschaft (IMEW). Berlin
Hirschberg, M. (2009): Behinderung im internationalen Diskurs. Die flexible Klassifizierung der Weltgesundheitsorganisation. Frankfurt am Main
Hirschberg, M. (2012): Die Erfassung gesellschaftlicher Barrieren und Unterstützungsfaktoren – Vorschläge zur Weiterentwicklung der ICF. In: Teilhabe 51, 20–24
Hock, B.; Holz, G.; Simmeldinger, R.; Wüstendörfer, W. (2000): Gute Kindheit – Schlechte Kindheit? Armut und Zukunftschancen von Kindern und Jugendlichen. Frankfurt am Main
Höck, M. (1979): Die Hilfsschule im Dritten Reich. Berlin
Höffe, O. (1996): Soziale Gerechtigkeit als Tausch: ein neues Paradigma. In: Bayertz, K. (Hrsg.): Politik und Ethik. Stuttgart, 229–248
Höffe, O. (2002): Moral. In: Höffe, O. et al. (Hrsg.): Lexikon der Ethik. 6. neubearb. Aufl. München, 177–179
Höffe, O. (2007): Gerechtigkeit. Eine philosophische Einführung. 3., durchges. Aufl. München
Hollenweger, J. (2004): Integration: mehr als ein Programm? Perspektiven einer auf integrative Prozesse ausgerichteten Sonderpädagogik. In: Kummer Wyss, A.; Walther-Müller, P. (Hrsg.): Integration: Anspruch und Wirklichkeit. Luzern, 17–39
Hollenweger, J. (2005): Die Relevanz der Internationalen Klassifikation der Funktionsfähigkeit, Behinderung und Gesundheit (ICF) für die Sonderpädagogik. In: Sonderpädagogische Förderung 50, 150–168
Hollenweger, J. (2006): Measuring Health and Disability in Europe: Ein Projekt zu den Fragen der ICF-Implementierung. In: Schweizerische Zeitschrift für Heilpädagogik, Nr. 6, 16–22
Hollenweger, J. (2007): Frühförderung und ICF. Überlegungen zur Anwendung der ICF in der frühen Kindheit. In: Frühförderung interdisziplinär 26, 149–157
Hollenweger, J. (2008): Die WHO veröffentlicht eine ICF-Version für Kinder und Jugendliche (ICF-CY). In: Schweizerische Zeitschrift für Heilpädagogik, Nr. 1, 11–16
Hollenweger, J.; Gürber, S.; Keck, A. (2005): Menschen mit Behinderung an Schweizer Hochschulen. Befunde und Empfehlungen. Zürich, Chur
Hollenweger, J.; Lienhard, P. (2007): Schulische Standortgespräche. Ein Verfahren zur Förderplanung und zur Zuweisung von sonderpädagogischen Maßnahmen. Zürich
Hollenweger, J.; Luder, R. (2010): Schulische Standortgespräche. Ein Verfahren zur Förderplanung und Zuweisung von sonderpädagogischen Maßnahmen. In: Sonderpädagogische Förderung heute 55, 271–286
Holzleithner, E. (2009): Gerechtigkeit. Wien
Honneth, A. (1990): Integrität und Mißachtung. Grundmotive einer Moral der Anerkennung. In: Merkur 44, 1043–1054
Honneth, A. (1992): Kampf um Anerkennung. Zur moralischen Grammatik sozialer Konflikte. Frankfurt am Main
Honneth, A. (1997): Anerkennung und moralische Verpflichtung. In: Zeitschrift für philosophische Forschung 51, 25–41
Honneth, A. (Hrsg.) (1993): Kommunitarismus: eine Debatte über die moralischen Grundlagen moderner Gesellschaften. Frankfurt am Main

Hornstein, W.; Lüders, C. (1989): Professionalisierungstheorie und pädagogische Theorie. Verberuflichung erzieherischer Aufgaben und pädagogische Professionalität. In: Zeitschrift für Pädagogik 35, 749–769

Horster, D.; Hoyningen-Süess, U.; Liesen, C. (Hrsg.) (2005): Sonderpädagogische Professionalität. Beiträge zur Entwicklung der Sonderpädagogik als Disziplin und Profession. Wiesbaden

Howe, K. R. (1989): In Defense of Outcome-based Conceptions of Equal Educational Opportunity. In: Educational Theory 39, 317–336

Hradil, S. (2001): Soziale Ungleichheit in Deutschland. 8. Aufl. Opladen

Hradil, S. (2004): Die Sozialstruktur Deutschlands im internationalen Vergleich. Wiesbaden

Hradil, S. (2008): Soziale Ungleichheit, soziale Schichtung und Mobilität. In: Korte, B.; Schäfers, B. (Hrsg.): Einführung in Hauptbegriffe der Soziologie. 8., durchges. Aufl. Wiesbaden, 211–234

Hügli, A. (1998): Pädagogische Ethik. In: Pieper, A.; Thurnherr, U. (Hrsg.): Angewandte Ethik. München 1998, 312–332

Iben, G. (1968): Kinder am Rande der Gesellschaft. München

ICESCR (1966/2004): Internationaler Pakt über wirtschaftltliche, soziale und kulturelle Rechte vom 19. Dezember 1966. In: Menschenrechte. Dokumente und Deklarationen. Hrsg. v. d. Bundeszentrale für politische Bildung. 4. aktual. u. erw. Aufl. Bonn, 54–59

Jakobs, H. (1997): Heilpädagogik zwischen Anthropologie und Ethik. Eine Grundlagenreflexion aus kritisch-theoretischer Sicht. Bern, Stuttgart, Wien

Jacobs. H. (2006): Anthropologie. In: Antor, G.; Bleidick, U. (Hrsg.): Handlexikon der Behindertenpädagogik. Schlüsselbegriffe aus Theorie und Praxis. 2., überarb. und erw. Aufl., 179–181

Jacobs, H. (2009): Anthropologie/Anthropologiekritik. In: Dederich, M.; Jantzen, W. (Hrsg): Behinderung und Anerkennung. Stuttgart, 293–297

Jantzen, W. (1974): Sozialisation und Behinderung. Studien zu sozialwissenschaftlichen Grundfragen der Behindertenpädagogik. Gießen

Jantzen, W. (1987): Allgemeine Behindertenpädagogik, Bd. 1: Sozialwissenschaftliche und psychologische Grundlagen. Weinheim

Jantzen, W. (2001): Unterdrückung in Samthandschuhen – Über paternalistische Gewaltausübung (in) der Behindertenpädagogik. In: Müller, A.: Sonderpädagogik provokant. Luzern, 57–68

Jantzen, W.; Lanwer-Koppelin, W.; Schulz, K. (Hrsg.) (1999): Qualitätssicherung und Deinstitutionalisierung. Niemand darf wegen seiner Behinderung benachteiligt werden. Berlin

Jencks, C. (1973): Chancengleichheit. Reinbek bei Hamburg

Jencks, C. (1988): Whom Must We Treat Equally for Educational Opportunity to Be Equal? In: Ethics 98, 518–533.

Jülich, M. (1996): Schulische Integration in den USA: Bisherige Erfahrungen bei der Umsetzung des Bundesgesetzes ‚Public Law 94–142' – dargestellt anhand einer Analyse der ‚Annual Reports to Congress. Bad Heilbrunn

Kallscheuer, O. (1995): Was heißt schon Kommunitarismus? Forschungsjournal NSB 8, 17–28

Kant, I. (1788): Critik der praktischen Vernunft. Riga

Kanter, G. O. (2000): Die KMK-Empfehlungen von 1994 zur sonderpädagogischen Förderung. In: Drave, W.; Rumpler, F.; Wachtel, P. (Hrsg.): Empfehlungen zur sonderpädagogischen Förderung. Allgemeine Grundlagen und Förderschwerpunkte (KMK) mit Kommentaren. Würzburg, 45–54

Kanter, G. O. (2002): Von der Hilfsschule zum sonderpädagogischen Fördersystem – Wege zur Neubestimmung der Lernbehindertenpädagogik. In: Die neue Sonderschule 47, 38–50

Katzenbach, D. (2004): Sozialphilosophische Perspektiven auf den so genannten Paradigmenwechsel in der Behindertenpädagogik. In: Ahrbeck, B.; Rauh, B. (Hrsg.): Behinderung zwischen Autonomie und Angewiesensein. Stuttgart, 127–144

Katzenbach, D.; Schroeder, J. (2007): „Ohne Angst verschieden sein können" – Über Inklusion und ihre Machbarkeit. In: Zeitschrift für Heilpädagogik 58, 202–213
Kaufmann, J. M.; Hallahan, D. P. (Hrsg.) (2004): The Illusion of Full Inclusion. A Comprehensive Critique of a Current Special Education. Bandwagon
Kayess, R.; French, P. (2008): Out of Darkness into Light? Introducing the Convention on the Rights of Persons with Disabilities. In: Human Rights Law Review 8:1, 1–34
Kempfert, G.; Rolff, H.-G. (1999): Pädagogische Qualitätsentwicklung. Weinheim, Basel
Keupp, H. (1987): Soziale Netzwerke – eine Metapher des gesellschaftlichen Umbruchs? In: Keupp, H.; Röhrle, B. (Hrsg.): Soziale Netzwerke. Frankfurt am Main, New York, 11–53
Keupp, H. (1990): Lebensbewältigung im Jugendalter aus der Perspektive der Gemeindepsychologie. Förderung präventiver Netzwerkressourcen und Empowermentstrategien. In: Sachverständigenkommission zum 8. Jugendbericht (Hrsg.): Risiken des Heranwachsens. Probleme der Lebensbewältigung im Jugendalter. Materialien zum 8. Jugendbericht. München, 2–51
Keupp, H. (2010): Verwirklichungschancen von Anfang an: Frühe Förderung als Beitrag zur Befähigungsgerechtigkeit. In: Robert, G. et al. (Hrsg.): Aufwachsen in Dialog und sozialer Verantwortung. Bildung – Risiken – Prävention in der frühen Kindheit. Wiesbaden, 49–70
Keupp, H.; Höfer, R. (1997): Identitätsarbeit heute: klassische und aktuelle Perspektiven der Identitätsforschung. Frankfurt am Main
Kittay, E. F. (1999): Love's Labor. Essays on Women, Equality and Dependency. New York, London
Kittay, E. F. (2001 a): A Feminist Public Ethic of Care Meets the New Communitarism Family Policy. In: Ethics 111, 523–547
Kittay, E. F. (2001 b): When Caring Is Just and Justice Is Caring: Justice and Mental Retardation. In: Public Culture 13, 557–579
Kittay, E. F. (2004): Behinderung und das Konzept der Care Ethik. In: Graumann, S.; Grüber, K.; Nicklas-Faust, J.; Schmidt, S.; Wagner-Kern, M. (Hrsg.): Ethik und Behinderung. Ein Perspektivenwechsel. Frankfurt, New York, 67–80
Kittay, E. F.; Feder, E. K. (Eds.) (2002): The Subject of Care. Feminist Perspectives on Dependency. Lanham
Klafki, W. (1985): Neue Studien zur Bildungstheorie und Didaktik. Zeitgemäße Allgemeinbildung und kritisch-konstruktive Didaktik. Weinheim und Basel
Klein, G. (1985): Lernbehinderte Kinder und Jugendliche. Stuttgart
Klein, G. (1996): Soziale Benachteiligung: Zur Aktualität eines verdrängten Begriffs. In: Opp, G.; Petermann, F. (Hrsg.): Focus Heilpädagogik – ‚Projekt Zukunft'. München, 140–149
Klein, G. (2002): Frühförderung für Kinder mit psychosozialen Risiken. Stuttgart
Klein, G. (2008): Kultur. In: Korte, B.; Schäfers, B. (Hrsg.): Einführung in Hauptbegriffe der Soziologie. 8., durchges. Aufl. Wiesbaden, 235–255
Klein, G.; Kreie, G.; Kron, M.; Reiser, H. (1987): Integrative Prozesse in Kindergartengruppen. Über die gemeinsame Erziehung von behinderten und nichtbehinderten Kindern. München: DJI 1987
Klemm, K. (2009): Klassenwiederholungen – teuer und unwirksam. Eine Studie zu den Ausgaben für Klassenwiederholungen in Deutschland. Gütersloh
Klemm, K. (2010): Gemeinsam lernen. Inklusion leben. Status quo und Herausforderungen inklusiver Bildung in Deutschland. Gütersloh
KLGH 2008 – Resolution der Konferenz der Lehrenden der Geistigbehindertenpädagogik an wissenschaftlichen Hochschulen in deutschsprachigen Ländern (KLGH) zur Implementierung outputorientierter Bildungsstandards für den Förderschwerpunkt Geistige Entwicklung (2008). In: Sonderpädagogische Förderung *heute* 53, 317–318
Klieme, E. (2004 a): Begründung, Implementation und Wirkung von Bildungsstandards: Aktuelle Diskussionslinien und empirische Befunde. In: Zeitschrift für Pädagogik 50, 625–634

Klieme, E. (2004 b): Was sind Kompetenzen und wie lassen sie sich messen? In: Pädagogik 6, 10–13

Klieme, E.; Avenarius, H.; Blum, W.; Döbrich, P.; Gruber, H.; Prenze, M.; Reiss, K.; Riquardts, K.; Rost, J.; Tenorth, H.-E.; Vollmer, H. (2003): Zur Entwicklung nationaler Bildungsstandards. Eine Expertise. Hrsg. vom Bundesministerium für Bildung und Forschung. Bonn, Berlin

KMK (1960): Gutachten zur Ordnung des Sonderschulwesens. Bonn

KMK (1972): Empfehlungen zur Ordnung des Sonderschulwesens. Bonn

KMK (1994 a): Empfehlungen zur sonderpädagogischen Förderung in Schulen der Bundesrepublik Deutschland. Bonn

KMK (1994 b): Empfehlungen zur Arbeit in der Grundschule. Bonn

KMK (1994 c): Rahmenvereinbarung über die Ausbildung und Prüfung für ein sonderpädagogisches Lehramt (Lehramtstyp 6). Bonn 1994 c

KMK (2005): Bildungsstandards der Kultusministerkonferenz. Erläuterungen zur Konzeption und Entwicklung. München, Neuwied. URL: http://www.kmk.org/schul/Bildungsstandards/Argumentationspapier308KMK.pdf (18. 10. 2010)

KMK (2010): Pädagogische und rechtliche Aspekte der Umsetzung des Übereinkommens der Vereinten Nationen vom 13. Dezember 2006 über die Rechte von Menschen mit Behinderungen (Behindertenrechtskonvention – VN-BRK) in der schulischen Bildung. Beschluss der Kultusministerkonferenz vom 18. 11. 2010. Berlin

KMK (2011): Inklusive Bildung von Kindern und Jugendlichen mit Behinderungen in Schulen. Beschluss der Kultusministerkonferenz vom 20. 10. 2011. Berlin

KMK (2012): Statistische Veröffentlichungen der Kultusministerkonferenz – Dokument 196. Bonn

Knebel, U. v. (2010): Auf dem Weg zu einer inklusionstauglichen Diagnostik. In: Sonderpädagogische Förderung *heute*, 231–251

Kobi, E. E. (2004): Grundfragen der Heilpädagogik. Eine Einführung in heilpädagogisches Denken. 6., bearb. und erg. Aufl. Berlin

Koch, L. (2004 b): Allgemeinbildung und Grundbildung, Identität oder Alternative? In: Zeitschrift für Erziehungswissenschaft 7, 183–191

Koch, U. (2007): Konfliktfelder bei der Gewährung des Rechts auf Bildung für Kinder ohne Aufenthaltsrecht und Duldung. In: Heimbach-Steims, M.; Kruip, G.; Kunze, A. B. (Hrsg.): Das Menschenrecht auf Bildung und seine Umsetzung in Deutschland. Bielefeldt, 155–173

Kohlberg, L. (1981): The Philosophy of Moral Development, Vol. 1. San Francisco

Kollek, R. (2002): Präimplantationsdiagnostik. Embryonenselektion, weibliche Autonomie und Recht. Tübingen

König, A. (1992): „Normalisierung“ konkret – Wolfensbergers Verfahren PASSING. In: Bundesvereinigung Lebenshilfe e. V. (Hrsg.): Qualitätsbeurteilung und -entwicklung von Wohneinrichtungen. Marburg, 37–84

König, E.; Zedler, P. (2002): Theorien der Erziehungswissenschaft. Einführung in Grundlagen, Methoden und praktische Konsequenzen. 2. Aufl. Weinheim und Basel

Konsortium Bildungsberichterstattung (2006): Bildung in Deutschland. Ein indikatorengestützter Bericht mit einer Analyse zu Bildung und Migration. Bielefeld

Köstermenke, S. (2008): Bildungsstandards und geistige Behinderung. Ein Blick in die USA. In: Zeitschrift für Heilpädagogik 59, 260–267

Kramer, R.-T.; Helsper, W. (2010): Kulturelle Passung und Bildungsungleichheit – Potenziale einer an Bourdieu orientierten Analyse der Bildungsungleichheit. In: Krüger, H.-H.; Rabe-Kleberg, U.; Kramer, R.-T.; Budde, J. (Hrsg.): Bildungsungleichheit revisited: Bildung und soziale Ungleichheit vom Kindergarten bis zur Hochschule. Wiesbaden, 103–125

Krappmann, L. (1969): Soziologische Dimensionen der Identität. Strukturelle Bedingungen für die Teilnahme an Interaktionsprozessen. Stuttgart

Kraul, M.; Marotzki, W.; Schweppe, C. (Hrsg.) (2002a): Biographie und Professionalität. Bad Heilbrunn

Kraul, M.; Marotzki, W.; Schweppe, C. (2002b): Biographie und Profession. Eine Einleitung. In: Kraul, M.; Marotzki, W.; Schweppe, C. (Hrsg.): Biographie und Professionalität. Bad Heilbrunn, 7–16

Kraus, K. (2008): Beschäftigungsfähigkeit oder Maximierung von Beschäftigungsoptionen? Ein Beitrag zur Diskussion um neue Leitlinien für Arbeitsmarkt- und Beschäftigungspolitik. Expertise im Auftrag der Friedrich-Ebert-Stiftung, Bonn

Krauss, S. (2011): Das Experten-Paradigma in der Forschung zum Lehrerberuf. In: Terhart, E.; Bennewitz, H.; Rothland, M. (Hrsg.): Handbuch der Forschung zum Lehrerberuf. Münster, New York, München, Berlin, 171–191

Krebs, A. (2000): Einleitung: Die neue Egalitarismuskritik im Überblick. In: Krebs, A. (Hrsg.): Gleichheit oder Gerechtigkeit. Texte der neuen Egalitarismuskritik. Frankfurt am Main, 7–37

Kreie, G. (2002): Integrative Kooperation. In: Eberwein, H. & Knauer, S. (Hrsg.): Integrationspädagogik. 6., völlig überarb. Aufl. Weinheim, Basel,, 404–411

Krennerich, M. (2005): Soziale Rechte sind Freiheitsrechte! Plädoyer für ein freiheitliches Verständnis wirtschaftlicher, sozialer und kultureller Rechte. In: Jahrbuch Menschenrechte 2006. Frankfurt am Main 57–66

Krüger, H.-H.; Helsper, W. (Hrsg.) (2006): Einführung in Grundbegriffe und Grundfragen der Erziehungswissenschaft. 7., durchges. und aktual. Aufl. Opladen, Farrmington Hills

Krüger, H.-H.; Rabe-Kleberg, U.; Kramer, R.-T.; Budde, J. (Hrsg.) (2010): Bildungsungleichheit revisited: Bildung und soziale Ungleichheit vom Kindergarten bis zur Hochschule. Wiesbaden

Kugel, R.; Wolfensberger, W. (1969): Changing Patterns in Residental Services for the Mentally Retarded. Washington

Kulig, W.; Theunissen, G. (2004): Kommunitaristisches Denken – Eine mögliche Grundlage für die Heilpädagogik und Soziale Arbeit mit intellektuell behinderten Menschen? In: Forster, R. (Hrsg.): Soziologie im Kontext von Behinderung. Theoriebildung, Theorieansätze und singuläre Phänomene. Bad Heilbrunn, 197–217

Kunter, M.; Pohlmann, B. (2009): Lehrer. In: Möller, J.; Wild, E. (Hrsg.): Einführung in die Pädagogische Psychologie. Berlin, 261–282

Kunz, A.; Felkendorff, K. (2008): Implementierung der ICF in Bildungssystemen. Empfehlungen aus dem Projekt MHADIE. In: Schweizerische Zeitschrift für Heilpädagogik, Nr. 1, 6–10

Kunze, A. B. (2009): Bildung als Freiheitsrecht – Zum Zusammenspiel von freier Persönlichkeitsentfaltung, Sicherung realer Freiheit und pädagogischer Wahlfreiheit. In: Heimbach-Steins, M.; Kruip, G.; Kunze, A. B. (Hrsg.): Bildungsgerechtigkeit – Interdisziplinäre Perspektiven. Bielefeldt, 143–164

Kunz-Heim, D. (2002): Qualität durch Qualifizierung. Lehrerbeurteilung als Instrument zur Förderung von Qualität im Unterreicht. Weinheim, München

Kuper, H. (2002): Stichwort: Qualität im Bildungssystem. In: Zeitschrift für Erziehungswissenschaft 5, 533–551

Lange, S. (2000): Auf der Suche nach der guten Gesellschaft. Der Kommunitarismus Amitai Etzionis. In: Schimank, U.; Volkmann, U. (Hrsg.): Soziologische Gegenwartsdiagnosen I. Eine Bestandsaufnahme. Opladen, 255–274

Langfeldt, H. P. (1998): Behinderte Kinder im Urteil ihrer Lehrkräfte: eine Analyse der Begutachterpraxis im Sonderschul-Aufnahme-Verfahren. Heidelberg

Lemke, W.; Schuck, K. D. (2002): Bezugspunkte der Sonderpädagogischen Förderung in schuladministrativer Sicht: Die KMK-Empfehlungen zwischen Entwicklungs- und Defizitorientierung. In: Die neue Sonderschule 47, 85–102

Lenhard, W. (2005) Die psychosoziale Stellung von Eltern behinderter Kinder im Zeitalter der Pränataldiagnostik. Würzburg (=Diss.)

Lenhart, V. (2006): Pädagogik der Menschenrechte. 2. Aufl. Wiesbaden
Lenzen, D. (1999): Orientierung Erziehungswissenschaft. Was sie kann, was sie will. Reinbek bei Hamburg
Leonhardt, A.(Hrsg.) (2004): Wie perfekt muss der Mensch sein? München, Basel
Leu, H. R. (1999): Die ‚biographische Situation' als Bezugspunkt eines sozialisationstheoretischen Subjektverständnisses. In: Leu, H. R.; Krappmann, L. (Hrsg.): Zwischen Autonomie und Verbundenheit. Bedingungen und Formen der Behauptung von Subjektivität. Frankfurt am Main, 77–107
Leyendecker, C. (2000): Qualität früher Förderung: Grundlagen und Ziele. In: Korsten, S.; Wansing, G. (Hrsg.): Qualitätssicherung in der Frühförderung. Dortmund, 11–22
Liebel, M. (2007): Wozu Kinderrechte. Grundlagen und Perspektiven. Unter Mitarbeit von B. Hungerland, A. Liesecke, C. Lohrenscheit und A. Recknagel. Weinheim und München
Liebel, M. (2009): Kinderrechte – aus Kindersicht. Wie Kinder weltweit zu ihrem Recht kommen. Münster
Liebel, M. (2012): Kinder und Gerechtigkeit. Über Kinderrechte neu nachdenken. Weinheim und Basel (*im Druck*)
Liesen, C. (2006): Gleichheit als ethisch-normatives Problem der Sonderpädagogik. Dargestellt am Beispiel ‚Integration'. Bad Heilbrunn
Lindmeier, B. (2003): Von der Integration in die Gemeinde zur inklusiven Gemeinde – Begriffswechsel oder Neuformulierung der Zielsetzung? In: Sonderpädagogische Förderung 48, 348–364
Lindmeier, B. (2005): Kategorisierung und Dekategorisierung in der Sonderpädagogik. In: Sonderpädagogische Förderung 50, 131–149
Lindmeier, B. (2006): Soziale Netzwerke – ihre Bedeutung für ein differenziertes Verständnis von Unterstützerkreisen in der persönlichen Zukunftsplanung In: Geistige Behinderung 45, 99–111
Lindmeier, B. (2008): Empowerment als Leitidee der Gestaltung von Erwachsenenbildung. In: Heß, G.; Kagemann-Harnack, G.; Schlummer, W. (Hrsg.): Wir wollen – wir lernen – wir können! Erwachsenenbildung, Inklusion, Empowerment. Marburg, 110–117
Lindmeier, B. (2011): „Ältere Menschen wohnen doch alle im Wohnheim!" Zur Situation älterer Menschen mit geistiger Behinderung im Elternhaus. In: Vierteljahresschrift für Heilpädagogik und ihre Nachbargebiete 80, 7–18
Lindmeier, B. (2012): Angemessene Vorkehrungen – was braucht man außer gesetzlichen Regelungen? In: Gemeinsam leben 20, 72–79
Lindmeier, B.; Beyer, T. (2011 a): „Es hat ja nicht nur sein Positives, dass er in der Mathestunde bei uns ist, denn er stört uns." Evaluation eines Kooperationsprojektes einer Förderschule mit dem Schwerpunkt körperliche und motorische Entwicklung und einer Grundschule. In: Sonderpädagogik in Niedersachsen 3/2011, 10–25
Lindmeier, B.; Beyer, T. (2011 b): Kooperation von Lehrkräften in verschiedenen Formen schulischer Integration. In: Sonderpädagogische Förderung *heute* 56, 396–413
Lindmeier, B.; Lindmeier, C. (2000 a): Wohnen oder Unterbringung? – Integrative Wohnkonzepte in Großbritannien. In: Hans, M.; Ginnold, A. (Hrsg.): Integration von Menschen mit Behinderung – Entwicklungen in Europa. Neuwied, Berlin, 299–326
Lindmeier, B.; Lindmeier, C. (2000 b): Vom independent living zum supported living – Neue Perspektiven für ein selbstbestimmtes Leben von Menschen mit (geistiger) Behinderung? In: Färber, H.-P.; Lipps, W.; Seyfarth, Th. für die Körperbehindertenförderung Neckar-Alb (Hrsg.): Wege zum selbstbestimmten Leben trotz Behinderung. Tübingen, 144–163
Lindmeier, B.; Lindmeier, C. (2001): Supported Living – ein neues Konzept des Wohnens und Lebens in der Gemeinde für Menschen mit (geistiger) Behinderung. In: Behinderte in Familie, Schule und Gesellschaft 24, 3/4, 39–49

Lindmeier, B.; Lindmeier, C. (2003): Selbstbestimmung in der professionellen Arbeit mit Menschen mit geistiger Behinderung. Zur Rezeption der US-amerikanischen Diskussion. In: Geistige Behinderung 42, 119–138

Lindmeier, B.; Lindmeier, C. (2006): Geistige Behinderung, Geistigbehinderte, Geistigbehindertenpädagogik. In: Antor, G.; Bleidick, U. (Hrsg.): Handlexikon der Behindertenpädagogik. Schlüsselbegriffe aus Theorie und Praxis. 2., überarb. und erw. Aufl. Stuttgart, 134–138

Lindmeier, B.; Lindmeier, C. (2007): Professionstheorie und -forschung in der Heilpädagogik. In: Bundschuh, K.; Heimlich, U. & R. Krawitz (Hrsg.): Wörterbuch Heilpädagogik. 3., überarb. Aufl. Bad Heilbrunn, 214–218

Lindmeier, B.; Meyer, D. (2005): Persönliche Zukunftsplanung mit Unterstützerkreisen. Stand der Umsetzung und Perspektiven für die Bundesrepublik Deutschland. In: Behinderte in Familie, Schule und Gesellschaft 28, 1, Zur Praxis, 1–16

Lindmeier, C. (1993): Behinderung – Phänomen oder Faktum. Versuch einer Klärung. Bad Heilbrunn

Lindmeier, C. (2000): Heilpädagogische Professionalität. In: Sonderpädagogik 30, 166–180

Lindmeier, C. (2001): Die Legitimation der Heilpädagogik im Spannungsfeld der ethischen und politischen Anerkennung von Gleichheit und Verschiedenheit. In: Die neue Sonderschule 46, 404–421

Lindmeier, C. (2002): Rehabilitation und Bildung – Möglichkeiten und Grenzen einer intensivierten Kooperation durch die neue WHO-Klassifikation der Funktionsfähigkeit und Behinderung (ICF) (Teil I)? In: Die neue Sonderschule 47, 411–425

Lindmeier, C. (2003): Rehabilitation und Bildung – Möglichkeiten und Grenzen einer intensivierten Kooperation durch die neue WHO-Klassifikation der Funktionsfähigkeit und Behinderung (ICF) (Teil II)? In: Sonderpädagogische Förderung 48, 3–23

Lindmeier, C. (2004): Status, Funktion und Leistungsfähigkeit einer allgemeinen Theorie der Heilpädagogik. In: Zeitschrift für Heilpädagogik 55, 510–524

Lindmeier, C. (2007): Pränataldiagnostik aus sonderpädagogischer Sicht. Ein Plädoyer für die Stärkung deskriptiv-ethischer Forschung. In: Sonderpädagogische Förderung heute 51, 56–71

Lindmeier, C. (2008): Inklusive Bildung als Menschenrecht. In: Sonderpädagogische Förderung heute 53, 354–374

Lindmeier, C. (2009 a): Weiterbildung mit benachteiligten Erwachsenen – lebenslanges Lernen unter erschwerenden Bedingungen. In: Stein, R.; Ortmann Bless, D. (Hg.): Lebensgestaltung bei Behinderungen und Benachteiligungen im Erwachsenenalter und Alter. Hohengehren, 33–65

Lindmeier, C. (2009 b): Sonderpädagogische Lehrerbildung für ein inklusives Schulsystem? In: Zeitschrift für Heilpädagogik 60, 416–427

Lindmeier, C. (2010): Kommunitarismus: Tragfähiges Leitkriterium einer solidarischen und fürsorglichen Haltung? In: Weiß, H.; Stinkes, U.; Fries, A. (Hrsg.): Prüfstand der Gesellschaft: Behinderung und Benachteiligung als soziale Herausforderung. Würzburg, 269–298

Lindmeier, C. (2011 a): Bildungsgerechtigkeit im schulbezogenen sonder-, integrations- und inklusionspädagogischen Diskurs. In: Dederich, M.; Schnell, M. W. (Hrsg.): Anerkennung und Gerechtigkeit in Heilpädagogik, Pflegewissenschaft und Medizin. Auf dem Weg zu einer nichtexklusiven Ethik. Bielefeld, 159–186

Lindmeier, C. (2011 b): Bildungsgerechtigkeit und Inklusion. In: Zeitschrift für Heilpädagogik 62, 124–135

Lindmeier, C. (2011 c): Inklusive Bildung und Kinderrechte. In: Gemeinsam leben 19, 205–218

Lindmeier, C. (2012): ‚Grundbildung' und ‚Basiskompetenzen' – (k)ein Thema für die Geistigbehindertenpädagogik? In: Schwarzburg von Wedel, E.; Stinkes, U. (Hrsg): Festschrift für Prof. Dr. Hans Weiß zum 65. Geburtstag. Reutlingen (*im Druck*)

Lindmeier, C.; Lindmeier, B. (2012): Die neuen KMK-Empfehlungen zur inklusiven Bildung von Kindern und Jugendlichen in Schulen – eine Kommentierung aus bildungswissenschaftlicher Sicht. In: Sonderpädagogische Förderung *heute* 56 (*im Druck*)

Loeken, H. (2000): Erziehungshilfe in Kooperation. Professionelle und organisatorische Entwicklungen in einer kooperativen Einrichtung von Schule und Jugendhilfe. Heidelberg

Lohrenscheit, C. (2004): Das Recht auf Menschenrechtsbildung. Grundlagen und Ansätze einer Pädagogik der Menschenrechte. Frankfurt am Main, London

Lohrenscheit, C. (2007): Die UN-Sonderberichterstattung zum Recht auf Bildung und ihre Grundlegung durch Katharina Tomasevski. In: Overwien, B.; Prengel, A. (Hrsg.): Recht auf Bildung. Zum Besuch des Sonderberichterstatters der Vereinten Nationen in Deutschland. Opladen, Farmington Hills, 34–50

Lönz, M. (2003): Chancengleichheit im Bildungssystem? Eine Anfrage. In: Pädagogische Rundschau 57, S. 67–91.

Luhmann, N.; Schorr, K. E. (1979): Reflexionsprobleme im Erziehungssystem. Stuttgart

Luhmann, N.; Schorr, K. E. (Hrsg.) (1982): Zwischen Technologie und Selbstreferenz. Fragen an die Pädagogik. Frankfurt am Main

Lundgren, P. (2011): Pädagogische Professionen. Ausbildung und Professionalität in historischer Perspektive. In: Helsper, W.; Tippelt, R. (Hrsg.) (2011): Pädagogische Professionalität. Zeitschrift für Pädagogik – 57. Beiheft. Weinheim, 9–39

Lütje-Klose, B.; Urban, M.; Werning, R., Willenbring, M. (2005): Sonderpädagogische Grundversorgung in Niedersachsen – Qualitative Forschungsergebnisse zur pädagogischen Arbeit in Regionalen Integrationskonzepten. In: Zeitschrift für Heilpädagogik, 82–94

Lux, V. (2005): Die Pränataldiagnostik in der Schwangerenvorsorge und der Schwangerschaftsabbruch nach Pränataldiagnostik. Handreichung, erstellt im Auftrag des Institutes Mensch, Ethik und Wissenschaft (IMEW). Berlin

Maaz, K.; Baumert, J.; Cortina, K. S. (2008): Soziale und regionale Ungleichheit im deutschen Bildungssystem. In: Cortina, K. S.; Baumert, J.; Leschinsky, A.; Mayer, K. U.; Trommer, L. (Hrsg.): Das Bildungswesen in der Bundesrepublik Deutschland. Strukturen und Entwicklungen im Überblick. Reinbek bei Hamburg, 205–243

Maaz, K.; Baumert, J.; Gresch, C.; McElvany, N. (Hrsg.): Der Übergang von der Grundschule in die weiterführende Schule. Leistungsgerechtigkeit und regionale, soziale und ethnisch-kulturelle Disparitäten. Hrsg. Vom Bundesministerium für Bildung und Forschung (BMBF). Berlin

Mägdefrau, J.; Schumacher, E. (Hrsg.) (2002): Pädagogik und soziale Ungleichheit. Aktuelle Beiträge – neue Herausforderungen. Bad Heilbrunn

Mand, J. (2002): Sonderschule oder Gemeinsamer Unterricht? Zum Einfluss von Gutachtervariablen auf Schullaufbahnentscheidungen für schulschwache oder auffällige Kinder und Jugendliche. In: Zeitschrift für Heilpädagogik 53, 8–13

Mason, A. (2004): Equality of Opportunity and Differences in Social Circumstances. In: The Philosophical Quarterly 54, 368–388

Mattner, D. (2000): Behinderte Menschen in der Gesellschaft. Zwischen Ausgrenzung und Integration. Stuttgart, Berlin, Köln

Mattner, D. (2001): Die Erfindung der Normalität. In: Stiftung Deutsches Hygiene-Museum und Deutsche Behindertenhilfe – Aktion Mensch e. V. (Hrsg.): Der imperfekte Mensch. Vom Recht auf Unvollkommenheit. Ostfildern-Ruit, 13–32

Mayr, J. (2011): Der Persönlichkeitsansatz in der Lehrerbildung. In: Terhart, E.; Bennewitz, H.; Rothland, M. (Hrsg.): Handbuch der Forschung zum Lehrerberuf. Münster, New York, München, Berlin, 125–148

Mayring, P. (1991): Die Erfassung subjektiven Wohlbefindens. In: Abele, A.; Becker, P. (Hrsg.): Wohlbefinden: Theorie, Empirie, Diagnostik. Weinheim, 51–70

Maywald, J. (2010): UN-Kinderrechtskonvention: Bilanz und Ausblick. In: Aus Politik und Zeitgeschichte, Nr. 38, 20. 09. 2010, 1–7. URL: http://www.das-parlament.de/2010/38/Beilage/002.html (2. 3. 2011)

MBWJK (Ministerium für Bildung, Wissenschaft, Jugend und Kultur Rheinland-Pfalz) (Hrsg.) (2007): Orientierungsrahmen Schulqualität für Rheinland-Pfalz. Mainz

McIntyre, A. (2001): Die Anerkennung der Abhängigkeit. Über menschliche Tugenden. Hamburg

Meier-Seethaler, C. (1997): Gefühl und Urteilskraft. Ein Plädoyer für die emotionale Vernunft. München

Messner, R. (2003): PISA und Allgemeinbildung. In: Zeitschrift für Pädagogik 49, 400–412

Metzler, H. (1998): Ein Modell zur Bildung von „Gruppen von Hilfeempfängern mit vergleichbarem Hilfebedarf" gemäß § 93 a BSHG – Voraussetzungen und methodische Umsetzung – Gutachten für Verband für anthroposophischen Heilpädagogik, Sozialtherapie und soziale Arbeit, Verband evangelischer Einrichtungen für Menschen mit geistiger und seelischer Behinderung, Verband katholischer Einrichtungen und Dienste für lern- und geistigbehinderte Menschen, Bundesvereinigung Lebenshilfe für Menschen mit geistiger Behinderung. URL: www.fassis.net/images/Doc/fallgruppen-bedarfsermittlung_eva-brd.doc (31. 03. 2011)

Metzler, H./Wacker, E. (1997): Zum Qualitätsbegriff in der Behindertenhilfe. In: Schubert, H.-J.; Zink, K. J. (Hrsg.): Qualitätsmanagement in sozialen Dienstleitungsunternehmen. Neuwied, Kriftel, Berlin, 44–55

Metzler, H.; Wacker, H. (2001): Behinderung. In: Otto, H.-U.; Thiersch, H. (Hrsg.): Handbuch der Sozialarbeit/Sozialpädagogik. 2., völlig neu überarb. und aktual. Aufl. Neuwied, Kriftel, 118–139

Meyer, Th. (1999): Sozialdemokratie und Kommunitarismus. Impulse für die politische Erneuerung. In: Alemann, U. von; Heinze, R. G.; Wehrhöfer, U. (Hrsg.): Bürgergesellschaft und Gemeinwohl. Opladen, 25–46

Mieth, D. (2003): Menschenbild und Menschenwürde angesichts des Fortschritts der Biotechnik. In: Lorenz, R. F.; Mieth, D.; Müller, L. (Hrsg.): Die ‚Würde des Menschen' beim Wort genommen. Tübingen 2003, 59–78

Miles-Paul, O. (1992): ‚Wir sind nicht mehr aufzuhalten!' Beratung von Behinderten durch Behinderte. Vergleich zwischen den USA und der Bundesrepublik. München

Miles-Paul, O.; Frehse, U. (1994): Persönliche Assistenz: Ein Schlüssel zum selbstbestimmten Leben Behinderter. In: Gemeinsam leben 2, 12–16

Mitchell, D. T.; Snyder, S. L. (Eds.) (1997): The Body and Physical Difference. Discourses of Disability in the Humanities. Ann Arbor: The University of Michigan Press

Mobile – Selbstbestimmt leben Behinderter e. V. (Hrsg.) (2001 a): Selbstbestimmt leben mit persönlicher Assistenz. Bd. A: Ein Schulungskonzept für Assistenznehmer. Neu-Ulm

Mobile – Selbstbestimmt leben Behinderter e. V./Zentrum für selbstbestimmtes Leben Köln (Hrsg.) (2001 b): Selbstbestimmt leben mit persönlicher Assistenz. Bd. B: Ein Schulungskonzept für Persönliche AssistenInnen. Neu-Ulm

Möckel, A. (Hrsg.) (1998): Erfolg – Niedergang – Neuanfang. 100 Jahre Verband Deutscher Sonderschulen – Fachverband für Behindertenpädagogik –. Im Auftrag des Verbandes herausgegeben von A. Möckel. München, Basel

Möckel, A. (2007): Geschichte der Heilpädagogik oder Macht und Ohnmacht der Erziehung. Zweite, völlig überarb. Neuaufl. Stuttgart

Mohr, L. (2004): Ziele und Formen heilpädagogischer Arbeit. Eine Studie zu ‚Empowerment' als Konzeptbegriff in der Geistigbehindertenpädagogik. Luzern

Montag Stiftung Jugend und Gesellschaft (Hrsg.) (2010): Kommunaler Index für Inklusion – Arbeitsbuch. Bonn. URL: http://www.montag-stiftungen.com/kommunenundinklusion-hintergrund/ (31. 3. 2011)

Moser Opitz, E. (2006): PISA und Bildungsstandards: Stein des Anstoßes oder Anstoß für die Sonderpädagogik. In: Vierteljahresschrift für Heilpädagogik und ihre Nachbargebiete 75, 4–12

Moser Opitz, E. (2009): Förderschwerpunkt Lernen: Kritische Anmerkungen zu curriculum- und förderplanorientierten Standards und ein Plädoyer für Kompetenzmodelle. In: Wember, F. B: Prändl, S. (Hrsg.): Standards sonderpädagogischer Förderung. München, Basel, 203–217

Moser Opitz, E. (2011): Bildungsstandards: Sonderpädagogik im Dilemma oder im Abseits? In: Vierteljahresschrift für Heilpädagogik und ihre Nachbargebiete 80, 94–97

Moser, V. (2000): Sonderpädagogische Konstitutionsprobleme. In: Albrecht, F.; Hinz, A.; Moser, V. (Hrsg.): Perspektiven der Sonderpädagogik. Disziplin- und Professionsbezogene Standortbestimmungen. Neuwied, Berlin, 45–57

Moser, V. (2003): Konstruktion und Kritik. Sonderpädagogik als Disziplin. Opladen

Moser, V. (2004): Sonderpädagogik als Profession: Funktionalistische, system- und strukturtheoretische Aspekte. In: Forster, R. (Hrsg.): Soziologie im Kontext von Behinderung. Theoriebildung, Theorieansätze und singuläre Probleme. Bad Heilbrunn, 302–314

Moser, V. (2005): Professionstheorie im Fokus sonderpädagogischer Theorieentwicklung. In: Horster, D.; Hoyningen-Suess, U.; Liesen, Ch. (Hrsg.): Sonderpädagogische Professionalität. Wiesbaden, 87–96

Moser, V. (2010): Behinderung oder Risiko? Ein Beitrag zum sonderpädagogischen Selbstverständnis. In: Schildmann, U. (Hrsg.): Umgang mit Verschiedenheit in der Lebensspanne. Behinderung – Geschlecht – kultureller Hintergrund – Alter/Lebensphasen. Bad Heilbrunn, 298–305

Moser, V.; Jakob, S.; Schäfer, L. (2010): Sonderpädagogische Kompetenzen, ‚beliefs' und Anforderungssituationen in integrativen Settings. In: Krach, S.; Stein, A.-D.; Niediek, I. (Hrsg.): Integration und Inklusion auf dem Weg ins Gemeinwesen. Bad Heilbrunn, 235–244

Moser, V.; Loeken, H.; Windisch, M.; Saalow, M. (2008): Sonderpädagogische Professionsforschung: Eine Skizze des Forschungsstandes. In: Zeitschrift für Heilpädagogik 59, 82–87

Moser, V.; Sasse, A. (2008): Theorien der Behindertenpädagogik. München, Basel

Moser, V.; Schäfer, L.; Redlich, H. (2011): Kompetenzen und Beliefs von Förderschullehrkräften in inklusiven Settings. In: Lütje-Klose, B.; Langer, M.-T.; Serke, B.; Urban, M. (Hrsg.): Inklusion in Bildungsinstitutionen. Eine Herausforderung an die Heil- und Sonderpädagogik. Bad Heilbrunn, 143–149

Motakef, M. (2006 a): Das Menschenrecht auf Bildung und der Schutz vor Diskriminierung. Exklusionsrisiken und Inklusionschancen. Berlin: Deutsches Institut für Menschenrechte

Motakef, M. (2006 b): Input für die Arbeitsgruppe: das Recht auf Bildung. In: Evangelische Akademie Hofgeismar (Hrsg.): Vom Stiefkind zum Hoffnungsträger: Wirtschaftliche, soziale und kulturelle Menschenrechte in Politik und Recht. Tagung, Evangelische Akademie Hofgeismar, 25.–26. November 2004 in Zusammenarbeit mit der AG Entwicklung und Menschenrechte des Forums Menschenrechte. Tagungsdokumentation, 49–52

Motsch, H.-J. (2008): Deprofessionalisierung der (Sprach-)Heilpädagogik – internationalisiert, inkompetent, wegrationalisiert. In: Vierteljahresschrift für Heilpädagogik und ihre Nachbargebiete 77, 4–10

Mühl, H. (2006): Gemeinsames Lernen in Kooperationsklassen. In: Wüllenweber, E., Theunissen, G.; Mühl, H. (Hrsg.): Pädagogik bei geistigen Behinderungen. Ein Handbuch für Studium und Praxis. Stuttgart, 350–361

Müller, J. (2004): Menschenrechte und Behinderung in Martha Nussbaums Fähigkeitenansatz. In: Kodalle, K.-M. (Hrsg.): Homo Perfectus? Behinderung und menschliche Existenz. Würzburg, 29–41

Muñoz Villalobos, V. (2007 a): Implementation of General Assembly Resolution 60/251 of 15 March 2006 entitled ‚Human Rights Council'. The right to education of persons with disabilities. Report of the Special Rapporteur on the right to education, Vernor Muñoz. Genf

Muñoz Villalobos, V. (2007b): Das Recht auf Bildung in Deutschland. Die Umsetzung der internationalen Verpflichtungen. In: Heimbach-Steins, M.; Kruip, G.; Kunze, A.B. (Hrsg.) (2007): Das Menschenrecht auf Bildung und seine Umsetzung in Deutschland. Diagnosen – Reflexionen – Perspektiven. Bielefeld, 69–96

Musenberg, O.; Riegert, J. (Hrsg.) (2010): Bildung und geistige Behinderung. Bildungstheoretische Reflexionen und aktuelle Fragestellungen. Oberhausen

Musenberg, O.; Riegert, J.; Dworschak, W.; Ratz, C.; Terfloth, K.; Wagner, M. (2008): In Zukunft Standard-Bildung? Fragen an unsere Disziplin im Hinblick auf den Förderschwerpunkt „Geistige Entwicklung". In: Sonderpädagogische Förderung heute 53, 306–316

Muth, J. (1991): Zehn Thesen zur Integration von behinderten Kindern. In: Vierteljahresschrift für Heilpädagogik und ihre Nachbargebiete 60, 1–5

Mutzeck, W.; Popp, K. (Hrsg.) (2007): Professionalisierung von Sonderpädagogen. Standards, Kompetenzen und Methoden. 2. Aufl. Weinheim und Basel

Nationaler Ethikrat (2003): Genetische Diagnostik vor und während der Schwangerschaft. Stellungnahme. Berlin

Niedersächsisches Kultusministerium (2006): Orientierungsrahmen Schulqualität. Hannover. URL: http://www.mk.niedersachsen.de/live/live.php?navigation_id=1911&article_id=6339&_psmand=8 (31.3.2011)

Niediek, I. (2010): Das Subjekt im Hilfesystem. Eine Studie zur individuellen Hilfeplanung im Unterstützten Wohnen für Menschen mit einer geistigen Behinderung. Wiesbaden

Nirje, B. (1993): Das Normalisierungsprinzip. In: Fischer, U. et al. (Hrsg.): Wohnen im Stadtteil für Erwachsene mit schwerer geistiger Behinderung. WISTA-Experten-Hearing 1993. Reutlingen, 175–202

Nirje, B.; Perrin, B. (1993): Das Normalisierungsprinzip und seine Missverständnisse. In: Fischer, U. et al. (Hrsg.): Wohnen im Stadtteil für Erwachsene mit schwerer geistiger Behinderung. WISTA-Experten-Hearing 1993. Reutlingen, 203–207

Nittel, D. (2000): Von der Mission zur Profession? Stand und Perspektiven der Verberuflichung in der Erwachsenenbildung. Bielefeld

Nittel, D. (2004): Die ‚Veralltäglichung' pädagogischen Wissens – im Horizont von Profession, Professionalisierung und Professionalität. In: Zeitschrift für Pädagogik 50, 342–357

Nittel, D. (2011): Von der Profession zur sozialen Welt pädagogisch Tätiger? Vorarbeiten zu einer komparativ angelegten Empirie pädagogischer Arbeit. In: Helsper, W.; Tippelt, R. (Hrsg.): Pädagogische Professionalität. Zeitschrift für Pädagogik – 57. Beiheft. Weinheim, 40–59

Noddings, N. (2010): Care. In: Andresen, S. et al. (Hrsg.): Handwörterbuch Erziehungswissenschaft. Weinheim und Basel, 106–118

Nordenfeldt, L. (2003): Action theory, disability and ICF. In: Disability and Rehabilitation 25, 1075–1079

Norwich, B. (2007): Categories of Special Educational Needs. In: Florian, L. (Ed.): The SAGE Handbook of Special Education. Los Angeles, London, New Delhi, Singapore, Washington DC, 55–66

Norwich, B. (2010): A Response to ‚Special Educational Needs: A New Look'. In: Terzi, L. (Ed.): Special Educational Needs. A New Look. London, New York, 47–113

Nullmeier, F. (2001): Input, Output, Effektivität und Effizienz. In: Blanke, B.; Bandemer, S. von; Nullmeier, F.; Wewer, G. (Hrsg.): Handbuch der Verwaltungsreform. 2., durchges. Aufl. Opladen, 357–363

Nunner-Winkler, G. (1971): Chancengleichheit und individuelle Förderung. Eine Analyse der Ziele und Konsequenzen moderner Bildungspolitik. Stuttgart

Nussbaum, M.C. (2002): Capabilities and Disabilities: Justice for Mentally Disabled Citizens. In: Philosophical Topics 30, 2, 133–165

Nussbaum, M.C. (2003): Langfristige Fürsorge und soziale Gerechtigkeit. Eine Herausforderung der konventionellen Ideen des Gesellschaftsvertrages. In: Deutsche Zeitschrift für Philosophie 51, 179–198

Nussbaum, M.C. (2010): Grenzen der Gerechtigkeit. Behinderung, Nationalität und Spezieszugehörigkeit. Berlin

Nussbaum, M.C.; Sen, A. (Eds.) (1993): The Quality of Life. Oxford.

Obolenski, A. (2006): Kooperation von Pädagoginnen und Pädagogen als Bestandteil professionellen Handelns. In: Spies, A.; Tredop, D. (Hrsg.): „Risikobiografien". Benachteiligte Jugendliche zwischen Ausgrenzung und Förderprojekten. Wiesbaden, 267–280

OECD (2003): Bildungspolitische Analyse 2003. Deutsche Übersetzung im Auftrag des Bundesministeriums für Bildung und Forschung. Paris

OECD (2004): Equity in Education – Students with Disabilities, Difficulties and Disadvantages. Paris

Oelkers, J. (2006): Gesamtschule in Deutschland. Eine historische Analyse und ein Ausweg aus dem Dilemma. Weinheim, Basel

Oelkers, J. (2008): Bildung und Gerechtigkeit: Zur historischen Vergewisserung der aktuellen Diskussion. In: Münk, H.J. (Hrsg.): Wann ist Bildung gerecht? Ethische und theologische Beiträge im interdisziplinären Kontext, Gütersloh 23–48

Oelkers, J.; Reusser, K. (2008 a): Qualität entwickeln – Standards sichern – mit Differenz umgehen. Kurzfassung. Hrsg. vom Bundesministerium für Bildung und Forschung. Berlin

Oelkers, J.; Reusser, K. (2008 b): Qualität entwickeln – Standards sichern – mit Differenz umgehen. Unter Mitarbeit von E. Berner, U. Halbheer; S. Stolz, Hrsg. vom Bundesministerium für Bildung und Forschung. Berlin

Oelkers, N.; Schrödter, M. (2008): Kindeswohl und Kindeswille. Zum Wohlergehen von Kindern aus der Perspektive des Capability Approach. In: Otto, H.-U.; Ziegler, H. (Hrsg.): Capabilities – Handlungsbefähigung und Verwirklichungschancen in der Erziehungswissenschaft. Wiesbaden, 143–161

Oevermann, U. (1996): Theoretische Skizze einer revidierten Theorie professionalisierten Handelns. In: Combe, A.; Helsper, W. (Hrsg.): Pädagogische Professionalität. Untersuchungen zum Typus pädagogischen Handelns. Frankfurt am Main, 70–182

Oevermann, U. (2002): Professionalisierungsbedürftigkeit und Professionalisiertheit pädagogischen Handelns. In: Kraul, M.; Marotzki, W.; Schweppe, C. (Hrsg.): Biografie und Profession. Bad Heilbrunn, 19–63

Oevermann, U. (2006): Zur Behinderung pädagogischer Arbeitsbündnisse durch die gesetzliche Schulpflicht. In: Rihm, T. (Hrsg.): Schulentwicklung. Vom Subjektstandpunkt aus gesehen. Bad Heilbrunn, 69–92

Oliver, M. (1990): The Politics of Disablement. A Sociological Approach. New York: St. Martin's Press

Opp, G. (2009): Prävention. In: Dederich, M.; Jantzen, W. (Hrsg.): Behinderung und Anerkennung. Stuttgart, 247–252

Oser, F. (1997): Standards in der Lehrerbildung. Teil 1: Berufliche Kompetenzen, die hohen Qualitätsmerkmalen entsprechen. In: Beiträge zur Lehrerbildung 15, 26–37

Oser, F.; Biedermann, H. (2006): PISA für den Rest: Lehr- und Lernbehinderung und ihre schulische Anstrengungslogik. In: Vierteljahresschrift für Heilpädagogik und ihre Nachbargebiete 75, 4–8

Ostendorf, F.; Angleitner, A. (2004): NEO-Persönlichkeitsinventar (NEO-PI-R). Göttingen

Österwitz, I. (1996): Das Konzept Selbstbestimmt Leben – eine neue Perspektive in der Rehabilitation? In: Zwierlein, E. (Hrsg.): Handbuch Integration und Aussonderung: Behinderte Mitmenschen in der Gesellschaft. Neuwied, Kriftel, Berlin, 196–206

Otto, H.-U.; Schrödter, M. (2009): Befähigungs- und Verwirklichungsgerechtigkeit im Post-Wohlfahrtsstaat. In: Kessl, F.; Otto, H.-U. (Hrsg.): Soziale Arbeit ohne Wohlfahrtsstaat? Zeitdiagnosen, Problematisierungen und Perspektiven. Weinheim, 173–190

Otto, H.-U.; Schrödter, M. (2010): „Kompetenzen" oder „Capabilities" als Grundbegriffe einer kritischen Bildungsforschung und Bildungspolitik? In: Krüger, H.-H. (Hrsg.): Bildungsungleichheit revistited. Wiesbaden, 163–183

Otto, H.-U.; Ziegler, H. (Hrsg.) (2008 a): Capabilities – Handlungsbefähigung und Verwirklichungschancen in der Erziehungswissenschaft. Wiesbaden

Otto, H.-U.; Ziegler, H. (2008 b): Der Capabilities-Ansatz als neue Orientierung in der Erziehungswissenschaft. In: Otto, H.-U.; Ziegler, H. (Hrsg.): Capabilities – Handlungsbefähigung und Verwirklichungschancen in der Erziehungswissenschaft. Wiesbaden, 9–13

Peisert, H. (1967): Soziale Lage und Bildungschancen in Deutschland. München

Peterander, F.; Speck, O. (Hrsg.) (2004): Qualitätsmanagement in sozialen Einrichtungen. 2. Aufl. München, Basel

Peters, J. S. (Hrsg.) (2011): Spätabbruch. Schwangerschaftsabbruch nach der Pränataldiagnostik. Hamburg

Petersen, M. (1996): Circles of Support. In: Responsive Community, Vol. 6, Issue 3, 58–63

Pfadenhauer, M. (2003): Professionalisierung. Eine wissenssoziologische Rekonstruktion professioneller Kompetenzdarstellungskompetenz. Opladen

Pfadenhauer, M. (2005): Die Definition des Problems aus der Verwaltung der Lösung. In: Pfadenhauer, M. (Hrsg.): Professionelles Handeln. Wiesbaden, 9–22

Pfahl, L. (2003): Stigma-Management im Job-Coaching: Berufsorientierung benachteiligter Jugendlicher. Berlin (unveröffentl. Diplomarbeit, Freie Universität Berlin, FB Politik und Sozialwissenschaften)

Pfahl, L. (2008): Die Legitimation der Sonderschule im Lernbehinderungsdiskurs in Deutschland im 20. Jahrhundert. Discussion Paper SP I 2008–504. Wissenschaftszentrum Berlin für Sozialforschung (WZB). Berlin

Pfahl, L; Powell, J. W. (2005): Die Exklusion von Schüler/innen mit sonderpädagogischem Förderbedarf. Ein Beitrag zur Debatte um nationale Bildungsstandards und die Schule für alle. In: Gemeinsam leben 13, 2, 67–78

Philipp, E. (1996): Gute Schule verwirklichen. 4. Aufl. Weinheim und Basel

Pieper, A.; Thurnherr, U. (Hrsg.) (1998): Angewandte Ethik. München

Plate, E. (2008): Betrachtungen ‚inklusiver' Schulentwicklungen in England aus einer internationalen Perspektive. In: Sonderpädagogische Förderung *heute* 53, 399–426

Platte, A.; Seitz, S.; Terfloth, K. (Hrsg.) (2006): Inklusive Bildungsprozesse. Bad Heilbrunn

Pluhar, C. (2003): Sonderpädagogischer Förderbedarf aus der Sicht eines Mitglieds der KMK-Arbeitsgruppe. In: Ricken, G.; Fritz, A.; Hofmann, Ch. (Hrsg.): Diagnose: Sonderpädagogischer Förderbedarf. Lengerich u. a., 68–82

Pogge, T. (2002): World Poverty and Human Rights. Cambridge

Powell, J. W. (2003): Hochbegabt, behindert oder normal? Klassifikationssysteme des sonderpädagogischen Förderbedarfs in Deutschland und den Vereinigten Staaten. In: Cloerkes, G. (Hrsg.): Wie man behindert wird. Heidelberg, 103–140

Preis, W.; Thiele, G. (2002): Sozialräumlicher Kontext Sozialer Arbeit: Eine Einführung für Studium und Praxis. Chemnitz

Prengel, A. (1990): Pädagogik der Vielfalt. Verschiedenheit und Gleichberechtigung in Interkultureller, Feministischer und Integrativer Pädagogik, Opladen

Preuss-Lausitz, U. (1981): Fördern ohne Sonderschule. Konzepte und Erfahrungen zur integrativen Förderung in der Regelschule. Weinheim und Basel

Preuss-Lausitz, U. (1993): Die Kinder des Jahrhunderts. Zur Pädagogik der Vielfalt im Jahr 2000. Weinheim

Preuss-Lausitz, U. (2001): Qualitätsmerkmale, Leistungsmessung und Evaluation der pädagogischen Arbeit im Gemeinsamen Unterricht und in der Sonderschule. In: Zeitschrift für Heilpädagogik 52, 46–50

Preuss-Lausitz, U. (2006): Inklusion, Integration und Qualität. Neue Etiketten für die alte Frage nach umfassender Bildung für alle? In: Vierteljahresschrift für Heilpädagogik und ihre Nachbargebiete 75, 94–98

Prilleltensky, L. (1994): Empowerment in Mainstream Psychology: Legitimacy, Obstacles and Possibilities. In: Canadian Psycholgy/Psychologie canadienne 35, 358–375

Probst, H. (1976): Lernbehinderte und Normalschüler. Persönlichkeitseigenschaften und sozioökonomischer Hintergrund. Bern

Radtke, F. O. (2004): Der Eigensinn pädagogischer Professionalität jenseits von Innovationshoffnungen und Effizienzerwartungen. Übergangene Einsichten aus der Wissensverwendungsforschung für die Organisation der universitären Lehrerbildung. In: Koch-Priewe, B.; Kolbe, F. U.; Wildt, J. (Hrsg.): Grundlagenforschung und mikrodidaktische Reformansätze zur Lehrerbildung. Klinkhardt, 99–151

Rahm, S. (2005): Einführung in die Theorie der Schulentwicklung. Weinheim und Basel

Rappaport, J. (1985): Ein Plädoyer für die Widersprüchlichkeit: Ein sozialpolitisches Konzept des ‚Empowerment' anstelle präventiver Ansätze. In: Verhaltenstherapie und psychosoziale Praxis 17, 257–278

Rauschenbach, T.; Steinhilber, H.; Späth, H. (1980): Verhaltensauffällige Kinder und Jugendliche. Der gesellschaftliche Umgang mit einem Problem. Materialien zum fünften Jugendbericht. München

Ravitch, D. (Ed.) (1995): National Standards in American Education: A Citizen' Guide. Washington, D. C.

Rawls, J. (1979): Eine Theorie der Gerechtigkeit. Frankfurt am Main

Reese-Schäfer, W. (1994): Was ist Kommunitarismus? Frankfurt am Main, New York

Reese-Schäfer, W. (1997): Grenzgötter der Moral. Der neuere europäisch-amerikanische Diskurs zur philosophischen Ethik. Frankfurt am Main

Reese-Schäfer, W. (2001): Amitai Etzioni zur Einführung. Hamburg

Reiser, H. (1991): Wege und Irrwege zur Integration. In: Sander, A.; Raidt, P. (Hrsg.): Sonderpädagogik und Integration. St. Ingbert, 11–31

Reiser, H. (1996): Arbeitsplatzbeschreibungen – Veränderungen der sonderpädagogischen Berufsrolle. In: Zeitschrift für Heilpädagogik 47, 178–186

Reiser, H. (1997): Lern- und Verhaltensstörungen als gemeinsame Aufgabe von Grundschul- und Sonderpädagogik unter dem Aspekt der pädagogischen Selektion. In: Zeitschrift für Heilpädagogik 48, 266–275

Reiser, H. (1998): Sonderpädagogik als Service-Leistung? Perspektiven der sonderpädagogischen Berufsrolle. In: Zeitschrift für Heilpädagogik 49, 46–54

Reiser, H. (2002): Der Beitrag der Sonderpädagogik zu einer Schule für alle Kinder. In: Behindertenpädagogik 41, 402–417

Reiser, H. (2003): Vom Begriff Integration zum Begriff Inklusion – was kann mit dem Begriffswechsel angestoßen werden? In: Sonderpädagogische Förderung 48, 305–312

Reiser, H. (2005): Professionelle Konzepte und das Handlungsfeld Sonderpädagogik. In: Horster, D.; Hoyningen-Suess, U.; Liesen, Ch. (Hrsg.): Sonderpädagogische Professionalität. Wiesbaden, 133–150

Reiser, H. (2007 a): Inklusion – Vision oder Illusion? In: Katzenbach, D. (Hrsg.): Vielfalt braucht Struktur. Heterogenität als Herausforderung für die Unterrichts- und Schulentwicklung. Frankfurt am Main, 99–105

Reiser, H. (2007 b): Konsekutive Studiengänge der Sonderpädagogik in ihren Auswirkungen auf die Profession. Die niedersächsische Lösung. In: Mutzeck, W.; Popp, K. (Hrsg.) (2007): Pro-

fessionalisierung von Sonderpädagogen. Standards, Kompetenzen und Methoden. 2. Aufl. Weinheim und Basel, 87–101
Reiser, H., Klein, G., Kreie, G.; Kron, M. (1986): Integration als Prozeß. Sonderpädagogik 16, 115–122 und 154–160
Reiser, H.; Loeken, H. (1993): Das Zentrum für Erziehungshilfe der Stadt Frankfurt am Main. Kooperation von Schule und Jugendhilfe. Oberbiel
Reiser, H.; Loeken, H.; Dlugosch, A. (1995): Bedingungen der Problemwahrnehmung von Leistungsversagen in der Grundschule am Beispiel zweier hessischer Landkreise. Forschungsbericht. Unter Mitarbeit von J. Beermann und P. Walter. Frankfurt am Main
Reiser, H.; Sanders, N.; Urban, M.; Willmann, M. (2003): Beziehungskonstellationen zwischen Beratern und Beratenen bei der Beratung für Erziehungshilfe in der Schule (BES). In: Behindertenpädagogik 42, 3–13
Reiser, H.; Willmann, M.; Urban, M. (2007): Sonderpädagogische Unterstützungssysteme bei Verhaltensproblemen in der Schule. Innovationen im Förderschwerpunkt Emotionale und Soziale Entwicklung. Bad Heilbrunn
Reiter, J. (2004): Menschenwürde als Maßstab. In: Das Parlament B23-24, 6–13
Reyer, J. (2003): Eugenik und Pädagogik. Erziehungswissenschaft in einer eugenisierten Gesellschaft. Weinheim, München
Robeyns, I. (2009): Drei Konzepte von Bildung: Humankapital, Menschenrecht und Handlungsbefähigung. In: Berliner Debatte Initial 20, 3, 55–66
Rock, K. (2001): Sonderpädagogische Professionalität unter der Leitidee der Selbstbestimmung. Bad Heilbrunn
Rolff, H.-G. (1995): Steuerung, Entwicklung und Qualitätssicherung von Schulen durch Evaluation. In: Rolff, H.-G. (Hrsg.): Zukunftsfelder von Schulforschung. Weinheim, 375–392
Römelt, J. (2005): Spätabbrüche in der Schwangerschaft – Überlegungen zu einer umstrittenen Praxis. Leipzig
Rommelspacher, B. (1999): Behindernde und Behinderte – Politische, kulturelle und psychologische Aspekte der Behindertenfeindlichkeit. In: Rommelspacher, B. (Hrsg.): Behindertenfeindlichkeit. Ausgrenzungen und Vereinnahmungen. Göttingen, 7–35
Rosenholtz, S. J.; Simpson, C. (1984); The Formation of Ability Conceptions: Developmental Trend or Social Construction? In: Review of Educational Research 54, 1, 31–63
Rösner, H.-U. (2002): Jenseits normalisierender Anerkennung. Reflexionen zum Verhältnis von Macht und Behindertsein. Frankfurt, New York 2002
Rössel, J. (2009): Einführung in die Sozialstrukturanalyse. Strukturierte Ungleichheit. Lebensstile und soziale Milieus. Wiesbaden
Rothfritz, L. P. (2010): Die Konvention der Vereinten Nationen zu Schutz der Rechte von Menschen mit Behinderungen. Eine Analyse unter Bezugnahme auf die deutsche und europäische Rechtsebene. Frankfurt am Main
Rustemier, S.; Booth, T. (2005): The Index in Use. Bristol: CSIE
Saal, F. (1992): Warum sollte ich ein anderer sein wollen? Gütersloh
Sachse, S. (2008): Literacy in der Unterstützten Kommunikation. Chancen für Kinder ohne Lautsprache und Herausforderungen für Pädagogen und Eltern. In: Zeitschrift für Heilpädagogik 59, 461–470
Saldern, M. von; Paulsen, A. (2004): Sind Bildungsstandards die richtige Antwort auf PISA? In: Schlömerkemper, J. (Hrsg.): Bildung und Standards. Zur Kritik der ‚Instandardsetzung' des deutschen Bildungswesens. 8. Beiheft der Deutschen Schule. Weinheim, 66–100
Sander, A. (1985): Zum Problem der Klassifikationen in der Sonderpädagogik: Ein ökologischer Ansatz. In: Vierteljahresschrift für Heilpädagogik und ihre Nachbargebiete 54, 1, 15–31

Sander, A. (1999): Ökosystemische Ebenen integrativer Schulentwicklung – ein organisatorisches Innovationsmodell. In: Heimlich, U. (Hrsg.): Sonderpädagogische Fördersysteme. Auf dem Weg zur Integration. Stuttgart 1999, 33–44

Sander, A. (2000): Kind-Umfeld-Analyse: Diagnose bei Schülern und Schülerinnen mit besonderem Förderbedarf. In: Mutzeck, W. (Hrsg): Förderdiagnostik. 2. Aufl. Bad Heilbrunn, 25–38

Sander, A. (2002): Behinderungsbegriffe und ihre Integrationsrelevanz. In: Eberwein, H.; Knauer, S. (Hg.) (2002): Integrationspädagogik. 6., völlig überarb. Aufl. Weinheim, Basel, 99–108

Sander, A. (2003): Von der Integrationspädagogik zur Inklusionspädagogik. In: Sonderpädagogische Förderung 48, 313–329

Sander, A. (2007): Prävention. In: Bundschuh, K.; Heimlich, U.; Krawitz, R. (Hrsg.): Wörterbuch Heilpädagogik. 3. Aufl. Bad Heilbrunn, 209–212

Sanders 2000 (Joint Committee on Standards for Educational Evaluation/Sanders, J. R.) (Hrsg.) (2000): Handbuch der Evaluationsstandards. Die Standards des „Joint Committee on Standards for Educational Evaluation". 2., durchges. Aufl. Opladen

Sasse, A. (1999): Lernbehinderungen aus der Perspektive ‚neuer' Formen sozialer Ungleichheit. In: Die neue Sonderschule 44, 421–433

SBJSB/MBJSB 2005 (Senatsverwaltung für Bildung, Jugend und Sport Berlin, Ministerium für Bildung, Jugend und Sport des Landes Brandenburg) (Hrsg.) (2005): Rahmenlehrplan für Schülerinnen und Schüler mit sonderpädagogischem Förderschwerpunkt Lernen (Berlin), für den Bildungsgang zum Erwerb des Abschlusses der allgemeinen Förderschule (Brandenburg). Berlin, Schwerin

Schäfers, M. (2008): Lebensqualität aus Nutzersicht. Wie Menschen mit geistiger Behinderung ihre Lebenssituation beurteilen. Wiesbaden

Schelsky, H. (1957): Schule und Erziehung in der industriellen Gesellschaft. Würzburg

Schimpl-Neimanns, B. (2000): Soziale Herkunft und Bildungsbeteiligung. Empirische Analysen zu herkunftsspezifischen Bildungsungleichheiten zwischen 1950 und 1989. In: Kölner Zeitschrift für Soziologie und Sozialpsychologie 52, 636–669

Schleicher, A. (2004): Wie kann Deutschland im internationalen Bildungswettbewerb bestehen? In: Schlömerkemper, J. (Hrsg.): Bildung und Standards. Zur Kritik der ‚Instandardsetzung' des deutschen Bildungswesens. 8. Beiheft der Deutschen Schule. Weinheim, 262–272

Schleiermacher, F. (1983): Pädagogische Schriften I. Die Vorlesungen aus dem Jahre 1826. Unter Mitwirkung von T. Schulze hrsg. von E. Weniger. Frankfurt am Main, Berlin, Wien

Schlömerkemper, J. (2004): „Standards" dürfen „Bildung" nicht ersetzen! In: Schlömerkemper, J. (Hrsg.): Bildung und Standards. Zur Kritik der ‚Instandardsetzung' des deutschen Bildungswesens. 8. Beiheft der Deutschen Schule. Weinheim, 5–10

Schmetz, D. (1998): Die Zukunft der Sonderschullehrerausbildung in der Bundesrepublik Deutschland. In: Die neue Sonderschule 42, 362–371

Schmidt, A. (2008): Profession, Professionalität, Professionalisierung. In: Willems, H. (Hrsg.): Lehr(er)buch Soziologie. Für die pädagogischen und soziologischen Studiengänge. Band 2. Wiesbaden, 835–864

Schnabl, C. (2005): Gerecht sorgen. Grundlagen einer sozialethischen Theorie der Fürsorge. Freiburg, Wien

Schnell, I. (2003): Geschichte schulischer Integration. Gemeinsames Lernen von SchülerInnen mit und ohne Behinderung in der BRD seit 1970. Weinheim, München

Schnell, I.; Sander, A. (2004) (Hrsg.): Inklusive Pädagogik. Bad Heilbrunn

Schroeder, J. (2002): Bildung im geteilten Raum. Schulentwicklung unter den Bedingungen von Einwanderung und Verarmung. Münster

Schroeder, J. (2006): Jugendschulen – Konzeptionelle Ansätze für die pädagogische Arbeit mit markt-, sozial- und rechtsbenachteiligten jungen Menschen. In: Spies, A.; Tredop, D. (Hrsg.): „Risikobiografien". Wiesbaden, 207–221

Schroeder, J. (2007): Recht auf Bildung – auch für Flüchtlinge. Aktuelle Regelungen, konzeptionelle Überlegungen und bildungspolitische Folgerungen. In: Die Deutsche Schule 99, 231–249

Schroeder, J.; Storz, M. (Hrsg.) (1994): Einmischungen. Alltagsbegleitung junger Menschen in riskanten Lebenslagen. Langenau-Ulm

Schubert, H.-J.; Zink, K. J. (1997): Eine Einführung in das Werk: Zur Qualität sozialer Dienstleistungen. In: Schubert, H.-J.; Zink, K. J. (Hrsg.): Qualitätsmanagement in sozialen Dienstleitungsunternehmen. Neuwied, Kriftel, Berlin, 1–8

Schuck, K. D. (2003): Sonderpädagogischer Förderbedarf oder: Stellen wir die richtigen Fragen im Prozess von Diagnose und Förderung? In: Ricken, G.; Fritz, A.; Hofmann, Ch. (Hrsg.): Diagnose: Sonderpädagogischer Förderbedarf. Lengerich u. a., 54–67

Schulz, T. (1963): The Economic Value of Education. New York

Schumann, B. (2007): „Ich schäme mich ja so!“ Die Sonderschule für Lernbehinderte als „Schonraumfalle“. Bad Heilbrunn

Schumann, M. (1989): Vom Sozialdarwinismus zur modernen Reproduktionsmedizin und pränatalen Diagnostik – Gibt es eine Kontinuität? In: Behindertenpädagogik 28, 134–157

Schümer, G. (2004): Zur doppelten Benachteiligung von Schülern aus unterprivilegierten Gesellschaftsschichten im deutschen Schulwesen. In: Schümer, G.; Tillmann, K.-J.; Weiß, M. (Hrsg.): Die Institution Schule und die Lebenswelt der Schüler. Vertiefende Analysen der PISA-2000-Daten zum Kontext von Schülerleistungen. Wiesbaden, 73–114

Schuntermann, M. F. (1994): Die internationale Klassifikation der Schäden, funktionellen Einschränkungen und sozialen Beeinträchtigungen. Konzept und Anwendungsmöglichkeiten. In: Siek, K. et al. (Hrsg.): Erfolgsbeurteilung in der Rehabilitation: Begründungen, Möglichkeiten, Erfahrungen. Arbeitstagung der Deutschen Vereinigung für Rehabilitation Behinderter e. V. vom 10. bis 12. November 1993 in Potsdam. Ulm, 53–74

Schuntermann, M. F. (1999): Behinderung und Rehabilitation: Die Konzepte der WHO und des deutschen Sozialrechts. In: Die neue Sonderschule 44, 342–363

Schütze, F. (1992): Sozialarbeit als ‚bescheidene Profession‘. In: Dewe, B.; Ferchoff, W.; Radtke, F.-O. (Hrsg.) (1992): Erziehen als Profession. Opladen, 132–171

Schütze, F. (1996): Organisationszwänge und hoheitsstaatliche Rahmenbedingungen im Sozialwesen. Ihre Auswirkung auf die Paradoxien professionellen Handelns. In: Combe, A.; Helsper, W. (Hrsg.) (1996): Pädagogische Professionalität. Frankfurt am Main, 183–276

Schütze, F. (2000): Schwierigkeiten bei der Arbeit und Paradoxien des professionellen Handelns. In: Zeitschrift für Qualitative Bildungs-, Beratungs- und Sozialforschung 1, 49–96

Schütze, F.; Bräu, K.; Liermann, H.; Prokopp, K.; Speth, M.; Wiesemann, J. (1996): Überlegungen zu Paradoxien des professionellen Lehrerhandelns in den Dimensionen der Schulorganisation. In: Helsper, W,/Krüger, H.-H./Wenzel, H. (Hg.): Schule und Gesellschaft im Umbruch. Reihe: Studien zur Schul- und Bildungsforschung, Bd. 1: Theoretische und internationale Perspektiven. Deutscher Studienverlag: Weinheim, 333–377

Schütze, F.; Breidenstein, G. (2008): Überlegungen zum paradoxalen Charakter von Schulreformprozessen – eine Einleitung. In: Breidenstein, G.; Schütze, F. (Hrsg.): Paradoxien in der Reform der Schule. Ergebnisse der Sozialforschung. Wiesbaden, 9–27

Schützhoff, M.; Konrad, M. (2010): Nueva – Nutzerinnen und Nutzer evaluieren. Qualitätsmessung und -beschreibung aus Nutzerinnen- und Nutzerperspektive. In: Teilhabe 49, 135–141

Schwarte, N.; Oberste-Ufer, R. (1997): Qualitätssicherung und -entwicklung in der sozialen Rehabilitation Behinderter – Anforderungen an Prüfverfahren und Instrumente. In: Schubert, H.-J.; Zink, K. (Hrsg.) (1997): Qualitätsmanagement in sozialen Dienstleistungsunternehmen. Neuwied, Berlin, 56–82

Schwarte, N.; Oberste-Ufer, R. (2001): LEWO II – Lebensqualität in Wohnstätten für erwachsene Menschen mit geistiger Behinderung. Ein Instrument zur Qualitätsentwicklung. Marburg

Schwerdt, U. (2005): Impulse der Integrationspädagogik für die Heterogenitätsdebatte. In: Bräu, K.; Schwerdt, U. (Hrsg.): Heterogenität als Chance. Vom produktiven Umgang mit Gleichheit und Differenz in der Schule. Münster, 95–112

Schworm, E. (1975): Behinderung, Störung, Beeinträchtigung als sonderpädagogische Begriffe. In: Heilpädagogische Forschung 6, 66–105

Seifert, M.; Fornefeld, B.; Koenig, P. (2001): Zielperspektive Lebensqualität. Eine Studie zur Lebensqualität von Menschen mit schwerer Behinderung im Heim. Bielefeld

Seitz, S. (2006 a): Zur Bedeutung von Bildungsstandards für die inklusive Grundschule. In: Hofmann, C; Stechow, E. v. (Hrsg.): Der kritisch-konstruktive Beitrag der Sonderpädagogik zu den Ergebnissen der PISA-Studie. Bad Heilbrunn, 113–120

Seitz, S. (2006 b): Inklusive Didaktik nach PISA. In: Vierteljahresschrift für Heilpädagogik und ihre Nachbargebiete 75, 192–199

Seitz, S. (2006 c): Inklusive Didaktik: Die Frage nach dem ‚Kern der Sache'. In: Zeitschrift für Inklusion, Nr. 1 (2006). URL: http://www.inklusion-online.net/index.php?menuid=3&reporeid=16 (18. 10. 2010)

Sen, A. (1992): Poverty Re-examined, Cambridge.

Sen, A. (2000): Ökonomie für den Menschen. Wege zur Gerechtigkeit und Solidarität in der Marktwirtschaft, München, Wien.

Sen, A. (2004): Disability and Justice. Keynote Speech at the Disability and Inclusive Development Conference, World Bank, 30 November to 1 December

Sen, A. (2010): Die Idee der Gerechtigkeit. München

SGB II (Sozialgesetzbuch (SGB) Zweites Buch (II) – Grundsicherung für Arbeitssuchende). URL: http://www.gesetzte-im-internet.de/sgb_2/(18. 10. 2010)

SGB IX (Sozialgesetzbuch (SGB) Neuntes Buch (IX) – Rehabilitation und Teilhabe behinderter Menschen). URL: http://www.gesetzte-im-internet.de/sgb_9/(18. 10. 2010)

SGB XII (Sozialgesetzbuch (SGB) Zwölftes Buch (XII) – Sozialhilfe). URL: http://www.gesetzte-im-internet.de/sgb_12/ (18. 10. 2010)

Shakespeare, T. (Ed.) (1998): The Disability Reader. Social Science Perspectives. London: Casell

Shalock, R. L. (Ed.) (1996 a): Quality of Life Volume I: Conceptualization and Measurement, Washington

Shalock, R. L. (Ed.) (1996 b): Quality of Life Volume II: Application to Persons with Disabilities. Washington

Shulman, L. (1986): Paradigms and Research Programs in the Study of Teaching: A Contemporary Perspective. In: Wittrock, M. (Hrsg.): Handbook of Research on Teaching. New York, 3–36

Siebert, H. (2006): Theorien für die Praxis. 2. Aufl. Bielefeld

Singer, P. (1984): Praktische Ethik. Stuttgart (Neuausgabe 1994)

Solga, H. (2005): Ohne Abschluss in die Bildungsgesellschaft. Die Erwerbschancen gering qualifizierter Personen aus soziologischer und ökonomischer Perspektive. Opladen

Solga, H. (2008): Meritokratie – die moderne Legitimation ungleicher Bildungschancen. In: Berger, P. A./Kahlert, H. (Hrsg.): Institutionelle Ungleichheiten. Wie das Bildungswesen Chancen blockiert. 2. Aufl. Weinheim und München, 19–38

Solga, H.; Powell, J. (2006). Gebildet – ungebildet. In: Lessenich, S.; Nullmeier, F. (Hg.): Deutschland – eine gespaltene Gesellschaft. Frankfurt, New York, 175–190

Solga, H.; Powell, J.; Berger, P. A. (Hrsg.) (2009): Soziale Ungleichheit. Klassische Texte zur Sozialstrukturanalyse. Frankfurt am Main, New York

Solga, H.; Wagner, S. (2001): Paradoxie der Bildungsexpansion. Die doppelte Benachteiligung von Hauptschülern. In: Zeitschrift für Erziehungswissenschaft 4, 107–127

Speck, O. (1985): Aufgabenfelder der Erziehung von Behinderten. In: Bleidick, U. (Hrsg.): Theorie der Behindertenpädagogik. Berlin, 129–151

Speck, O. (1988): System Heilpädagogik. Eine ökologisch-reflexive Grundlegung. München, Basel

Speck, O. (1995 a): Aktuelle Fragen sonderpädagogischer Förderung. In: Die neue Sonderschule 40, 166–181

Speck, O. (1995 b): Die soziale Integration von Menschen mit Behinderungen. In: Antor, G.; Bleidick, U.: Recht auf Leben – Recht auf Bildung. Aktuelle Fragen der Behindertenpädagogik. Heidelberg, 91–115

Speck, O. (1997): Ist der Behinderungsbegriff ein heilpädagogischer Leitbegriff oder ein Hindernis für eine integrative Heilpädagogik? In: Die neue Sonderschule 42, 253–265

Speck, O. (1999): Die Ökonomisierung sozialer Qualität. Zur Qualitätsdiskussion im Behindertenhilfe und Sozialer Arbeit. München, Basel

Speck, O. (2005): Soll der Mensch biotechnisch machbar werden? Eugenik, Behinderung und Pädagogik. München, Basel

Speck, O. (2008): System Heilpädagogik. Eine ökologisch-reflexive Grundlegung. 6., überarb. Aufl. München, Basel

Speck, O. (2010): Schulische Inklusion aus heilpädagogischer Sicht. Rhetorik und Realität. München, Basel

Spies, A.; Tredop, D. (Hrsg.) (2006 a): „Risikobiografien". Benachteiligte Jugendliche zwischen Ausgrenzung und Förderprojekten. Wiesbaden

Spies, A.; Tredop, D. (2006 b): „Risikobiografien" – Von welchen Jugendlichen sprechen wir? In: Spies, A.; Tredop, D. (Hrsg.): „Risikobiografien". Wiesbaden, 9–24

Stark, W. (1996): Empowerment. Neue Handlungskompetenzen in der psychosozialen Praxis. Freiburg

Stechow, E. v. (2006): PISA und die Folgen für schwache Schülerinnen und Schüler. Ein Kommentar zur Diskussion über den Artikel ‚PISA für den Rest' von Fritz Oser/Horst Biedermann und Urs Haeberlins kritische Anmerkung: ‚Welches ist der Rest?'. In: Vierteljahresschrift für Heilpädagogik und ihre Nachbargebiete 75, 285–292

Stein, R. (2004): Zum Selbstkonzept im Lebensbereich Beruf bei Lehrern für Sonderpädagogik. Hamburg

Stein, R. (2006 a): Behinderung und Beeinträchtigung. In: Hansen, G.; Stein, R. (Hrsg.): Kompendium Sonderpädagogik. Bad Heilbrunn, 9–24

Stein, R. (2006 b): Professionalität (einschließlich Supervision und Qualitätssicherung). In: Hansen, G.; Stein, R. (Hrsg.): Kompendium Sonderpädagogik. Bad Heilbrunn, 331–344

Steinvorth, U. (1990): Klassische und moderne Ethik. Grundlinien einer materialen Moraltheorie. Hamburg

Sternberg, R. J.; Horvath, J. A. (1995): A Prototype View of Expert Teaching. In: American Educational Review 19, 4–14

Stichweh, R. (1992): Professionalisierung, Ausdifferenzierung von Funktionssystemen, Inklusion. In: Dewe, B.; Ferchoff, W.; Radtke, F.-O. (Hrsg.) (1992): Erziehen als Profession. Opladen, 36–49

Stichweh, R. (1994). Wissenschaft, Universität, Profession. Soziologische Analysen. Frankfurt am Main

Stichweh, R. (1996): Professionen in einer funktional differenzierten Gesellschaft. In: Combe, A.; Helsper, W. (Hrsg.): Pädagogische Professionalität. Frankfurt am Main, 49–69

Sting, S. (2003): Stichwort: Literalität – Schriftlichkeit. In: Zeitschrift für Erziehungswissenschaft 6, 317–337

Stinkes, U. (1996): Fragmente zum Körpergespräch – Annäherungen an eine heteronome Erfahrung. In: Vierteljahresschrift für Heilpädagogik und ihre Nachbargebiete 65, 133–142

Stinkes, U. (1999): Auf der Suche nach einem veränderten Bildungsbegriff. In: Behinderte in Familie, Schule und Gesellschaft 3, 73–82

Stinkes, U. (2000): Selbstbestimmung – Vorüberlegungen zur Kritik einer modernen Idee. In: Bundschuh, K. (Hrsg.): Wahrnehmen – Verstehen – Handeln. Perspektiven für die Sonder- und Heilpädagogik im 21. Jahrhundert. Bad Heilbrunn, 169–192

Stinkes, U. (2002): Zur schwierigen Frage nach der Anerkennung – Fürsorge oder Solidarität für Menschen mit Behinderung? In: Greving, H.; Gröschke, D. (Hrsg.): Das Sisyphos-Prinzip. Gesellschaftsanalytische und gesellschaftskritische Dimensionen der Heilpädagogik. Bad Heilbrunn, 203–220

Stinkes, U. (2008): ‚Gute Bildung' in ‚guten Schulen'? Kritische Reflexionen zu ‚Standards der sonderpädagogischen Förderung'. In: Sonderpädagogische Förderung heute 53, 257–276

Stojanov, K. (2007): Bildungsgerechtigkeit im Spannungsfeld zwischen Verteilungs-, Teilhabe- und Anerkennungsgerechtigkeit. In: Wimmer, M.; Reichenbach, R.; Pongratz, L. (Hrsg.): Gerechtigkeit und Bildung, Paderborn, München, Wien, Zürich 2007, 29–46

Stojanov, K. (2008): Bildungsgerechtigkeit als Freiheitseinschränkung? Kritische Anmerkungen zum Gebrauch der Gerechtigkeitskategorie in der empirischen Bildungsforschung. In: Zeitschrift für Pädagogik 54, 516–531

Stöppler, R.; Wachsmuth, S.; Weber, E. (2009): Förderschwerpunkt Geistige Entwicklung: Von der ‚Frühstückspädagogik' zur Bildung. In: Wember, F. B.; Prändl, S. (Hrsg.): Standards sonderpädagogischer Förderung. München, Basel, 157–171

Strachota, A.(2002): Heilpädagogik und Medizin. Eine Beziehungsgeschichte. Wien

Strachota, A. (2006): Zwischen Hoffen und Bangen. Frauen und Männer berichten über ihre Erfahrungen mit pränataler Diagnostik. Frankfurt am Main

Szczyrba, B. (2003): Rollenkonstellationen in der pädagogischen Beziehungsarbeit. Neue Ansätze zur professionellen Kooperation am Beispiel von Schule und Jugendhilfe. Bad Heilbrunn

Taylor, Ch. (1993): Multikulturalismus und die Politik der Anerkennung. Frankfurt am Main

Taylor, S.: Caught in the Continuum: A Critical Analysis of the Principle of the Least Restrictive Environment. In: Journal of the Association for the Severely Handicapped 13 (1988), 41–53

Tenorth, H.-E. (2004): Stichwort: „Grundbildung" und „Basiskompetenzen". Herkunft, Bedeutung und Probleme im Kontext allgemeiner Bildung. In: Zeitschrift für Erziehungswissenschaft 7, 169–182

Tenorth, H.-E. (2006): Professionalität im Lehrerberuf. Ratlosigkeit der Theorie, gelingende Praxis. In: Zeitschrift für Erziehungswissenschaft 9, 580–597

Tenorth. H.-E. (2008): Bildungsstandards außerhalb der „Kernfächer". Herausforderungen für den Unterricht und die fachdidaktsiche Forschung – zur Einleitung in den Thementeil. In: Zeitschrift für Pädagogik 54, 159–162

Tenorth, H.-E. (2010): Sonderpädagogische Professionalität – Zur Geschichte ihrer Entwicklung. In: Ellger-Rüttgardt, S.; Wachtel, G. (Hrsg.) (2010): Pädagogische Professionalität und Behinderung. Herausforderungen aus historischer, nationaler und internationaler Perspektive. Stuttgart, 13–27

Tenorth, H.-E./Tippelt, R. (Hrsg.) (2007): BELTZ Lexikon Pädagogik. Weinheim und Basel 2007

Terhart, E. (1992): Lehrerberuf und Professionalität. In: Dewe, B.; Ferchoff, W.; Radtke, F.-O. (Hrsg.) (1992): Erziehen als Profession. Opladen, 103–131

Terhart, E. (1995): Lehrerprofessionalität. In: Rolff, H.-G. (Hrsg.): Zukunftsfelder von Schulforschung. Weinheim, 225–266

Terhart, E. (1996): Berufskultur und professionelles Handeln bei Lehrern. In: Combe, A.; Helsper, W. (Hrsg.): Pädagogische Professionalität. Frankfurt am Main, 448–471

Terhart, E. (Hrsg.) (2000 a): Perspektiven der Lehrerbildung in Deutschland. Abschlussbericht der von der Kultusministerkonferenz eingesetzten Kommission. Weinheim

Terhart, E. (2000 b): Qualität und Qualitätssicherung im Schulsystem. Hintergründe – Konzepte – Probleme. In: Zeitschrift für Pädagogik 46, 809–829

Terhart, E. (2005): Pädagogische Qualität. Professionalisierung und Lehrerarbeit. In: Vierteljahresschrift für wissenschaftliche Pädagogik 81, 79–97
Terhart, E. (2009): Didaktik. Eine Einführung. Stuttgart
Terhart, E. (2010): Heterogenität der Schüler – Professionalität der Lehrer: Ansprüche und Wirklichkeiten. In: Ellger-Rüttgardt, S.; Wachtel, G. (Hrsg.) (2010): Pädagogische Professionalität und Behinderung. Herausforderungen aus historischer, nationaler und internationaler Perspektive. Stuttgart, 89–104
Terhart, E. (2011): Lehrerberuf und Professionalität: Gewandeltes Begriffsverständnis – neue Herausforderungen. In: Helsper, W.; Tippelt, R. (Hrsg.): Pädagogische Professionalität. Zeitschrift für Pädagogik – 57. Beiheft. Weinheim, 202–224
Terzi, L. (2007): The Capability to Be Educated. In: Walker, M.; Unterhalter, E. (Eds.): Amartya Sen's Capability Approach and Social Justice in Education. New York, 25–43
Terzi, L. (2008): Justice and Equality in Education. A Capability Perspective on Disability and Special Educational Needs. London, New York
Terzi, L. (Ed.) (2010): Special Educational Needs. A New Look. London, New York
Theunissen, G. (2006): Empowerment. In: Antor, G.; Bleidick, U. (Hrsg.): Handlexikon der Behindertenpädagogik. 2., überarb. und erw. Aufl. Stuttgart, 81–83
Theunissen, G. (2009): Empowerment und Inklusion behinderter Menschen. Eine Einführung in Heilpädagogik und Soziale Arbeit. 2., aktual. Aufl. Freiburg i. Br.
Thimm, W. (Hrsg.) (1972): Soziologie – Soziologie der Behinderten – Rehabilitation. Neuburgweier, Karlsruhe
Thimm, W. (1975 a): Behinderung als Stigma. Überlegungen zu einer Paradigma-Alternative. In: Sonderpädagogik 5, 149–157
Thimm, W. (1975 b): Lernbehinderung als Stigma. In: Brusten, M., Hohmeier, J. (Hrsg.): Stimatisierung 1. Zur Produktion gesellschaftlicher Randgruppen. Neuwied, Darmstadt, 125–144
Thimm, W. (1978): Behinderungsbegriff und Lebensqualität. Ansätze zu einer Vermittlung zwischen sonderpädagogischer Theorie und Praxis. In: Brennpunkt Sonderschule, 24–30
Thimm, W. (1984): Das Normalisierungsprinzip: Eine Einführung. Marburg
Thimm, W. (Hrsg.) (2005): Das Normalisierungsprinzip. Ein Lesebuch zu Geschichte und Gegenwart eines Reformkonzepts. Marburg
Thimm, W.; Funke, E.H. (1977): Soziologische Aspekte der Lernbehinderung. In: Kanter, G.; Speck, O. (Hrsg.): Pädagogik der Lernbehinderten. Berlin 1977, 581–614
Thimm, W.; v. Ferber, C.; Schiller, B; Wedekind, R. (1985): Ein Leben so normal wie möglich führen ... zum Normalisierungskonzept in der Bundesrepublik Deutschland und in Dänemark. Marburg
Thurnherr, U. (2000): Angewandte Ethik. Hamburg
Tillmann, K.-J. (2004): Die homogene Lerngruppe – oder: System jagt Fiktion. In: Otto, H.-U.; Rauschenbach, T. (Hrsg.): Die andere Seite der Bildung. Zum Verhältnis von formellen und informellen Bildungsprozesen. Wiesbaden, 33–39
Tomasevski, K. (2001): Human Rights Obligations: Making Education Available, Accessible, Acceptable and Adaptable. Gothenburg (= Right to education primers no. 3)
Tomasevski, K. (2003): Education Denied: Costs and Remedies. London, New York: ZED
Tomasevski, K. (2006): Human Rights Obligations in Education: The 4-A Scheme. Nijmegen
Tronto, J.C. (1993): Moral Boundaries: a Political Argument for an Ethic of Care. New York, London
Trus, A. (2003): „...vom Leid erlösen". Zur Geschichte der nationalsozialistischen ‚Euthanasie'-Verbrechen. Frankfurt am Main
U.S. Department of Education (2002): No Child left Behind Act of 2001. Public Law 107–110., 107th Congress, Jan 8, 2002. URL: http://www2.ed.gov/policy/elsec/leg/esea02/107–110.pdf (15. 11. 2009)

U. S. Department of Education (2005): Alternate Achievement Standards for Students with the Most Significant Cognitive Disabilites. Non-Regulatory Guideance. August 2005. URL: http://www.ed.gov/policy/elsec/guid/altguideance.pdf (15. 11. 2009)

UN (1993): The Standard Rules on the Equalization of Opportunities for Persons with Disabilities. Adopted by the United Nations General Assembly, forty-eighth session, resolution 48/96, annex, of 20 December 1993. Genf

UNESCO (1994). The Salamanca Statement and Framework for Action on Special Needs Education. Paris, UNESCO, Ministry of Education, Spain

UNESCO (2003): EFA Global Monitoring Report

UNESCO (2004): The Right to Education for Persons with Disabilities: Towards Inclusion. Conceptual Paper, December 2004. Paris

UNESCO (2005): Guidelines for Inclusion: Ensuring Access to Education for All. Paris

UNESCO/Deutsche UNESCO-Kommission e. V. (2009): Inklusion: Leitlinien für die Bildungspolitik. Bonn

vds 2009 (Verband Sonderpädagogik e. V.) (2009): Standards der sonderpädagogischen Förderung – verabschiedet auf der Hauptversammlung in Potsdam. In: Wember, F. B.; Prändl, S. (Hrsg.): Standards sonderpädagogischer Förderung. München, Basel, 41 – 88

Vereinigung der Bayerischen Wirtschaft (Hrsg.) (2007): Bildungsgerechtigkeit. Jahresgutachten 2007. Wiesbaden

Vereinte Nationen (2009): Allgemeine Bemerkung No. 12. Das Recht des Kindes gehört zu werden. Ausschuss für die Rechte des Kindes, 51. Sitzung. Genf

Vester, M. (2005): Die ständische Kanalisierung der Bildungschancen. Bildung und soziale Ungleichheit zwischen Boudon und Bourdieu. In: Georg, W. (Hrsg.): Soziale Ungleichheit im Bildungssystem. Eine empirisch-theoretische Bestandsaufnahme. Konstanz, 13 – 54

Villa, J. S.; Thousand, A. I.; Nevin, R. A. (2007): Collaborative Teaching: Critique of Scientific Evidence. In: Florian, L. (Hrsg.): The SAGE Handbook of Special Education. London, 417 – 428

Vogt, M. (1997): Sozialdarwinismus. Wissenschaftstheorie, politische und theologisch-ethische Aspekte der Evolutionstheorie. Freiburg

Vorländer, H. (2001): Dritter Weg und Kommunitarismus. In: Aus Politik und Zeitgeschichte B 16 – 17, 16 – 23

Wagner, S. J.; Powell, J. W. (2003): Ethnisch-kulturelle Ungleichheit im deutschen Bildungssystem. Zur Überrepräsentanz von Migrantenjugendlichen an Sonderschulen. In: Cloerkes, G. (Hrsg.): Wie man behindert wird. Heidelberg, 183 – 208

Waldschmidt, A. (2002): Humangenetische Beratung heute – ein Instrument der Auslese? In: Stein, A.-D. (Hrsg.): Lebensqualität statt Qualitätskontrolle menschlichen Lebens. Berlin 1992, 118 – 126

Waldschmidt, A. (2006): Disability Studies – Konturen einer neuen Forschungslandschaft. In: Gemeinsam leben 14, 67 – 74

Waldschmidt, A. (2007): Disability Studies. In: Greving, H. (Hrsg.): Kompendium Heilpädagogik, Bd. 1. Troisdorf, 161 – 168

Waldschmidt, A. (2009): Disability Studies. In: Dederich, M.; Jantzen, W. (Hrsg.): Behinderung und Anerkennung. Stuttgart, 125 – 133

Walker, M. (2008): The Capability Approach as a Framework for Reimaging Education and Justice. In: Otto, H.-U.; Ziegler, H. (Hrsg.): Capabilities – Handlungsbefähigung und Verwirklichungschancen in der Erziehungswissenschaft. Wiesbaden, 116 – 130

Walker, M.; Unterhalter, E. (Eds.): Amartya Sen's Capability Approach and Social Justice in Education. New York

Walzer, M. (1998): Über Toleranz. Von der Zivilisierung der Differenz. Hamburg

Wansing, G. (2005): Teilhabe an der Gesellschaft. Menschen mit Behinderung zwischen Inklusion und Exklusion. Wiesbaden

Warnock, M. (2010): Special Educational Needs: A New Look. In: Terzi, L. (Ed.): Special Educational Needs. A New Look. London, New York, 11–45

Warnock-Report (1978): Special Educational Needs. Report of the Committee of Enquiry into Education of Handecapped Children and Young People. Chairman: Mrs. H. Mary Warnock. Presented to Parliament ... May 1978. London

Watkins, A.; D'Alessio (Ed.): Putting Inclusive Assessment into Practice. Odense, Denmark: European Agency for Development in Special Needs Education

Weber, V. (2002): Tugendethik und Kommunitarismus: Individualität – Universalisierung – Moralische Dilemmata. Würzburg

Weilert, A. K. (Hrsg.) (2011): Spätabbruch oder Spätabtreibung – Entfernung einer Leibesfrucht oder Tötung eines Babys. Tübingen

Weiß, H. (1989): Familie und Frühförderung. Analysen und Perspektiven der Zusammenarbeit mit Eltern entwicklungsgefährdeter Kinder. München, Basel

Weiß, H. (1999): Empowerment in der Heilpädagogik und speziell in der Frühförderung – ein neues Schlagwort oder eine handlungsleitende Idee? In: Vierteljahresschrift für Heilpädagogik und ihre Nachbargebiete 69, 23–35

Weiß, H. (Hg.) (2000 a): Frühförderung mit Kindern in Armutslagen. München, Basel

Weiß, H. (2000 b): Selbstbestimmung und Empowerment – Kritische Anmerkungen zu ihrer oftmaligen Gleichsetzung im sonderpädagogischen Diskurs. In: Behindertenpädagogik 39, 245–260

Weiß, H. (2006): Armut. In: Antor, G.; Bleidick, U. (Hrsg.): Handlexikon der Behindertenpädagogik. 2., überarb. und erw. Aufl. Stuttgart, 206–209

Weiß, H. (2010): Frühe Hilfen aus der Sicht der Frühförderung. In: Teilhabe 49, 150–157

Weiß, H.; Neuhäuser, G.; Sohns, A. (2004): Soziale Arbeit in der Frühförderung und Sozialpädiatrie. München, Basel

Weiss, M. P./Lloyd, J. W. (2002): Congruence between Roles and Actions of Secondary Special Education in Co-taught and Special education Settings. In: Journal of Special Education, 36, 58–68

Weisser, J. (2005 a): Behinderung, Ungleichheit und Bildung. Eine Theorie der Behinderung. Bielefeld

Weisser, J. (2005 b): Bedürfnis und Bedarf: Die politische Arena der Sonderpädagogik. In: Sonderpädagogische Förderung 50, 187–207

Weisser, J. (2005 c): Sonderpädagogische Probleme formulieren: Konzepte und die Logik sonderpädagogischen Wissens. In: Horster, D.; Hoyningen-Suess, U.; Liesen, Ch. (Hrsg.): Sonderpädagogische Professionalität. Wiesbaden, 97–115

Weisser, J. (2006): Themen und Thesen der Disability Studies. In: Gemeinsam leben 14, 75–82

Weisser, J. (2009): Behinderung. In: Enzyklopädie Erziehungswissenschaft Online, 1–26

Wember, F. B. (2003): Bildung und Erziehung bei Behinderungen – Grundfragen einer wissenschaftlichen Disziplin im Wandel. In: Leonhardt, A.; Wember, F. B. (Hrsg.): Grundfragen der Sonderpädagogik. Bildung – Erziehung – Behinderung. Ein Handbuch. Weinheim, 12–57

Wember, F. B. (2007): Qualitätsanalyse und Standards der sonderpädagogischen Förderung. In: Dokumentation Sonderpädagogischen Kongress „Erziehung und Unterricht – Visionen und Wirklichkeiten", 23. 3. 2007 in Frankfurt/M. URL: http://www.verband-sonderpaedagogik.de/con/cms/upload/artikel/2euro/preview/2007Kongress458–470.pdf (11. 4. 2011)

Wember, F. B. (2008): Standardisierung oder Entwicklung? Der Stellenwert von Standards in der sonderpädagogischen Förderung. In: Sonderpädagogische Förderung *heute* 53, 239–256

Wember, F. B. (2009): Standardisierung oder Entwicklung der sonderpädagogischen Förderung? Über Karten und Wege, die beim Gehen entstehen. In: Wember, F. B.; Prändl, S. (Hrsg.): Standards sonderpädagogischer Förderung. München, Basel, 11–21

Wember, F. B.; Prändl, S. (Hrsg.) (2009): Standards der sonderpädagogischen Förderung. München, Basel

Werner, B. (2007): Literacy-Modell – eine grundlegende didaktisch-methodische Orientierung in der Sonderpädagogik. In: Pädagogische Impulse: Zeitschrift des Fachverbands für Behindertenpädagogik in Baden-Württemberg 3, 27–33

Wernet, A. (2003): Pädagogische Permissivität. Schulische Sozialisation und pädagogisches Handeln jenseits der Professionalisierungsfrage. Opladen

Werning, R.; Urban, M. (unter Mitarbeit von Sassenhausen, B.) (2001): Kooperation zwischen Grundschullehrern und Sonderpädagogen im Gemeinsamen Unterricht. Auswertung einer Gruppendiskussion mit Sonderpädagogen. In: Zeitschrift für Heilpädagogik 51, 178–186

Wessel, J. (2005): Kooperation im Gemeinsamen Unterricht. Die Zusammenarbeit von Lehrern in der schulischen Integration hörgeschädigter Kinder und Jugendlicher. Münster

White, J. (1994): The Dishwasher's Child: education and the end of egalitarism. In: Journal of Philosophy of Education 28, 173–181

WHO (2001): International Classification of Functioning, Disability and Health. ICF. Genf

WHO (2007): International Classification of Functioning, Disability and Health. Children and Youth Version. ICF-CY. Genf

WHO (Hrsg.) (1995): Die ICIDH. Internationale Klassifikation der Schädigungen, Fähigkeitsstörungen und Beeinträchtigungen. Berlin, Wiesbaden

Willenbring, M. (1999): Pränatale Diagnostik und die Angst vor einem behinderten Kind. Ein psychosozialer Konflikt von Frauen aus systemischer Sicht. Heidelberg

Willmann, M. (2008). Sonderpädagogische Beratung und Kooperation als Konsultation. Theoretische Modelle und professionelle Konzepte der indirekten Unterstützung zur schulischen Integration von Schülern mit Verhaltensproblemen in Deutschland und den USA. Hamburg

Willmann, M. (2009): Co-Teaching: Gemeinsames Unterrichten als Erweiterung des methodischen Spektrums einer integrativen Didaktik. In: Sonderpädagogische Förderung *heute* (4) 54, 343–355

Wischer, Beate (2007): Umgang mit Heterogenität in der Schule – zwischen Veränderungsnotwendigkeiten und Veränderungsmöglichkeiten. In: Behindertenpädagogik 46, 19–32

Wittrock, M. (1998): Die Profession ‚Sonderpädagoge/in': Tätigkeitsmerkmale und Qualifikationsanforderungen im Übergang zum 21. Jahrhundert. In: Angerhoefer, U.; Dittmann, W. (Hrsg.): Lernbehindertenpädagogik: eine institutionalisierte Pädagogik im Wandel. Neuwied, Berlin, 82–96

Wocken, H. (1988): Kooperation von Pädagogen in integrativen Grundschulen. In: Wocken, H.; Antor, G.; Hinz, A. (Hrsg.): Integrationsklassen in Hamburger Grundschulen. Bilanz eines Modellversuchs. Hamburg: Curio Verlag, 199–274

Wocken, H. (1991): Integration heißt auch: Arbeit im Team. In: Pädagogik 1, 18–22

Wocken, H. (1998): Gemeinsame Lernsituationen. Eine Skizze zur Theorie des gemeinsamen Unterrichts. In: Hildeschmidt, A.; Schnell, I. (Hrsg.): Integrationspädagogik. Auf dem Weg zu einer Schule für alle. Weinheim und München, 37–52

Wocken, H. (2000): Leistung, Intelligenz und Soziallage von Schülern mit Lernbehinderungen. Vergleichende Untersuchungen an Förderschulen in Hamburg. In: Zeitschrift für Heilpädagogik 51, 492–503

Wocken, H. (2006): Integration. In: Antor, G.; Bleidick, U. (Hrsg.): Handlexikon der Behindertenpädagogik. 2., überarb. und erw. Aufl. Stuttgart, 99–102

Wocken, H. (2010): Was ist inklusiver Unterricht? Eine Checkliste zur Zertifizierung schulischer Inklusion. In: Gemeinsam leben 18, 203–208

Wocken, H. (2011 a): Was ist inklusiver Unterricht? Eine Checkliste zur Zertifizierung schulischer Inklusion. Teil II (Fortsetzung von Heft 4/2010). In: Gemeinsam leben 19, 41–49

Wocken, H. (2011 b): Zur Philosophie der Inklusion. Spuren, Eckpfeiler und Wegmarken der Behindertenrechtskonvention. In: Teilhabe 50, 52–59

Wolf, J.-C. (2004): Grundpositionen der neuzeitlichen Ethik. In: Hastedt, H.; Martens, E. (Hrsg.). Ethik. Ein Grundkurs. Reinbek bei Hamburg, 82–113

Wolfensberger, W. (1986/2005): Die Entwicklung des Normalisierungsgedankens in den USA und Kanada. In: Thimm, W. (Hrsg.) (2005): Das Normalisierungsprinzip. Marburg, 168–196

Young, M. (1958): The Rise of the Meritocracy. Harmondsworth, 1870–2033

Zahlmann, Ch. (Hrsg.) (1994): Kommunitarismus in der Diskussion. Eine streitbare Einführung. Hamburg

Zander, M. (Hrsg.) (2005): Kinderarmut. Einführendes Handbuch für Forschung und soziale Praxis. Wiesbaden

Ziegler, H.; Schrödter, M.; Oelkers, N. (2010): Capabilities und Grundgüter als Fundament einer sozialpädagogischen Gerechtigkeitsperspektive. In: Thole, W. (Hrsg.): Grundriss Soziale Arbeit. Ein einführendes Handbuch. 3., überarb. und erw. Aufl. Wiesbaden, 297–310

Zirfas, J. (1998): Die Normativität des Humanen. Zur Theorie der Behinderung aus der Sicht von pädagogischer Anthropologie und Ethik. In: Eberwein, H.; Sasse, A. (Hrsg.): Behindert sein oder behindert werden? Neuwied, Berlin, 96–119

Zirfas, J. (1999): Die Lehre der Ethik. Zur moralischen Begründung pädagogischen Denkens und Handelns. Weinheim

Zirfas, J. (2003): Das Recht auf Unvollkommenheit. Pädagogische Überlegungen zur Frage der Behinderung. In: Beillerot, J.; Wulf, C. (Hrsg.): Erziehungswissenschaftlichen Zeitdiagnosen. Münster, New York, Berlin, 209–223

Zirfas, J. (2004): Pädagogik und Anthropologie. Eine Einführung. Stuttgart

Zirfas, J. (2008): Bildung und Ungerechtigkeit. Eine Einleitung in die pädagogische Problematik von Gleichheit und Ungleichheit. In: Liebau, E.; Zirfas, J. (Hrsg.): Ungerechtigkeit der Bildung – Bildung der Ungerechtigkeit. Opladen; Farmington Hills, 7–41

ZPE 2006 (Zentrum für Planung und Evaluation sozialer Dienste/Forschungsgruppe IH-NRW) (2006): Selbständiges Wohnen behinderter Menschen – Individuelle Hilfen aus einer Hand. Zweiter Zwischenbericht der wissenschaftlichen Begleitforschung, Siegen